新编管理学系列教材

国 际 贸 易

张 鹏 主 编
张喜民 郭 妍 副主编

中国财经出版传媒集团
经济科学出版社
Economic Science Press

图书在版编目（CIP）数据

国际贸易/张鹏主编. —北京：经济科学出版社，2017.8
新编管理学系列教材
ISBN 978-7-5141-8363-4

Ⅰ.①国… Ⅱ.①张… Ⅲ.①国际贸易-高等学校-教材 Ⅳ.①F74

中国版本图书馆 CIP 数据核字（2017）第 202876 号

责任编辑：于海汛 宋 涛
责任校对：杨晓莹
版式设计：齐 杰
责任印制：潘泽新

国 际 贸 易

张 鹏 主 编
张喜民 郭 妍 副主编

经济科学出版社出版、发行 新华书店经销
社址：北京市海淀区阜成路甲 28 号 邮编：100142
总编部电话：010-88191217 发行部电话：010-88191522
网址：www.esp.com.cn
电子邮件：esp@esp.com.cn
天猫网店：经济科学出版社旗舰店
网址：http://jjkxcbs.tmall.com
北京财经印刷厂印装
787×1092 16 开 25.75 印张 470000 字
2017 年 8 月第 1 版 2017 年 8 月第 1 次印刷
印数：0001—3000 册
ISBN 978-7-5141-8363-4 定价：58.00 元
（图书出现印装问题，本社负责调换。电话：010-88191510）
（版权所有 侵权必究 举报电话：010-88191586
电子邮箱：dbts@esp.com.cn）

《新编管理学系列教材》编委会

主　编　杨蕙馨
副主编　吉小青　戚桂杰　陈志军　王益民
编　委（按姓氏笔画排列）
　　　　　丁荣贵　王兴元　王益民　王德刚　吉小青
　　　　　刘　冰　刘洪渭　江三宝　杨蕙馨　张玉明
　　　　　陈志军　赵炳新　钟耕深　袁明哲　戚桂杰
　　　　　温德成　谢永珍　潘爱玲

总　序

人类告别经验管理时代进入科学管理时代，已有一百多年的历史。在这一百多年的时间里，管理理论经历了古典管理理论阶段、行为科学阶段和现代管理理论阶段的演进，管理思想、管理方法和管理手段也在不断的创新中发生着日新月异的变化。从法约尔的"管理的十四项法则"、泰罗的"科学管理"、戴明的"全面质量管理"、德鲁克的"目标管理"到波特的"战略管理"、哈默的"企业流程再造"、戴尔的"供应链管理"，每一次管理理论和思想的创新，都对企业的管理实践和社会经济文化产生了巨大的影响。

管理学研究源于实践，又服务于实践。因此，管理学只有永恒的问题，而没有终结的答案。进入21世纪以后，尤其是2008年全球金融危机以来，全球的经济技术环境、社会文化环境和政治法律环境的变化让人目不暇接，全球经济增长持续低迷，英国"脱欧"，美国推行新贸易保护主义，全球化进程遭遇挫折。与此同时，网络技术、信息技术、数字技术乃至仿生技术却在飞速发展，新的商业模式也在不断涌现。这一切，既对原有的管理学研究带来了巨大的挑战，也为管理学研究拓展新的空间带来了前所未有的机遇。而对兼具管理学研究和管理学教育双重职能的高等院校管理学科来说，如何利用新的历史机遇创新管理学研究和管理学教育，培育出更多的能够适应新时代要求的管理学人才，则是一个必须做出回答的重要命题。

中国当代的管理学研究者和教育者是非常幸运的。一方面，我们可以借鉴西方管理学一百多年来所积累的知识和经验，结合中国改革开放以来的管理实践，创造和传播具有中国情景的管理学理论和管理模式。另一方面，我们又可以汲取具有鲜明文化特色的中国传统管理思想的精华，站在全球市场的舞台上，对中国式管理做出新的诠释。当然，现代高等教育理念、方法和技术手段的不断创新、管理学科教育的实践性特征，也对中国的管理学教育提出了更高的要求。因此，立足中国改革开放的实践，面对全球化竞争的现实，实现中西结合、古今相融，践行当代教育理念，创新管理学教学方法和技术，既是我们编写本套系列教材的出发点，也是我们希望能够达到的目标。

《新编管理学系列教材》主要服务于管理学科各专业的本科教学，亦可作为管理学科、经济学科专业学位和学术学位研究生教育的参考书目。基于此，本系列教材的编写主要遵循了五个原则：第一，既要反映管理学理论发展的历史，又要体现当代管理学理论的最新前沿。第二，既要借鉴已有的管理学研究成果，又要注重基于管理现实的理论创新。第三，既要重视管理学理论体系的传承，又要引领适应新竞争时代的管理实践。第四，既要满足学生对知识和信息数量的要求，又要为教师的教学创新和自由发挥留有空间。第五，既要遵循纸媒教材的编写规范，又要体现信息技术在教材编写中的应用。

本系列教材是山东大学管理学院老师们多年从事管理学教学和研究所取得成果的总结。教材编写委员会统一制定编著计划，选择确定各本教材的主编，指导各本教材的编写，严格审查各本教材的内容与编写质量，力求达到编写的目标。

编写这套能够充分反映管理学科各领域发展历史和前沿理论的教材，编写者需要参考国内外已有的大量研究成果，汲取古今中外管理思想和管理理论的精华。丛书编写委员会谨向所有为管理学科理论研究做出贡献的前辈和同仁表达诚挚的谢意，向那些勇于创新、敢于竞争和善于进取的管理实践者致以崇高的敬意！

杨蕙馨

2017 年 3 月 20 日

前　言

《国际贸易》课程是普通高等院校经济管理类专业的学科基础课。其涉及面广，内容多。经过30多年的发展，我国国际贸易课程的教学内容已趋完善。为了反映近些年来国际经济环境和国际贸易惯例的发展变化，我们针对国际商务人才培养的需要，编写了这本《国际贸易》教材。

全书在结构安排上设为理论篇和实务篇共两个版块。理论篇系统介绍了国际贸易基本概念、基本理论、国际贸易政策、国际贸易措施以及多边贸易体系等内容，该部分注重用现代经济学的分析工具对比较优势论、要素禀赋论等主流国际贸易理论进行阐释。实务篇以国际货物买卖合同为中心，详细说明合同条款的规定方法、合同磋商的步骤、合同履行的流程等内容。鉴于全球贸易实践的快速发展和变化，该部分着重体现《2010年国际贸易术语解释通则》等国际贸易惯例的新要求以增强课程教学的前沿性。最终目的是培养掌握国际贸易理论、通晓国际贸易政策、能够从事国际贸易实务的国际商务管理和研究人才。

为取得更好的教学效果，全书每一章均按照"学习目标—引导案例—正文—本章小结—本章重要术语—延伸阅读—复习与思考—网络练习"的体系编写的。这种体系既便于学生把握学习要点，增强学习兴趣；也利于学生课后开展有针对性的独立思考，将理论与实践相结合，提高分析和解决问题的能力。

本书是山东大学管理学院国际商务研究所教师合作的成果，适合高等院校经济管理类本科生和MBA学生学习，还可供从事国际商务的专业人士参考。该书由张鹏拟定编写方案及复核定稿，张喜民和郭妍进行审校。各章编写分工如下:张鹏撰写第一章至第五章,杨扬撰写第六至第八章,郭妍撰写第九、第十三、第十六章,张喜民撰写第十、第十四、第十五章,任荣撰写第十一、第十二章。

本书编写过程中参阅了大量书籍和资料,在此对其作者致以诚挚的谢意。

限于作者水平,书中难免存在错误或不妥之处,敬请各位同仁与读者提出宝贵意见。

编写者
2017年7月

目 录

上篇 理 论 篇 ·· 1

第一章 导论 ·· 3

第一节 国际贸易的研究内容 ································ 4
一、国际贸易理论的研究内容 ································ 4
二、国际贸易实务的研究内容 ································ 5

第二节 国际贸易的基本概念 ································ 7
一、国际贸易与对外贸易 ···································· 7
二、贸易额与贸易量 ·· 7
三、贸易差额 ·· 8
四、贸易条件 ·· 8
五、贸易商品结构 ··· 10
六、贸易地理方向 ··· 11
七、外贸依存度 ··· 11

第三节 国际贸易的基本分类 ······························· 12
一、货物贸易、服务贸易与技术贸易 ························ 12
二、出口、进口与过境贸易 ································ 14
三、总贸易与专门贸易 ···································· 14
四、直接贸易、间接贸易与转口贸易 ························ 15
五、现汇贸易与易货贸易 ·································· 16
六、双边贸易与多边贸易 ·································· 16

第四节 国际贸易的发展现状 ······························· 17
一、全球贸易发展现状 ···································· 17
二、中国外贸发展现状 ···································· 21

第五节 国际分工与国际贸易 ······························· 26
一、国际分工的基本类型 ·································· 26
二、国际分工的形成与发展 ································ 27

三、当代国际分工的主要特征 …………………………………………… 29
　　　四、国际分工的影响因素 ………………………………………………… 31
　　　五、国际分工与国际贸易的关系 ………………………………………… 33

第二章　自由贸易理论 …………………………………………………… 38

第一节　比较优势论 …………………………………………………… 39
　　　一、比较优势论的理论基础 ……………………………………………… 39
　　　二、比较优势论的提出 …………………………………………………… 42
　　　三、比较优势论的现代经济学分析 ……………………………………… 44
　　　四、比较优势论的完善 …………………………………………………… 49

第二节　要素禀赋论 …………………………………………………… 53
　　　一、要素禀赋论的提出 …………………………………………………… 53
　　　二、要素禀赋论的现代经济学分析 ……………………………………… 56
　　　三、要素禀赋论的推论 …………………………………………………… 58
　　　四、要素禀赋论的实证检验 ……………………………………………… 60

第三节　当代自由贸易理论 …………………………………………… 63
　　　一、偏好相似学说 ………………………………………………………… 64
　　　二、产品生命周期理论 …………………………………………………… 64
　　　三、规模报酬递增学说 …………………………………………………… 66
　　　四、产业内贸易理论 ……………………………………………………… 68

第三章　保护贸易理论 …………………………………………………… 74

第一节　重商主义 ……………………………………………………… 75
　　　一、重商主义的主要观点 ………………………………………………… 76
　　　二、重商主义的发展阶段 ………………………………………………… 76
　　　三、重商主义的贸易政策 ………………………………………………… 77

第二节　保护幼稚工业论 ……………………………………………… 79
　　　一、保护幼稚工业论的理论基础 ………………………………………… 79
　　　二、保护幼稚工业论的理论依据 ………………………………………… 80
　　　三、保护幼稚工业论的主要观点 ………………………………………… 81

第三节　对外贸易乘数论 ……………………………………………… 83
　　　一、新贸易顺差论 ………………………………………………………… 83
　　　二、对外贸易乘数论的理论基础 ………………………………………… 83
　　　三、对外贸易乘数论的主要观点 ………………………………………… 84
　　　四、对外贸易乘数论与传统贸易保护理论的区别 ……………………… 84

第四节　当代保护贸易理论 …………………………………………… 85
　　　一、中心—外围论 ………………………………………………………… 85
　　　二、战略性贸易理论 ……………………………………………………… 87

第四章　外贸政策与外贸发展战略 …… 94

第一节　外贸政策 …… 95
一、外贸政策的构成 …… 95
二、外贸政策的类型 …… 96
三、外贸政策的选择 …… 97
四、外贸政策的演变 …… 97

第二节　外贸发展战略 …… 100
一、进口替代战略 …… 100
二、出口导向战略 …… 101

第五章　进口保护措施：关税 …… 104

第一节　关税的特点与作用 …… 105
一、关税的特点 …… 105
二、关税的作用 …… 106

第二节　关税的分类 …… 107
一、按照商品流向分类 …… 107
二、按照实施情况分类 …… 108
三、按照征税标准分类 …… 113

第三节　关税的理论分析 …… 114
一、关税的经济效应 …… 114
二、关税水平 …… 118
三、关税保护程度 …… 119
四、关税结构 …… 120

第四节　关税的征收依据 …… 121
一、海关税则的内容 …… 121
二、海关税则的类型 …… 121
三、海关税则中的商品分类 …… 122

第六章　进口保护措施：非关税措施 …… 125

第一节　非关税措施的含义与特点 …… 126
一、非关税措施的含义 …… 126
二、非关税措施的特点 …… 127

第二节　非关税措施的主要类型 …… 128
一、进口配额 …… 128
二、"自动"出口限制 …… 129
三、进口许可证 …… 130
四、外汇管制 …… 131

五、歧视性政府采购政策 ································ 132
　　　六、当地成分要求 ······································ 132
　　　七、设置海关障碍 ······································ 133
　　　八、技术性贸易壁垒 ···································· 134
　　　九、环境贸易壁垒 ······································ 137
　　　十、社会责任标准 ······································ 138
　　　十一、贸易救济措施 ···································· 140
　　　十二、其他非关税措施 ·································· 140
　第三节　非关税措施的理论分析 ····························· 142
　　　一、进口配额的经济效应 ································ 142
　　　二、进口配额的分配 ···································· 143
　　　三、非关税措施对国际贸易的影响 ······················· 144

第七章　出口鼓励与出口管制措施 ······························· 148

　第一节　出口鼓励措施 ····································· 149
　　　一、出口信贷 ·· 149
　　　二、出口信用保险 ······································ 151
　　　三、出口补贴 ·· 153
　　　四、货币贬值 ·· 156
　　　五、商品倾销 ·· 157
　　　六、促进出口的组织措施 ································ 158
　　　七、建立经济特区 ······································ 160
　第二节　出口管制措施 ····································· 161
　　　一、出口管制的含义 ···································· 161
　　　二、出口管制的对象 ···································· 162
　　　三、出口管制的形式 ···································· 163
　　　四、出口管制的实施 ···································· 164

第八章　区域经济一体化与多边贸易体制 ······················· 167

　第一节　国际贸易条约与协定 ······························· 168
　　　一、国际贸易条约与协定的概念及类型 ··················· 168
　　　二、国际贸易条约与协定所依据的法律原则 ··············· 171
　第二节　区域经济一体化 ··································· 172
　　　一、区域经济一体化的形成 ······························ 172
　　　二、区域经济一体化的现状 ······························ 176
　　　三、区域经济一体化的经济效应 ·························· 182
　　　四、区域经济一体化对多边贸易体系的影响 ··············· 186
　第三节　世界贸易组织 ····································· 188

一、世界贸易组织的诞生 …………………………………… 188
　　二、世界贸易组织与关贸总协定的关联 …………………… 191
　　三、世界贸易组织的基本原则 ……………………………… 194
　　四、世界贸易组织的贸易争端解决机制 …………………… 201

下篇　实　务　篇 ………………………………………………… 207

第九章　国际货物买卖合同的标的 …………………………… 209

　第一节　商品的名称 …………………………………………… 210
　　一、品名命名方法 …………………………………………… 210
　　二、合同中的品名条款 ……………………………………… 211
　第二节　商品的品质 …………………………………………… 211
　　一、品质表示方法 …………………………………………… 212
　　二、合同中的品质条款 ……………………………………… 214
　第三节　商品的数量 …………………………………………… 215
　　一、数量计量单位 …………………………………………… 215
　　二、重量计量方法 …………………………………………… 216
　　三、数量机动幅度 …………………………………………… 217
　　四、合同中的数量条款 ……………………………………… 219
　第四节　商品的包装 …………………………………………… 220
　　一、包装的分类 ……………………………………………… 220
　　二、包装标志 ………………………………………………… 221
　　三、中性包装和定牌 ………………………………………… 223
　　四、合同中的包装条款 ……………………………………… 224

第十章　国际贸易术语与商品价格 …………………………… 227

　第一节　贸易术语概述 ………………………………………… 228
　　一、贸易术语的含义 ………………………………………… 228
　　二、贸易术语的功能和作用 ………………………………… 228
　　三、与贸易术语有关的国际贸易惯例 ……………………… 229
　　四、贸易术语的分类 ………………………………………… 231
　第二节　《2010通则》中的贸易术语 ………………………… 234
　　一、适用于一切运输方式的贸易术语 ……………………… 234
　　二、仅适用于海运和内河运输的贸易术语 ………………… 238
　第三节　合同中的价格条款 …………………………………… 244
　　一、成本核算 ………………………………………………… 244
　　二、定价原则 ………………………………………………… 245

三、作价方法 ………………………………………………………… 245
　　　四、佣金和折扣 ………………………………………………………… 246
　　　五、价格条款的构成 …………………………………………………… 248

第十一章　国际货物运输 ……………………………………………………… 251

　第一节　国际货物运输方式 ………………………………………………… 251
　　　一、海洋运输 …………………………………………………………… 251
　　　二、铁路运输 …………………………………………………………… 254
　　　三、航空运输 …………………………………………………………… 254
　　　四、公路运输、内河运输、邮包运输 ………………………………… 255
　　　五、集装箱运输、大陆桥运输、国际多式联运 ……………………… 256
　第二节　国际货物运输单据 ………………………………………………… 258
　　　一、海运提单 …………………………………………………………… 258
　　　二、其他货运单据 ……………………………………………………… 262
　第三节　合同中的装运条款 ………………………………………………… 263
　　　一、装运时间 …………………………………………………………… 264
　　　二、装运港和目的港 …………………………………………………… 265
　　　三、分批装运和转船 …………………………………………………… 266
　　　四、装卸时间、装卸率、滞期速遣条款 ……………………………… 267
　　　五、装运通知 …………………………………………………………… 268
　　　六、OCP 条款 …………………………………………………………… 269

第十二章　国际货物运输保险 …………………………………………………… 271

　第一节　海洋货物运输保险的保障范围 …………………………………… 271
　　　一、风险 ………………………………………………………………… 272
　　　二、损失 ………………………………………………………………… 272
　　　三、费用 ………………………………………………………………… 274
　第二节　中国海洋运输货物保险条款 ……………………………………… 275
　　　一、基本险 ……………………………………………………………… 275
　　　二、附加险 ……………………………………………………………… 276
　　　三、除外责任 …………………………………………………………… 276
　　　四、保险责任起讫 ……………………………………………………… 277
　第三节　其他货物运输保险 ………………………………………………… 278
　　　一、陆上运输货物保险 ………………………………………………… 278
　　　二、航空运输货物保险 ………………………………………………… 279
　　　三、邮政包裹保险 ……………………………………………………… 280
　第四节　合同中的保险条款 ………………………………………………… 281
　　　一、保险条款的构成 …………………………………………………… 281

二、保险流程 ·· 281
　　三、保险单据 ·· 282
　　四、保险费的计算 ·· 283
　　五、保险索赔 ·· 283

第十三章　国际贸易结算 ·· 287
第一节　支付工具 ·· 288
　　一、汇票 ·· 288
　　二、本票 ·· 291
　　三、支票 ·· 292
第二节　支付方式 ·· 293
　　一、汇付 ·· 293
　　二、托收 ·· 295
　　三、信用证 ·· 301
　　四、银行保函 ·· 309
　　五、国际保理 ·· 312
第三节　支付方式的选择 ······································ 314
　　一、支付方式的影响因素 ······································ 314
　　二、支付方式的结合使用 ······································ 315

第十四章　国际贸易争议的预防与处理 ···························· 319
第一节　商品检验 ·· 320
　　一、商品检验的意义 ·· 320
　　二、商品检验的范围 ·· 320
　　三、商品检验的程序 ·· 322
　　四、合同中的商品检验条款 ···································· 323
第二节　索赔 ·· 328
　　一、争议与违约 ·· 328
　　二、索赔与理赔 ·· 330
　　三、合同中的索赔条款 ·· 331
第三节　不可抗力 ·· 333
　　一、不可抗力的含义 ·· 333
　　二、不可抗力的范围 ·· 333
　　三、不可抗力的后果 ·· 334
　　四、合同中的不可抗力条款 ···································· 335
第四节　仲裁 ·· 338
　　一、仲裁的含义和特点 ·· 338
　　二、仲裁协议 ·· 339

三、仲裁程序 ………………………………………………………… 340
　　四、仲裁裁决的承认与执行 ………………………………………… 342
　　五、合同中的仲裁条款 ……………………………………………… 343

第十五章　国际贸易的交易程序 ……………………………………… 346

第一节　交易的流程 ……………………………………………… 346
　　一、出口贸易的流程 ………………………………………………… 346
　　二、进口贸易的流程 ………………………………………………… 349

第二节　交易的磋商 ……………………………………………… 350
　　一、交易磋商的形式 ………………………………………………… 350
　　二、交易磋商的内容 ………………………………………………… 351
　　三、交易磋商的程序 ………………………………………………… 351

第三节　合同的签订 ……………………………………………… 356
　　一、国际货物买卖合同的特点及成立条件 ………………………… 357
　　二、国际货物买卖合同的形式及内容 ……………………………… 359

第四节　合同的履行 ……………………………………………… 361
　　一、出口合同的履行 ………………………………………………… 361
　　二、进口合同的履行 ………………………………………………… 368

第十六章　国际贸易方式 ………………………………………………… 372

第一节　传统国际贸易方式 ……………………………………… 373
　　一、经销 ……………………………………………………………… 373
　　二、代理 ……………………………………………………………… 374
　　三、寄售 ……………………………………………………………… 375
　　四、拍卖 ……………………………………………………………… 376
　　五、招标与投标 ……………………………………………………… 377
　　六、期货交易 ………………………………………………………… 379
　　七、对销贸易 ………………………………………………………… 382
　　八、加工贸易 ………………………………………………………… 384

第二节　跨境电子商务 …………………………………………… 387
　　一、电子商务的特点 ………………………………………………… 387
　　二、电子商务的分类 ………………………………………………… 387
　　三、跨境电子商务的特征及流程 …………………………………… 389
　　四、跨境电子商务对国际贸易的影响 ……………………………… 391
　　五、我国跨境电子商务展望 ………………………………………… 392

参考文献 …………………………………………………………………… 395

上篇　理　论　篇

第一章
导　论

学习目标

了解国际贸易的研究对象及研究内容；掌握国际贸易的基本概念与基本分类，对一些容易混淆的概念加以区分，理解各个指标的具体含义，为研究各种国际贸易现象建立基础；了解当代国际贸易在全球和中国的发展现状；理解国际分工的主要影响因素及其与国际贸易的关系。

引导案例

全球贸易发展概况

2016年8月1日，世界贸易组织（WTO）发布的《世界贸易统计数据》报告显示，2005~2015年世界货物贸易和服务贸易的贸易额增长了近1倍。

2015年，在经历2012~2014年的温和增长后，世界贸易呈现疲弱态势。世界贸易总量缓慢增长2.7%，与世界GDP增速（2.4%）基本一致。然而，由于出口价格下滑15%，货物贸易金额（以美元计）下降了13%至16万亿美元。世界商业服务出口额为47.54亿美元，同比下降了6%。2015年世界贸易的疲弱主要由于中国经济下滑、巴西经济严重衰退、原油等商品价格大幅下滑以及汇率的不稳定等。

从地区看，亚洲、欧洲和北美占WTO成员货物贸易总量的88%，发展中国家在出口中的占比由2005年的33%上升至2015年的42%；同时，10年间，发展中国家之间的贸易从41%上升至52%。

从国家看，在货物出口方面，2015年，排名前10个成员的出口量占总出口量的52%，发展中国家占42%，WTO成员总出口量达16.2万亿美元；在服务贸易出口方面，前10位出口国的出口量占出口总量的53%，发展中国家占36%，WTO成员总出口量达4.68万亿美元。

2017年4月12日，世界贸易组织发布2016年全球贸易统计报告。报告显示，2016年全球货物贸易额降幅有所收窄。2016年，全球货物贸易出口额为15.5万亿美元，下降3.3%，进口额为15.8万亿美元，下降3.2%。中国连续八年保持全球第一大货物贸易出口国和第二大进口国地位，2016年出口额2.1万亿美元，占全球份额13.2%，进口额1.6万亿美元。

（资料来源：根据中国国际贸易促进委员会网站新闻整理）

随着科技进步及社会生产力的发展，国际贸易涉及的领域越来越广泛，内容越来越繁杂。国家间的贸易既有大豆、钢材、汽车、服装等有形货物的交换，也有通讯、金融、运输、教育等无形服务的交换，还有专利、商标等技术领域的交换。由此可见，国际贸易不仅指国家间的货物交换，还包括服务和技术的国际交换。

第一节 国际贸易的研究内容

人们在国际贸易领域的长期探索和研究，涉及商品和生产要素在国际间流动的成因、模式、利益及分配，揭示了国际贸易产生、发展的特点与一般规律，从而逐渐形成了国际贸易学科。国际贸易的研究对象就是不同国家或地区之间的商品交换活动，其研究内容可分成国际贸易理论和国际贸易实务两大部分。

一、国际贸易理论的研究内容

国际贸易理论是国际经济学的一个独立分支，研究对象是商品（货物、服务、技术）的跨国界流动，通常分为"基本理论"和"政策措施"两部分。在国际贸易的基本理论中，自由贸易理论倡导自由贸易，强调自由贸易能够让所有贸易参与国获益，政府应该尽量减少妨碍国际贸易发展的各种限制措施。与自由贸易理论相对立的是保护贸易理论，强调政府必须对国际贸易进行干预，实施奖出限入的对外贸易政策。"基本理论"和"政策措施"共同构成了国际贸易理论的研究内容。

（一）国际贸易的基本理论

国际贸易的基本理论主要围绕四个问题展开：各国间的国际贸易为何会发生；一个国家应该出口什么进口什么；如何衡量一国从贸易中的获益或受损；国际贸易对进口国及出口国的生产、消费、福利、收入分配等方面产生怎样的影响。换言之，国际贸易基本理论主要是对国际贸易产生的原因、贸易模式、贸易利益及贸易后果等问题做出理论探索和解释。

课堂讨论：你对这四个问题是如何认识的？

国际贸易基本理论的发展经过了三个历史阶段：第一阶段，从18世纪末到20世纪初为古典国际贸易理论时期，以亚当·斯密在《国富论》中提出的绝对优势论为开端，由大卫·李嘉图继承并加以发展而成的比较优势论为基础，约翰·穆勒以及马歇尔等人对比较优势论进行了补充和完善。第二阶段，从20世纪初到20世纪60年代为现代国际贸易理论时期，以赫克歇尔和俄林创立的赫克歇尔－俄林理论为开端，以萨缪尔森的要素价格均等化学说及斯托尔珀－萨缪尔森定理为补充，形成了较为完整的要素禀赋理论。第三阶段，从20世纪60年代至今为当代国际贸易理论时期，众多经济学家从国际贸易的新趋势出发，对传统国际贸易理论提出挑战，包括克鲁格曼的规模报酬递增学说、弗农的产品生命周期理论、林德的偏好相似学说等，极大地拓展了国际贸易理论研究的深度。

上述国际贸易理论与贸易学说对不同历史时期的贸易形态、贸易产生的基础、贸易条件与贸易模式、贸易利益、贸易政策及其效应、贸易影响、贸易与经济发展的关系等问题进行了研究、分析和论证，对诸多国家正确认识当代国际贸易，制定适合本国国情的经济发展战略和对外贸易政策具有积极借鉴意义。

（二）国际贸易的政策措施

国际贸易政策也是国际贸易研究的重要内容。根据政策目的与实施结果，国际贸易政策被分为自由贸易政策和保护贸易政策两类。国际贸易政策措施的研究内容包括：贸易政策的具体措施有哪些、贸易政策的后果、贸易政策制定中的政治经济学、世界各国贸易政策的相互协调等。

国际贸易政策措施发展到今天，其种类可谓多种多样，既有传统的关税壁垒，也有名目繁多的非关税壁垒。一国在一定时期究竟推行何种贸易政策，贯彻实施哪些具体措施，主要是由其经济发展水平和在国际经济中所处的地位决定。国际贸易的发展史也是一部各国贸易政策和措施的发展史。

现代国际贸易的实践表明，国际贸易从过去工业发达国家垄断的时代，逐步转变为各种类型国家相互合作、相互竞争的时代。世界各国会通过签订各种贸易协定、贸易条约或参加某些国际经济组织来对自己的行为进行约束和规范。这些贸易协定、贸易条约和国际经济组织究竟会给成员国带来多少具体的经济利益或损失，都需要进行专门的分析研究。

二、国际贸易实务的研究内容

国际贸易实务作为一门综合性应用学科，研究国际商品交换过程中的具体程序、交易条件、贸易方式、应遵循的相关国际法律和贸易惯例等。其研究内容主要包括以下四个方面。

(一) 贸易程序

贸易程序是贸易双方买卖商品必须履行的实际操作过程。每一种贸易程序，都包括若干个阶段；在每一个阶段中，又包含若干个业务环节。

贸易程序的多少，取决于商品买卖的特殊性。国际货物贸易基本程序可分为调查准备、商订合同、履行合同和违约处理四个阶段。这四个阶段包括的基本程序为：在准备阶段，进行国际市场调研、拟订国际贸易计划、核算成本及收益；在商订合同阶段，通过询盘、发盘、还盘、接受之后订立合同；在履行出口合同阶段，要经过备货、落实信用证、安排运输、办理保险、商品检验、出口报关、装运货物、缮制单据、收取货款等；在履行进口合同阶段，要经过申请开立信用证、办理托运、办理保险、审核出口方交货单据、付款、进口报关、提货、验收等；在违约处理阶段，通常要先进行违约认定，然后由双方协商采用适当的违约救济方法，双方协商不成可申请仲裁机构裁决乃至诉诸法院判决。

(二) 交易条件

交易条件是当事人在买卖商品时经过谈判和相互磋商后最终达成的各种基本条件，包括商品名称、品质、数量、包装、价格、装运、货款支付、保险、争议和违约处理方式等。

(三) 贸易方式

随着国际经济关系的日益密切和国际贸易的进一步发展，国际贸易方式日趋多样化和综合化。除传统的国际贸易方式外，还出现了融货物、技术、劳务和资本移动为一体的各种新型贸易方式。主要有：包销、经销、代理、寄售与展卖、招标与投标、拍卖、期货贸易、对销贸易、加工贸易、租赁贸易、跨境电子商务等。国际贸易实务研究上述贸易方式的性质、特点、适用条件、基本做法及其局限性。

(四) 贸易法规及贸易惯例

贸易法规及贸易惯例是影响贸易方式、贸易程序、交易条件及贸易环境的重要因素，有时甚至是决定性因素。国际贸易实务并非研究贸易法规和贸易惯例的形成及发展变化趋势，而是要研究它们的形成和变化对国际贸易实务操作的影响，并找出相应的适应方式和对策。

第二节 国际贸易的基本概念

了解国际贸易的基本概念是进行国际贸易分析的基础，也有助于我们看懂国际贸易方面的研究报告。下面介绍国际贸易领域经常使用的一些概念。其中，有些概念相互联系又有所区别，我们把它们放在一起进行介绍。

一、国际贸易与对外贸易

国际贸易（International Trade）是指世界各国（或地区）之间商品（货物、服务和技术）的交易活动。

对外贸易（Foreign Trade）是指一国（或地区）同别国（或地区）之间进行的商品（货物、服务和技术）交易活动。一国对外贸易由进口贸易和出口贸易两部分组成。

二、贸易额与贸易量

（一）贸易额

所谓贸易额，是指用货币金额表示的贸易值，它是反映一定时期内贸易规模的指标。

按照研究对象的不同，贸易额可分为国际贸易额和对外贸易额两种。

国际贸易额（Value of International Trade）是指一定时期内以美元表示的世界各国出口额之和，它是反映全球贸易规模的重要指标。由于美元长期以来一直是被广泛采用的国际贸易结算货币，所以联合国及世界贸易组织等国际机构所公布的全球贸易额，一般采用美元来表示。在计算国际贸易额时，为避免重复统计，只汇总世界各国的出口额，不计进口额。

对外贸易额（Value of Foreign Trade）是指一国在一定时期内以货币金额表示的进出口额之和，它是反映一国对外贸易规模的重要指标。世界各国一般采用本国货币对贸易额进行统计。为便于国际比较，大多数国家同时公布以美元计的贸易额。

需要注意的是，国际贸易额只计出口，不计进口，而对外贸易额既包括进口额又包括出口额。

(二) 贸易量

所谓贸易量，是指剔除价格变动影响后的贸易值，它是反映一定时期内实际贸易规模的指标。

按照不同的研究对象，贸易量又分为国际贸易量和对外贸易量。

国际贸易量（Quantum of International Trade）是指以某一固定年份为基期形成的出口价格指数去除报告期的国际贸易额，所得出的按不变价格计算的国际贸易实际规模。修正后的国际贸易量剔除了不同时期价格变动因素的影响，可准确反映不同时期国际贸易规模的实际变动幅度。

计算公式为：

$$国际贸易量 = \frac{国际贸易额}{出口价格指数}$$

联合国等国际组织在统计全球贸易规模时，一般同时公布国际贸易额和国际贸易量这两个指标。

对外贸易量（Quantum of Foreign Trade）是指一国（或地区）以某一固定年份为基期形成的进出口价格指数分别去除报告期的进出口额，所得出的按不变价格计算的进口实际规模与出口实际规模之和。按照这种方法计算出来的结果已经剔除了价格变动的影响，可准确反映对外贸易规模的实际变动情况。

计算公式为：

$$对外贸易量 = \frac{进口额}{进口价格指数} + \frac{出口额}{出口价格指数}$$

三、贸易差额

贸易差额（Balance of Trade）是指一国在一定时期内出口总额与进口总额之间的相差数，它是衡量一国对外贸易状况的重要指标。当出口总额大于进口总额时，称为贸易顺差（Favorable Balance of Trade），也称作贸易盈余或出超；当出口总额小于进口总额时，称为贸易逆差（Unfavorable Balance of Trade），也称作贸易赤字或入超；当出口总额与进口总额相等时，称为贸易平衡。

总体而言，贸易顺差有助于增加一国外汇储备，而贸易逆差将减少一国的外汇储备。但是，对于贸易差额需要辩证地看待，并非贸易顺差越多越好。

四、贸易条件

贸易条件（Terms of Trade）是指一国在一定时期内出口商品价

格与进口商品价格之比,它是反映进出口商品价格变化对一国外贸收益影响程度的指标。如果同等数量出口商品能换回比基期更多的进口商品称作贸易条件改善,反之则称作贸易条件恶化。

由于每个国家进出口的商品成千上万,很难直接用某种商品的进出口价格进行比较。因此,计算贸易条件必须采用价格指数。将基期平均价格水平定为100,报告期的平均价格水平上涨则价格指数大于100,报告期的平均价格水平下降则价格指数小于100。

贸易条件的计算方式有多种,分成净贸易条件、收入贸易条件、单因素贸易条件和双因素贸易条件这几种。

(一) 净贸易条件

净贸易条件只考虑到进出口价格变化对一国进口能力的影响,用一国一定时期的出口价格指数与同期进口价格指数的比率来反映。具体计算方法为:

$$N = \frac{P_x}{P_m} \times 100$$

其中,N代表净贸易条件,P_x代表出口价格指数,P_m代表进口价格指数。计算出的结果大于100表明贸易条件改善,换言之,出口价格较进口价格相对上涨,意味着每出口一单位商品能换回更多的进口商品,该国贸易利益更多;小于100表明贸易条件恶化,换言之,出口价格较进口价格相对下降,意味着每出口一单位商品能换回的进口商品数量减少,该国贸易利益和基期相比不利;等于100则表明贸易条件不变。

(二) 收入贸易条件

收入贸易条件不仅考虑进出口商品价格变化对一国进口能力的影响,而且考虑出口规模变化对进口能力的影响。具体计算方法为:

$$I = \frac{P_x}{P_m} \times Q_x \times 100$$

其中,I代表收入贸易条件,P_x代表出口价格指数,P_m代表进口价格指数,Q_x代表出口数量指数。

(三) 单因素贸易条件

单因素贸易条件是在净贸易条件的基础上,考虑出口商品劳动生产率变化对该国贸易利益的影响。具体计算方法为:

$$S = \frac{P_x}{P_m} \times Z_x \times 100$$

其中,S代表单因素贸易条件,P_x代表出口商品价格指数,P_m

代表进口商品价格指数，Z_x 是指出口劳动生产率指数。

（四）双因素贸易条件

双因素贸易条件同时考虑到出口商品劳动生产率和进口商品劳动生产率的变化对该国贸易利益的影响。具体计算方法为：

$$D = \frac{P_x}{P_m} \times \frac{Z_x}{Z_m} \times 100$$

其中，D 代表双因素贸易条件，P_x 代表出口价格指数，P_m 代表进口价格指数，Z_x 代表出口劳动生产率指数，Z_m 代表进口劳动生产率指数。

对于上述任何一种形式的贸易条件，计算结果大于 100 时，表明该国贸易条件得到改善；计算结果小于 100 时，表明该国的贸易条件恶化；计算结果等于 100 时，表明贸易条件不变。

五、贸易商品结构

所谓贸易商品结构，是指不同类型的进出口商品在进出口贸易总额中所占的比重。

《联合国国际贸易标准分类》（SITC）把国际货物贸易商品划分为初级产品和工业制成品两大类。世界上绝大多数国家都按照《联合国国际贸易标准分类》公布国际贸易商品结构和对外贸易商品结构。

（一）国际贸易商品结构

国际贸易商品结构（Composition of International Trade）是指一定时期内各类商品在全球货物出口额中所占的比重。国际贸易商品结构可以反映世界经济发展水平及产业结构状况。

（二）对外贸易商品结构

对外贸易商品结构（Composition of Foreign Trade）是指一定时期内一国进出口贸易中各类商品的构成，包括出口商品结构和进口商品结构两个方面。它可以反映该国的经济发展水平以及该国在国际分工中所处的地位。

一国对外贸易商品结构主要由该国的经济发展水平、产业结构状况、劳动力就业状况、自然资源状况、对外贸易政策等因素所决定。

六、贸易地理方向

所谓贸易地理方向，是指贸易额的地区分布和国别分布情况。

（一）国际贸易地理方向

国际贸易地理方向（International Trade by Country or by Region）是指世界各国、各地区在全球贸易总额中所占的比重，反映的是各国、各地区在国际贸易中所占的地位。

（二）对外贸易地理方向

对外贸易地理方向（Foreign Trade by Country or by Region）是指一国对外贸易额的国别分布或地区分布，一般以各国、各地区贸易额占该国贸易总额的比重来反映，反映该国同世界不同国家或地区经济贸易联系的紧密程度。

对外贸易地理方向由两部分构成，一是出口市场构成；二是进口来源地构成，分别表示一国出口商品去向和进口商品来源地的分布。

七、外贸依存度

外贸依存度（Foreign Trade Dependence）是指一国在一定时期内进出口额占该国国内生产总值的比重。该指标反映一国对外贸易在其国民经济中的地位，同时反映一国国民经济对其对外贸易的依赖程度，以及一国国民经济活动与世界经济的联系程度。

外贸依存度的计算公式为：

$$Z = \frac{X + M}{GDP} \times 100\%$$

上式中，Z 为外贸依存度，X 为出口额，M 为进口额。

外贸依存度由进口依存度和出口依存度两方面组成。

进口依存度（Import Dependence）是指一国进口额占其国内生产总值的比重。一般而言，进口依存度可以反映一国市场的对外开放程度。进口依存度的计算公式为：

$$Z = \frac{M}{GDP} \times 100\%$$

出口依存度（Export Dependence）是指一国出口总额占其国内生产总值的比重。一般而言，出口依存度可以反映一国对世界市场的依赖程度。出口依存度的计算公式为：

$$Z_x = \frac{X}{GDP} \times 100\%$$

中国原油进口依存度再创历史新高

自1993年起，中国从石油净出口国变为原油净进口国，当年原油进口依存度为6.7%，此后原油对外依存度便不断上升。2011年8月，中国原油进口依存度首次超过美国，达到55.2%。

2017年1月，中石油经济技术研究院发布的《2016年国内外油气行业发展报告》显示，2016年中国原油净进口量约为3.76亿吨，同比增长13.1%，增速较往年高5.0个百分点。全年石油净进口3.56亿吨，同比增长3.3个百分点。原油和石油对外依存度分别为65.5%和64.4%，再创历史新高。

原油进口依存度不断上升，这对中国的能源安全是很大的威胁。其背后的原因是国内两大油田产量下降导致国内原油总产量下滑，2016年国内原油产量19 771万吨，同比下降7.3%。在业内人士看来，中国原油产量大幅下滑的一大原因是高成本。中国原油生产成本大致在45美元/桶~50美元/桶，高于全球平均产油成本。在这种情况下，进口原油相对更具经济效益。为了弥补这一供给缺口，中国必然会加大对海外原油的进口。在这种情况下，国内原油对外依存度持续大幅攀升。

（资料来源：根据新浪网/新浪财经2017-01-13、汇金网2017-01-11的相关报道整理）

第三节 国际贸易的基本分类

一、货物贸易、服务贸易与技术贸易

按商品形态划分，国际贸易可以分为国际货物贸易、国际服务贸易以及国际技术贸易。

（一）国际货物贸易

国际货物贸易是指以实物形态表现的跨国商品交换活动，又称有形贸易，也就是我们常说的进出口。

《联合国国际贸易商品标准分类》（简称SITC）将国际货物贸易分为10大类，1 924个基本项目。这十大类分别为：食品及主要供食用的活动物（0），饮料和烟类（1），燃料以外的非食用粗原料（2），

矿物燃料、润滑油及有关原料（3），动植物油脂及油脂（4），未列名化学品及有关产品（5），主要按原料分类的制成品（6），机械及运输设备（7），杂项制品（8），没有分类的其他商品（9）。其中，前五大类称为初级产品，后五大类称为工业制成品。

货物进出口在通过一国边境时，必须向海关报关，经过检验后才可放行，因此各国进出口的原始数据都来自海关。为了便于比较，各国海关统计货物进出口时，一般采用美元作为计价货币。

（二）国际服务贸易

国际服务贸易是指一国服务业各部门产出的跨国商品交换活动。

世界贸易组织制定的《服务贸易总协定》（简称GATS）提出了以部门为中心的服务贸易分类方法，将服务贸易分为商业性服务、通讯服务、建筑及有关工程服务、销售服务、教育服务、环境服务、金融服务、健康及社会服务、旅游及相关服务、娱乐文化及体育服务、运输服务、其他服务等12大类。

由于国际服务贸易的交易对象是非实物形态的服务，如运输、金融、旅游等，因此服务贸易又称无形贸易。

《服务贸易总协定》将服务贸易定义为：（1）跨境交付，指从一成员方国境内向任何其他成员国境内提供服务，如运输公司向另一国用户提供运输服务等；（2）境外消费，指在一成员方国境内向任何其他成员方的消费者提供服务，如病人到国外就医，旅游者到国外旅游，学生到国外留学等；（3）商业存在，指一成员方的服务提供者在任何其他成员方境内通过商业性存在提供服务，如在境外投资设立银行、饭店、商店、会计事务所、律师事务所等；（4）自然人流动，指一成员方国民在任何其他成员方境内提供服务，如专家到国外讲学、技术人员到国外作技术咨询指导、艺术家到国外演出等。

服务贸易的统计数据和货物贸易的统计数据一样，都显示在各国的国际收支平衡表中。但是，服务贸易进出口不须经过海关办理手续，其统计数据不在各国海关进出口统计上显示。

（三）国际技术贸易

国际技术贸易是指世界不同的国家或地区间，一方将技术使用权转让给另一方，并收取技术使用费的一种国际交易行为。

国际技术贸易由技术出口和技术引进两方面组成，其交易标的是知识产权。根据关贸总协定乌拉圭回合达成的《与贸易有关的知识产权协议》，知识产权包括商标、专利、版权、地理标志、工业设计、集成电路、外观设计图等，是一种受专门法律保护的重要的无形财产。

在实践中,单纯的技术贸易较少,常常是把无形的技术知识与有形的商品、工程项目等其他贸易方式结合起来,其主要方式有许可证贸易、技术咨询与服务、合作生产、工程承包,还包括合资经营、特许经营、成套设备引进等多种形式。

国际技术贸易与国际技术转让既有联系,也有区别。国际技术转让可以是有偿的,也可以是无偿的,有偿的国际技术转让就是国际技术贸易。

二、出口、进口与过境贸易

按商品流向划分,国际贸易可以分为出口、进口、过境贸易、复出口与复进口。

(一) 出口

出口是指将本国生产加工的商品输往国外市场销售。

(二) 进口

进口是指将外国商品输入本国市场销售。

(三) 过境贸易

过境贸易是指甲国通过本国国境向乙国运送货物,对本国而言就是过境贸易。过境贸易大多与货物运输有关。

位于内陆的国家出口货物时,如果采用运费成本最低的海洋运输方式,需要先把货物运到有港口的邻近国家的港口装船,然后才能运到买方所在地的目的港。对于有港口的邻近国家而言,这种贸易就属于过境贸易。

(四) 复出口

复出口是指输入本国的外国商品未经加工又输往国外。
复出口大多与经营转口贸易相关。

(五) 复进口

复进口是指输往国外的本国商品未经加工又输入本国。
复进口大多与出口商品退货相关。

三、总贸易与专门贸易

按贸易统计方式划分,国际贸易可以分为总贸易体系与专门贸易体系。其中,贸易体系是指一个国家进行国际货物贸易统计所采用的统计制度。

(一) 总贸易体系

总贸易体系(General Trade System)是以货物通过国境作为统计进出口的标准。凡进入本国国境的商品一律计入进口;凡离开本国国境的商品一律计入出口。

采用总贸易统计的国家有中国、俄罗斯、美国、英国、日本、加拿大、澳大利亚、东欧各国等90多个国家和地区。

(二) 专门贸易体系

专门贸易体系(Special Trade System)是以货物通过关境作为统计进出口的标准。凡进入关境的商品一律计入专门进口;凡离开关境的商品一律计入专门出口。

在专门贸易体系中,专门进口包括:外国商品通过关境直接进入国内市场的商品;外国商品从保税仓库提出后通过关境进入国内市场的商品。专门出口包括:从国内运出关境的本国商品;进口后未经加工又运出关境的商品。

采用专门贸易统计的国家有德国、意大利、瑞士、法国等80多个国家和地区。

四、直接贸易、间接贸易与转口贸易

按是否有第三国参与贸易,国际贸易可以分为直接贸易、间接贸易和转口贸易。

(一) 直接贸易

直接贸易是指商品生产国与商品消费国之间直接买卖商品的行为。对于商品生产国来说是直接出口,对商品消费国来说是直接进口。

(二) 间接贸易

间接贸易是指商品生产国与商品消费国通过第三国进行的商品买卖行为。对于商品生产国来说是间接出口,对商品消费国来说是间接进口。

(三) 转口贸易

转口贸易(Entrepot Trade)是指商品生产国与商品消费国通过

第三国进行商品买卖,对于第三国而言就是转口贸易。

国际上从事转口贸易的国家或地区往往地理位置优越、运输体系发达、贸易限制较少。如英国伦敦、荷兰鹿特丹、新加坡、中国香港特别行政区等都是重要的转口贸易港。

五、现汇贸易与易货贸易

按贸易清偿手段,国际贸易可以分为现汇贸易与易货贸易。

(一)现汇贸易

现汇贸易是指以国际通用货币作为结算手段的贸易,又称为自由结汇贸易。

所谓国际通用货币,是指能够充当国际支付手段的可自由兑换的货币。在当前国际贸易中通用的国际货币主要包括美元、欧元、英镑、日元、人民币、加拿大元等币种。

(二)易货贸易

易货贸易是指两国贸易时直接以货物交换货物,不涉及货款结算。其特点是把货物的进口与出口相结合,贸易双方既是买方又是卖方。货物经过计价后,换货的金额基本平衡。

这种以货换货的贸易方式不用外汇支付,有助于克服一国因外汇短缺而所造成的贸易障碍。但易货贸易方式面临着交易货物不易对路,换货金额不易平衡,贸易规模难以扩大等局限性,在当今国际贸易中只占很少份额。

六、双边贸易与多边贸易

按参与贸易的国家数目,国际贸易可以分为双边贸易与多边贸易。

(一)双边贸易

双边贸易是指两国之间签订贸易协议,通过双边结算所进行的贸易活动。

在双边贸易中,买卖双方都以本国的出口来支付从对方的进口,以保持双方收支基本平衡。

(二)多边贸易

多边贸易是指3个或3个以上的国家共同签订贸易协议,通过多边结算进行的贸易。

多边贸易得以实现的前提是多边支付协议的建立。在多边贸易中，有多个国家参与贸易，贸易参加国互购商品，以盈补亏，贸易收支互相冲销，最终实现彼此贸易基本平衡。三角贸易就属于多边贸易范畴。

第四节 国际贸易的发展现状

国际贸易是在一定历史条件下产生和发展起来的。它的形成必须具备两个基本条件：一是国家的形成；二是社会生产力的发展。国家的形成，让国家间的商品交换有了现实基础；社会生产力的发展，产生了可用于国际交换的剩余产品，又产生了对社会分工的需要。国家的形成和社会生产力发展是国际贸易产生和发展的基础。

当代国际贸易通常是指20世纪50年代以来的国际贸易。在第三次技术革命的推动下，世界生产力水平得到极大提高，世界经济进入快速增长时期。生产力水平的提高和经济的快速增长推动着世界产业结构和经济结构出现显著变动，一大批新兴工业部门应运而生，国际贸易伴随着经济的巨大发展而出现了飞速增长，再加上现代化交通运输和通讯工具的广泛采用，使世界各地的距离在时间上大大缩小。另外，世界贸易组织及其前身《关税和贸易总协定》所组织的降低关税谈判，在一定程度上推动了贸易自由化，为国际贸易发展提供了一个相对稳定和公平的环境。这一切使当代国际贸易的发展速度和贸易规模远远超过历史上任何一个时期。

一、全球贸易发展现状

随着经济全球化的发展以及世界产业结构的调整，全球贸易快速发展。我们从货物贸易和服务贸易这两个方面，分析全球贸易的发展现状。

（一）全球货物贸易发展概况

1. 全球货物贸易规模。在经济全球化的时代背景下，全球货物贸易在过去60多年中发生了极大变化。全球货物贸易规模持续增长，据统计，自1950年至今，世界贸易额已经增长了270倍。随着国际贸易在世界各国国内生产总值中比重的不断上升，国际贸易在现代经济中的地位越来越重要，国际贸易对全球经济增长的促进作用、在工业化过程中的"引擎"作用正在不断增强，同时也表明世界各国之间经济联系的增强和对国际贸易依赖程度的不断加深。

全球货物贸易的发展会受到全球经济发展的影响。由于世界经济低速增长，全球货物贸易增速已经连续多年低于产出增速。2009~2016年，经过近9年的调整，世界经济仍未走出国际金融危机的阴影。世界贸易组织的统计数据显示，2016年全球商品出口额为15.5万亿美元，同比下降3.3%；进口额为15.8万亿美元，同比下降3.2%，与金融危机前的贸易规模大体持平。

2. 全球货物贸易的格局。

首先，全球贸易活动高度集中在少数国家进行。目前，发达国家占据世界货物出口60%以上的份额。在发展中国家中，新兴工业化国家处于领先地位，如亚洲四小龙、中国、巴西等。中国加入WTO以来，货物进出口额由2001年的5 096亿美元，上升到2016年的3.68万亿美元。中国在全球货物出口中所占的份额，1950年仅占0.9%，2016年已占到13.2%，连续八年保持全球第一大出口国和第二大进口国地位，成为全球贸易格局的改写者。

其次，经贸集团化趋势日益增强。经贸集团化是指在成员国之间削减或取消关税，逐渐拆除贸易壁垒，从而实现集团内贸易的自由化，对集团外则实行共同的贸易政策。20世纪80年代中期以来，在国际贸易领域区域集团化进程不断加快。据世界贸易组织统计，到2002年底全球累计共签署了255个区域贸易协定，其中约90%是双边自由贸易协定。欧盟、北美自由贸易区和中国—东盟自由贸易区是世界上最大的三个区域性经贸集团，形成了当今世界贸易的三足鼎立之势。

最后，跨国公司在全球生产和贸易中发挥着越来越重要的作用。在当代国际贸易舞台上，跨国公司是重要影响者。据《2010年世界投资报告》资料显示，2009年全球共有82 000家跨国公司，世界贸易总量中有70%~80%与跨国公司有关，80%的国际技术转让费支付发生在跨国公司内部，而且这种趋势还有进一步扩大和发展之势。跨国公司在世界市场上的竞争地位不断加强，国际贸易和世界经济发展也为跨国公司提供了更多的机会和制度保证。

3. 全球货物贸易的商品结构。全球货物贸易的商品结构表现为：工业制成品的比重大大提高，初级产品所占比重逐渐下降。20世纪50年代，初级产品在世界出口中占60%多；20世纪60年代，初级产品与制成品在世界贸易中平分秋色；20世纪80年代二者的比重为3∶7，即制成品占70%；2000年以来，国际贸易中制成品贸易占到近75%，初级产品比重降到25%以下。

据世贸组织的统计，制成品贸易的增速更高于世界产出，而且还有加速趋势。工业制成品内部结构的变化很大，深加工、高附加值产品上升较快。机电产品、技术密集型高科技新产品，如电子和微电子产品、新型通讯设备、大型程控机床、核能电站设备、海洋石油钻探等重型成套设备增长最快。这类产品在西方发达国家制成品出口中已占到60%，在世界出口中已占1/3以上。

4. 国际贸易方式日趋多样化。随着世界科学技术的进步以及社会生产力的发展，不同经济体之间在资金、技术、服务等方面进行合作，促进了国际经济合作形式和国际贸易方式的多样化。在国际贸易领域，一些新贸易方式出现并快速发展。例如，服务贸易、技术贸易、补偿贸易、对外加工装配贸易、租赁贸易等。

纵观当代货物贸易的发展历史不难看出，尽管世界经济与贸易的发展道路并非一帆风顺，但总的趋势仍然是不断前进。在和平与发展成为当今世界发展主流的背景下，各国经济相互依存、相互促进的趋势将越来越明显，这是国际贸易不断发展的强大动力。21世纪国际贸易将在一个更广阔的领域内继续发展。

（二）全球服务贸易发展概况

20世纪80年代以来，世界经济重心开始转向服务业，服务贸易规模不断扩大，在全球贸易中的比重持续上升。国际服务贸易在其快速发展中呈现出以下几个新的特征。

1. 国际服务贸易规模扩大。20世纪70年代以来，服务贸易开始摆脱附属于货物贸易的地位，逐步发展成为相对独立的国际贸易类型。20世纪80年代以后，服务贸易异军突起，其增长速度一直高于货物贸易的增长速度。据世界贸易组织统计，1990~2000年间国际服务贸易额年均增长率为7%，高于同期世界货物贸易6%的增长率。近10多年来，基于现代化、信息化基础上的服务业全球化蓬勃兴起，国际服务贸易进入高速发展期，带动了服务业跨国投资和离岸外包的迅速发展。目前，服务业跨国投资占全球FDI存量保持在60%以上，服务贸易占全球贸易的比重上升至20%~25%，已成为各国经济新的增长点和世界贸易的重要组成部分。

随着知识经济时代的来临，新的服务部门不断涌现，越来越多的劳动者从实物生产转移到服务生产。与此相适应，国际服务贸易也将进入一个高速发展的时期，成为国际贸易乃至世界经济的新的增产点。世界贸易组织的统计资料显示，2015年世界服务贸易总额约92 450亿美元。其中，世界服务出口46 750亿美元，世界服务进口

45 700 亿美元。

2. 国际服务贸易的主要参与者是发达国家。国际服务贸易在国际间发展不平衡。发达国家的服务贸易比发展中国家发展得快，并且占有绝对优势。

从地理分布上讲，北美和西欧的国际服务贸易处于领先地位，而且其双向对流的服务贸易发展大大快于发达国家与发展中国家间单向移动的服务贸易。美国稳坐世界服务贸易第一大国宝座，其服务贸易总额、服务出口总额、服务进口总值及服务顺差继续保持世界第一。欧洲在世界服务进出口中占据主导地位，欧盟 28 国的服务进出口约占全球服务进出口的 40%。

2014 年服务贸易出口前十强的国家是：美国、英国、德国、法国、中国、日本、荷兰、印度、西班牙、爱尔兰/新加坡（见图 1-1）。

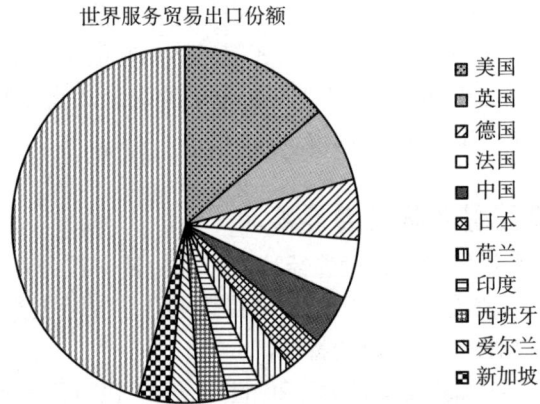

图 1-1　2014 年世界服务贸易前十大出口国

资料来源：根据《中国服务贸易统计 2015》中的数据整理。

3. 国际服务贸易的行业结构发生改变。服务贸易的主要行业从运输、旅游、工程建筑等传统领域转向知识、技术和数据处理等不断涌现的新兴领域。

高新技术的发展和应用，特别是通讯革命大大提高了服务的可贸易性，加速了生产专业化发展的进程，改变了传统的服务提供方式。许多生产和消费原来需要同步进行的服务，现在可以实现生产与消费的分离；银行、保险、医疗、咨询和教育等原来需要供需双方直接接触的服务，现在可以采用远距离信息传递的方式。以劳动密集为特征的运输、旅游、工程建筑等传统服务贸易比重呈下降趋势，以资本密集、技术密集和知识密集为特征的电子信息、金融、咨询等新兴服务贸易逐渐发展壮大。目前，国际服务贸易的项目集中在旅游、运输、保险、金融和电信等行业。

从行业分布来讲，发达国家的金融服务、通讯、知识产权贸易等生产性服务贸易增长较快，发展中国家建筑工程承包、普通劳务输出、旅游等服务项目发展迅速。除旅游业、劳动汇回款等个别项目之外，发展中国家在服务贸易上全部是逆差，而发达国家则长期保持服务贸易顺差。

二、中国外贸发展现状

货物贸易和服务贸易是中国对外贸易的两大支柱。1978年，我国开始启动改革开放进程，货物贸易首先获得快速发展。近年来，随着我国服务业对外开放程度的加深，服务贸易呈现快速增长态势。下面，我们分别介绍中国货物贸易及服务贸易的发展概况。

（一）中国货物贸易发展概况

近40年的经济改革和对外开放政策，使我国从自给自足的封闭经济发展成为全球贸易大国。随着对外开放政策的不断推进，我国各行各业纷纷开拓国际市场，进出口贸易规模持续扩大，贸易差额由逆差向顺差转变，贸易商品结构及贸易地理方向不断优化。

1. 货物贸易规模。20世纪80年代初，我国进出口额不到400亿美元，在全球排名第32位。随着"对外开放"政策的不断推进，我国进出口贸易规模持续扩大。2001年，我国进出口额首次突破5 000亿美元，全球排名第6位；2004年，进出口额突破1万亿美元，全球排名第3位；2007年，进出口额突破2万亿美元，全球排名第3位；2011年，进出口额突破3万亿美元，全球排名第2位；2013年，进出口额突破4万亿美元，全球排名第1位。

20世纪90年代以来，中国货物贸易规模增长十分迅速。近30年我国货物进出口有三个快速增长期：一是1991~1994年，二是2002~2006年，三是2010~2011年。在这三个时间段内，我国货物进出口的年均增长率都在20%以上。

1998年、2009年以及2015~2016年，受到国际市场需求疲弱影响，我国外贸发展都曾经出现下滑态势。其中，1998年微跌0.4%，2009年同比下降13.9%，2015年同比下降8.0%。2016年，我国进出口总值3.7万亿美元，同比下降6.8%。其中，出口2.1万亿美元，下降7.7%；进口1.6万亿美元，下降5.5%。尽管如此，2011年以来，我国进出口额都保持在3.5万亿美元以上（见图1-2）。

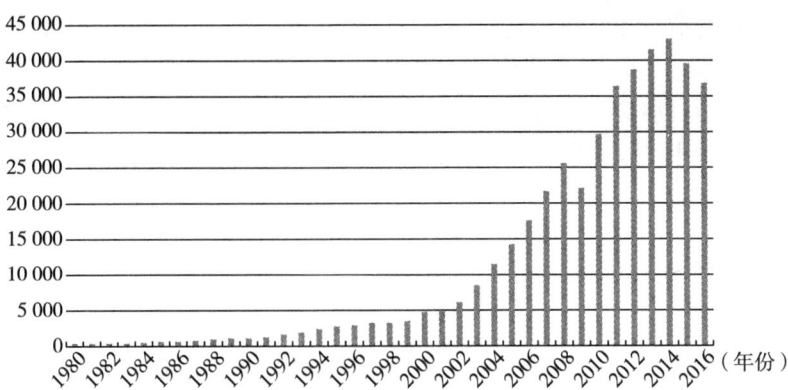

图1-2　1980~2016年中国货物贸易进出口额

资料来源：根据中国海关数据编制。

2. 货物贸易差额。20世纪80年代，除个别年份以外，我国货物贸易在大多数年份都呈逆差，逆差额在100亿美元以内。1990年之后，除1993年以外，我国货物贸易差额由负转正，绝大多数年份都是顺差。

2004年以前，贸易顺差规模在400亿美元以内。2005年贸易顺差突破1 000亿美元，2007~2008年突破2 000亿美元。2015~2016年，中国以美元计的贸易顺差高达5 000亿美元以上（见图1-3）。

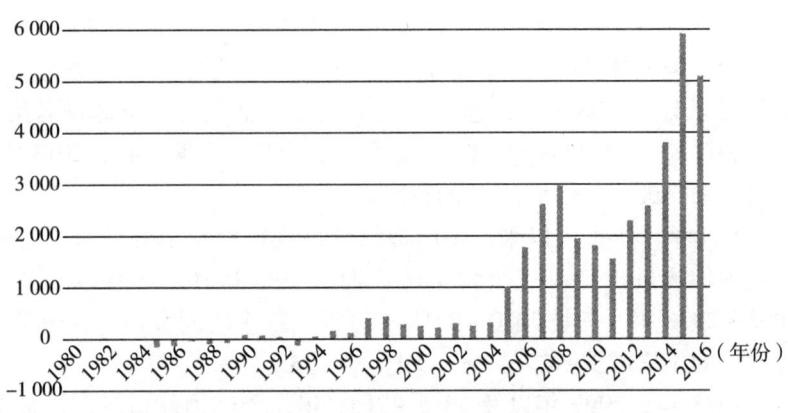

图1-3　1980~2016年中国货物贸易差额

资料来源：根据中国海关数据编制。

货物贸易顺差是一国外汇储备的重要来源。随着货物贸易顺差的持续增加，中国外汇储备于1996年底首次突破1 000亿美元，随后于2006年、2010年、2011年分别突破1万亿美元、2万亿美元和3万亿美元大关。贸易顺差与外国直接投资净流入、外国贷款、人民币升值预期导致的"热钱"流入一起，共同构成了中国外汇储备的主要来源。

3. 货物贸易商品结构。按照《中国统计年鉴》分类,初级产品主要是指食品与燃料等。改革开放以来,中国初级产品贸易有较大增长,1980年初级产品贸易额仅为160.73亿美元,2016年初级产品进出口额已达5 441.4亿美元,占当年进出口总额的14.7%。其中,出口额1 039.8亿美元,进口额4 401.6亿美元,可见我国初级产品贸易处于逆差。

与初级产品相比,我国工业制成品贸易增长更为强劲。工业制成品包括化学品及有关产品、轻纺产品、橡胶制品、矿冶产品及其制品、机械与运输设备、杂项制品、其他未分类产品。改革开放以来,工业制成品出口一直占据中国货物出口的主要份额,工业制成品出口所占份额由1980年的58%逐步提升到1990年的78%,2001年以来基本稳定在88%左右。

4. 货物贸易的地理分布。多年来,欧盟、美国、日本、中国香港一直在中国对外贸易占据重要地位。20世纪80年代,中国香港在中国大陆的货物贸易中发挥着重要作用,是我国第一大贸易伙伴。1993~2003年,日本连续11年在我国货物贸易伙伴中排名第一。2004年欧盟"东扩"之后,成为我国第一大贸易伙伴,这一态势一直延续至今。美国则一直排在欧盟之后,位居第二位。

2016年,我国前十大贸易伙伴分别是欧盟、美国、东盟、中国香港、日本、韩国、中国台湾、澳大利亚、俄罗斯联邦、巴西。中国同十大贸易伙伴间的贸易占全部货物贸易额的75%(见图1-4)。

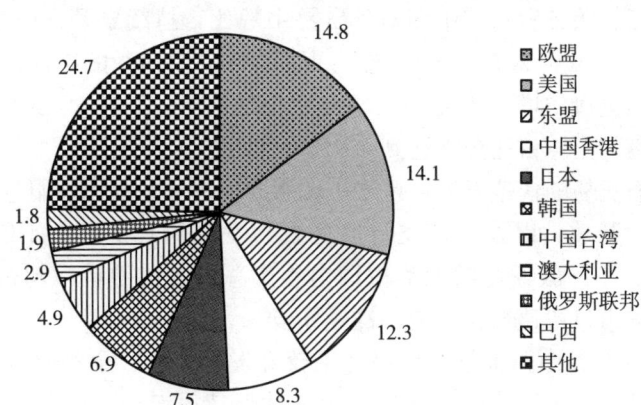

图1-4 2016年中国主要贸易伙伴进出口占比情况
资料来源:根据中国海关数据编制。

(二)中国服务贸易发展概况

随着改革开放的不断深入,中国服务贸易进出口规模快速增加,世界排名不断提升，服务出口结构渐趋优化，服务贸易逆差进一步扩大。

1. 服务贸易规模。近25年来，中国服务贸易呈现稳中有升的发展态势，服务进出口全球排名不断上升。根据中国商务部的统计，1990年以前，我国服务贸易进出口不足100亿美元；2003年首次突破1 000亿美元，全球排名第9；2007年突破2 000亿美元，全球排名第6；2015年突破7 000亿美元，全球排名上升到第2，仅次于美国（见图1-5）。

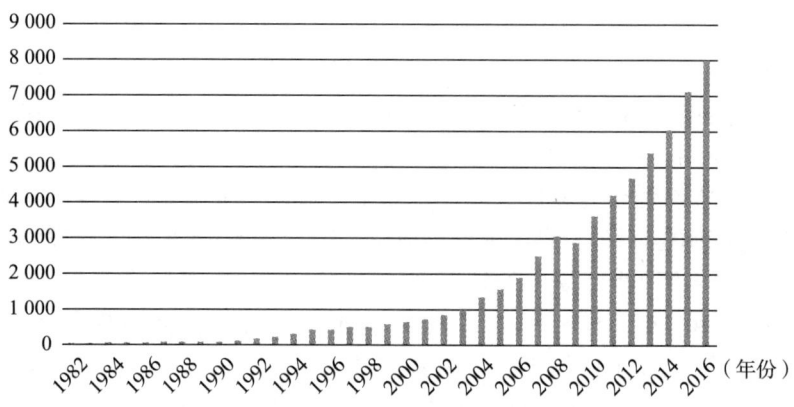

图1-5　1982~2016年中国服务贸易进出口额

资料来源：根据中国海关数据编制。

中国服务进出口规模不仅持续扩大，而且增长速度超过货物贸易增长速度，服务贸易在中国对外贸易中的比重持续攀升，由2011年的10.3%上升到2016年的18%。根据世界贸易组织的统计，中国服务出口与进口的增长速度均大幅高于全球水平。2015年服务出口额与进口额的全球占比分别达到4.9%和4.6%。

服务贸易的快速发展得益于中国服务业的日益壮大、服务业的进一步扩大开放，以及国家支持服务贸易发展的政策效应不断显现。2015年，中国服务业增加值占国内生产总值的比重首次超过50%，为服务进出口快速增长创造了良好环境。

2016年，中国服务贸易保持了较好发展势头，全年服务进出口首次突破8 000亿美元，世界排名继续保持第二位。服务贸易额较2015年增长14.2%，远高于国内生产总值6.7%的实际增速和8%的名义增速。可见，服务贸易正在为中国经济增长做出重要贡献。

2. 服务贸易差额。与货物贸易一样，中国服务贸易差额在20世纪90年代也出现了逆转。不同的是，货物贸易是由逆差转为顺差，而服务贸易是由顺差转为逆差。

1982～1991年，我国服务贸易一直是顺差，绝大多数年份的顺差在20亿美元以内。但是，1992～2007年间除1994年有少量顺差以外，服务贸易总体上呈现为逆差状态，逆差在100亿美元以内。2008年起，服务贸易逆差进入快速增长阶段。2013～2015年，中国服务贸易逆差都在1 000亿美元以上。2016年，服务贸易逆差首次突破2 000亿美元，达到2 213.2亿美元（见图1-6）。

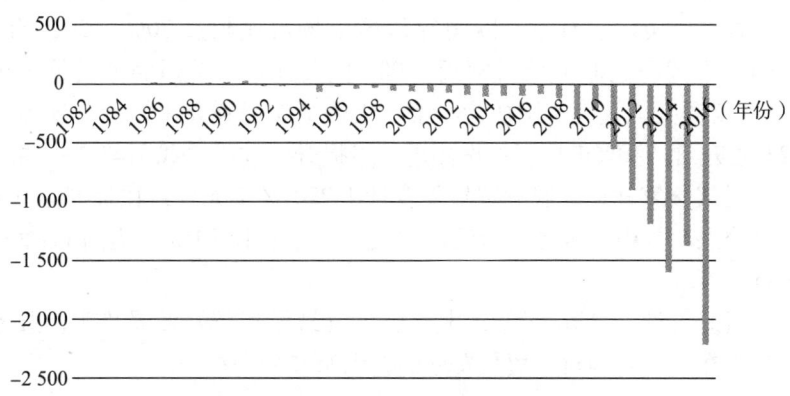

图1-6　1982～2016年中国服务贸易差额

资料来源：根据中国海关数据编制。

中国服务贸易逆差主要出现在旅游、运输、保险、专利与特许费、金融、通讯等行业，这些行业都是发达经济体具有明显比较优势的行业。其中，旅游服务逆差最大。2015年，中国服务贸易逆差1 366.2亿美元，仅旅游贸易逆差就达1 237.4亿美元，占服务贸易逆差的90%。服务贸易逆差的第二大来源是运输服务，逆差额488亿美元，占服务贸易逆差的35%。

中国服务贸易顺差主要出现在加工服务、计算机和信息服务、专业管理和咨询服务、建筑服务、文化服务等行业。2015年，加工服务顺差为181.9亿美元，是最大的服务贸易顺差项目。其次是计算机和信息服务，顺差155.9亿美元。排名第三位的是专业管理和咨询服务，顺差151.8亿美元。建筑服务顺差则由2014年的166亿美元下降至62亿美元。文化服务顺差为29.6亿美元。

3. 服务贸易行业结构。从服务贸易行业结构来看，传统服务行业占绝对优势，同时以咨询、计算机和信息、金融服务为代表的高附加值领域快速增长。

2016年，传统三大服务行业（运输、旅游、建筑服务）进出口合计为39 220亿元，占服务贸易总额的73.3%。其中，旅游服务规模高达30 636亿元，占服务贸易比重提升至57.2%；运输服务位居第二，进出口略微增长，占比降至13.4%；建筑服务进出口1 410亿元，目前位居第六位，占比降至2.6%。旅游和运输占服务贸易约七成份额。

三大传统服务以外的各类新兴服务有升有降。计算机和信息、保险、专业管理和咨询等高附加值服务所占份额上升，表明服务贸易产业结构进一步优化。其中，信息服务、广告服务的进出口增幅分别达到74%、38%。

4. 服务贸易伙伴。从市场来看，中国服务贸易伙伴更加多元。中国香港、美国、日本、欧盟等传统市场占比超过70%。2016年，我国与中国香港服务贸易额近2 000亿美元；与美国服务贸易突破1 000亿美元大关，美国成为我第一大服务贸易逆差来源地，逆差达523亿美元；新兴市场所占份额进一步提升。此外，我国与"一带一路"沿线国家和地区服务贸易额合计1 222亿美元，占比提高了3.4个百分点。其中，服务出口额占比达21.5%，比2015年提高11个百分点。

由此可见，最近25年，中国服务贸易保持较好发展势头，服务贸易正在成为我国对外贸易发展的新引擎和新亮点。

第五节 国际分工与国际贸易

所谓国际分工（International Division of Labor），是指各国之间的劳动分工。它是社会分工发展到一定阶段、国民经济内部分工超越国家界限发展的结果，也是国际贸易和世界市场产生的基础。

随着生产力的进一步发展及第三次科技革命的出现，国际分工无论在广度和深度上都发生了重大变化，并对当代国际贸易的发展产生着深远的影响。

一、国际分工的基本类型

根据参与分工各国经济发展水平的不同，国际分工可分为以下三种基本类型：

第一种是垂直型国际分工，即经济发展水平不同国家之间的纵向分工。19世纪形成的殖民地、半殖民地与宗主国的原料供应与生产制造的国际分工格局，即属于垂直型国际分工。第二次世界大战后，这一类型的国际分工有所削弱，但仍然是发达国家与发展中国家之间一种重要的分工形式。目前，垂直型国际分工主要表现为发达国家与发展中国家之间在制造业与农矿业、资本和技术密集型产业与劳动密集型产业之间的分工。

第二种是水平型国际分工，即经济发展水平大体相同国家之间的横向分工。这些国家经济发展水平基本相同，但由于各国资源状况不同、工业发展有先有后、部门发展不平衡、技术水平存在差异等原因，从而形成了这种水平型分工形式。水平型国际分工，既可表现为部门之间的分工，也可以是部门内部的分工，甚至是产品内部的分工。

第三种是混合型国际分工，即垂直型国际分工和水平型国际分工这两种分工类型的结合形式。从一国角度看，如果它在国际分工体系中既参加垂直分工，也参加水平分工，即为混合型国际分工。

二、国际分工的形成与发展

国际分工的形成与发展经历了漫长的历史时期。从最初的萌芽、形成到后来的发展、深化，每一阶段都有不同的生产力基础，具有与其他阶段不同的典型特征。

（一）国际分工的萌芽阶段（16 世纪至 18 世纪中叶）

在资本主义以前的各个社会经济形态中，由于自然经济占主导地位，生产力水平低，商品经济不发达，各个国家的生产方式和生活方式差距不大，因此只存在着不发达的社会分工和不发达的地域分工。

随着社会生产力的发展，11 世纪欧洲城市兴起，手工业与农业进一步分离，商品经济有了较快发展。特别是在 15 世纪末到 16 世纪上半期的"地理大发现"和随后的殖民地开拓，使市场范围大大地扩展，促进了手工业向工场手工业的过渡。这种过渡也体现了社会分工水平的进一步提高。从此，资本主义进入了资本原始积累时期。在这一时期，殖民主义者用暴力的手段和超经济的强制手段，在亚洲、非洲和拉丁美洲进行掠夺。他们开发矿山、建立农作物种植园，为本国生产提供矿石和农作物原料。同时，扩大本国工业品的生产和出口，出现了宗主国和殖民地之间最初的分工形式。

（二）国际分工的形成阶段（18 世纪 60 年代至 19 世纪 60 年代）

18 世纪 60 年代，英国首先发生了以大机器工业代替工场手工业的工业革命，接着迅速扩展到其他国家。工业革命的完成，大机器工业的建立，形成了资本主义的社会化大生产，并最终使资本主义制度得以完全确立。大机器工业极大地推动了社会生产力的发展，也促进了国际分工的形成。

这一时期的国际分工有以下主要特点：

1. 英国居于该时期国际分工的中心地位。由于英国最早完成产业革命，其生产能力大大加强，产品具有竞争力，因而在国际竞争中处于绝对优势地位。基于此，英国开始积极推广自由贸易政策，其结果是将许多落后的农业国逐步拉入国际分工和世界市场的旋涡之中。

2. 随着国际分工的发展，世界市场上交换的商品种类发生了变化。原先那些满足地主、贵族和商人阶级需要的奢侈品，已不再是国际贸易中的主要商品了，取而代之的是小麦、棉花、羊毛、咖啡、铜、木材等大宗商品。

3. 国际分工的维系手段发生了变化。大机器生产在欧洲国家普遍发展，使欧洲国家可以变野蛮的暴力掠夺为和平的自由贸易。他们把大量商品输入到殖民地和半殖民地，甚至输出鸦片等毒品，疯狂掠夺落后国家的财富。

总之，这一时期的国际分工体系是一种垂直型的国际分工体系，一端是以英国为首的少数发达国家，另一端是沦为世界农村的广大亚非拉国家和殖民地。

（三）发展阶段（19世纪70年代至第二次世界大战结束）

19世纪70年代开始，人类历史上发生了具有重大意义的第二次产业革命。第二次产业革命以电力和电动机的发明和使用为主要标志，推动了电力、电器、石油、化工、钢铁、汽车等新工业部门的迅速发展，社会生产力又一次得到迅速提高。另外，19世纪末20世纪初，资本主义进入垄断阶段，垄断的进一步加强，造成了大量的资本过剩，资本输出取代商品输出成为最重要的经济特征之一，这也是促使国际分工进一步发展的重要因素。

这一时期国际分工的特点主要表现为以下两方面：

1. 世界农村与世界城市的分裂与对立进一步扩大，形成了"工业在欧美、原料亚非拉"的国际分工体系。第二次产业革命发生后，许多新兴工业部门的出现引起对橡胶、石油、铜、矾土等矿产和农业原料的巨大需求，把亚非拉国家急剧地卷入国际分工，结果使工业生产集中在占世界人口少数的欧洲及北美地区，食品和原料的生产则集中在占世界人口多数的亚非拉国家，贸易量也成倍地增加。这种加深和强化了的"工业在欧美、原料亚非拉"的国际分工体系，使前一时期已经开始的世界城市与世界农村的分裂与对立运动进一步扩大了。

2. 发达国家之间的水平型分工日益发展，亚非拉国家对国际分工形成严重依赖。这一时期，不仅发达国家依赖国际分工，发展中国家也形成对国际分工的严重依赖。在发达国家，一方面发达国家与落后国家之间的垂直型分工继续深化,国际分工的中心由英国一国变为一组国家;另一方面,发达国家之间的水平型分工也日益发展起来,各国工业分工各有侧重,重工业比重日益增加,轻工业、重工业内部进一步细分为不同行业。在亚非拉国家,殖民主义者先后通过暴力掠夺、自由贸易和资本输出等手段,逐渐把亚非拉国家的经济变为畸形的片面的单一经济,因此造成了亚非拉国家的两种依赖性:一是经济生活对少数几种产品的依赖性;二是对世界市场尤其是对工业发达国家市场的高度依赖。

(四) 深化阶段 (第二次世界大战结束至今)

第二次世界大战后,出现了以原子能和电子技术的推广和应用为标志的第三次科技革命。第三次科技革命的出现,大大提高了劳动生产力,也产生了大量的新型工业部门,从而使国际分工的形式发生了重大的变化,也使国际分工进一步深化发展。同时,非殖民化过程开始,各殖民地在政治上取得独立以后,迫切要求发展本国经济,这使他们在国际分工中的地位发生了变化,部分地破除了旧的国际分工体系;另外,跨国公司的迅速发展,以及一批经济转型的社会主义国家的参与,都使国际分工发生了新的变化。

三、当代国际分工的主要特征

当代国际分工的主要特征体现在以下几个方面。

(一) 国际分工的格局发生了变化

第二次世界大战后科技和经济的迅速发展改变了战前的国际分工格局,国际分工在工业国家之间得到迅速发展,传统的以自然资源为基础的世界工业与农业的分工日渐削弱,新型的以现代化技术、工艺为基础的世界工业与工业的分工日趋加强,形成了以发达国家之间水平型分工占主导地位的国际分工新格局。

同时,发达国家之间的分工日益从产业部门间的分工转向产业部门内的分工。在越来越多的生产领域中,以国内市场为界限的生产已经不符合规模经济的要求。在一国部门间分工向部门内部分工发展的同时,越来越多的部门分工跨越国界,形成国际间的部门内分工。

(二) 发达国家与发展中国家之间的国际分工类型有所变化

从国际分工产生到第二次世界大战之前,发达国家主要从事工业制成品的生产,殖民地、附属国、经济落后国家主要从事农矿产品的生产。"二战"后的科技革命和跨国公司的全球经营,使某些工业制成品的生产从发达国家逐步向一些发展中国家转移。发展中国家除生产初级产品以外,逐步增加劳动密集型工业品的生产。发达国家与发展中国间的国际分工,更多地表现为资本技术密集型工业与劳动密集型工业的分工,高精尖工业与一般工业的分工。这种现象被形象地称为"脑"和"手"的分工。

(三) 参与国际分工的国家所有制形式发生了变化

"二战"后随着一批社会主义国家的成立,资本主义生产关系一统国际分工的时代结束了,社会主义国家及转型经济体国家积极参与国际分工与国际贸易。以中国为例,20世纪80年代实行改革开放的经济政策之后,中国参与国际分工的进程大大加快。自2001年12月加入世界贸易组织以后,中国更加广泛地参与国际分工体系,不断攀升的贸易额从一个侧面反映出中国与世界经济的紧密融合。

(四) 国际分工的形式日趋多样化

"二战"前,大多数国家以垂直型方式参加国际分工。"二战"后,随着国际分工的形式和内容发生变化,垂直型分工的比重有所下降,水平型、混合型分工有所发展,国际分工的形式更加多样化。

(五) 国际分工从有形商品领域扩展到服务领域

随着科技进步和各国经济相互依赖关系的加强,国际服务贸易迅速发展,推动国际分工由有形商品领域向服务领域扩展。发达国家和新兴工业化经济体都拥有现代化的或发展水平较高的服务业,成为国际服务贸易的主体,以高技术、资本密集型服务参加服务业国际分工。发展中国家服务业发展水平相对较低,劳动密集型服务业发展较快,通过建筑工程承包、劳务输出和发展旅游业等方式参与服务业的国际分工。

(六) 区域经济一体化组织内部的国际分工加强

战后,在世界经济一体化发展的同时,区域经济一体化进程明显加快,出现世界经济一体化与区域经济一体化并存态势。一般说来,区域经济一体化组织都不同程度地存在着内向性和排他性,对内逐步取消关税和非关税壁垒,以促进集团内各成员国之间货物贸易和服务贸易发展及投资的自由化,对外则采取关税与非关税壁垒等排他性措施,结果导致区域经济一体化组织成员国之间的分工与贸易大大加强,同时阻碍着与非成员国之间国际分工和国际贸易的发展。

综上所述,"二战"后国际分工进入了新的发展阶段,但国际分工的基本性质并未改变。尽管发展中国家在国际分工中的地位有所提高，但少数发达国家仍在事实上控制着当代国际分工的格局、规模与内容，决定着国际分工的性质。发展中国家受剥削和掠夺的被动地位并未彻底改观。从整体上看，现有的国际分工仍具有不合理、不公平和不平等的性质。

四、国际分工的影响因素

影响国际分工的因素有很多。在国际分工产生与发展的进程中，有许多因素都发挥了重要的影响作用。

（一）自然条件是国际分工的重要影响因素

自然条件是一切经济活动的基础。良好的自然条件不仅有助于国内经济的发展，也关系到一个国家能否生产和对外提供某种产品，参与到某种产品的国际分工中。

自然条件对初级产品的国际分工有重要影响。例如，热带作物一般只能在热带地区种植，石油输出国一定是拥有丰富石油储量的国家，只有这些国家才能在石油生产中具有比较优势。

然而，自然条件只能为国际分工提供可能性，要把这种可能性转化为现实，还需要一定的生产力条件。煤炭、石油固然不能在没有煤炭、石油资源的地区开采，但拥有丰富煤炭、石油资源的地区，只有在生产力水平和科技水平发展到一定阶段，资源才能得到充分的开发和利用。

科技进步使大量替代品不断出现，自然条件对国际分工的影响作用正逐渐减弱，许多新型合成材料的出现，都在不同程度上突破了矿产、森林等资源对生产的制约。因而，自然条件对国际分工而言只是一种重要的影响因素，生产力才是真正的决定性因素。

（二）生产力是国际分工产生和发展的决定性因素

1. 国际分工是生产力发展的必然结果。一切分工，包括国际分工，都是社会生产力发展的结果。生产力的大发展，必然要求超出一国范围的分工和协作，推动着国际分工的大发展。科技进步在生产力发展中起着引导作用。迄今为止出现的三次科技革命，都深刻地改变了许多生产领域，带来了生产力的显著发展，促使生产规模扩大、劳动生产率提高、劳动时间节省，也使生产内部联系更复杂、协作范围更广、分工更细。

2. 生产力发展水平决定着国际分工的发展水平。国际分工的发展水平受生产力发展水平的制约。在生产力水平低下的前资本主义社会，国际分工极不发达；当人类社会生产力提高到工场手工业水平时，就产生了工场手工业基础上的国际分工，国际分工开始萌芽；第一次产业革命导致生产力大幅提高，由此产生了大机器工业基础上的国际分工，资本主义国际分工最终形成；第二次产业革命进一步提高了生产力的发展程度，国际分工随即进入发展阶段；战后第三次科技革命的出现，则使国际分工进一步深化，发生了一系列新的变化。

3. 生产力的发展决定着国际分工的内容。在生产力水平很低时，相互交换的只是少量剩余产品；工场手工业的出现，导致了萌芽阶段的国际工农业分工；产业革命巩固和发展了以工农业分工为内容的国际分工；第二次科技革命后，国际分工内容逐渐演变为制造工业与初级产品生产之间的分工；战后兴起了第三次科技革命浪潮，发展中国家的制造工业有了较大发展，国际分工发展成为资本、技术密集型产业与劳动密集型产业之间的分工，表现在国际贸易中，工业制成品、高精尖产品不断增多，技术贸易、服务贸易不断发展，所有这些都是生产力发展的结果。

4. 生产力的发展决定着国际分工的形式、广度和深度。在生产力发展水平较低时，国际分工的形式仅表现为垂直型一种，国际分工的范围、规模和深度也相当有限。随着生产力的发展，原先的国际分工无论在广度和深度方面都满足不了生产力发展及生产规模扩大的需要，于是进一步向广度、深度拓展。一方面包括了更多的部门和更多的经济活动，并将各个国家、各个地区紧密地结合在一起，形成了世界性的分工；另一方面国际分工更细、更深，进而出现了同一工业部门内部的分工，分工形式也日趋多样，由"垂直型"向"水平型"、"混合型"过渡，出现了多类型、多层次的分工形式。

5. 各国的生产力发展水平决定着其在国际分工中的地位。一般地，生产力水平越高的国家，在国际分工中的地位也就越高，居于主导和支配地位。从历史上看，英国最先完成产业革命，其生产力发展水平在相当长一段时期内高于其他国家，从而使英国成为世界工厂，在相当长一段时期内居于主导地位。继英国之后，欧美其他发达国家相继完成了产业革命，生产力迅速发展，它们与英国一起成为国际分工的中心与支配力量。相反，发展中国家因生产力长期落后，在旧的国际分工体系中一直处于从属的、受支配的地位。战后，这些国家取得政治上的独立之后，努力发展民族经济，生产力得到较快发展，它们日益要求改变自己在国际分工体系中的地位。那些国际分工地位确有改善的国家或地区，正是那些生产力发展较快、生产力水平有较大提高的国家或地区，如新兴工业化国家和地区。

(三) 国际生产关系决定国际分工的性质

国际生产关系包括生产资料所有制形式，各个国家在世界生产中的地位，以及它们在国际分配、交换、消费中的各种关系。其中，生产资料所有制形式最为重要，是国际生产关系的基础。产业革命之后，国际分工开始形成，从那时起资本主义经济在世界经济中一直占据优势地位，在国际分工中发达国家与发展中国家之间一直存在着剥削与被剥削、控制与被控制的对立关系。从总体上看，迄今为止的国际分工仍具有资本主义的剥削性质。

(四) 跨国公司是国际分工深入发展的重要条件

自19世纪末以来，资本输出就成为一种重要的经济现象。二战后，跨国公司以其雄厚财力、巨大规模、先进技术、现代管理等优势迅猛发展，大大加速了资本的国际化进程，对国际分工的深入发展发挥着重要作用。跨国公司的巨额投资与国际贸易，一方面推动国际分工在部门之间及部门内部的进一步细化，使专业化分工生产更加精细；另一方面，跨国公司在全球战略目标的支配下，将运营过程的所有阶段（投资建厂—研究开发—生产制造—产品销售）部分或全部放在海外进行，从而实现了资源在全世界范围内的合理配置，成为当代国际分工的重要组织者。

(五) 上层建筑是影响国际分工的重要因素

上层建筑一般是指建立在经济基础之上的政治法律制度和社会意识形态。它对国际分工的发展可能产生积极的推动作用，也可能起着消极的延缓作用。上层建筑对国际分工的促进作用主要表现在：建立超国家的国际经济组织，调节各国的经济贸易政策，促进国际分工的发展；各国独立制定自由贸易政策，推行自由贸易，加快国际分工的步伐。上层建筑对国际分工也可起延缓作用，如制定保护贸易政策和闭关锁国政策，会阻碍国际分工的发展。另外，通过建立关税同盟、共同市场、经济联盟等经济集团，加强集团内部分工的做法，也在不同程度上延缓世界性国际分工的发展。

总之，任何国际分工的发展变化都是所有各种因素综合作用的结果。

五、国际分工与国际贸易的关系

国际分工与国际贸易的关系十分密切。国际分工是国际贸易的基础，国际分工产生和发展的过程就是国际贸易产生和发展的历史，国际贸易是随着国际分工的发展而发展的。反过来，国际贸易的扩大与发展，又会对国际分工产生巨大推动作用，为国际分工的产生和发展提供必要的前提条件。国际分工与国际贸易是互为条件、相互促进、不可分割的两个方面。

（一）国际分工是国际贸易的基础

国际分工属于生产力范畴，既是生产力发展的产物，又是生产力进一步发展的条件和表现。国际分工的深度、广度和方式都是由生产的发展和结构决定的。

国际分工对国际贸易的决定作用体现在：

1. 国际分工影响着国际贸易的规模、方式与速度。最初的国际贸易是由于自然地理差异而引起的，规模小且带有很大偶然性。随着国际分工的形成和发展，国际贸易才真正发展起来。国际分工规模的扩大使国际贸易量日益增长，国际分工形式的多样化也使国际贸易方式更为多样。就发展速度而言，在国际分工发展较快的时期，国际贸易的发展也快；相反，在国际分工缓慢发展的时期，国际贸易的发展也较慢甚至处于停滞状态。因此，国际分工是当代国际贸易发展的主动力。

2. 国际分工影响着国际贸易主体及流向的变化。国际分工与国际贸易的发展过程表明，在国际分工中处于中心地位的国家，在国际贸易中也占据主要地位。从18世纪到19世纪末，英国一直处于国际分工中心国家的地位，它在资本主义世界对外贸易中一直独占鳌头。随着其他国家在国际分工中地位的提高，英国的地位逐步下降，但直到1925年它在国际贸易中仍占15%的份额。从19世纪末以来，发达国家一直是国际分工的中心，在国际贸易中也位居支配地位。发达国家在世界出口中所占比重1950年为60%，目前大约为65%。"二战"后，国际分工形式发生了变化，发达国家之间工业部门的内部分工成为国际分工的主导形式，国际贸易的主要流向也随之发生了变化，发达国家之间的贸易上升至主导地位，而发达国家与发展中国家间的贸易则退居次要地位。

3. 国际分工影响国际贸易的商品结构。战后的第三次科技革命使国际分工的广度和深度有了进一步提高，国际贸易的商品结构也随之发生变化。首先，随着战前垂直型分工为主到战后水平型分工的发展，国际贸易总量中初级产品的比重下降，工业制成品所占比重超过初级产品。具体到发展中国家，其出口中初级产品的份额也在下降，逐步转向工业制成品出口为主。第二，国际分工由部门间分工逐渐发展为部门内分工和产品内分工，从而使产业内贸易和中间产品贸易所占比重不断提高。第三，世界各国服务业的发展以及服务业中国际分工的发展，使得世界服务贸易和技术贸易得到迅速发展，服务贸易和技术贸易在各国对外贸易中所占比例逐步提升。

4. 国际分工影响对外贸易依存度。国际分工的发展使各国对外贸易依存度不断提高。根据世界贸易组织和国际货币基金组织的数据，1960 年全球外贸依存度为 25.4%，1990 年上升至 38.7%，2003 年已接近 45%。它表明随着国际分工的深化发展，世界经济的外向型程度一直在提升，国际分工已成为各国国民经济运转的一个必需条件。但是，发展中国家对发达国家的出口依存度高达 75%~80%，而发达国家对发展中国家的出口依存度仅为 20%~25%，因此发达国家可以根据它们的利益来制定有利于它们的经济政策。

5. 国际分工影响着国际贸易利益的分配。由于各国在国际分工中的地位不同，各国从国际分工和国际贸易中所获得的实际利益也就不同。一般来说，劳动生产率较高的发达国家从国际分工和交换中能获得较多的国际贸易利益，而落后国家只能获取较少的国际贸易利益。发达国家将国际贸易的大部分利益据为己有，使落后国家的贸易条件不断恶化，大大影响了这些国家经济的发展。

6. 国际分工影响着各国的对外贸易政策。一般而言，在国际分工中处于优势地位的国家，由于其生产力水平高、商品竞争力强，因而倾向于采取自由贸易政策。那些极力鼓吹自由贸易的国家，都是生产力水平较高、商品竞争力较强的国家，它们可从自由贸易中获取巨额利益。相反，若一国生产力水平落后，商品竞争力弱，在国际分工中处于不利地位，则一般都采取保护贸易政策。

（二）国际贸易是国际分工实现的条件

1. 国际贸易是国际分工的纽带。随着生产力的不断发展及科学技术的不断进步，国际贸易作为国际分工的纽带，带动国际分工向纵深发展，从而使国际社会成为一个相互联系、相互影响的有机整体。

2. 国际贸易的规模和发展速度制约着国际分工的规模和发展速度。国际分工的发展从根本上是由生产力的发展所决定的，但同时也受到国际贸易规模的制约。国际分工规模能否扩大、再生产能否顺利进行，在很大程度上依赖于产品在国际市场的实现程度。国际贸易规模的扩大，使得大规模的跨国经营甚至全球经营成为可能，把国际分工推向全球分工。

3. 国际贸易引导着国际分工的发展方向。在国际分工下，各国的商品生产一定程度上是为国际交换而进行的生产。各国所生产的商品能否满足消费者的需要，其价值能否得到国际市场的承认，成为各国生产者所关心的重要问题。国际消费者的需求，可通过世界市场上的价格变动反映出来，价格信息通过国际贸易传递到各国生产领域，生产企业据此做出有关决策，并影响上游供应商企业的决策。所有这些行动的结果，导致了国际分工的发展方向。

4. 国际贸易实现着参与国际分工各国的分工利益。国际分工带给参与国的分工利益是潜在的。要将这种潜在的分工利益转变为现实的利益，必须通过国际交换。没有国际贸易，各国生产的不同商品其价值就不能在国际市场上实现，原已形成的国际分工不仅不能进一步发展，而且还会不断萎缩甚至消失。

本 章 小 结

国际贸易的研究内容可分成国际贸易理论和国际贸易实务这两大部分。国际贸易理论涉及"基本理论"和"政策措施"，国际贸易实务涉及贸易程序、交易条件、贸易方式、贸易法规及惯例这几方面。

要对全球贸易或者一国对外贸易进行分析，必须熟悉国际贸易的基本概念，了解国际贸易的基本分类。有的概念相互联系，又有所区别，比如国际贸易与对外贸易、贸易额与贸易量、总贸易与专门贸易、过境贸易与转口贸易，需要了解它们之间的差异。除此之外，要掌握贸易差额、贸易条件、贸易商品结构、贸易地理方向、外贸依存度等概念的含义。

当代国际贸易的发展呈现出许多新特点，我们可以从贸易规模、贸易格局、贸易商品结构或行业结构、贸易方式等几个方面进行分析。如果分析一国对外贸易现状，还需要分析贸易差额状况。

国际分工有三种基本类型，其发展受到多种因素的影响。国际分工和国际贸易关系十分密切，国际分工是国际贸易的基础，国际贸易是国际分工实现的条件，对国际分工的发展起推动或阻碍作用。

【本章重要术语】

国际贸易（International Trade）

对外贸易（Foreign Trade）

国际贸易量（Quantum of International Trade）

贸易差额（Balance of Trade）

贸易顺差（Favorable Balance of Trade）

贸易条件（Terms of Trade）

对外贸易商品结构（Composition of Foreign Trade）

对外贸易地理方向（Foreign Trade by Country or by Region）

外贸依存度（Foreign Trade Dependence）

服务贸易（Trade in Services）

总贸易（General Trade）

专门贸易（Special Trade）

转口贸易（Entrepot Trade）

国际分工（International Division of Labor）

【延伸阅读】

1. 盛斌、钱学锋、黄玖立等：《入世十年转型：中国对外贸易发展的回顾与前瞻》，载于《国际经济评论》2011年第5期，第84~101页。

2. 裴长洪：《中国对外贸易65年的基本线索：变革与增长》，载于《中国经济史研究》2013年第3期，第23~33页。

复习与思考

1. 何谓国际贸易？国际贸易的基本分类都有哪些？
2. 对国际贸易现状进行分析会用到哪些概念？
3. 简述国际分工的基本类型
4. 当代国际分工的基本特征是什么？
5. 影响国际分工的主要因素有哪些？
6. 国际分工对国际贸易发展有哪些影响？国际贸易对国际分工发展有哪些影响？

网络练习

1. 请采用本章介绍的国际贸易基本概念，对我国某大类商品的进出口现状进行分析。

2. 请采用本章介绍的国际贸易基本概念，对我国某地区的进出口现状进行分析。

第二章
自由贸易理论

学习目标

了解自由贸易理论的主要流派——比较优势论、要素禀赋论、偏好相似学说、产品生命周期理论、规模报酬递增学说和产业内贸易理论,掌握上述自由贸易理论的主要观点。

引导案例

中国的竞争优势在哪里?

21世纪以来,中国一直被誉为"世界工厂",中国庞大的劳动力、廉价的土地资源和相对成熟的基础设施,从世界各地吸引了大量的资本。然而现今,关于外资是否正从中国撤离的话题,正引发激烈的争论,也引发对中国外贸影响的担忧。

根据国家统计局的数据,2016年外资在中国固定资产的投资额仅为1 211.97亿元,对比2011年3 269.81亿元,短短5年时间便下跌了62.94%。根据官方估算,全部外商投资企业吸纳的直接就业人数超过4 500万人。外资的不断撤出,可能将影响这一庞大就业人群的生计。究竟为什么外资企业撤离中国?究竟是谁抢了中国人的工作?

一种观点认为,外资企业撤离中国有以下三方面原因:第一,中国的生产成本高了。由于货币量化宽松,导致物价上涨,又反作用于食品价格和劳动力价格,中国劳动力没那么物美价廉了。多个年份甚至是全球第一。第二,对外资政策准入门槛提高,优惠政策取消。中国许多地区都提高了投资门槛,对新进的外资企业,不仅没有专门的优惠政策,甚至还对其产业类型、节能减排方面提出很高的要求。此外税收上,外资企业的"超国民待遇"也正在失效,广东等地的土地成本持续上扬,税收优惠的力度减小,外资在华的投资收益率越来越低。第三,市场竞争愈发激烈,部分外企自身经营不善,转型不及时才被迫退出中国,例如诺基亚、摩托罗拉等知名企业。因中国市场竞争激烈,利润下降而退出中国市场的外企,也大有存在。

另一种观点认为,中国的竞争优势不是低廉的劳动成本,而是巨大的市场机会,劳动成本上升不会引发外资大规模撤出中国。一项面向全球范围内数百家跨国企业的问卷调查表明,吸引外商投资的前三项因素分别是市场机会、政治风险和法律环境，工资水平排在第五，与工资水平重要性相近的是劳资关系和税收优惠。跨国企业到中国投资最看重的不是中国劳动力成本优势，而是因为中国的国内市场。另外，尽管中国的劳动力成本在快速上升，仅仅强调劳动力成本的上升是比较片面的，因为人们在强调这一点时忽略了劳动生产率。由于中国的劳动生产率正在以更快的速度上升，但中国的竞争力并没有受到影响。

（资料来源：根据杨彦春：《中国的竞争优势在哪里》，中国经济网 2017-02-11 以及《外资企业撤离中国或致 4 500 万人失业》，网易新闻 2017-02-26 整理）

国际贸易理论基本可以分为两大派别：一派是长期居主导地位的西方传统国际贸易理论，即自由贸易理论；另一派是西方传统国际贸易理论的反对派，即保护贸易理论。

从历史上看，国际贸易理论的两大学派都是从重商主义分离出来的，但它们的理论观点是对立的。自由贸易理论认为，国际贸易能给参加国带来利益，促进各国经济发展，主张实行自由贸易政策，反对保护贸易政策。保护贸易理论认为，国际贸易对经济发达国家有利，而对经济落后国家不利，甚至会阻碍其经济发展，因此主张实行保护贸易政策。两派理论分别代表了世界经济中富国和穷国的利益，并在长期激烈的论战中不断发展。

自由贸易理论的代表性观点主要有比较优势论、要素禀赋论和战后新兴的一些国际贸易理论。保护贸易理论主要包括重商主义、保护幼稚产业论、对外贸易乘数论和中心—外围论。本章及随后的第三章将按历史顺序分别介绍上述理论。

第一节 比较优势论

比较优势论的提出者是大卫·李嘉图，其理论基础是亚当·斯密提出的绝对优势论。

一、比较优势论的理论基础

亚当·斯密的绝对优势理论认为，国际贸易的基础是各国劳动生产率之间的绝对差别，各国应该分别生产本国劳动生产率处于优势的产品，然后相互交换，各国均可从对外贸易中获益。大卫·李嘉图发展了亚当·斯密的观点，认为各国不一定要专门生产劳动成本绝对低的产品，只要专门生产劳动成本相对低的产品，便可通过对外贸易获益，实现社会劳动的节约。

(一) 亚当·斯密的绝对优势论

亚当·斯密

亚当·斯密（1723~1790）是英国著名经济学家，古典政治经济学的奠基人，也是国际分工理论和国际贸易理论的创始者。

亚当·斯密倡导自由贸易。在斯密所处的时代，英国的产业革命逐渐展开，新兴的产业资产阶级迫切要求在国民经济各领域发展资本主义，但却受到封建行会制度和重商主义贸易政策的重重束缚。中世纪遗留下来的封建行会制度限制生产者和商人的正常交易活动，资本原始积累时期建立起来的重商主义贸易政策奉行"奖出限入"的贸易保护主义，使新兴资产阶级从海外获得生产所需廉价原料并为其产品寻找更大海外市场的愿望难以实现。亚当·斯密站在产业资产阶级的立场上，在1776年出版的《国民财富的性质和原因的研究》（简称《国富论》）一书中，批判了重商主义，主张经济自由主义。在国际贸易方面，首次提出了主张自由贸易的绝对优势论。

(二) 绝对优势论的理论基础

绝对优势论的理论基础是分工理论。亚当·斯密的分工理论由以下几个方面构成。

1. 分工可以提高劳动生产率。斯密在《国富论》的开头，便颂扬分工，认为分工可以提高劳动生产率，因而能增加国家财富。他以制针业为例，在没有分工的情况下，一个粗工每天至多只能制造20枚针，在分工之后平均每人每天可制造4 800枚针，每个工人的劳动生产率提高了200多倍。

2. 国际分工的原则是绝对优势。斯密认为，分工可以极大地提高劳动生产率，每个人都专门从事他最有优势的产品的生产，然后彼此进行交换，则对每个人都有利。在斯密看来，适用于一国内部不同个人或家庭之间的分工原则，也适用于各国之间。每个国家都有其适宜于生产某些特定产品的绝对有利的生产条件，如果每个国家都按照其绝对有利的生产条件去进行分工和交换，会让各国的资源、劳动力和资本得到最有效利用，将会大大地提高劳动生产率和增加物质财富，并使各国从贸易中获益。

3. 国际分工的基础是有利的自然禀赋或后天的有利条件。斯密认为，自然禀赋及后天有利条件因国家而不同，这为国际分工提供了基础。他举例说，在气候寒冷的苏格兰，人们若利用温室生产出葡萄并酿造出与进口葡萄酒一样好的葡萄酒，要付出30倍高的代价。如果真这么做，那就是明显的愚蠢行为。有利的自然禀赋或后天条件可以使一个国家生产某种产品的成本绝对低于别国而在该产品的生产和交换上处于绝对有利地位。

(三) 绝对优势论的内容

所谓绝对优势 (Absolute Advantage),是指一个国家在某种商品的生产上比另一个国家更有效率。这意味着使用相同数量的资源该国能够生产出更多的产品,或者说生产同样数量的产品该国所需耗费的资源数量更少。

所谓绝对优势理论,是指绝对优势是开展国际分工和国际贸易的基本原则。如果每个国家专业化生产并出口本国具有绝对优势的商品,同时进口本国处于绝对劣势的产品,那么每个国家都能够通过国际分工和国际贸易提高本国的产出量和消费量,国际贸易能让所有贸易参加国获益。

(四) 绝对优势论的数字说明

为了更确切地表述他的理论,亚当·斯密举了一个例子进行说明。

假设英国和法国分别生产小麦和生铁这两种产品,由于两国劳动生产率不同,每单位产品所需投入的劳动如表2-1中左半部所示。当两国各自生产这两种产品,以300人的劳动投入量,两国都能生产出1单位小麦和1单位生铁,总产出都是2单位。

表2-1　　　　　　　对绝对优势论的举例说明

	分工前两国劳动投入及产出			分工后两国劳动投入及产出		
	1单位小麦	1单位生铁	总产出	小麦	生铁	总产出
英国	200人	100人	2单位	/	300人	3单位
法国	100人	200人	2单位	300人	/	3单位

资料来源:笔者整理。

由于法国在小麦生产上处于绝对有利地位,英国则在生铁的生产上处于绝对有利地位,按照绝对优势进行国际分工,法国专门生产小麦,英国专门生产生铁,利用原有资源法国可以生产出3单位小麦,英国可以生产出3单位生铁。分工后,尽管两国投入的劳动量未变,仍然是300人的劳动投入量,但两国的产出总量都比分工前增加了1单位。

因为小麦和生铁这两种商品都花费了同等的100人劳动,两国可按照1∶1进行交换,英国用1单位生铁换取法国的1单位小麦。交换之后,英国可以消费2单位生铁和1单位小麦,比分工前多得到1单位生铁;法国可以消费2单位小麦和1单位生铁,比分工前多得到1单位小麦,因此国际贸易对英国和法国都是有利的。

可见,国际贸易是双赢的,而不是重商主义所认为的贸易是一种

"你有所得、我有所失"的零和博弈。这一理论直到今天仍具有现实意义。

但是,绝对优势理论所说明的只是国际贸易中的一种特殊情形,不能说明在任何方面都不具有绝对优势的国家是否也应参与国际分工和国际贸易,该理论尚存在一定的局限性。

二、比较优势论的提出

(一) 大卫·李嘉图的比较优势论

大卫·李嘉图

大卫·李嘉图(1772~1823)是英国著名经济学家,古典政治经济学的集大成者。1817年出版的《政治经济学及赋税原理》是其代表作。

李嘉图所处的时代是英国工业革命迅速发展的时代,工业资产阶级同地主贵族阶级的矛盾由于工业革命的进展而达到异常尖锐的程度。为了维护地主贵族阶级的利益,英国于1815年颁布了《谷物法》,禁止从国外进口谷物,间接提高了英国工业品的生产成本,导致工业资产阶级和地主贵族阶级围绕《谷物法》的存废展开了激烈论战。在这场论战中,李嘉图站在工业资产阶级一边,继承和发展了亚当·斯密的绝对优势论,提出了倡导自由贸易的比较优势论,为工业资产阶级提供了有力的理论武器。

大卫·李嘉图在阐述比较优势论时,是从个人的情况谈起的。他在《政治经济学及赋税原理》一书中提到,"如果两个人都能制造鞋和帽,其中一个人在两种职业上都比另一个人强一些,不过制帽时只强20%,而制鞋时则强33%,那么这个较强的人专门制鞋,而那个较差的人专门制帽,岂不是对双方都有利么?"①。

李嘉图由个人推及国家,认为国家间也应按"两优相权取其重,两劣相权取其轻"的比较优势原则进行分工。如果一个国家在两种商品的生产上都处于绝对有利地位,但有利的程度不同,而另一个国家在两种商品的生产上都处于绝对不利的地位,但不利的程度也不同。在此情况下,前者应专门生产有利程度最大的商品,后者应专门生产不利程度最小的商品,然后通过对外贸易,双方都能取得比自己生产时更多的产品,从而实现社会劳动的节约,给贸易双方都带来利益。

(二) 比较优势论的内容

所谓比较优势(Comparative Advantage),是指一个国家在某种商

---

① 大卫·李嘉图:《政治经济学及赋税原理》,商务印书馆1962年版。

品的生产上比另一个国家的相对生产率更高或者相对生产成本更低。具体而言，如果一个国家生产两种产品的相对生产成本，比另一个国家这两种产品的相对生产成本更低，该国就在第一种产品的生产上具有比较优势，另一个国家则在第二种产品的生产上具有比较优势。

所谓比较优势理论，是指比较优势是开展国际分工和国际贸易的基本原则。即使有的国家在产品生产不具有绝对优势，各国只要按照"两优相权取其重，两劣相权取其轻"的原则，专业化生产自己具有比较优势的产品，同时进口本国处于比较劣势的产品，那么每个国家都能够通过国际分工和国际贸易提高本国的产出量和消费量，国际贸易能让所有贸易参加国获益。

（三）比较优势论的数字说明

李嘉图以英国和葡萄牙生产棉布和葡萄酒的例子，对比较优势论做了进一步分析。这个例子成为对比较优势最有权威的论述。

假设葡萄牙在葡萄酒和棉布的生产上都占有优势，在葡萄酒生产上比英国少花费40天，在棉布生产上少花10天（见表2-2）。根据比较优势原则，葡萄牙在葡萄酒生产上具有比较优势，英国在棉布生产上具有比较优势。因此，葡萄牙应专门从事葡萄酒生产，并出口部分葡萄酒换取英国的棉布，而英国则应专门从事棉布生产，并出口部分棉布换取葡萄牙的葡萄酒。如果两国间葡萄酒和棉布的交换比例为1:1，则葡萄牙获得1个单位的酒和1单位的棉布要比分工前的国内交换节省20个劳动日，而英国比分工前的国内交换节省10个劳动日。

表2-2　　　　　　　　对比较优势论的举例说明

	分工前两国所需劳动日			分工后两国所需劳动日		
	1单位酒	1单位棉布	共计	2单位酒	2单位棉布	共计
英国	120天	100天	220天	/	200天	200天
葡萄牙	80天	90天	170天	160天	/	160天

资料来源：笔者整理。

上述例子说明，即使一国在两种商品生产上都处于不利地位，通过两国间的分工与相互贸易，双方仍可获益。

（四）比较优势论的贡献

比较优势论解答了一个国家如果不具备绝对优势能否参与国际贸易以及怎样参与国际贸易的问题，论证了国际贸易的互利性和广泛适用性，成为近200年来国际贸易理论中最具代表性的理论。以价值分析为基础来考察国际贸易产生原因的国际贸易理论，绝大部分都是对李嘉图理论的发展、补充和修正。

三、比较优势论的现代经济学分析

李嘉图用葡萄酒和棉布的例子说明国际贸易使贸易参加国更加富裕,一个国家比较优势的判断原则是"两优相权取其重,两劣相权取其轻",即后来的"比较优势原则"。这个思想被后来很多经济学家引用,成为国际贸易中最著名的理论。但是,是否只能用语言表述的方式来判断一个国家具有生产某种产品的比较优势?19世纪末到20世纪初,经济学家借助机会成本、生产可能性曲线、无差异曲线等现代经济学分析工具,阐述李嘉图的比较优势论,从而使这一传统的国际贸易理论更加严密。

(一)李嘉图模型的基本假设

在现代经济学中,为了更清晰地说明某一经济现象,经济学家首先对现实生活中纷繁复杂的各种影响因素进行简化,提出一些基本假设,然后再有针对性地分析经济现象。

李嘉图模型的基本假设是:

1. 有两个国家——"本国"和"外国",每个国家只生产两种产品——"葡萄酒"和"棉布",两种产品的生产都只需要一种生产要素——劳动。在现代经济学中,这一假设被称为 $2 \times 2 \times 1$ 模型。

2. 劳动是同质的,可以在两种产品的生产部门间自由流动,但是不能在两个国家间自由流动。

3. 两国均实行自由贸易政策,无任何贸易限制,不考虑运输成本。在现实的国际贸易中会有众多干扰因素,但是为了分析的方便,假定不存在这种干扰,贸易中无任何交易成本。

4. 规模报酬不变。这意味着生产成本不变,不随生产规模变化而发生改变。

5. 市场是完全竞争的。这意味着两个国家所生产的两种产品,其价格等于产品生产成本。

6. 两国在两种产品生产中存在劳动生产率的相对差异。

在李嘉图模型中,比较优势论的基本思想可以表达为:由于两国在两种产品生产中存在劳动生产率的相对差异,导致生产成本和产品价格不同,由此产生国际贸易。

(二)相对成本、相对劳动生产率与比较优势

比较优势可以用相对成本或者相对劳动生产率来表示。只要本国某种产品的相对劳动成本低于外国该产品,或者本国某种产品的相对劳动生产率高于外国该产品,那么本国就在该产品的生产上具有比较

优势，外国在另外一种产品的生产上具有比较优势。

相对成本与相对劳动生产率都可以通过公式计算出来。

相对成本反映一国生产某种产品时的绝对成本与另一国在同种产品生产中的绝对成本的比值。如果用 a_{LW} 和 a_{LC} 分别表示本国生产一单位的葡萄酒和棉布所需的劳动，a_{LW}^* 和 a_{LC}^* 分别表示外国生产一单位的葡萄酒及棉布所需的劳动，则本国在葡萄酒和棉布生产中的相对成本如下：

本国葡萄酒的相对成本 = 本国与外国生产一单位葡萄酒的绝对成本之比

$$= \frac{a_{LW}}{a_{LW}^*}$$

本国棉布的相对成本 = 本国与外国生产一单位棉布的绝对成本之比

$$= \frac{a_{LC}}{a_{LC}^*}$$

如果 $\frac{a_{LW}}{a_{LW}^*} < \frac{a_{LC}}{a_{LC}^*}$，即本国在葡萄酒产品上的相对成本小于在棉布上的相对成本时，我们就可以判定本国在葡萄酒生产上具有比较优势，而外国在棉布生产上具有比较优势。

相对劳动生产率是相对成本的倒数。如果用 a_{LW} 和 a_{LC} 分别表示本国生产一单位的葡萄酒和棉布所需的劳动，a_{LW}^* 和 a_{LC}^* 分别表示外国生产一单位的葡萄酒及棉布所需的劳动，则本国在葡萄酒和棉布生产中的相对劳动生产率如下：

本国葡萄酒的相对劳动生产率 = 本国与外国生产一单位葡萄酒的劳动生产率之比

$$= \frac{1/a_{LW}}{1/a_{LW}^*}$$

$$= \frac{a_{LW}^*}{a_{LW}}$$

本国棉布的相对劳动生产率 = 本国与外国生产一单位棉布的劳动生产率之比

$$= \frac{1/a_{LC}}{1/a_{LC}^*}$$

$$= \frac{a_{LC}^*}{a_{LC}}$$

如果 $\frac{a_{LW}^*}{a_{LW}} > \frac{a_{LC}^*}{a_{LC}}$，即本国在葡萄酒产品上的相对劳动生产率高于在棉布上的相对劳动生产率时，我们就可以判定本国在葡萄酒生产上具有比较优势，而外国在棉布生产上具有比较优势。

(三) 机会成本与比较优势

用相对成本或者相对劳动生产率这两个指标来表示比较优势，是基于李嘉图模型的基本假设"两种产品的生产都只需要劳动这一种生产要素"。因此，生产技术差异就具体化为劳动生产率或劳动成本的差异。这一假定与现实世界并不相符，忽视了资本、自然资源等生产要素在生产中的作用，因此受到广泛质疑。

20世纪30年代，机会成本这一概念被引入比较优势理论，奠定了比较优势理论的经济学分析基础，国际贸易理论从此进入一个新的发展阶段。

所谓机会成本，就是在生产要素既定条件下，额外生产一单位产品必须放弃生产另一种产品的数量。例如，本国为生产一单位葡萄酒必须放弃两个单位的棉布，那么一单位葡萄酒的机会成本就是两个单位棉布。

如果用 a_{LW} 和 a_{LC} 分别表示本国生产一单位的葡萄酒和棉布所需的劳动，a_{LW}^* 和 a_{LC}^* 分别表示外国生产一单位的葡萄酒及棉布所需的劳动，则本国及外国葡萄酒的机会成本如下：

本国葡萄酒的机会成本 = 多生产一单位葡萄酒必须放弃的棉布数量

$$= \frac{a_{LW}}{a_{LC}}$$

外国葡萄酒的机会成本 = 多生产一单位葡萄酒必须放弃的棉布数量

$$= \left(\frac{a_{LW}}{a_{LC}}\right)^*$$

其中，分子表示生产一单位葡萄酒所需的劳动量，分母表示生产一单位棉布所需的劳动量。两者的比值，反映的是为了生产一单位葡萄酒所耗费的劳动，如果不用于生产葡萄酒而是用于生产棉布，能够生产出几个单位的棉布。

如果 $\frac{a_{LW}}{a_{LC}} < \left(\frac{a_{LW}}{a_{LC}}\right)^*$，那么，本国就在葡萄酒生产上具有比较优势，而外国在棉布生产上具有比较优势。

在李嘉图给出的"葡萄酒和棉布"的例子中，生产1单位葡萄酒葡萄牙需要80个劳动，英国需要120个劳动；生产1单位的棉布葡萄牙需要90个劳动，英国需要100个劳动。葡萄牙生产葡萄酒的机会成本是80/90，英国生产葡萄酒的机会成本是120/100，由于葡萄牙生产葡萄酒的机会成本低于英国，因此葡萄牙在葡萄酒生产上具有比较优势，而英国在另外一种产品棉布的生产上具有比较优势。

李嘉图模型只讨论了两个国家两种产品的情形。在现实中，有很多国家参与国际贸易，每个国家生产的产品也多于两种。用机会成本表述比较优势的好处在于，即使在多个国家、多种产品的贸易中，这一概念也可适用。

在多个国家生产两种产品的情况下，只要将各国的机会成本从小到大进行排列：

$$\left(\frac{a_{LW}}{a_{LC}}\right)_1 < \left(\frac{a_{LW}}{a_{LC}}\right)_2 < \cdots\cdots < \frac{P_W}{P_C} < \cdots\cdots < \left(\frac{a_{LW}}{a_{LC}}\right)_N$$

其中，P_W 和 P_C 分别表示葡萄酒和棉布的价格，P_W/P_C 表示两种产品的相对价格下标，1，2，…，n 表示第 1，2，…，n 个国家。机会成本小于相对价格的国家，都出口葡萄酒而进口小麦；机会成本大于相对价格的国家，都出口小麦而进口葡萄酒。其解释是：在葡萄酒生产部门工人每小时的收入等于 P_W/a_{LW}，在棉布生产部门工人每小时的收入等于 P_C/a_{LC}。当 $\frac{a_{LW}}{a_{LC}} < \frac{P_W}{P_C}$ 时，葡萄酒部门的工资就高于棉布部门的工资，劳动力就会流入葡萄酒部门，本国就会专业化生产葡萄酒；当 $\frac{P_W}{P_C} < \frac{a_{LW}}{a_{LC}}$ 时，棉布部门的工资就高于葡萄酒部门的工资，劳动力就会流入棉布部门，本国就会专业化生产棉布；两者相等时，本国同时生产两种产品。

在两个国家生产多种产品的情况下，只要将不同产品的机会成本从小到大进行排列：

$$\left(\frac{a_L}{a_L^*}\right)_1 < \left(\frac{a_L}{a_L^*}\right)_2 < \cdots\cdots < \frac{w^*}{w} < \cdots\cdots < \left(\frac{a_L}{a_L^*}\right)_N$$

其中，w^* 和 w 分别表示外国和本国的工资，w^*/w 表示两国的相对工资率下标，1，2，…，n 表示第 1，2，…，n 种产品。机会成本小于相对工资率的产品，本国产品的价格会低于外国因而具有比较优势；机会成本大于相对工资率的产品，本国产品的价格会高于外国，外国具有比较优势。

由此可见，机会成本的引入，为国际贸易理论提供了非常重要的分析工具，使得比较优势论突破了"劳动是唯一生产要素"这一假设的限制，可拓展到多种要素、多种产品的情形。

（四）生产可能性曲线与贸易所得

生产可能性曲线是指一国所有生产要素充分利用的情况下所能生产的两种产品的所有组合。生产可能性曲线上的每一个点所表示的产品组合，都是在现有资源下该国能够生产出的两种产品的最大产量；生产可能性曲线边界以内的各个点所表示的产品组合，都是现有生产要素没有充分利用情况下的产出状况；生产可能性边界以外的各个点所表示的产品组合，都是现有生产要素不可能达到的产出状况。

生产可能性曲线的形状可以是一条直线，也可能是一条凹向原点或凸向原点的曲线，其形状取决于机会成本。生产可能性曲线上任一点的切线斜率表示增加一单位某产品必须放弃的另一种产品的数量，即该产品的机会成本。如果机会成本不变,生产可能性曲线是一条直线;如果机会成本递增,即增加一种产品生产需要放弃另外一种产品的量不断增加,生产可能性曲线就是一条凹向原点的光滑曲线;如果机会成本递减,即两种产品的生产都是规模越大成本越低,则生产可能性曲线是一条凸向原点的光滑曲线。

在李嘉图模型中,由于假定机会成本不变,生产可能性曲线是一条直线。在李嘉图给出的"葡萄酒和棉布"的例子中,生产1单位葡萄酒葡萄牙需要80个劳动,英国需要120个劳动;生产1单位的棉布葡萄牙需要90个劳动,英国需要100个劳动。假设葡萄牙和英国这两个国家都只有7 200个劳动力可用。如图2-1所示,英国的生产可能性曲线为AB,葡萄牙的生产可能性曲线为CD。

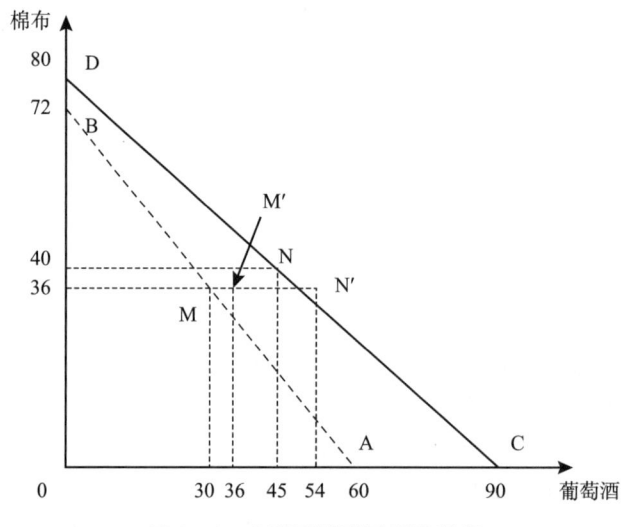

图2-1 李嘉图模型及贸易所得

资料来源:笔者整理。

在封闭经济中,两国都需要生产两种产品。假设每个国家各使用一半的资源生产两种产品,则葡萄牙能够生产出45个单位的葡萄酒和40个单位的棉布,产品组合为图中的N点;英国能够生产出30个单位的葡萄酒和36个单位的棉布,产品组合为图中的M点。两国的产出总量是(葡萄酒75,棉布76)。

在开放经济中,两国按照比较优势的原则进行专业化分工,分别专业化生产一种产品。葡萄牙在葡萄酒生产中具有比较优势,应专业化生产葡萄酒,可生产出90个单位的葡萄酒和0单位的棉布,产品组合为图中的C点;英国在棉布生产中具有比较优势,应专业化生产棉布,可生产出72个单位的棉布和0单位的葡萄酒,产品组合为图中的B点。两国的产出总量是(葡萄酒90,棉布72),与封闭经济时的世界产出总量（葡萄酒75，棉布76）对比，两种产品的世界产出总量由151单位增加到162单位。为了便于比较，我们还可以让一部分葡萄牙劳动力多生产4单位棉布，而减少葡萄酒的生产。这样在葡萄牙有360个劳动开始用于生产4单位棉布，葡萄酒的产量由此减少了4.5个单位，葡萄牙共生产出4单位棉布和85.5个单位的葡萄酒。此时，世界产出总量是（葡萄酒85.5，棉布76），与封闭经济中的世界产出（葡萄酒75，棉布76）相比是增加的。

对于每一个国家而言，在按照比较优势原则分工后，葡萄牙的产出是（葡萄酒90，棉布0），英国的产出是（葡萄酒0，棉布72）。如果按照1∶1进行交换，英国拿出36个单位的棉布换回36个单位的葡萄酒，则此时的消费组合点为M′（葡萄酒36，棉布36），位于英国的生产可能性曲线之外，说明英国通过贸易消费了比无贸易时更多的商品，其社会福利提高。在葡萄牙，交换后的消费组合点为N′（葡萄酒54，棉布36），位于葡萄牙的生产可能性曲线之外，其社会福利也是增加的。

四、比较优势论的完善

比较优势论说明了国际贸易的互利性和广泛适用性，但是并没有说明两个国家之间的商品交换比例如何确定，这为国际贸易理论的进一步发展提供了基础。

相互需求论是对比较优势论的进一步完善。相互需求论的提出及发展与两位经济学家有关，一位是19世纪中叶英国最著名的经济学家约翰·穆勒，另一位是19世纪末20世纪初英国最著名的经济学家阿弗里德·马歇尔。

（一）约翰·穆勒的相互需求论

约翰·穆勒（1806～1873）是李嘉图的学生，他的代表作是1848年出版的《政治经济学原理》。约翰·穆勒在《政治经济学原理》中的"交换"章节中首次提出了相互需求论，对比较成本论作了重要补充。

约翰·穆勒的相互需求论主要包括以下三个方面。

1. 互惠贸易的范围。在比较优势论基础上，穆勒用两国国内的商品交换比例对互惠贸易的范围进行界定。两种商品的国际交换比例必须介于两国国内交换比例之间，才会使两国都能从贸易中获益。

假设美国和英国这两个国家分别生产小麦、棉布这两种产品，各自的劳动生产率不同。如果没有国际分工和国际交换，在美国国内，1蒲式耳小麦可换取2/3码布；在英国国内，1蒲式耳小麦可换取2码布（见表2-3）。如果按比较优势原则进行国际分工，那么美国会专门生产小麦，而英国专门生产棉布，然后相互交换产品。如果两国

约翰·穆勒

间小麦和棉布的交换比例是 1 蒲式耳小麦可交换 2/3 码布或者更少，即等于或低于美国国内的交换比例，美国并不比分工前多获产品，未获得贸易利益，因而会退出交易而使国际贸易不可能发生。同理，如果两国间小麦和棉布的交换比例为 1 蒲式耳小麦交换 2 码布或者更多，英国不能从两国贸易中获益而使国际贸易不可能发生。两国间小麦和棉布的交换比例必须介于 1:2/3 ~ 1:2，即介于美、英两国的国内交换比例之间，才会使两国都能从贸易中获益。

表 2-3　　　　　　　相互需求论中两个国家的劳动生产率

	美国	英国
小麦（蒲式耳/工时）	6	1
棉布（码/工时）	4	2

资料来源：笔者整理。

2. 贸易利益的分配。关于贸易利益的分配，穆勒提出国际贸易能给参加国所带来的利益取决于实际的国际交换比例。国际商品交换比例越接近于本国国内的交换比例，对本国越不利，本国分得的贸易利益越少；相反，国际商品交换比例越接近于对方国家的国内交换比例，对本国越有利，本国分得的贸易利益就越多。

上例中，美、英两国间小麦和棉布贸易的具体交换比例若为 1 蒲式耳小麦交换 1 码布，则美国比分工前的国内交换多获 1/3 码布，而英国比分工前国内交换节约 1 码布；若为 1 蒲式耳小麦交换 4/3 码布，则美国多获 2/3 码布，英国节约 2/3 码布。可见，国际商品交换比例越接近于对方国家的国内交换比例，对本国越有利。

3. 相互需求法则。穆勒将需求因素引入国际贸易理论，说明国际商品交换比例如何决定。在两国互惠贸易范围内，两国间的商品交换比例（又称贸易条件）是由两国相互需求对方产品的强度决定的。一国对另一国出口商品的需求愈强，另一国对该国出口商品的需求愈弱，则贸易条件对该国愈不利，该国的贸易利益愈小；反之，则贸易条件对该国愈有利，该国的贸易利益愈大。这就是相互需求法则。

相互需求法则是一个比较笼统的原则。为了说明贸易条件的确定，穆勒提出了国际需求方程式：一国出口产品的价值等于其进口产品的价值。换言之，一国出口供给能力等于其进口需求能力，所以供给和需求也就是相互需求。如果两国的需求强度发生变化，则贸易条件或国际交换比例必然发生变动。前例中，假设美、英两国商品交换比例为 1 蒲式耳小麦交换 1.7 码布，如果在这个交换比例上，美国对英国棉布的需求与英国对美国小麦的需求，恰能使两国的进出口额相等，则这个交换比例就是一个稳定的交换比例。如果两国的相互需求强度发生变化，两国若按 1 蒲式耳小麦交换 1.7 码布的比例进行交换，进出口额不相等，则贸易条件或交换比例不能稳定下来，必然发生相应变动。因此，穆勒认为，在两国国内交换比例所决定的互惠贸易范围内，两国间商品的实际交换比例是由两国对彼此商品的需求强度决定的。

（二）马歇尔对相互需求论的发展

阿弗里德·马歇尔（1842~1924）是19世纪末20世纪初英国最著名的经济学家，他将边际效用论和生产费用论相结合提出了均衡价格论。作为新古典经济学的创始人，他对国际贸易理论的主要贡献体现在用几何方法对约翰·穆勒的相互需求论进行阐述。

阿弗里德·马歇尔

关于互惠贸易的范围，约翰·穆勒已经证明两国互惠贸易的范围是在两国商品国内交换比例的上下限之间，马歇尔利用图形作了进一步说明（见图2-2）。假设英国和德国投入等量劳动可生产出毛呢和麻布的数量分别是：英国生产10码毛呢和15码麻布，德国生产10码毛呢和20码麻布。那么，英国国内的交换比例是10∶15，即图中OK这条直线的斜率；德国国内的交换比例是10∶20，即图中OL这条直线的斜率。OK和OL之间的国际交换比例是两国互惠贸易的范围。OY和OK之间是英国不愿参加贸易的范围，OX和OL之间是德国不愿参加贸易的范围。在上述两个范围内，都有一个国家得不到贸易利益。

关于贸易利益的分配，马歇尔仍然用图示进行说明。两国间的国际贸易条件可以解释为：从原点引出的，通过AB线段上的任意点的射线的斜率。实际贸易条件越接近A点，对英国越不利而对德国有利；越接近B点，对英国越有利而对德国越不利（见图2-2）。

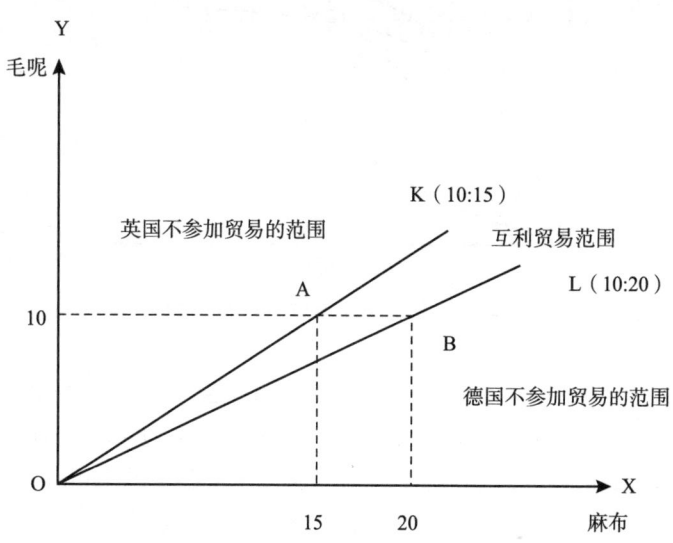

图2-2 相互需求理论中的互利贸易范围及贸易利益分配

资料来源：笔者整理。

关于贸易条件的决定，马歇尔使用一个新的概念——提供曲线说明均衡贸易条件如何决定。所谓提供曲线（Offer Curve），是指在不同贸易条件下，一国愿意出口的本国产品数量和愿意进口的外国产品数量的所有组合所形成的轨迹。两个国家提供曲线的交点，就是均衡状态下的贸易条件。

在图2-3中，X轴表示德国出口麻布的数量，Y轴表示德国进口英国毛呢的数量，OG是德国的提供曲线。这条提供曲线上的任何一点都表明，在从原点出发经过该点的贸易条件下，德国愿意以一定数量的麻布出口换取一定数量的英国进口毛呢。对德国来说，随着国际交换比例（贸易条件）的上升，德国用同等数量的麻布可以换取的英国毛呢越来越多，对德国越来越有利。对英国来说，X轴表示进口德国麻布的数量，Y轴表示出口毛呢的数量，OB是英国的提供曲线。这条提供曲线上的任何一点都表明，在从原点出发经过该点的贸易条件下，英国愿意以一定数量的毛呢出口换取一定数量的德国进口麻布。对英国来说，随着国际交换比例（贸易条件）的上升，用同等数量的毛呢可以换取的德国麻布越来越少，对英国越来越不利。当两国开展贸易时，只有在两条提供曲线的交点E，一国出口的产品数量恰恰等于另一国产品的进口量，两国进出口达到平衡。因此，通过E点的贸易条件就是均衡贸易条件。

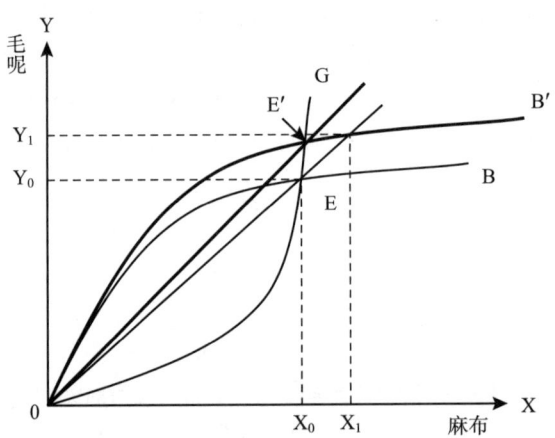

图2-3　相互需求理论中的提供曲线

资料来源：笔者整理。

如果双方相互需求发生变动，那么均衡贸易条件也会随之改变。假设随着时间的推移，英国消费者偏好改变，愿意购买更多的德国麻布。在贸易条件不变的情况下，只能通过扩大毛呢的出口来换取更多的麻布。反映在图形上，英国原有提供曲线OB上的每一点都沿着给定的贸易条件向外推移，形成新的提供曲线OB′。除了消费者偏好以外，国民收入的增加或出口产品劳动生产率的提高，也会令该国的提供曲线向外推移。在原均衡贸易条件OE下，英国愿意出口Y_1的毛

呢换取 X_1 的麻布。如果德国对英国毛呢的需求强度不变，仍然愿意出口 X_0 的麻布并换取 Y_0 的毛呢，此时麻布出现了过量需求而毛呢出现了过量供给，这改变了麻布和毛呢的国际交换比例，新的均衡贸易条件 OE' 形成。该贸易条件对德国而言更有利，对英国而言更不利。

第二节 要素禀赋论

从20世纪初到20世纪60年代为现代国际贸易理论创立及发展时期，这一时期最重要的理论成果是要素禀赋论。与李嘉图对国际贸易原因的分析不同，要素禀赋论从要素供给这一新视角对国际贸易产生的原因和国际贸易的格局进行解释，与比较优势论一起构成国际贸易理论的两大基石。

要素禀赋论的发展经历了三个阶段：第一阶段是要素禀赋论的创立阶段，赫克歇尔和俄林提出了要素禀赋论的核心思想，又称赫克歇尔-俄林定理；第二阶段是要素禀赋论的完善阶段，萨缪尔森提出的要素价格均等化学说及斯托尔珀-萨缪尔森定理对要素禀赋论进行了重要补充；第三阶段是要素禀赋论的验证阶段，里昂惕夫对要素禀赋论进行了实证检验，又称"里昂惕夫之谜"。

一、要素禀赋论的提出

要素禀赋论的创立者是瑞典著名经济学家赫克歇尔和俄林。赫克歇尔于1919年发表了《对外贸易对收入分配的影响》的论文，提出了要素禀赋论的基本观点，但是这些观点并没有引起关注。十几年后，赫克歇尔的学生俄林在其导师文章的基础上作出进一步研究，于1933年出版了《域际贸易和国际贸易》一书，创立了要素禀赋论。

伊·菲·赫克歇尔

他们发现，如果现实确实如同李嘉图所言，劳动是唯一的生产要素，那么比较优势形成的唯一原因就是世界各国之间劳动生产率的不同。但是，世界各国之间劳动生产率的差异只能部分地解释国际贸易产生的原因，国际贸易还可反映出世界各国之间资源禀赋的差异。比如，瑞典和加拿大都是原木出口大国，这并非由于两国林木产业的劳动生产率更高，而是由于两国人均森林拥有量高于世界上绝大多数国家。由此，他们提出了要素禀赋理论。

戈特哈德·贝蒂·俄林

（一）要素禀赋论的关键概念

在要素禀赋论中，有三个基本概念：生产要素、要素价格及要素禀赋。所谓生产要素，是指产品生产过程中必须投入的各种因素，通常是指土地、劳动、资本这三种要素。所谓要素价格，是指生产要素的报酬，如土地的租金、劳动的工资、资本的利息等。所谓要素禀赋（Factor Endowment），是指一国可以用于生产的各种生产要素的总量。

在要素禀赋论中，还使用了要素密集度、要素丰裕度等新概念。掌握这两个概念是理解要素禀赋论的关键。

1. 要素密集度（Factor Intensity）是指产品生产中生产要素投入比例的大小。不同产品的属性不同，生产中生产要素投入的比例也不一样。有的产品需要大量的机器设备和资本投入，这种产品属于资本密集型产品。有些产品主要依靠手工操作，需要大量的劳动投入，这种产品被称为劳动密集型产品。有的产品，例如小麦生产中所需投入的土地比例较大，小麦就被称为土地密集型产品。

假设用 K_X 和 L_X 代表生产一单位 X 产品所需投入的资本和劳动，K_Y 和 L_Y 代表生产一单位 Y 产品所需投入的资本和劳动。如果 $K_X/L_X > K_Y/L_Y$，则称 X 产品是资本密集型产品，Y 产品是劳动密集型产品。换言之，在只有两种商品（X 和 Y）、两种要素（劳动和资本）的情况下，如果 X 产品生产中使用的资本劳动投入比大于 Y 产品生产中的资本劳动投入比，则称 X 商品为资本密集型产品，Y 为劳动密集型产品。

由此可见，要素密集度是一个相对的概念。它只考虑资本劳动比，并不介意生产中使用的资本或劳动的绝对数量的多少。

2. 要素丰裕度用来表示一个国家的要素禀赋状况。具体而言，要素丰裕度（Factor Abundance）是指在一国的生产要素禀赋中，某要素供给所占比例大于另一个国家，或者某要素的相对价格低于另一个国家。

要素丰裕度可以通过两种方法衡量。第一种方法是用两个国家的要素供给总量之比进行衡量。如果一国全部资本数量与全部劳动力数量之比高于另一个国家，则该国是资本丰裕的国家，另一个国家是劳动丰裕的国家。假设用 K^A 和 L^A 代表 A 国的资本和劳动总量，K^B 和 L^B 代表 B 国的资本和劳动总量，如果 $K^A/L^A > K^B/L^B$，则称 A 国是资本丰裕的国家，B 国是劳动丰裕的国家。第二种方法是用要素相对价格衡量，资本相对价格低的国家被称为资本丰裕的国家，劳动相对价格低的国家被称为劳动丰裕的国家。以总量法衡量的要素丰裕度只考虑要素的供给，而以价格法衡量的要素丰裕度同时考虑要素的供给和需求两方面，因而较为科学。

要素丰裕度也是一个相对的概念。这种相对包括两种含义。

首先，一个国家某种要素丰裕是指这个国家该要素相对于其他要素而言比较充裕，并非是指这个国家该要素的绝对数量很大。我们平时所谓的"地大物博"是一个绝对的概念，类似于要素禀赋论中的"要素禀赋"，表明一国的资源拥有量大。我们平时所谓的人均资源拥有量，类似于这里的要素丰裕度，采用的是两种要素之间的比值。

其次，一个国家某种要素丰裕是与另一个国家相比较的结果，并不意味着该国该要素的绝对数量较大。我们知道，巴西与中国相比，巴西的土地劳动比较大，巴西是土地丰裕的国家，中国是劳动丰裕的国家。即使巴西的土地总量小于我国，它仍然是土地丰裕的国家。

（二）要素禀赋论的分析逻辑

要素禀赋论的产生始于对比较优势论的质疑。在李嘉图模型中，劳动是唯一的生产要素，劳动生产率差异导致的生产成本差异是国际贸易产生的根本原因。然而，在20世纪初的欧美各国，劳动生产率已经非常接近，为什么不同国家仍然发生大量国际贸易？赫克歇尔和俄林认为，一定有其他原因决定各国生产成本有所不同。他们抛弃了李嘉图模型的基本假设——劳动是唯一要素，用生产要素的丰裕或稀缺来解释国际贸易的产生和进出口贸易格局，其分析逻辑相当严谨。

如图2-4所示，生产要素所有者的收入分配和社会消费偏好共同决定对最终产品的需求，进而导致了对生产要素的派生需求。要素价格由两个因素决定，一是要素供给，二是要素需求。在两国偏好相同、技术水平相同、收入分配相同、对最终产品需求和对要素派生需求相同的假设前提下，不同国家生产要素供给的差异导致要素价格不同，继而商品相对价格存在差异，由此产生国际贸易。

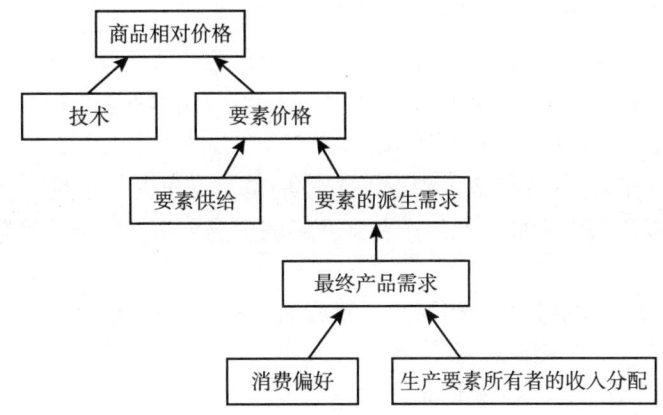

图2-4　要素禀赋论的分析逻辑

资料来源：Dominick Salvatore：《国际经济学》，清华大学出版社2011年版。

（三）要素禀赋论的基本观点

要素禀赋理论认为，各国要素禀赋差异是国际贸易产生的原因，一国的比较优势取决于其要素丰裕度。在其他情况相同的条件下，一国应生产和出口密集使用本国相对丰裕要素生产的产品，进口密集使用本国相对稀缺要素生产的产品。简言之，劳动丰裕的国家应出口劳动密集型商品，进口资本密集型商品；相反，资本丰裕的国家应出口资本密集型商品，进口劳动密集型商品。这一结论又称赫克歇尔—俄林定理（H—O定理）。

二、要素禀赋论的现代经济学分析

赫克歇尔—俄林定理对国际贸易产生原因及格局的分析，和现实中的贸易模式基本相同，因而被世界各国广为接受。实际上，该定理的成立有很多前提条件，这些前提条件和现实并不一致。

（一）要素禀赋论的基本假设

要素禀赋论基于一系列假设前提。这些假设条件如下。

1. 两个国家——本国和外国，使用两种生产要素——劳动和资本，生产两种商品——X和Y。与李嘉图模型不同，生产中使用两种生产要素，更贴近现实。

2. 生产要素在两国内部不同部门间可自由转移，但是不能在两国间自由流动。这表明，在一国内部，两种要素的价格相同，但两国之间存在要素价格差异。

3. 两国均实行自由贸易政策，没有关税或其他贸易限制，不考虑运输成本。这意味着生产专业化过程可持续到两国商品的相对价格相等为止。

4. 规模报酬不变。这意味着增加某商品的资本和劳动使用量，将会使该产品产量以相同比例增加，单位生产成本不随生产规模增减而变化。

5. 两国的商品市场和要素市场都是完全竞争的。市场上无人能够购买或出售大量商品及生产要素而影响市场价格，市场价格取决于生产成本。

6. 两国的消费偏好相同。这意味着两国需求偏好的无差异曲线形状和位置完全相同。

7. 两国的生产技术相同。这一假设与李嘉图模型不同，李嘉图模型假设两国生产技术存在相对差异。为了考察要素禀赋对两国商品相对价格的作用，必须假设两国技术相同，商品相对价格差异不是由技术差异导致的。

8. X产品是劳动密集型产品，Y产品是资本密集型产品，两种产品生产中不存在要素密集度逆转的情况。

9. 两国要素禀赋存在差别，一国劳动丰裕，另一国资本丰裕。

从这些假定中我们可以看出，除了在资源禀赋方面两国存在差异之外，两国在消费偏好、生产技术水平、规模报酬、市场竞争模式等其他许多方面都是相同的，贸易不会受到消费偏好、技术差异、规模经济、不完全竞争等因素的影响。两国之间唯一的差别是资源禀赋不同，由此可以分析资源禀赋对国际贸易的影响。

（二）生产可能性曲线及贸易利益

前面提到，生产可能性曲线的形状与机会成本有关，生产可能性曲线上任一点的切线斜率表示增加一单位某产品必须放弃的另一种产品的数量，即该产品的机会成本。在现实中，大多数产品面临递增的机会成本，意味着增加一单位该产品所必须放弃生产的另一种商品数量越来越多。当机会成本递增时，生产可能性曲线是一条凹向原点的光滑曲线。

假定世界上只有两个国家 A 国和 B 国，使用资本和劳动这两种生产要素，生产 X 和 Y 这两种产品。其中 X 产品是劳动密集型产品，Y 产品是资本密集型产品。A 国是劳动丰裕的国家，B 国是资本丰裕的国家。因为 A 国是劳动丰裕的国家，在劳动密集型 X 产品生产上具有比较优势，A 国的生产可能性曲线偏向 X 轴；因为 B 国是资本丰裕的国家，在资本密集型 Y 产品生产上具有比较优势，B 国的生产可能性曲线偏向 Y 轴（见图 2-5）。

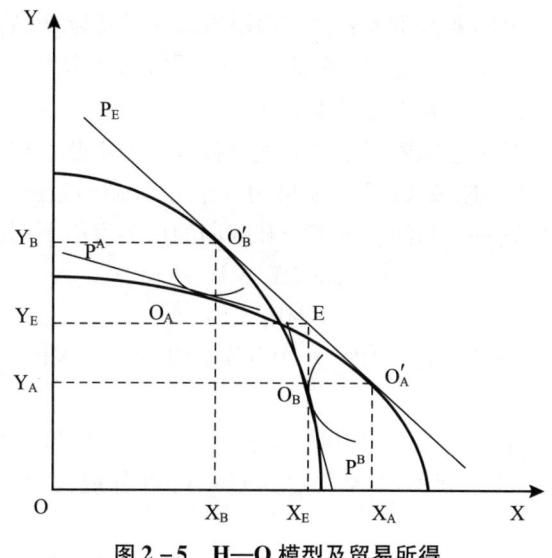

图 2-5　H—O 模型及贸易所得

资料来源：笔者整理。

在封闭经济中，两国生产可能性曲线与无差异曲线的切点 O_A 和 O_B 分别是两国的生产和消费均衡点，经过 O_A 和 O_B 的切线斜率就是 X 和 Y 这两种产品的相对价格 P_X/P_Y，用 P^A 和 P^B 表示。在没有贸易之前，P^A 小于 P^B，这种价格差异形成了两国相互交易的基础。

在开放经济中，A 国和 B 国分别生产具有比较优势的 X 产品和 Y 产品，两国间的国际分工将进行到相对价格 P_E 与两国生产可能性曲线相切时为止。此时 A 国和 B 国的生产点分别是 O'_A 和 O'_B，消费点是两者的中点 E，生产点和消费点相分离。此时，两国的进口分别等于对方的出口，进出口处于均衡状态。两国均在贸易中获利，因为它们都达到了更高的无差异曲线。

三、要素禀赋论的推论

20 世纪 40 年代，美国经济学家萨缪尔森发展了要素禀赋论，提出了斯托尔珀－萨缪尔森定理及要素价格均等化学说，分别研究开展国际贸易以后对一国要素报酬及要素价格的影响。

（一）斯托尔珀—萨缪尔森定理

斯托尔珀—萨缪尔森定理是斯托尔珀和萨缪尔森这两位作者于 1941 年发表的《保护主义与实际工资》论文的结论。他们用经济学分析方法解释了自由贸易为什么会令本国丰裕要素所有者的收入增加，同时稀缺要素所有者的收入减少。

在完全竞争的要素市场，要素报酬取决于其边际产品价值，都等于边际要素生产率与商品价格的乘积。所谓边际要素生产率，是指每增加一个单位的生产要素所带来的产量增长，又称边际产出。当其他要素投入不变时，边际要素生产率随着投入量的不断增加而下降，即"边际要素生产率递减规律"。如果用 w 表示劳动的报酬——工资，r 表示资本的报酬——利润，则工资和利润的形成可由下列公式表示：

$$w = MP_L \times P$$
$$r = MP_K \times P$$

其中 P 是产品价格，MP_L 是边际劳动生产率，MP_K 是边际资本生产率。

开展国际贸易以后，一国要素报酬——工资和利润都会发生改变。国际贸易对要素所有者收益的影响可以分成短期影响和长期影响。

在短期内，生产要素不能在产业间流动，意味着两大部门所使用的要素数量不变，每个部门的边际要素生产率 MP_L 和 MP_K 都不变，要素报酬仅受产品价格的影响。随着出口部门产品价格的上升，该部门的工资和利润随之上升；进口部门产品价格下降，该部门的工资和利润都会下降。

在长期内，劳动和资本可以在不同部门之间流动，意味着两大部门所使用的要素数量发生改变，边际要素生产率 MP_L 和 MP_K 也会变化，要素报酬同时受到产品价格变化及边际要素生产率变化的影响。以劳动丰裕的国家 A 国为例，出口的是劳动密集型 X 产品，进口的是资本密集型 Y 产品。贸易发生后，X 产品价格上升，劳动和资本的报酬率较高，吸引生产 Y 产品的劳动和资本流入。由于 Y 部门是资本密集型产业，其释放的资本相对较多而劳动相对较少，资本这种稀缺要素因为进口产品生产的萎缩变得相对过剩，要素价格下降。相反，劳动这种丰裕要素由于出口产品生产扩大变得供不应求，要素价格上升。在这种情况下，两大部门将用相对充裕的资本替代相对稀缺的劳动，资本/劳动比都会提升，导致劳动的边际生产率 MP_L 上升而资本的边际生产率 MP_K 下降。如果用 P_X 和 P_Y 分别表示 X 产品和 Y 产品的价格，用 MP_L 和 MP_K 分别表示劳动和资本的边际产出，则 X 部门的工资和 Y 部门的利润分别是：

$$w = P_X \times MP_L^X$$
$$r = P_Y \times MP_K^Y$$

与封闭经济相比，P_X 和 MP_L^X 都在上升，P_Y 和 MP_K^Y 都在下降，因此国际贸易将会导致 A 国的工资上升而利润下降。由此，我们得出以下结论：当一种产品的相对价格上升时，该产品生产中所密集使用的要素其价格将上升，非密集使用要素的价格将下降。如果将该结论应用到国际贸易中，就是斯托尔珀－萨缪尔森定理：国际贸易让参与贸易国家的丰裕要素所有者获益，但会使稀缺要素所有者利益受损。

（二）要素价格均等化学说

比较优势论和要素禀赋论都分析了国际贸易的产生原因及贸易格局。要素价格均等化学说进一步研究国际贸易发生后对一国要素价格有何影响。

国际贸易可能导致要素价格均等化的观点首先由赫克歇尔提出。俄林进一步指出，尽管各国之间要素缺乏流动性使世界范围内要素价格相等的理想状态不能实现，但产品的自由贸易可以部分替代要素流动，弥补要素缺乏流动性的不足，使要素价格在不同国家存在均等化趋势。美国学者萨缪尔森对此观点进行了数学推导，在 1948 年发表的《国际贸易及要素价格的均等化》一文中，对自由贸易将导致要素价格均等化作出严格证明。由于萨缪尔森的贡献，要素价格均等化学说又称 H－O－S 定理。

要素价格均等化学说可表述为：在满足要素禀赋论的全部假设条件下，自由的国际贸易不仅使两国商品相对价格相等，而且使两国生产要素价格相等。也就是说，只要产品可以自由贸易，即使要素不能在两国之间自由流动，两国所有工人都能获得相同工资，所有资本都能获得相同利率，所有土地都能获得相同地租。

现以 A 国和 B 国为例对要素价格均等化过程进行分析。假设 A 国劳动充裕而资本稀缺，因而工资低而利率高，出口劳动密集型的 X 产品，进口资本密集型的 Y 产品；B 国恰好相反，劳动稀缺而资本丰富，因而工资高而利率低，出口资本密集型 Y 产品，进口劳动密集型 X 产品。两国开展贸易后，A 国增加劳动密集型 X 产品的生产，减少资本密集型 Y 产品生产，导致对劳动的派生需求增加，工资开始上升，对资本的派生需求减少，利率下降；B 国的情况恰好相反，出口资本密集型 Y 产品，进口劳动密集型 X 产品，因而对资本的派生需求增加，利率上升，对劳动的派生需求减少，工资率下降。随着 A 国工资上升及利率下降，B 国利率上升及工资下降，两国都有一股强大趋势推动要素价格向一个共同的水准变动。可见，双方自由贸易的结果，使商品相对价格和要素价格都趋于均等。

课堂讨论：国际贸易理论研究了四个问题：国际贸易产生的原因、贸易的模式、贸易的利益及贸易的后果。在了解过比较优势论和要素禀赋论这两大最具代表性的国际贸易理论之后，你对这四个问题是如何认识的？

四、要素禀赋论的实证检验

沃西里·里昂惕夫

里昂惕夫（1906～1999）是美国著名经济学家，投入产出分析方法的创始人，1973 年度诺贝尔经济学奖获得者。

投入产出分析方法研究社会各部门之间的相互依赖关系，被广泛用于经济预测和制定经济计划。1953 年，里昂惕夫与钱纳里合编的《美国经济结构的研究：投入产出分析的理论与实证探讨》一书，利用投入产出法对要素禀赋论进行了实证检验，得出了与要素禀赋论完全不同的结论，这一检验结果被称为"里昂惕夫之谜"。

（一）里昂惕夫对要素禀赋论的检验

要素禀赋论提出，一国出口的是密集使用本国丰裕要素生产的产品，进口的是密集使用本国稀缺要素生产的产品。大家普遍认为，美国资本丰富而劳动力稀缺，按照要素禀赋论应出口资本密集型产品，进口劳动密集型产品。

为了检验要素禀赋论，1953 年，里昂惕夫用投入产出分析法对 1947 年美国 200 个行业进行分析，把生产要素分为资本和劳动两种，然后选出具有代表性的一揽子出口品和一揽子进口替代品，计算出每百万美元的出口品和每百万美元进口替代品所需要的国内资本和劳动量（见表2-4）。里昂惕夫的研究发现，美国进口替代品的资本密集程度高于出口品的资本密集程度约30%，因而得出与要素禀赋论相反的结论："美国之参加国际分工是建立在劳动密集型生产专业化的基础上，而不是建立在资本密集型生产专业化基础上。换言之，这个国家是利用对外贸易来节约资本和安排剩余劳动力，而不是相反。"里昂惕夫的发现引起了经济学界的极大关注，这一与要素禀赋论相反的实证研究结果被称为"里昂惕夫之谜"。里昂惕夫1956年又利用投入产出法对美国1951年的贸易结构进行了第二次检验，检验结果与第一次是一致的，谜仍然存在。

表2-4　美国出口品和进口替代品对国内资本和劳动力的需求（1947年）

	每百万美元的出口品	每百万美元的进口替代品
资本（美元/年）	2 550 780	3 091 339
劳动力（人/年）	182	170
资本/劳动比率（美元/人）	14 015	18 184

"里昂惕夫之谜"激发了其他经济学家对国际贸易格局的研究。日本两位经济学家使用与里昂惕夫相类似的研究方法发现，日本这个劳动力丰裕的国家，输出的主要是资本密集型产品，输入的则是劳动密集型产品。但从双边贸易看，日本向美国出口的是劳动密集型产品，从美国进口的是资本密集型产品；日本出口到不发达国家的则是资本密集型产品。德国两位经济学家对原东德对外贸易的研究表明，该国出口品相对于进口品是资本密集型的。加拿大经济学家分析了加拿大与美国的贸易，发现加拿大的出口品属于相对资本密集型，因为加拿大的大部分贸易是与美国进行，而美国是个相对于加拿大而言资本丰富的国家，所得结论与里昂惕夫之谜一致，而与要素禀赋论相悖。印度经济学家对印度的贸易结构分析表明，它与美国的贸易中，向美国出口的是资本密集型产品，进口的是劳动密集型产品，但印度与其他国家的贸易出口的是劳动密集型产品而进口资本密集型产品。

许许多多的检验结果，既未肯定地证实要素禀赋论，亦未否定要素禀赋论。

（二）对"里昂惕夫之谜"的不同解释

"里昂惕夫之谜"引起了经济学家对"谜"的不同解释。归纳起来，西方学术界对"里昂惕夫之谜"有以下几种具有代表性的解释。

1. 劳动效率的差异。里昂惕夫认为，世界各国的劳动生产率不同。由于美国企业的管理水平和行业组织远比其他国家优越，工人所受的文化教育和职业培训较好，再加上较强的进取精神，就使得美国工人的劳动效率远远高于其他国家的工人，1947年美国工人的生产率大约是其他国家的3倍，因此在计算美国工人的人数时应将美国实际工人数乘以3倍。这样，美国就成了劳动力丰富而资本相对短缺的国家，所以它会出口劳动密集型产品，进口资本密集型产品，与要素禀赋论揭示的内容是一致的。这种解释后来被里昂惕夫自己否定，如果说美国的生产效率高于他国，那么工人人数和资本量都应同时乘以3，这样美国的资本相对充裕程度并未受到影响。

2. 人力资本的差异。经济学家认为，里昂惕夫计算的资本只包括物质资本，而忽略了人力资本。因为美国劳动比国外劳动包含更多的人力资本，若将人力资本部分加到有形资本当中，将得出美国出口资本密集型产品，进口劳动密集型产品的结论。他们还曾作过实际的估算和研究，成功地消除了"谜"。

3. 需求偏好论。这种解释认为，尽管一国的资源禀赋状况决定着一国的生产和出口产品结构，但需求偏好状况可能会抵消这一趋势。如果一国的丰裕生产要素所生产的产品吸引着国内需求极大地向该类产品倾斜，就会引致这类产品由出口变为进口。比如在美国，国内对资本密集型产品有很大需求，尽管资本要素丰裕，也会大量进口这类产品。

4. 贸易壁垒的存在。这种解释认为，"里昂惕夫之谜"产生的原因是由于市场竞争不完全引起的，国际间的商品流通因受贸易壁垒的限制而使要素禀赋论揭示的规律不能实现。例如，美国政府为了解决国内就业，制定对外贸易政策时会限制劳动密集型产品的进口。如果美国政府不实行这种限制，美国进口品的资本劳动比将降低5%。

5. 自然资源因素的影响。里昂惕夫进行进出口投入产出分析时只考察了劳动和资本这两种生产要素，未考虑其他生产要素如自然资源对贸易结构的影响。在国际贸易中，有的产品既不是劳动密集型产品，也不是资本密集型产品，而是自然资源密集型产品。比如，美国的进口品中初级产品占60%~70%，这些初级产品大部分是木材和矿产品，自然资源密集程度很高，把这类产品划归资本密集型产品无形中加大了美国进口品的资本劳动比率。如果考虑自然资源这个因素，美国进出口贸易结构中的"谜"就不再存在。里昂惕夫后来在对美国的贸易结构进行检验时，在投入产出表中减去 19 种自然资源密集型产品，结果就成功地解开了谜，取得了与要素禀赋论相一致的结果。这个原因也可用来解释加拿大、日本、印度等国贸易结构中的"里昂惕夫之谜"。

6. 跨国公司的作用。这种解释认为，美国的跨国公司遍布世界各地，这些跨国公司的子公司向美国大量返销产品。美国跨国公司子公司的产品是利用东道国的各种资源加上美国的资本和技术生产出来的，其中相当多的产品属于资本密集型产品。这类产品的返销，是美国进口资本密集型产品的主要原因之一。

7. 要素密集型逆转。要素密集型逆转是指同一种产品在劳动丰富的国家是劳动密集型产品，在资本丰富的国家又是资本密集型产品的情形。当两种商品生产的替代弹性差异较大时，即随着要素相对价格的变化，一种产品的生产中极易用一种生产要素代替另一种要素，而另一种产品的生产很难用一种要素代替另一种要素，这时就可能发生要素密集型逆转的情况。假设 X 商品的替代弹性较大，Y 商品的替代弹性较小，则资本丰富的国家将用资本密集型技术生产 X 商品，劳动丰富的国家则用劳动密集型技术来生产 X 商品；与此同时，两国被迫使用类似技术生产 Y 商品，所以 X 商品在劳动丰富的国家将成为劳动密集型商品，在资本丰富的国家成了资本密集型商品，因而出现要素密集型逆转。比如，农产品在广大发展中国家是劳动密集型产品，在美国则是资本密集型产品，所以不应把美国农产品的出口简单地说成是劳动密集型产品的出口。一旦发生要素密集型逆转，要素禀赋论及要素价格均等化学说揭示的规律都无法实现。因此，要素密集型逆转发生可作为解释"里昂惕夫之谜"产生的原因之一。但是，里昂惕夫通过定量分析发现，要素密集型逆转发生的概率只有 1%，因此要素密集型逆转对要素禀赋论并无实质性影响。

第三节 当代自由贸易理论

第二次世界大战以后，随着全球局势的相对稳定，国际贸易的规模越来越大。发达国家之间的产业内贸易迅速发展，取代传统的产业间贸易成为国际贸易的主要形式。但是，传统的国际贸易理论无法解释这种现象。与此同时，"里昂惕夫之谜"也推动经济学家进一步探索国际贸易的格局。在这样的背景下，当代国际贸易的新理论层出不穷，以不同于传统国际贸易的视角来解释国际贸易产生的原因与贸易格局。具有代表性的包括偏好相似学说、产品生命周期理论、规模报酬递增学说、产业内贸易理论等。

一、偏好相似学说

斯戴芬·伯伦斯坦·林德

1961年，瑞典经济学家林德出版《贸易与变化》一书，另辟蹊径，从需求方面探讨国际贸易产生的原因，提出了偏好相似学说。

林德认为，要素禀赋论只能解释初级产品贸易，不能解释工业品贸易。国际间工业品贸易的发生，往往先由厂商在本国市场生产出新产品，当新产品的生产规模和竞争能力发展到一定程度而国内市场有限时才开始开拓国外市场。两国之间的经济发展水平和人均收入水平愈接近，需求偏好愈相似，相互需求和贸易可能性也就愈大。

如图2-6所示，横轴代表人均收入，纵轴代表商品档次，OX、OY与原点所构成的锥形 X—O-Y 代表一国所需求产品档次的变动范围。设甲国的人均收入为 I_1，乙国的人均收入为 I_2，与 I_1、I_2 相应的 AC、BD 分别表示甲国、乙国的需求档次范围，其中重合的 BC 部分表示两国会就 BC 范围内的商品进行贸易。两国人均收入越接近，需求偏好越相似，产品需求档次的重合部分愈大，表示贸易可能性就越大。

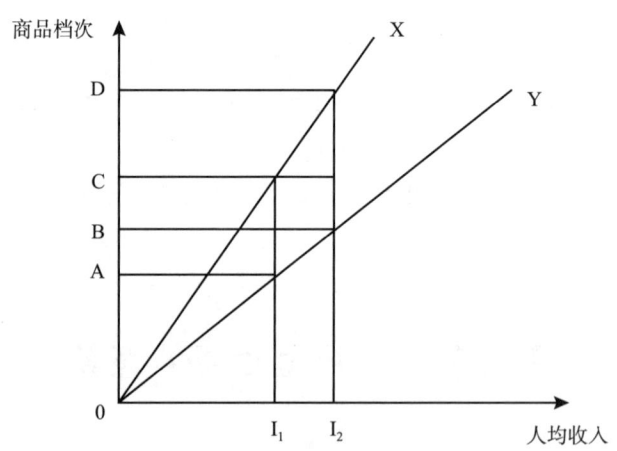

图2-6 偏好相似与国际贸易

资料来源：笔者整理。

二、产品生命周期理论

1966年，美国经济学家弗农发表《生命周期中的国际投资与国际贸易》一文，首次提出了产品生命周期理论。该理论随后经过其他经济学家不断完善，成为解释制成品贸易的著名理论。

产品生命周期理论（Product Life Cycle Theory）认为，由于技术创新和技术扩散，制成品和生物一样具有生命周期，先后经历新生期、成长期、成熟期、销售下降、让与期等五个不同阶段。新生期是新产品的研究和开发阶段；经过一段时间以后，生产技术确定下来，国内外消费者普遍接受创新产品，生产规模随之扩大，新产品进入成长期；随着生产技术趋于成熟，产品可批量化生产并达到适度规模时，产品进入成熟期；当国外的生产能力能够满足本国需求不再从创新国进口之后，产品进入销售下降期；当创新国完全丧失比较优势而变为净进口国时，产品进入让与期。

雷蒙德·弗农

在产品生命周期的不同阶段，各国在国际贸易中的地位不同。威尔斯以美国为例对产品生命周期进行图示说明。其中，横轴表示时间，纵轴表示产品销售量及进出口量（见图2-7）。

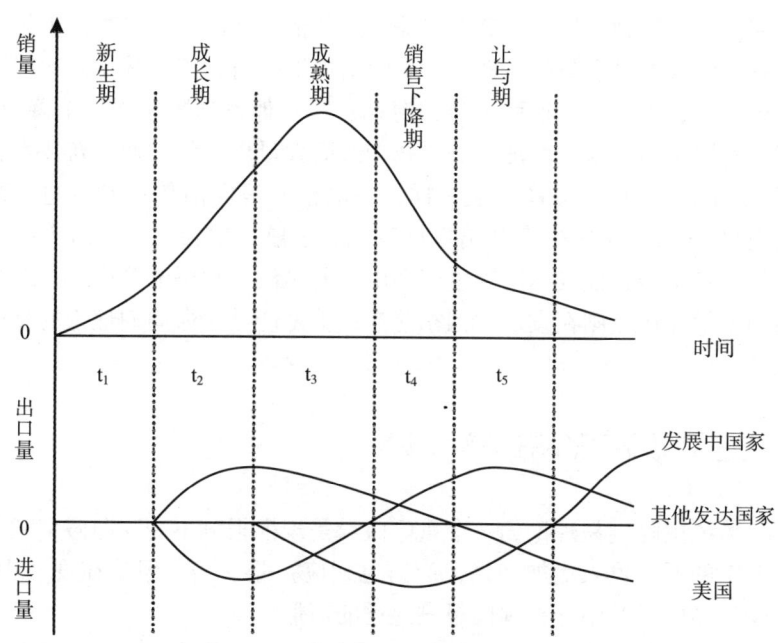

图2-7 产品生命周期中的贸易模式

在新生期，美国研发出新产品，于 t_1 开始投产，美国是新产品的生产国。由于需要投入大量的研究开发费用和大量科学家和工程师的熟练劳动，生产技术尚不确定，产量较少，成本很高，产品主要在本国市场销售，没有出口，只满足本国高收入阶层的需求。

在成长期，随着经营规模的扩大和国外需求的发展，美国于 t_2 开始向国外出口该产品，美国是新产品的出口国。由于新技术尚未扩散到国外,创新国保持其比较优势,不但拥有国内市场,而且向其他发达国家出口。

在成熟期,生产技术已趋成熟并扩散到国外,产品由研发密集型变成资本密集型,其他发达国家开始于t_3生产,其进口量减少,美国出口量开始下降。为了维持国外市场份额,美国厂商有的选择到其他国家直接投资以实现当地销售。这一时期的产品价格下降,发展中国家开始产生进口需求,成为该产品的进口国。

在销售下降期,随着国外生产能力增强,美国该产品的销售量和出口量都继续下降,其他发达国家变为净出口国,出口量不断扩大,而发展中国家厂商的产量一直在扩大,进口量不断减少。

在让与期,美国开始失去竞争优势并于t_5变为净进口者。此时,产品已高度标准化,发展中国家的低工资使它们具有该产品生产的比较优势,美国开始从新兴工业化发展中国家进口。

从以上分析可见,由于技术的传递和扩散,不同国家在国际贸易中的地位不断变化,新产品的创新发生在美国,而后传递到其他发达国家,再扩散到发展中国家。当美国向其他发达国家出口时,正是其他发达国家大量进口的时期;当美国出口下降时,正是其他发达国家开始生产、进口下降继而出口的时期;当其他发达国家出口下降时,正是发展中国家生产增加、进口减少继而大量出口的时期。新技术和新产品的转移和扩散像波浪一样,一浪接一浪向前传递和推进。20世纪80年代,美国生产和出口计算机、宇航、生物、新材料等新兴产品,日本等其他发达国家生产和出口的是汽车和彩电等产品,纺织品和半导体产品则在发展中国家落户,就是产品生命周期理论的具体表现。

三、规模报酬递增学说

传统国际贸易理论的一个重要假设是规模报酬不变,即假定某个行业中的要素投入增加一倍,产出也相应扩张一倍。但是在现实中,不少产品的生产中存在规模报酬递增的情形。

所谓规模报酬递增,是指随着产量增加产品单位生产成本不断降低,或者说,随着生产规模的扩大,每单位生产要素的投入会有更多的产出,即大规模生产能够获得规模经济。

规模报酬递增之所以发生,有两大原因:一是因为大规模生产经营,能够充分发挥各种生产要素的效能,更好地组织企业内部的劳动分工和专业化,提高厂房、机器设备、员工的利用率,获得内部规模经济效益;二是因为大规模生产经营,能够更好地利用社会上的运输设施、通讯设施、金融机构、自然资源、专业化供应商、技术溢出等外部因素，获得外部规模经济效益。

规模报酬递增学说是美国经济学家克鲁格曼与赫尔普曼合著的《市场结构与对外贸易》（1985）一书提出的。

保罗·罗宾·克鲁格曼

规模报酬递增学说改变了传统国际贸易理论中规模报酬不变的假设，认为规模报酬递增是国际贸易的基础。当某一产品的生产发生规模报酬递增时，随着生产规模的扩大，产品的单位成本递减而取得成本优势，取得先发优势的国家可以专业化生产并出口这一产品。

现以两个国家为例分析由规模报酬递增导致的国际贸易。假定 A 国、B 国在各方面都完全相同，即技术水平、要素禀赋、消费偏好相同，经济的绝对规模也相当，两国的生产可能性曲线和无差异曲线完全一致。生产可能性曲线凸向原点，表明生产 X 和 Y 产品的机会成本递减，即增加一单位 X 产品的生产所需牺牲的 Y 产品数量越来越少，增加一单位 Y 产品的生产所需牺牲的 X 产品数量也越来越少，两产品的生产中存在规模报酬递增（见图 2-8）。

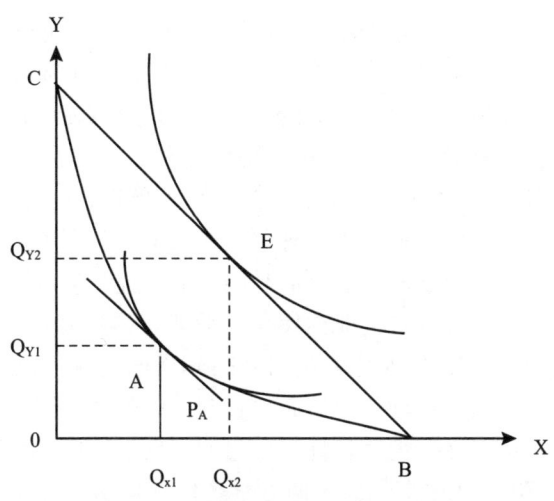

图 2-8　规模报酬递增下的国际贸易

在封闭经济中，两国分别生产两种产品，生产可能性曲线与无差异曲线相切的 A 点（Q_{X1}，Q_{Y1}）为两国在封闭经济状态下共同的生产点，均衡的产品相对价格是 P_A。此时，两国各自并不存在比较优势。

如果 A 国试图增加 X 产品的生产，哪怕开始只比对方扩大一点点，但在规模报酬递增的作用下，X 产品因生产规模扩大而成本下降，A 国在 X 产品的生产上具有成本优势，推动 A 国专业化生产 X 产品，生产点为 B 点。同理，B 国会专业化生产 Y 产品，生产点为 C 点。若两国各以自己生产的一部分产品进行贸易，即 A 国用 $Q_{X2}B$ 与

B 国的 $Q_{Y2}C$ 相交换，两国的均衡消费点都是 E 点，较之分工前的 A 点达到了位置更高的无差异曲线。

可见，在存在规模报酬递增的条件下，以规模报酬递增为基础的分工和贸易会通过降低生产成本，令参加国际分工和国际贸易的双方均获利，贸易利益来自各国只生产一种产品的规模报酬递增。

四、产业内贸易理论

产业内贸易是第二次世界大战之后国际贸易领域最热门的课题之一。产业内贸易理论博采当代国际贸易理论的新成果，对产业内贸易现象产生的原因进行了系统阐释。

（一）产业内贸易理论的发展阶段

产业内贸易理论的发展经历了 20 世纪 70 年代中期以前的经验性研究和 70 年代中期以后的理论性研究两个阶段。

20 世纪 70 年代中期以前，经济学家对产业内贸易进行了大量经验性研究。佛丹恩对"比荷卢经济同盟"集团内贸易格局变化的统计分析表明，和集团内贸易相关的生产专业化形成在同种贸易类型之内，而不是在异种贸易类型之间，而且交易的产品具有较大的异质性。迈凯利对 36 个国家五大类商品进出口差异指数的计算结果表明，高收入国家进出口商品的结构呈现明显的相似性，而大多数发展中国家则相反。巴拉萨对欧共体贸易商品结构的研究结果表明，欧共体制成品贸易的增长大部分是产业内贸易。考基玛对发达国家间的贸易格局的研究发现，高度发达的工业国之间其横向的制成品贸易增长迅速。因此，产业内贸易现象背后必然包含着一种新的原理，对这一新原理的揭示，可以在传统比较优势理论的基础上形成一种理论创新。

20 世纪 70 年代中期以后，西方学者格鲁贝尔和劳埃德对产业内贸易现象作了系统性研究，使产业内贸易理论的发展进入第二阶段——理论性研究阶段。格鲁贝尔和劳埃德合著的《产业内贸易》一书认为，技术差距、研究与开发、产品的异质性和产品生命周期的结合、人力资本密集度的差异与收入分配（或偏好差异）差异的相结合均可能导致产业内贸易。继格鲁贝尔和劳埃德之后，格雷和兰卡斯特主要从产品异质性的角度分析产业内贸易的形成，强调产品异质性是产业内贸易的基础。戴维斯以市场进入障碍和规模经济的角度揭示产业内贸易的成因，指出规模经济可以在产业内形成互有竞争力的价格，从而导致产业内贸易发生。克鲁格曼也强调规模经济是产业内贸易的基本原因，认为各国的生产要素越相似，其产业结构差异越小，从而它们的贸易越具有产业内贸易的特征。

（二）产业内贸易理论的主要观点

产业内贸易（Intra-industry Trade）是相对于产业间贸易而言的，它指的是两国互相进口和出口同一产业部门内的产品。

传统贸易理论认为，两国间的技术差异和要素禀赋差异越明显，产业间贸易量就越大。如果两国技术水平相同、要素禀赋类似，就不存在贸易的基础。显然，产业内贸易现象不能用传统贸易理论来解释。

产业内贸易理论对产业内贸易现象的解释主要基于产品异质性、规模报酬递增、偏好相似这几个方面。

1. 产品异质性。在每一个产业部门内部，同一类产品的品牌、质量、性能、规格、设计等并不相同，尽管产品名称相同，实际上它们是具有异质性的差异化产品。各国由于资源约束，不可能生产所有的差异化产品，必须有所取舍，着眼于某些产品的专业化生产，以获取规模经济利益。而消费多样化造成的市场需求多样化，使各国消费者对同种产品产生相互需求，从而产生产业内贸易。与此同时，为降低成本，同一产品的不同部分往往通过国际投资方式在不同国家生产，以追求资源的合理配置。跨国公司主导的国际投资，不仅促进了各国经济的相互依赖，而且扩大了中间产品的产业内贸易规模。

2. 规模经济或规模报酬递增。如前所述，规模经济或规模报酬递增是指厂商进行大规模生产，使成本降低，报酬递增。在同一产业部门内部，规模报酬递增使扩大生产规模的厂商其生产成本及产品价格下降，生产相同产品而生产规模不变的厂商因此被淘汰，最后本国与外国将各自专于某些类别产品，再相互交换以满足彼此的多样化需求。两国的要素禀赋越相似，越可能生产同类型的产品，两国的产业内贸易量将愈大。

3. 偏好相似。这是林德理论的应用。如前所述，发达国家间产业结构相似，它们之间的国际分工大多是部门内或产品内分工。发达国家收入水平相近，消费结构大体相同，相互之间形成广泛的相互需求，所以发达国家的产业内贸易量很大。

（三）产业内贸易程度的测定

20世纪70年代中期以后，对产业内贸易的理论性研究不断深化的同时，对产业内贸易的经验性研究也步步深入。这一阶段的经验性研究转向产业内贸易的程度和趋势研究，以及产业内贸易在不同类型国家、不同产业中的发展状况及原因。

产业内贸易程度的测定是产业内贸易理论研究的一个重要方面。产业内贸易的程度可通过产业内贸易指数来测量。

$$B = 1.0 - \frac{|X - M|}{X + M}$$

其中，X 与 M 分别代表同一产业产品的出口值和进口值。当某一产业产品的出口等于进口时，产业内贸易指数为最大值 1；当某一产业只有进口没有出口，或只有出口没有进口时，产业内贸易指数为最小值 0。

根据格鲁贝尔和劳埃德的估算，1967 年，10 个工业化国家的 B 值平均为 0.48，欧共体成员国的 B 值平均为 0.67，显示工业化国家之间的贸易有很大部分属于产业内贸易。另据新加坡朱刚体博士对 1990 年 10 个发达国家和 5 个非经合组织国家的 181 组商品的产业内贸易程度的调查计算，10 个发达国家的产业内贸易指数平均为 0.60，其中欧共体国家的产业内贸易指数为最高；5 个非经合组织国家的产业内贸易指数平均为 0.43，其中新加坡的产业内贸易指数为最高；产业内贸易主要是工业化国家的制成品行业内的贸易，发展中国家之间以及农产品中的这种贸易不甚普遍。

本章小结

本章介绍了西方自由贸易理论的主要流派及其理论观点。西方自由贸易理论经历了比较优势论、要素禀赋论和当代自由贸易理论等三个发展阶段。

大卫·李嘉图继承和发展了亚当·斯密的绝对优势论，提出了比较优势论。根据亚当·斯密的观点，贸易的基础是绝对优势，各国应专门生产自己具有绝对优势的产品，并用一部分产出交换别国生产的自己处于绝对劣势的产品，这样的贸易交换能够提高总产出和总消费，对贸易参加国都有利。大卫·李嘉图发展了斯密的理论，认为各国应该按照"两优相权取其重，两劣相权取其轻"的原则专门生产自己具有比较优势的产品，并用一部分产出交换别国生产的自己处于比较劣势的产品，这样的贸易能够提高总产出和总消费，对贸易参加国都有利。由于比较优势论证明了国际贸易的互利性和广泛适用性，因而成为近 200 年最具影响力的国际贸易理论。随后，相互需求论进一步说明互惠贸易的范围、贸易利益的分配及贸易条件的决定，对比较优势论进行补充。经济学家还采用机会成本和生产可能性曲线等现代经济学分析工具，对比较优势及贸易利益进行分析，使得比较优势论更加精确。

20 世纪 30 年代，赫克歇尔和俄林提出了要素禀赋论的基本观点，即要素禀赋差异是国际贸易的基础，各国应该专业化生产并出口密集使用本国丰裕要素生产的产品，进口密集使用本国稀缺要素生产的产品（H—O 定理）。随后，萨缪尔森发展了要素禀赋论，研究开展国际贸易对一国要素报酬及要素价格的影响，提出了斯托尔珀－萨缪尔森定理及要素价格均等化学说（H－O－S定理）。20世纪50年代，里昂惕夫曾经对要素禀赋论进行了实证检验，但是得出与要素禀赋论不同的结果，这被称为"里昂惕夫之谜"。

20世纪50年代之后，针对产业内贸易现象，经济学家逐步放松要素禀赋论的假设，从规模报酬递增、偏好相似、产品异质性等方面对国际贸易产生的基础进行分析，由此形成了与古典贸易理论和新古典贸易理论不同的当代自由贸易理论。

【本章重要术语】

绝对优势（Absolute Advantage）

比较优势（Comparative Advantage）

提供曲线（Offer Curve）

要素禀赋（Factor Endowment）

要素丰裕度（Factor Abundance）

要素密集度（Factor Intensity）

要素价格均等化（Factor-price Equalization）

产品生命周期理论（Product Life Cycle Theory）

产业内贸易（Intra-industry Trade）

【延伸阅读】

1. 徐建伟、葛岳静、胡志丁：《比较优势、国际分工与发展战略》，载于《经济地理》2012年第5期，第16~22页。

2. 郭界秀：《比较优势理论的沿承、发展与创新》，载于《兰州商学院学报》2014年第4期，第56~62页。

复习与思考

1. 亚当·斯密是如何解释国际贸易格局及国际贸易利益的？

2. 试述大卫·李嘉图比较优势论的基本观点。

3. 什么是绝对优势？什么是比较优势？如何判定绝对优势与比较优势？

4. 根据约翰·穆勒的相互需求论，两个国家开展国际贸易其互惠贸易范围如何确定？贸易利益如何分配？贸易条件如何决定？

5. 马歇尔对相互需求论的贡献是什么？

6. 简述赫克歇尔－俄林定理、要素价格均等化学说、斯托尔珀－萨缪尔森定理的内容。

7. 怎样理解要素禀赋、要素丰裕度、要素密集度？

8. 什么是规模报酬递增学说？为什么规模报酬递增会成为国际贸易的基础？

9. 何为偏好相似学说？

10. 简述产品生命周期理论的基本内容。
11. 如何解释产业内贸易现象?
12. 假设中国和美国生产一台电视机和一辆纯电动汽车的劳动投入是:

	一台电视机（人小时）	一辆纯电动汽车（人小时）
中国	10	2 000
美国	20	1 000

请通过计算回答以下问题:

（1）计算中国和美国在电视机生产中的劳动生产率，判断哪一个国家具有绝对优势。

（2）计算中国在电视机和纯电动汽车生产中的相对劳动生产率，判断中国在哪一种产品生产中具有比较优势。

（3）计算中国在电视机和纯电动汽车生产中的相对成本，判断中国在哪一种产品生产中具有比较优势。

（4）在中国和美国，用电视机衡量的纯电动汽车的机会成本分别是多少?判断双方各自的比较优势。

（5）假设中国和美国都有20 000单位的劳动用于生产电视机和纯电动汽车，画出中国和美国的生产可能性曲线。

（6）在封闭条件下，中国市场用电视机表示的纯电动汽车的相对价格是多少?

（7）按照比较优势理论，两国会发生贸易吗?原因是什么?

（8）求两国开展国际贸易后，世界均衡价格比率的最高及最低极限。

（9）求两国开展国际贸易后，中国进出口的产品分别是什么?

（10）说明中国和美国都可从贸易中获利。

13. 假设中国生产汽车、自行车、鞋的要素投入分别是:

	劳动（人小时）	资本（万元）
一辆汽车	2 000	400
一辆自行车	10	1
一双鞋	6	0.3

请通过计算回答以下问题:

（1）计算汽车、自行车和鞋的资本/劳动比。

（2）与鞋相比，自行车是资本密集型产品吗?

（3）与汽车相比，自行车是资本密集型产品吗?

(4) 如何判断一种产品的要素密集度?

14. 在一国贸易统计中,我们看到以下数据,请计算 A、B、C、D 产品的产业内贸易指数: (1) A 类产品,进口 10 000,出口 10 000。(2) B 类产品,进口 10 000,出口 5 000。(3) C 类产品,进口 10 000,出口 2 000。(4) D 类产品进口 10 000,出口 0。

网络练习

1. 美国为什么在大型客机制造方面还保留有比较优势,而在钢铁制造和汽车生产方面都正在失去比较优势?

2. 现有国际贸易理论能解释中国与某一主要贸易伙伴(如欧盟、美国、东盟、韩国等)的贸易商品结构吗?

第三章
保护贸易理论

学习目标

了解西方保护贸易理论的主要流派——重商主义、保护幼稚产业论、对外贸易乘数论、中心—外围论和战略性贸易理论,掌握上述保护贸易理论的主要观点。

引导案例

美国贸易保护主义抬头

2017年初,特朗普政府刚刚执政即宣布美国退出TPP,转而实行更加明显的贸易保护主义政策,打出"买美国货、雇美国人"的旗号。在经济上,特朗普想做的第一件事就是把目前每年2%的经济低增速提升到4%,用保护措施对贸易伙伴施压,把每年高达几千亿美元的贸易逆差压下去。那么,这一轮贸易保护主义政策能否"让美国再次强大"呢?

从1971年美国的进出口首次出现逆差之后,此后逆差连年扩大,美国的自由贸易政策开始转向,其标志就是1974年的贸易法。该法强调自由贸易必须建立在公平竞争之上,并设置了301条款,目的是使美国有权裁定其贸易伙伴是否存在贸易壁垒,借此扫除美国的出口障碍。后来,301条款又在1988年综合贸易和竞争法中以特别301和超级301条款加以强化。批评家认为:301条款是用国内法处理国际贸易争端的单边保护主义典型,它集法官、陪审员和执法人于一身,把维护美国利益摆在至高无上的地位。所以,20世纪80年代美国里根总统执政时,美国的所谓自由贸易已经变成内里包藏大棒的贸易保护主义。

由于20世纪80年代日本和德国分别位列美国贸易顺差国前两位,美国在1985年的纽约广场会议上强迫日元和马克升值。这样做既让美元不必贬值,又扩大了美国对日、德的出口。苦的是日本因日元大幅度升值而迎来了泡沫经济,使20世纪90年代成为"失去的十年"。

接下来,包装得更精巧的贸易保护主义要算奥巴马政府倡导的跨太平洋伙伴关系协定(TPP)了。在新兴经济体迅速发展、中国逐步成为货物贸易大国而美国对外贸易增长乏力的背景下,美国想通过TPP维护其在全球贸易中的支配地位,特别是掌握"规则制定权",抑制别人的优势。

长期以来，国际贸易是世界经济增长的重要推进器。本世纪初，国际贸易年均增速一度达到同期世界经济增速的两倍。然而，2008年国际金融危机爆发后，国际贸易增速已经连续数年低于世界经济增速。美国作为世界第一大经济体和第一大进口国，在国际贸易中发挥着至关重要的作用。特朗普政府如果大搞贸易保护主义，将会使本已羸弱的国际贸易雪上加霜，阻碍世界经济增长。更令人担忧的是，美国基于本国经济利益推行贸易保护主义，势必影响其他国家的正常贸易利益。其他经济体或将被动抵御、或将对等报复、或将追随效仿，贸易保护主义将会因此在全球大行其道。

美国出现贸易逆差的根源是其国内经济失衡。不解决联邦政府的巨额赤字问题，不增加居民储蓄，在寅吃卯粮的情况下想靠保护主义减少贸易逆差，无异于缘木求鱼。

（资料来源：根据陈宝森和宋国友等：《美国贸易保护主义害人害己》，载于《人民日报》2017年2月26日第5版整理）

尽管自由贸易对各国来说都是有利的，然而在现实世界中，所有国家或多或少都会给国际贸易设置一些障碍，在部分时期还会极力推行贸易保护主义。为什么这些国家要对自由贸易进行限制？对此，学者们从不同角度提出的保护贸易理论，说明贸易保护措施有其存在的合理性。保护贸易理论认为，自由贸易会给贸易参加国带来经济利益，但是会导致经济利益在不同国家及不同利益集团之间的重新分配，因而主张政府可以采取合理手段干预对外贸易。

自由贸易理论和保护贸易理论构成了整个国际贸易理论的完整体系。在西方国际贸易理论中，保护贸易理论一直没有占据主导地位，但对许多国家的外贸发展战略及贸易政策产生着重要影响，受到政策制定者的高度重视。本章介绍保护贸易理论的主要流派及其理论观点，主要包括重商主义、保护幼稚工业论、对外贸易乘数论、中心—外围论和战略性贸易理论。

第一节 重商主义

重商主义产生于15世纪，全盛于16世纪和17世纪，18世纪盛极而衰。它最初出现在意大利，16世纪末在英国和法国得到极大发展，后来流行到西班牙、葡萄牙、荷兰等欧洲各国。

重商主义的产生有着深刻的历史背景。15世纪以后，西欧封建经济逐渐瓦解，封建地主阶级力量不断削弱，商业资产阶级力量不断增强，社会经济生活对商业资本的依赖日益加深。与此同时，社会财富的重心由土地转向了金银货币，货币成为全社会上至国王、下至农民所追求的东西,并被认为是财富的主要形态及国家富强的象征。由于金银货币主要来自商业资产阶级所经营的贸易,尤其是对外贸易,因此对外贸易被认为是财富的源泉,重商主义应运而生。

一、重商主义的主要观点

重商主义(Mercantilism)是资本主义原始积累时期建立起来的代表商业资产阶级利益的一种经济学说及政策体系。重商主义所重的"商"是指对外经商,重商主义实质上是关于对外贸易的理论观点和政策体系。

重商主义的理论基础是重商主义的财富观。重商主义者认为,金银就是财富,财富就是金银。金银是一国财富的象征,一切经济活动的目的是积累财富。由于国内贸易只是让金银在国民之间相互转移,不增加金银总量,一个国家增加金银、获取财富的唯一途径是通过对外贸易,取得对外贸易顺差。因而,重商主义者主张国家干预经济活动,鼓励本国商品输出,限制外国商品输入,"多卖少买",追求顺差,使货币流入国内,以增加国家财富和增强国力。

二、重商主义的发展阶段

因获取财富的具体措施有所不同,重商主义经历了从 15 世纪到 16 世纪中叶的早期和 16 世纪下半叶到 18 世纪的晚期两个发展阶段。

(一) 货币差额论

早期重商主义贸易学说被称为货币差额论(Money Balance Theory)。货币差额论把增加国内货币积累,防止货币外流视为外贸政策的指导原则,认为国家应采取行政手段,直接控制货币流动,禁止金银输出,在对外贸易上遵循少买多卖(最好不买)的原则,使每笔交易、对每个国家都保持顺差,这样就可以使金银流入国内。

早期重商主义贸易学说的主要代表人物是英国的海尔斯和斯坦福德。海尔斯和斯坦福德在《对我国同胞某些控诉的评述》一书中指出:"我们必须时刻注意,从别人那里买进的不超过我们出售给他们的。否则,我们将陷入穷困,而他们则日趋富足。[1]"

---

[1] 罗尔:《经济思想史》,商务印书馆 1981 年版。

(二) 贸易差额论

晚期重商主义被称为贸易差额论（Trade Balance Theory）。贸易差额论认为，对外贸易能使国家富足，在对外贸易上应遵循进出口贸易保持顺差的原则。

晚期重商主义贸易学说的主要代表人物是英国的托马斯·孟。托马斯·孟说："对外贸易是增加我们的财富和现金的通常手段，在这一点上我们必须时时谨守这一原则：在价值上，每年卖给外国人的货物，必须比我们消费他们的为多。[①]"托马斯·孟曾非常透彻地分析了西班牙由富变穷的原因是不能更充分地利用金银从事对外贸易。西班牙早期来自美洲的大量金银来自它所垄断的东印度贸易。垄断丧失后，宫廷和战争的大量耗费，本土不能供应全靠输出金银购买，金银流失殆尽，使西班牙变穷。

托马斯·孟

与货币差额论不同，贸易差额论反对国家限制货币输出，认为那样做不但是徒劳的，而且是有害的。因为对方国家会采取对等措施进行报复，使本国贸易减少甚至消失，货币积累的目的将无法实现。贸易差额论还认为，国内金银太多，会造成物价上涨，使消费下降，出口减少。因而国家应准许适量货币输出国外，这非但不会使货币流失，而且还会像猎鹰叼回"肥鸭"一样，吸收进更多的货币，使国家更加富裕。贸易差额论者信奉"货币产生贸易，贸易增加货币"的原则。

三、重商主义的贸易政策

基于上述理论观点，重商主义提出了一系列保护贸易政策主张，大致可归纳为以下几类。

（一）货币政策

重商主义的货币政策，可追溯到中世纪，但在 16 世纪才普遍施行。当时奉行重商主义的国家都曾颁布过各种法令，规定严厉的刑罚措施，禁止货币输出。例如，西班牙曾规定输出金银者处死，检举者有赏，并禁止外国人购买金条。英国也曾规定输出金银为大罪。

在禁止货币输出的同时，各国都想方设法吸收国外货币。各国政府纷纷颁布法令，规定外国人来本国进行贸易时，必须将出售货物所得到的全部款项用于购买本国货物，以免货币外流。

---

① 托马斯·孟：《英国得自对外贸易的财富》，商务印书馆 1978 年版。

到了重商主义的晚期发展阶段，货币政策有所放宽，准许输出适量货币，以期获得更多的货币。

（二）奖出限入政策

重商主义者极力主张国家管制对外贸易，通过奖出限入政策促进出口，减少进口，实现贸易顺差，积累货币财富。

在进口方面，实行重商主义的国家不仅禁止奢侈品输入，对一般制成品的进口也严加限制。英国和法国就曾制定过禁止奢侈品进口的法令。他们认为，奢侈品及工业制成品价格昂贵，进口这些商品需要输出大批金银，影响货币积累。

在出口方面，由于原料价格低廉，加工后产品增值，销售价格变贵，所以重商主义者主张出口制成品代替出口原料，认为输出廉价原料再用高价购买其制成品是一种愚蠢行为。另外，国家还用现金奖励在外国市场上出售本国商品的商人。例如，当时英国曾禁止输出羊毛、皮革、锡等原料品，奖励那些不输出原料而在英国国内制造并出口工业品的生产者。

（三）保护关税政策

保护关税政策在重商主义早期阶段便开始实行，晚期阶段已成为扩大出口、限制进口的重要手段之一。这种政策主张对进口的制成品设置关税壁垒，课以重税，使进口的商品价格提高，从而达到限制进口的目的；对进口的原料和出口的制成品减免关税，或出口制成品时退还进口原料所征的关税，以支持和鼓励本国制成品的生产和出口。

例如，法国1667年所实行的保护关税政策，把从英国、荷兰进口的呢绒、花边等装饰品的进口税率提高一倍，阻止了这些产品的进口，对法国急需的工业品原料如羊毛、铁、锡、铅等的进口及工业制成品出口则加以鼓励。

（四）发展本国工业政策

重商主义者认为，保持贸易顺差的关键在于本国能够多出口竞争力强的工业制成品，因此他们主张实施鼓励国内工业发展的政策。

当时实行重商主义的各国都围绕着发展本国工业制定并执行了各种政策措施：为了发展制造业和加工工业，有的国家高薪聘请外国工匠，禁止熟练技工外流，禁止机器设备输出，鼓励原料和半成品输入，向工场手工业者发放贷款并提供各种优惠条件；为了向工业发展提供充足的劳动力，鼓励增加人口；为了降低工业生产成本，实行低工资政策；为了提高产品质量，制订工业管理条例，加强质量管理。

例如，英国政府通过职工法鼓励外国技工移入，通过行会法奖励国内工场手工业者。法国则采取免税、补贴、给予特权，乃至皇家基金自由投资等措施，促进制造业发展，并依靠国营企业大力发展"皇家制造业"，为扩大商品输出创造雄厚的经济基础。

第二节 保护幼稚工业论

保护幼稚工业论的创始人李斯特（1789～1846）是德国经济学家，政治经济学历史学派的创始人，也是保护贸易的倡导者。

弗里德里希·李斯特

19世纪初的德国还是一个政治上分裂，经济上落后的农业国家。在政治上，拿破仑战争后虽然封建割据局面有所改善，但境内依然小邦林立，不仅38个邦之间关卡重重，即使在各邦的省与省之间也因地方税率的差异而彼此分割。直到1834年，德意志境内各邦才建立起统一的关税同盟，1848年才结束封建割据局面，完成政治上的统一。在经济上，德国的发展水平不仅远远落后于工业革命已经完成的英国，与已进入工业革命阶段的法国、美国、荷兰等国也存在很大差距。尽管德国在19世纪30年代开始工业革命，但直到1848年时仍没建立起自己的机器制造业，工业上仍以工场手工业和分散的小手工业为主，工厂生产所占比重很小。在对外贸易方面，德国主要出口原料和食品，进口半制成品和制成品，工业品严重依赖外国。

为了发展德国经济，德国国内围绕对外贸易政策的选择展开了激烈论战。一派主张实行自由贸易政策；另一派主张实行保护关税制度。前者的势力很大，且有一套理论。后者以1819年成立的德国工商业协会为核心，势力较弱，并缺乏理论基础。在这样的时代背景下，作为德国工商业协会顾问和保护贸易学派旗手的李斯特从民族利益出发，以生产力理论为基础，以意大利、汉撒同盟、荷兰、英国、西班牙、葡萄牙、法国、美国等国的经济兴衰史为佐证，猛烈抨击了古典学派的自由贸易学说，建立了一套以保护关税制度为核心，为经济落后国家服务的国际贸易学说——保护幼稚工业论。

一、保护幼稚工业论的理论基础

生产力理论是保护幼稚工业论的理论基础。李斯特说："除了这种交换价值科学外，还必须建立一门独立的生产力科学，以便全面地、正确地描述社会经济学的实质，而贸易政策主要应当把生产力理论，而不是如迄今的理论家们那样把交换价值作为自己的准绳。①"

李斯特从德国工业资产阶级的利益出发，关心如何提高生产力，特别是关心如何提高德国的工业生产力。在他看来，财富本身固然重要，但发展生产力更为重要。他指出："财富的生产力比之财富本身不晓得要重要多少倍；它不但可以使已有的和已经增加的财富获得保障，而且可以使已经消失的财富获得补偿。"他把生产力与财富的关系比喻成果树与果实的关系。生产力犹如结果实的果树，而财富则是果树结出的果实。生产力是创造财富的源泉，财富是生产力的结果。他认为一个国家开展对外贸易，也应着眼于提高生产力，而不应着眼于财富存量的多少。

二、保护幼稚工业论的理论依据

经济发展阶段论是保护幼稚工业论的理论依据。根据李斯特的生产力理论，古典政治经济学"没有考虑到各个国家的性质以及它们各自的特有利益和情况"，是忽视民族特点的世界主义经济学。李斯特提出了经济发展阶段论。他认为"从经济方面看来，国家都必须经过以下各发展阶段：原始未开化时期、畜牧时期、农业时期、农工业时期、农工商业时期。"在不同的经济发展阶段，国家应实行不同的对外贸易政策。

在一个国家的经济由原始未开化转入畜牧、农业时期，对比较先进的国家实行自由贸易是大有好处的，因为通过自由贸易可为其猎场、牧场、森林、农产品和其他原料谋得出路，并可换回更好的衣料、用具、机器以及贵金属等，以促进本国农业的发展，并培育工业基础。

在一个国家进入农工商业时期以后，实行自由贸易也是可取的，因为国内工业品已具备国际竞争力，通过自由贸易可以在国外市场上进行无所限制的竞争，使从事于农工商业的人们在精神上不致松懈，并且可以鼓励他们不断努力保持既得的优势地位。

唯有一个国家处于农工业时期才需要保护，因为本国农业已取得较大成就且工业已有发展，但"由于还存在着一个比它们更先进的工业国家的竞争力量，使它们在前进道路上遇到了阻碍——只有处在这样的情况下的国家，才有理由实行商业限制以便建立并保护它们自

---

① 弗·李斯特：《政治经济学的国民体系》，商务印书馆1961年版，第611页。

己的工业。"但是,此时如果实行自由贸易政策则永远不可能发展到经济发达国家的水平。李斯特认为,"在自由竞争下一个无保护的国家要想成为一个新兴的工业国已经没有可能"。这时"比较落后的国家将普遍屈服于工商业与海军强国的优势之下。"

李斯特认为,当时的葡萄牙和西班牙处于农业时期,德国和美国处于农工业时期,法国仅靠近农工商业时期的边缘而尚未进入农工商业时期,只有英国实际达到了农工商业时期。李斯特根据其经济发展阶段论,为各国的贸易政策进行了历史主义的解释,为德国及其他一些经济落后国家实行保护贸易政策提供了理论依据。

三、保护幼稚工业论的主要观点

李斯特在生产力理论和经济发展阶段论的基础上,提出了保护幼稚工业论(Infant Industry Argument),主张经济相对落后的国家应实行保护贸易政策,使其幼稚工业经过保护走向成熟,与国外竞争者展开竞争。

(一)保护的前提和目的

李斯特认为,那些在农业、工业、社会、政治方面已比较充分地发展,具备精神上和物质上的必要条件和手段,已进入农工业发展阶段的国家,如德国和美国,可以把本国建成工业国家。但是,由于世界上还有一个比它更先进的国家,让它在前进道路上遇到阻碍,才有理由实行保护贸易政策,即保护的前提是一个国家处于农工业发展阶段。

与上述保护前提相适应,保护的目的是非常明确的,即通过保护国内市场以促进生产力的发展。这与重商主义的保护目的不同,重商主义限制进口、鼓励出口的目的只是为了积累金银财富。

(二)保护的重点和时间

李斯特认为,实行保护贸易政策,并非保护一切产品贸易。粮食和原料等产品的贸易无须保护,因为它们受到自然保护,不怕竞争;奢侈品只需轻度保护,因为这些物品的国外竞争不会对国家经济发展造成威胁。只有与国家工业发展有关的幼稚工业,即有发展前途但刚刚发展并遇到强有力国外竞争者的工业才需要保护。

对国内幼稚工业的保护不是无期限的,否则将会出现保护落后和保护低效率的结局。对于那些被保护的工业部门,当其产品价格已低于国外同类产品的价格时,可以降低保护程度或完全撤出保护,让其进入国际市场参与自由竞争;对于那些经过一定时期的保护仍没有明显进步、离开政府的扶植和保护难以独立发展的工业部门，要撤出对它们的保护，任其自生自灭。李斯特认为，对工业部门的保护期限最多不能超出 30 年，否则将不利于生产力的发展。

（三）保护的手段和程度

李斯特认为，保护幼稚工业的主要手段应该是关税措施。通过提高关税税率，可以挡住国外具有较强竞争力的商品进入国内市场。但是，提高关税税率，应采用渐进的方式，如果突然大幅度提高关税会割断原来存在的与各国之间的商业联系，对国内生产造成过大冲击。

保护措施应有针对性，视不同工业部门的具体情况采取程度不同的保护措施。对某些工业品可以实行禁止输入，或规定的税率事实上等于全部或至少部分地禁止输入；对于一切复杂机器的输入应当允许免税，或只征收轻微的进口税。

（四）对保护代价的认识

李斯特承认，实行保护关税政策，会使国内工业品价格提高，本国在价值方面有些损失。但他认为这种损失是暂时的，是发展本国工业所必须付出的代价，牺牲的只是眼前利益，而得到的则是生产力的提高。经过相当时期，国家建成了自己充分发展的工业以后，这些商品在国内生产成本会降低，价格会低到国外进口价以下。因此，保护关税如果在价值方面有所牺牲的话，它却使生产力有所增长，足以抵偿损失而有余，由此使国家不但在物质财富的总量上获得无限增进，而且一旦发生战争，可以保有工业的独立地位。

（五）主张国家干预经济

李斯特主张国家干预经济。他把国家比喻为国民生活中慈父般的有力引导者，认为国家在必要时应限制国民经济活动的一部分，通过干预对外贸易以促进国民经济的发展。

他以风力和人力在森林成长中的不同作用来比喻国家在经济发展中的重要作用。他说："经验告诉我们，风力会把种子从这个地方带到那个地方，因此荒芜原野会变成稠密森林。但是要培养森林因此就静等风力作用，让它在若干世纪的过程中来完成这样的转变，世界上岂有这样愚蠢的办法吗？如果一个植林者选择树秧，主动栽培，在几十年内达到了同样的目的，这倒不算是一个可取的办法吗？历史告诉我们，有许多国家，就是由于采取了那个植林者的办法，胜利实现了它们的目的。"

第三节 对外贸易乘数论

凯恩斯（1883~1946）是英国著名经济学家，他的主要代表作是1936年出版的《就业、利息和货币通论》（简称《通论》）。

尽管凯恩斯本人没有一本系统论述国际贸易的专著，但是凯恩斯的追随者将凯恩斯的经济学说引入国际贸易领域，提出了倡导保护贸易的对外贸易乘数论。

约翰·梅纳德·凯恩斯

一、新贸易顺差论

在1929~1933年资本主义经济大危机之前，凯恩斯是自由贸易的信奉者。经济大危机之后，资本主义国家陷入长期萧条之中，工厂开工不足，各国失业率飙升，市场问题非常尖锐，这使他逐步改变了原来的立场。他发现，古典学派的国际贸易理论是以充分就业这个假设条件为前提，可是在经济大危机中这个假设条件已经不存在，古典学派的贸易理论已经过时。古典学派的国际贸易理论只用"国际收支自动调节机制"来证明贸易顺差、贸易逆差的最终均衡过程，忽视了国际收支在调节过程中对一国国民收入和就业的影响。

凯恩斯认为，贸易顺差或逆差与国内经济盛衰有着极大关系。一国贸易顺差可为其带来黄金，刺激物价上涨，同时压低利息率，有利于扩大投资，有利于国内经济危机的缓和及就业的扩大。相反，一国贸易逆差，则会造成黄金外流，促使物价下降，导致国内经济趋于萧条，失业人数增加。

上述主张，正好是重商主义贸易顺差论的翻版，因此，凯恩斯的上述观点被称为新贸易顺差论，又被称为新重商主义或超保护贸易主义。

二、对外贸易乘数论的理论基础

凯恩斯从理论上论证了贸易顺差或贸易逆差对一国就业和国民收入的不同作用。但是，这个作用究竟有多大？对外贸易乘数论对此作了回答。

对外贸易乘数论的理论基础是凯恩斯的投资乘数理论。

所谓投资乘数理论，是指投资的增长与国民收入的扩大之间存在一种倍数关系。凯恩斯认为，新增加的投资会引起企业对生产资料需求的增加，从而增加生产资料部门的人员收入；生产资料部门人员收入的增加，引起对消费品需求的增加，继而引起从事消费品生产人员收入的增加。如此一环接一环地推演下去，结果由此增加的全社会国民收入总量等于原增加投资量的若干倍。

三、对外贸易乘数论的主要观点

凯恩斯以后，其追随者如美国的汉森和萨缪尔森、英国的哈罗德等人对投资乘数论作了进一步发展，将其引入国际贸易领域，研究对外贸易与国内就业和国民收入的关系，最后得出与投资乘数基本一致的结论：即一国的出口和国内投资一样，有增加国民收入的作用；一国的进口与国内储蓄一样，有减少国民收入的作用。

对外贸易乘数论（The Theory of Foreign Trade Multiplier）认为，一国出口商品时，从国外得到的货币会使出口部门收入增加，消费随之增加，如此反复下去，国民收入增加量将为出口增加量的若干倍；当一国进口商品时，必须向国外支付货币，国民收入减少，消费也随之减少，结果是国民收入减少的量也为进口增加量的若干倍。最后的结论是：只有当贸易顺差时，对外贸易才能增加一国的就业，提高一国的国民收入，而且国民收入的增加量将为贸易顺差的若干倍。这就是凯恩斯主义的对外贸易乘数理论。

国民收入的增加额与边际消费倾向有关。如果用 ΔY 代表国民收入增加额，ΔI 代表投资增加额，$\Delta(X-M)$ 代表贸易差额，K 代表乘数，C' 代表边际消费倾向，则贸易顺差对国民收入的影响为：

$$\Delta Y = [\Delta I + \Delta(X-M)] \times K$$
$$= [\Delta I + \Delta(X-M)] \times \frac{1}{1-C'}$$

通过上述公式，我们可以看出，贸易顺差越大，本国国民收入越多，解决失业问题的作用也越大。

凯恩斯主义的对外贸易乘数论在一定程度上揭示了对外贸易与国际经济发展之间的内在规律性，与其他理论相比具有一定的科学性，为其所倡导的"奖出限入"政策提供了理论依据。

四、对外贸易乘数论与传统贸易保护理论的区别

凯恩斯主义的贸易保护理论包括新贸易顺差论及对外贸易乘数论，它是重商主义的贸易差额理论在垄断资本主义条件下的翻版。

对外贸易乘数论与以保护幼稚工业论为代表的传统贸易保护理论之间的主要区别表现在以下方面。

1. 传统贸易保护理论的主要目的是为了发展本国生产力；对外贸易乘数论的主要目的是为了巩固和加强对国内外市场的控制和垄断，以争取外贸顺差，解决国内就业问题。

2. 传统贸易保护理论的保护对象是经济落后国家的幼稚工业；对外贸易乘数论不仅保护一部分高度发展的工业以加强它们在国外市场的垄断地位，而且还保护国内的夕阳工业。

3. 传统贸易保护理论的保护手段主要是关税措施；对外贸易乘数论不仅使用关税措施，而且还使用名目繁多的非关税措施。

4. 传统贸易保护理论以防御性地限制外国商品进口为主；对外贸易乘数论不仅要防御进口，而且要主动地向他国市场发动进攻，占领他国市场。

第四节 当代保护贸易理论

20世纪50年代以来，当代保护贸易理论继续为实行贸易保护寻找各种依据。其中，最具影响力的是中心－外围论和战略性贸易理论。

一、中心—外围论

中心—外围论的创始者普雷维什是阿根廷著名经济学家。

第二次世界大战之后，随着殖民体系的瓦解，原殖民地和半殖民地纷纷取得了政治上的独立，迫切要求发展民族经济，实现经济自主。然而，这些国家的民族经济受制于旧的国际经济秩序，尤其是旧的国际分工及国际贸易体系的严重阻碍。普雷维什对发展中国家的经济发展问题进行深入研究，站在发展中国家的立场上，提出了中心—外围论（Central Periphery Theory）。

劳尔·普雷维什

（一）国际经济体系分为中心和外围两部分

普雷维什将世界经济体系分为中心和外围两个部分：一部分是由发达工业国构成的中心；另一部分是由广大发展中国家组成的外围。

中心和外围在经济上是不平等的：中心是技术的创新者和传播者，外围则是技术的模仿者和接受者；中心主要生产和出口工业制成品，外围主要从事初级产品的生产和出口；中心在整个国际经济体系中居于主导地位，外围处于依附地位并受中心的控制和剥削。

在这种国际经济体系下，中心国家享有国际贸易的主要利益，外围国家则享受不到这种利益。这是造成中心国与外围国经济发展水平差距加大的根本原因。

(二) 外围国家贸易条件不断恶化

为说明主要出口初级产品的外围国家和主要出口工业品的中心国家其贸易条件的变化情况，普雷维什用英国 1876~1938 年长达 60 多年的进出口价格统计资料推算了初级产品和制成品的价格指数之比。推算的结果表明，外围国家的贸易条件长期内呈现出恶化趋势。若以 1876~1880 年外围国家的贸易条件为 100，到 1936~1938 年，外围国家的贸易条件已降到 64.1。这说明 20 世纪 30 年代与 19 世纪 70 年代相比，外围国家的贸易条件恶化了 35.9，这就是著名的"普雷维什命题"。

普雷维什认为，外围国家贸易条件恶化是由以下原因造成的：

第一，技术进步利益分配不均。如上所述，科技发明往往发生于中心国家，这些发明直接用于中心国家的工业发展。随着中心国家的技术进步和工业发展，企业家的利润和工人的收入不断提高，而且提高的幅度大于劳动生产率提高幅度，加之工业品价格具有垄断性，工业品价格非但不下降反而上涨。外围国家由于自身工业技术基础等方面的限制，几乎享受不到世界科技进步的利益，只能充当长期向中心国家提供初级产品的角色，其收入增长低于劳动生产率提高的幅度。而且，初级产品垄断性较弱，价格上涨缓慢，但在价格下降时又比工业品降得更快。所以，外围国家初级产品的贸易条件必然恶化。

第二，工业制成品和初级产品的需求收入弹性不同。一般而言，工业制成品的需求收入弹性比初级产品的需求收入弹性大。随着人们收入的增加，对工业品的需求会有较大的增加，因而工业品的价格就会有较大程度的上涨。相反，随着人们收入的增加，对初级产品的需求增加较少，因而对初级产品价格不会有很大的刺激作用，初级产品价格上涨很少，甚至下降。所以，以出口初级产品为主的外围国家的贸易条件存在长期恶化趋势。

第三，中心和外围国家工会的作用不同。中心国家的工人有强大的工会组织，在经济高涨时可以迫使雇主增加工资，经济萧条时可以迫使雇主不降或少降工资，因而让工业品价格维持在较高水平上。外围国家工会组织不健全，力量薄弱，没有能力控制或影响工资，经济繁荣时期工资上升不大，萧条时期工资大幅度下降，导致外围国家初级产品价格较低。这是造成外围国家贸易条件恶化的又一原因。

(三) 外围国家必须实行工业化，独立自主地发展民族经济

普雷维什基于对旧的国际分工体系和贸易格局下外围国家贸易条

件长期恶化的分析，提出了外围国家必须独立自主发展民主经济，实行工业化的主张。

他认为，外围国家应该改变过去把全部资源用于初级产品生产和出口的做法，充分利用本国资源，努力发展本国工业，逐步实现工业化。他根据拉丁美洲各国的实际情况，提出了进口替代型发展战略，即采取措施限制工业品进口，努力发展本国工业，使工业品逐步达到自给自足，改变工业品依靠从中心国家进口的局面。随着世界经济形势的变化和拉美国家经济的发展，他进一步提出了出口替代型发展战略，即大力发展本国工业品出口，改变出口商品结构，由以出口初级产品为主向出口工业品为主转变。这样外围国家的工业品不仅能够满足本国的需要，而且可以向中心国家出口，使外围国家的工业更趋成熟。

（四）为实现工业化，应实行贸易保护政策

为实现工业化，普雷维什主张外围国家实行贸易保护政策。他认为，在一个相当长的时期内，贸易保护政策是发展中国家发展工业所必须的。在出口替代阶段，为了鼓励制成品出口，除了实行保护关税政策外，还应有选择地实行出口补贴措施，以增强发展中国家制成品在世界市场上的竞争力。

普雷维什指出，外围国家的贸易保护政策与中心国家的贸易保护政策性质不同。外围国家的贸易保护是为了发展本国工业，有利于世界经济的全面发展，而中心国家的贸易保护是对外围国家的歧视和扼制，不仅对外围国家不利，对整个世界经济发展也是不利的。因此，他呼吁中心国家对外围国家放宽贸易限制，减少对外围国家工业品的进口歧视，为外围国家工业品参与世界市场竞争提供机会。

（五）鼓励外围国家建立区域性共同市场

20世纪60年代以后，鉴于世界工业品市场竞争更加激烈，中心国家在世界市场的垄断对外围国家发展工业品出口极其不利，普雷维什主张发展中外围国家建立区域性共同市场，开展区域性经济合作，以便相互提供市场，促进各国的经济发展。

二、战略性贸易理论

战略性贸易理论是20世纪80年代初出现的国际贸易新理论。布兰德、斯潘塞、赫尔普曼、克鲁格曼等经济学家以规模经济和不完全竞争为前提，以产业组织理论和博弈论为工具，论证了政府干预对外贸易的必要性，对许多国家外贸政策的制定产生了重大影响。

(一) 战略性贸易理论的主要内容

随着现代经济的发展,一国开展对外贸易的基本环境发生了很大变化。现代贸易大多数建立在规模经济基础上,企业竞争必须考虑竞争对手的竞争战略,市场结构从完全竞争市场变成不完全竞争的市场。外部环境的变化要求经济理论对不完全竞争条件下的贸易政策进行新的分析及阐述。

战略性贸易理论(Strategic Trade Theory)认为,工业品的国际市场竞争是不完全的,同时工业品的生产中存在规模经济。一国政府可以通过贸易保护、补贴、信贷等政策,扶持那些对本国未来经济增长具有重要意义的战略性产业以取得国际竞争优势。这些产业承担巨大风险并能产生外部经济,有助于国内经济的快速发展。

(二) 战略性贸易理论的政策主张

战略性贸易理论主张政府干预对外贸易。政府对贸易进行干预的主要目的,在于帮助本国企业获取竞争优势,哪个国家对本国企业进行扶持,哪个国家的企业就会在国际竞争中占据竞争优势。

假定在飞机生产行业现有两家企业——波音公司和空中客车公司,这两家企业相互竞争,分属两个不同的国家。表 3-1 可说明没有外部干预时的企业收益状况。如果没有政府支持,两家企业都有两种选择——生产或不生产飞机。在两家企业势均力敌的情况下,如果都生产,为了占领市场,双方相互压价,每卖出一架飞机有 5 万美元的亏损。如果只有一家企业生产,另一家企业不生产,由于垄断,唯一生产企业的飞机售价会很高,从而每架飞机赢利 100 万美元,而另一家企业没有获得任何收入。当然如果两家公司都不生产,也就都无收入可言。由上述例子可以发现,两家势均力敌的寡头垄断公司在同时进入市场的条件下会两败俱伤,但是一旦其中一家公司独占市场,则垄断利润十分丰厚。

表 3-1　　战略性贸易理论中寡头企业的收益状况

波音公司 \ 空中客车	生产	生产
生产	-5 / -5	-5 / 100
不生产	100 / 0	0 / 0

如果其中一家公司,如空中客车公司获得政府的支持,每生产一

架飞机能获得25万美元的津贴，此时情况会有很大的不同。在两家企业都进入市场的情况下，波音公司没有从本国政府得到任何津贴，因而每架飞机仍亏损5万美元；空中客车公司从欧盟获得25万美元的津贴，即使扣除因竞争损失的5万美元，该公司仍有20万美元的利润。这就鼓励空中客车继续生产，最终将处于竞争劣势的波音公司挤出市场。在空中客车将波音公司挤出市场之后，它的垄断利润可能是每架飞机获利125万美元，即100万美元的正常赢利加上25万美元的政府津贴，使企业得到了远多于补贴额的利润（见表3-2）。

表3-2　　　　战略性贸易理论中空中客车获得
政府津贴后对竞争的影响

波音公司 \ 空中客车	生产	不生产
生产	20 / −5	0 / 100
不生产	125 / 0	0 / 0

战略性贸易理论从根本上动摇了在规模经济和不完全竞争条件下自由贸易政策的最优性，证明了政府干预对外贸易的合理性，为贸易政策制定提供了新的分析工具。当国际市场为不完全竞争的市场时，特别是当来自不同国家的企业在国际市场上处于寡头垄断地位的时候，政府的支持将改变本国企业的竞争地位，决定企业发展的前途。

（三）政府干预对外贸易的主要原因

战略性贸易理论提出了政府干预对外贸易的三个原因——利润转移论、规模经济论和外部经济论。

首先，市场的不完全竞争需要政府干预经济。在国内外的市场结构均为完全竞争情况下，自由贸易政策是最优的。但是，当参与国际市场竞争的产业是由少数几家大企业控制的不完全竞争市场时，政府通过征收进口关税可以抽取外国寡头厂商的垄断利润，从而提高本国福利。

其次，许多工业存在规模经济，政府选择具有发展前景的产业在一定时期内对出口给予补贴，对进口实行保护，从长远来看能够帮助本国企业获得规模经济，形成相应产业的竞争优势。例如，波音公司的777型飞机研发费用高达50亿美元，必须销售350架飞机才能实现收支平衡。1995～2005年，世界市场对这种大型飞机的总需求量只有1 500架，这就意味着世界市场最多只能同时支持三家飞机制造公司盈利,只有行业先行者才能获得先发优势并实现规模经济。

最后,主导产业中的外部经济,能够带动其他行业发展。在一些高科技行业,由于存在巨大风险,私人投资不足。但是,这些高科技行业往往具有外部经济效应,其创造的知识、技术和新产品可以通过技术外溢推动全社会的经济增长、科技进步和产业升级。高科技行业中成本和收益的不对称要求政府出面校正市场失灵,对那些承担巨大风险、具有潜在竞争优势、具备深远外部影响的高科技产业进行适当的扶持和保护。在政府帮助下,这些高科技产业的发展,有助于实现外部经济,为其他行业带来好处。

(四) 战略性贸易政策的实施条件

虽然战略性贸易政策有助于提高企业的国际竞争力,但是不完全竞争的市场和规模经济的存在只是实施战略性贸易政策的必要条件,而不是充分条件,不可断章取义、盲目滥用。

在战略性贸易政策的实施过程中存在以下约束条件。

1. 他国不采取报复行为,否则将陷入报复的"囚徒困境"。战略性贸易政策有一定的"零和博弈"色彩,它着眼于单个国家的利益,而不是世界的整体利益。如果世界各国都实施这种单方面的贸易保护政策,将导致全球贸易的萎缩。

2. 完备的信息和高效的政府。政府制定战略性贸易政策时,需要确定所面临的市场结构,选择扶持的对象,明确扶持的力度,估计实施战略性贸易政策后厂商的反应,所有这些都需要掌握完备的信息才能做到。政府必须能够驾驭这些信息,同时能独立制定政策,不受国内利益集团的支配,否则可能会引发"寻租"行为。

3. 产业条件。并不是任何产业都适合实施战略性贸易政策。实施战略性贸易政策的产业应具有以下特征:进入成本高、有限使用稀缺资源、具有集群效应、面临强大国际对手。具体说来,至少在一段时间内,该产业应存在相当高的进入壁垒,否则自由进入会导致垄断利润的消失,如果垄断利润不足以弥补政府补贴的成本,则该产业不能成为扶持对象。该产业要有限地使用瓶颈资源、关键投入品不能固定不变,这样产业扶持政策的实施才不至于引起要素价格的大幅度上涨以及对国内稀缺资源的激烈争夺,有损产业整体的发展。与出口相关的产业应该比国外产业更集中或至少一样集中,才能形成集群效应。

4. 隐含条件——完善、成熟的市场经济体制。这一条主要是针对发展中国家。战略性贸易理论产生于西方发达国家,在那里已经建立起完善的市场经济体制。绝大多数发展中国家的市场经济体制还不完善,国内市场分割严重,政企不分等现象普遍存在,这些缺陷都会

囚徒困境:两个被捕的囚徒之间的一种特殊博弈,说明为什么合作对双方都有利时,保持合作也是困难的。在非零和博弈中,个人最佳选择并非团体最佳选择。现实中,企业间的价格竞争、国家间的环境保护等问题也会出现类似情况。

零和博弈:在博弈论中,用零和博弈这个概念说明相互竞争的各方收益和损失相加总和永远为"零",一方的收益必然意味着另一方的损失,双方不存在合作的可能。

影响战略性贸易政策的实施效果。因此，发展中国家在制定战略性贸易政策时一定要结合本国国情，慎重实施。

应注意的一点是，虽然战略性贸易政策为贸易保护提供了新的理论依据，但并不提倡各国高筑贸易壁垒，它只提倡适度的保护。自由贸易是国际经济发展的大趋势，任何国家都不可能脱离世界而独自发展。因此，在实施战略性贸易政策时一定要适度，尽量符合国际规则，在采用关税和补贴政策时要严格按照已达成的双边或多边协定，尽可能避免贸易争端的产生。

寻租：寻求经济租金的简称。政府运用行政权力对企业和个人的经济活动进行干预和管制，创造了少数有特权者取得超额收入的机会，这种超额收入被称为"租金"，谋求权力以获得租金的活动被称作"寻租"。

（五）对战略性贸易理论的评价

战略性贸易理论对传统贸易理论进行了补充和发展。首先，战略性贸易理论阐明了寡头垄断条件下政府干预、刺激本国出口的基本动力。自由贸易理论得出的政策启示是，政府不应干预对外贸易。战略性贸易政策理论则强调，在不完全竞争的市场结构下，政府干预某些部门的对外贸易更有利于本国企业形成竞争优势，哪个国家支持了本国企业，哪个国家的企业就会占据竞争优势。其次，战略性贸易理论提出了比较优势和竞争优势相分离的问题。根据比较利益理论，一国的竞争优势决定于本国的生产要素、技术和资源优势；根据当代国际贸易理论，一国的竞争优势决定于规模经济和差异产品。然而战略性贸易理论则强调政府的干预，强调政府干预条件下的规模经济实现及竞争优势获取，从而使国际竞争更加复杂化。

战略性贸易理论不仅从理论上动摇了在规模经济和不完全竞争条件下自由贸易政策的最优性，它还证明了政府干预贸易活动的某些合理性，为贸易政策制定提供了新的理论分析工具。因此，战略性贸易理论对市场运行的优化、贸易干预政策的制定等均具有积极的理论意义。

本 章 小 结

保护贸易理论起源于资本主义原始积累时期的重商主义。重商主义认为，贸易顺差有助于增加一国财富，因此主张政府采取必要的货币政策及贸易保护政策干预对外贸易，以获取贸易顺差。重商主义的贸易保护政策有其产生的历史必然性，反映了当时商业资产阶级的利益。

19世纪出现的保护幼稚工业论是经济落后国家借以实现工业化的对外贸易理论和政策体系。该理论认为，财富的生产力比财富本身更重要，长远的经济发展比短期的贸易利益更重要。当一个国家的产业尚处于幼稚工业阶段时，政府应该实行贸易保护，发展本国幼稚工业，提高生产力。保护幼稚工业论的提出，标志着从重商主义分离出来的西方国际贸易理论两大流派的基本形成。

20世纪30年代以后，凯恩斯学派的对外贸易乘数论得到广泛运用。该理论从宏观经济稳定出发，强调贸易顺差能够对国民经济产生乘数作用，有利于增加国内需求并提升就业，主张政府干预对外贸易以实现贸易顺差。

代表发展中国家利益的中心——外围论，则是第二次世界大战结束之后保护贸易理论的典型。该理论认为发展中国家（外围国家）相对于发达国家（中心国家）在国际分工体系中处于劣势地位，其主要出口商品——初级产品的贸易条件长期处于恶化趋势，不利于这些国家的经济发展。这些国家有必要通过贸易保护、发展本国工业、设立区域经济一体化组织等方式建立国际经贸新秩序。

20世纪80年代出现的战略性贸易理论强调一国政府在不完全竞争和规模经济的市场结构下有必要干预对外贸易，通过贸易保护扶植本国战略性产业发展，从而谋取规模经济等外部经济收益，并掠取他国市场份额及工业利润。

【本章重要术语】

重商主义（Mercantilism）

货币差额论（Money Balance Theory）

贸易差额论（Trade Balance Theory）

保护幼稚产业论（Infant Industry Argument）

对外贸易乘数论（The Theory of Foreign Trade Multiplier）

中心—外围论（Central Periphery Theory）

战略性贸易理论（Strategic Trade Theory）

【延伸阅读】

1. 杨智华：《新时期贸易保护主义的新特点与应对措施》，载于《经济纵横》2013年第3期。

2. 倪月菊：《全球自由贸易和保护贸易的新博弈》，载于《国际贸易》2013年第6期。

复习与思考

1. 简述重商主义的主要政策主张。

2. 简述保护幼稚工业论的基本内容。这个理论在当今中国是否适用？

3. 简述凯恩斯主义的对外贸易乘数论。

4. 凯恩斯主义的贸易保护理论与李斯特的保护幼稚工业论有何区别？

5. 简述中心——外围论的主要论点。

6. 简述战略性贸易理论的主要论点，并说明实施战略性贸易政策应具备的条件。

网络练习

1. 按照李嘉图模型和 H—O 模型的结论,自由贸易能为贸易双方带来利益,但现实中为什么会流行贸易保护主义?

2. 在全球贸易自由化大环境下,实施贸易保护主义的可能性如何?

第四章 外贸政策与外贸发展战略

学习目标

掌握一国外贸政策由哪些方面构成，知道外贸政策的基本类型，了解发达国家外贸政策的历史演变，把握发展中国家采取的两种外贸发展战略的优缺点。

引导案例

中国外贸发展战略的转型

外贸战略是一种外贸发展的战略指导思想。外贸政策就是具体体现和实施战略思想的行动措施。

外贸战略主要分自由贸易战略和保护贸易战略两种常见的基本形态。自由贸易战略可以划分为独自自由贸易战略、协议自由贸易战略。只有处于世界产业最强、贸易地位最高的少数国家采取独自自由贸易战略。协议自由贸易战略在当代最为流行，表现为多边自由贸易协议、区域自由贸易协议、双边自由贸易协议等。绝大多数（包括发达国家、发展中国家以及最不发达国家）国家对外贸易战略和政策都是采取保护贸易战略的某种形式。保护主义贸易最初形式就是重商主义，后来演变为保护关税形式的幼稚产业保护贸易理论、超保护贸易理论以及战略性贸易理论、公平贸易理论。公平贸易、战略贸易是对自由贸易的修正，它们建立于新古典贸易理论，实质是保护贸易的两种表现形式。公平贸易就是一种基于对话、透明和尊重而寻求更大的国际贸易平等的伙伴关系，它已经成为一种社会运动和思潮，它通过特别向南方国家提供更好的贸易条件，确保被边缘化的生产者和工人的权益，对可持续发展做出贡献。

发展中国家由于经济发展落后在对外贸易中常常处于弱势，多数采取保护贸易战略。为了发达国家向自己开放市场，发展中国家多采取出口替代战略、进口替代战略和出口主导战略等战略类型，政府贸易管理采取鼓励出口、限制进口的政策。当前采取出口导向战略的发展中国家很多，但这种外贸战略并不完美，也有局限性。出口导向战略没有将成本效益、技术进步、产业发展、和谐贸易关系、贸易平衡等因素考虑到战略之中，可能导致经济增长过度受制于世界经济景气，导致反倾销等贸易摩擦频发、产能过剩、资源错配、环境恶化、贫困化增长和陷入"中等收入陷阱",本国人没有享受到经济增长的多少益处。

此前我国学者提出过多种外贸发展战略,比如进口替代战略、比较优势战略、出口导向战略等。这些作为一个发展中国家所采用的外贸战略或多或少发挥过一定的历史效果。当前我国不具备搞欧美的公平贸易战略基础条件,也不具备实行内需主导型外贸战略的基本经济条件。多元平衡的自由贸易战略应当是今后几十年中国必须坚守的贸易战略,决不可以头脑发热激进跳跃到超越我国经济贸易发展条件的进口扩张的内需主导型外贸战略上去,照搬美国发展模式只有失败。

(资料来源:节选自夏先良:《当前中国外贸战略转型研究》,载于《国际贸易》2014年第9期)

外贸政策是一个国家经济政策和对外政策的重要组成部分,外贸发展战略是一种外贸发展的战略指导思想,对一国经济发展起着重要作用。本章首先介绍各国外贸政策的构成与基本类型,然后分别介绍发达国家外贸政策和发展中国家外贸发展战略的演变过程。

第一节 外贸政策

外贸政策是一国在一定时期内为管理进出口贸易而制定和实施的各项原则、方针和措施手段的总称。它是一国经济政策和对外政策的重要组成部分。

各国制定外贸政策的主要目的包括:保护本国市场;积累资本;促进本国产业结构的调整;维护本国出口市场的相对稳定;为本国对外政策服务等。

一、外贸政策的构成

作为一国经济政策的重要组成部分,外贸政策在一国经济增长中发挥着重要的作用。一个国家的外贸政策主要由以下三个方面构成。

(一)对外贸易总政策

对外贸易总政策是各国发展对外经贸关系的基本政策。它是一国根据本国国情和经济发展战略制定的,并在较长时间内实行的对外贸易方面的总政策,包括进口总政策和出口总政策两个方面。

(二)进出口商品政策

进出口商品政策是一国根据对外贸易总政策和本国经济发展现

状，对不同类型商品的进出口分别实行不同的政策。如果鼓励该商品进口，就实施较低的关税税率，或采取较少干预措施；如果限制该商品的进口，就会实施较高的关税税率，并采取较严厉的进口管制措施。如果鼓励该商品出口，就实施各种出口促进措施；如果限制该商品出口，就采取各种出口限制措施。

（三）对外贸易国别政策

对外贸易国别政策是指一国根据对外贸易总政策和对外政治、经济、外交关系发展的需要，对不同国家或地区采取不同的外贸政策。例如，一国可以对来自不同国家的进口商品实行差别关税，或者专门针对某个国家的进口商品征收进口附加税。

二、外贸政策的类型

根据贸易政策倾向，外贸政策可以分为自由贸易政策、保护贸易政策和协调贸易政策等三大类。

（一）自由贸易政策

自由贸易政策（Free Trade Policy）是指国家对货物和服务的进出口不加干预，既不对他国货物和服务的进口设置贸易障碍，也不对本国货物和服务的出口给予贸易优待，让国内外企业在本国市场上自由竞争。

（二）保护贸易政策

保护贸易政策（Protective Trade Policy）是指国家对货物和服务的进出口加以干预，实行"奖出限入"政策。一方面利用各种措施限制外国货物和服务的进口，保护本国企业、本国市场免受外国商品的冲击；另一方面对本国货物和服务的出口给予优惠和补贴。

（三）协调贸易政策

协调贸易政策又称管理贸易政策（Managed Trade Policy），它介于自由贸易政策和保护贸易政策之间，强调本国政府与其他国家政府或国际性经济组织签订双边及多边贸易条约，以协调为中心、以干预为主导、以磋商为手段，加强对外贸易活动管理，解决对外贸易发展过程中出现的各种问题，使之有序健康地发展。

三、外贸政策的选择

一个国家采取哪种类型的外贸政策,受到国内外因素的共同影响。

(一) 国际因素

从全球来看,在经济繁荣时期,大多数国家会采取自由化的外贸政策。但在经济不景气时期,各国贸易保护主义就会抬头。

从区域来看,在地理位置接近的几个国家之间,可以通过签订自由贸易协定的方式建立自由贸易区,对区域内各国之间货物和服务的贸易实施自由贸易政策,但对区外其他国家采取保护贸易政策。

(二) 国内因素

一个国家采取哪种类型的国际贸易政策,取决于该国的经济发展水平及其产品在国际市场的竞争力。经济发展水平较高的国家一般倡导自由贸易政策,经济发展水平相对落后的国家一般采取保护贸易政策。

一个国家采取哪种类型的国际贸易政策,还取决于该国外贸发展战略。实施外向型发展战略的国家,贸易自由化程度较高;实施进口替代战略的国家,一般采取保护贸易政策。

除此以外,国内不同利益集团也会对贸易政策产生影响。由于自由贸易政策对于具备国际竞争力的产业、外向型企业、消费者有利,保护贸易政策则有利于新兴产业和进口替代集团等不具备国际竞争力的集团。不同利益集团出于自身利益考虑会有不同的政策诉求。

因此,在同一时期的不同国家,往往实行不同的外贸政策;一个国家在不同历史阶段,外贸政策也会发生改变。

四、外贸政策的演变

在不同历史时期,发达国家采取的外贸政策有明显不同。其演变过程与国际贸易理论的发展有着密切关系。

(一) 原始积累时期的保护贸易政策

15世纪初至17世纪末是资本主义原始积累时期,也是资本主义生产方式的准备时期。在重商主义的影响下,英国、法国等欧洲国家积极推行国家干预对外贸易的重商主义贸易政策,实施严格的保护贸易政策。

早期重商主义主张与外国进行的每一笔交易都保持顺差,政府或国王本人直接垄断对外贸易,严格限制奢侈品进口和金银出口,实施发展工业、限制进口并鼓励出口的贸易政策。晚期重商主义主张本国对外贸易总体上保持顺差,不对金银的输出进行限制,但要管制货物的进出口。除了向原料进口提供优惠以外,国家禁止奢侈品的进口、对其他外国商品进口征收高额进口税,实行保护性关税政策。同时,对本国商品出口给予出口现金补贴和出口退税,以实现贸易顺差。

(二)自由竞争时期的自由贸易政策和保护贸易政策

18世纪中叶至19世纪末,是资本主义自由竞争时期,也是资本主义生产方式的建立时期。由于各国经济发展水平不同,所采取的贸易政策各异。

英国、法国等最先发展资本主义的国家,其工业品具有较强国际竞争力,需要进口原料和粮食并出口工业制成品。亚当·斯密提出的绝对优势论和大卫·李嘉图提出的比较优势论分别论证了国际分工和国际贸易对于贸易参加国都是有利的,为新兴资产阶级所倡导的自由贸易提供了理论基础。随后,英国、法国、荷兰等西欧国家先后废除了谷物法,实行了降低关税、取消特权公司、改变殖民政策、推行贸易扩张的自由贸易政策,各国对商品进出口不设任何障碍。

同一时期的美国和德国其国内工业相对落后,在对外贸易中出口的是价格低的农产品,进口的是价格高的工业制成品。为了对本国工业发展提供支持,美国第一任财政部长汉密尔顿提出了保护关税学说,德国经济学家李斯特提出了保护幼稚工业论,主张国家提高关税税率,减少工业制成品进口,通过免税或征收较低关税的方式鼓励复杂机器的进口,保护国内有前途的幼稚工业,大力发展生产力。同时,采取鼓励移民迁入、吸引外国资金、给必需品的生产发放津贴、建立联邦检查制度等政策措施发展本国工业。在保护贸易政策的支持下,1880年美国工业产值跃居世界第一,德国也发展成为欧洲大国。

(三)垄断时期的超保护贸易政策

19世纪70年代,资本主义发展到垄断时期。这个时期,各国工业迅速发展,一些起步较晚的国家也完成了产业革命,世界市场的竞争变得十分激烈。1873年爆发的世界性经济危机和1929年爆发的经济大危机令主要资本主义国家的产品滞销,经济陷入长期萧条。世界各国纷纷提高关税,保护本国市场。1931年,一直倡导自由贸易的英国也放弃了自由贸易政策。

1936年,英国经济学家凯恩斯提出的新贸易顺差论指出,贸易顺差有利于黄金的流入,导致利率下降,投资上升,并最终带来就业上升和国民收入增加。政府应积极干预经济和对外贸易活动,通过提高贸易壁垒,限制外国商品进口,以保证垄断资本获取高额利润;通过各种奖励措施鼓励垄断资本抢占国际市场,扩大贸易顺差,这些政策被称为超保护贸易政策(Policy of Super-protection)。在凯恩斯理论的指导下,"二战"期间和战后初期,世界各国纷纷采取保护主义的贸易政策,通过提高进口关税保护国内市场。

(四) 20世纪50~70年代中期的贸易自由化

所谓贸易自由化,就是通过各国政府间的谈判,不断降低进口关税、取消进口数量限制、放宽或取消外汇管制、实行货币自由兑换,以促进贸易自由化的发展。

第二次世界大战之后,美国经济一枝独秀,产品急需出口到其他国家。日本和西欧各国为了战后经济恢复,也愿意降低贸易壁垒,推动商品和资本的自由流动。在美国的倡导和推动下,1947年10月30日《关税与贸易总协定》(简称《关贸总协定》)签订并于1948年1月1日正式生效。《关贸总协定》作为一个准国际组织,先后组织了一系列的多边贸易谈判,督促缔约国不断降低关税,减少或取消非关税壁垒。在美国的倡导和《关贸总协定》的推动下,第二次世界大战之后到20世纪70年代,发达国家逐渐放松进口管制,实行具有贸易自由化倾向的外贸政策。在此期间,欧洲经济共同体实行关税同盟,对内取消关税,对外统一关税并通过谈判达成关税减让协议。1971年7月1日起,为了促进发展中国家的工业化发展,发达国家还对来自发展中国家的工业制成品和半制成品给予"普遍优惠制"待遇,这也是贸易自由化的一种体现。

值得注意的是,第二次世界大战后出现的贸易自由化倾向与资本主义自由竞争时期的自由贸易不同。第二次世界大战后的贸易自由化是在国家垄断资本主义日益加强的条件下发展起来的,主要反映垄断资本的利益。它是在发达国家的主导下进行的,是一种有保留的、有选择的自由贸易,隐含着大量有利于发达国家的贸易保护内容。在具体实施中,出现了以下趋势:工业制成品的贸易自由化程度超过了农产品;机器设备等资本品货物的贸易自由化程度超过了一般消费品;区域性经济集团内部的贸易自由化超过了对外部其他国家的贸易;发达国家之间的贸易自由化超过了对发展中国家的贸易。这种贸易自由化倾向是不稳定的,一旦本国经济发展遇到障碍,贸易保护主义就会重新抬头。

(五) 20世纪70年代中期以来的新贸易保护主义

新贸易保护主义(New Trade Protectionism)形成于20世纪70年代中期,是相对于自由竞争时期的贸易保护主义而言的。

1974~1975年世界性经济危机爆发，资本主义经济进入低速增长的滞涨时期，垄断资产阶级和劳工团体纷纷要求政府采取贸易保护措施。这一时期，美国国内的钢铁、汽车、家电等产品面临日本、西欧，甚至新兴工业化国家的竞争，贸易逆差迅速上升。美国政府开始加强对进口的保护，成为贸易保护主义的重要策源地。但是，由于出口对发达国家经济增长发挥着重要作用，以美国为首的发达国家仍拥有贸易自由化的愿望。为了推进贸易自由化，限制贸易保护主义，这一时期的国际贸易政策开始转向管理贸易，形成了新贸易保护主义。

所谓管理贸易，是指一国对内制定各种经贸法规，加强对本国进出口贸易的管理，以实现本国进出口贸易的有序发展；对外通过签订各种经贸协定，协调和发展与其他国家的经贸关系。

与传统保护贸易政策和超保护贸易政策相比，新贸易保护主义具有以下特点：政策重点由限制进口转向鼓励出口；对进口进行限制的措施从关税壁垒转向非关税壁垒；贸易壁垒从各国分别设立的壁垒转向区域性贸易壁垒，实行区域内的开放和对区域外的共同保护；贸易政策措施向制度化和综合化发展，管理贸易制度成为各国外贸政策的表现形式。

由此可见，贸易自由化是当今全球贸易的主流。与此同时，各国通过各种协调贸易措施加强对进出口贸易的管理，尽量减少贸易摩擦，推动国际贸易的有序发展。

第二节 外贸发展战略

20世纪之前，位于亚洲、非洲、拉丁美洲地区的大多数国家是欧洲国家的殖民地或半殖民地，其经济依附于宗主国，它们是宗主国的原料来源地和工业品销售市场。

20世纪初至20世纪中叶，这些国家纷纷独立，但是经济发展水平落后，国民生活贫困，被统称为发展中国家。发展中国家如何发展民族经济？在对外贸易领域，应实行怎样的发展方式才能促进本国经济发展？经济学家对此进行了积极探索，提出了两种类型的外贸发展战略，即进口替代战略和出口导向战略。

一、进口替代战略

20世纪50年代，经济学家普雷维什和辛格指出，发展中国家的贸易条件处于不断恶化状态，应该通过工业化、实行保护贸易政策、建立区域性共同市场等措施发展民族经济，减少对发达国家的经济依赖，改善贸易条件。

（一）进口替代战略的含义

所谓进口替代战略（Import Substitution Strategy），是指通过建立和发展本国制造业和其他工业，实现工业化和经济增长，替代工业制成品进口，减少贸易逆差，改善国际收支状况。

进口替代战略的基本路径为：首先，发展轻工业，实现消费品的进口替代；其次，发展中间产品，实现中间产品的进口替代；最后，发展重工业，实现资本品货物的进口替代。

（二）进口替代战略的主要政策措施

进口替代战略的主要政策包括：通过高关税政策和进口数量限制政策，限制工业制成品的进口，保护本国工业发展；通过本币高估政策降低进口设备和原材料价格，扶植本国工业发展。

（三）进口替代战略的效果

20 世纪 50 年代之后，许多发展中国家相继实施了进口替代战略，进口替代成为发展中国家工业化的主导战略。

进口替代战略的积极作用体现在：为本国工业体系的建立创造了有利条件，有利于把有限的外汇用在最需要的地方。

但是，随着进口替代工业化的发展，进口替代战略面临着一系列问题，导致越来越多的发展经济学家认为"进口替代"战略并未达到预期目标。进口替代战略表现出来的问题包括：高关税导致工业制成品价格上升，受保护的产业缺乏国际竞争力，出口发展缓慢，对经济的带动作用减弱；高估币值导致机械设备和原材料的进口大量增加，导致国际收支恶化；未受保护的农业部门和原料生产部门发展缓慢，收入下降，影响了整个国民经济的发展。

二、出口导向战略

由于进口替代战略带来的资源无效配置、经济增长乏力等问题，导致越来越多的发展中国家逐渐放弃这种政策。为了克服进口替代战略的局限性，20 世纪 60 年代中期前后，东亚和东南亚的部分国家或地区转向了出口导向战略。

（一）出口导向战略的含义

所谓出口导向战略（Export Promotion Strategy），是指一国采取各种政策手段促进出口工业发展,将经济发展重点放在本国出口工业方面,通过工业制成品和半制成品的出口,增加外汇收入,带动工业体系的建立和整个国民经济的发展。

出口导向战略的基本路径为:首先,发挥本国劳动力丰富的优势,出口食品、服装、玩具等劳动密集型轻工产品。其次,随着资本积累和制造水平提高,出口重点转向机器设备、汽车、计算机等资本密集型和技术密集型产品。

(二) 出口导向战略的主要政策措施

出口导向战略的基本原则是鼓励出口,同时放松进口管制。具体措施包括:通过出口退税、出口补贴、出口信用保险、低估本币币值等方式鼓励本国产品出口;通过减免关税、放松进口限制的方式,为出口部门所需的原材料进口和机器设备进口创造便利条件。

(三) 出口导向战略的效果

出口导向战略与进口替代战略相比,具有许多优势。出口导向战略的积极作用体现在:国内工业化程度提高,制造业在国民经济中的比重显著上升;对外贸易增长较快,制成品在出口商品结构中的比重上升;国内资金积累加快,经济效率提高。

实施出口导向战略的新加坡、中国台湾、中国香港、巴西等国家或地区,其20世纪60年代后期的出口年均增长率在10%以上,国民生产总值年均增长率高达10%左右,不仅超出发展中国家的平均水平,而且也超过了发达国家的发展速度。

但是,出口导向战略也有一定的局限性。其局限性表现在:出口产业对国外资金、技术、原材料、市场的依赖过高,工业自主性差,容易受到国际市场波动的冲击;出口工业发展较快,但是面向国内市场的其他产业及农业部门发展缓慢,造成国民经济结构的不平衡;发展出口产业引进的外资控制了本国主要经济部门,导致利润外流、债务负担加重,影响国民经济安全。

本 章 小 结

在当今世界经济中,外贸政策在各国经济增长和经济发展中起着重要的作用。从国际贸易的发展历史来看,自由贸易政策和保护贸易政策是外贸政策的两大基本类型。在资本主义发展的不同历史时期,外贸政策历经重商主义的保护主义贸易政策、自由贸易政策、保护贸易政策、超保护贸易政策、贸易自由化、新贸易保护主义等几个发展阶段。

发展中国家为了发展本国经济,在第二次世界大战之后分别实施了进口替代战略和出口导向战略。这两种贸易发展战略各有其积极影响和消极影响。进口替代战略对于一些发展中国家的进口替代部门的发展起到了一定的促进作用,但也让这些国家出现国际收支失衡、生产效率低下等问题。20世纪60年代,许多发展中国家转向出口导向战略,对这些国家或地区的对外贸易与经济发展起到很大促进作用。

【本章重要术语】

自由贸易政策（Free Trade Policy）
保护贸易政策（Protective Trade Policy）
管理贸易政策（Managed Trade Policy）
超保护贸易政策（Policy of Super-protection）
新贸易保护主义（New Trade Protectionism）
进口替代战略（Import Substitution Strategy）
出口导向战略（Export Promotion Strategy）

【延伸阅读】

1. 余淼杰、崔晓敏:《"十三五"外贸发展的战略方向》,载于《开放导报》2016年第5期。
2. 徐元康:《中国的外贸发展战略:一个质疑性研究》,载于《宁夏社会科学》2016年第5期。

复习与思考

1. 一国外贸政策由哪些方面组成?
2. 简述外贸政策的基本类型。
3. 在不同历史时期,发达国家的外贸政策经历了哪几个阶段?
4. 发展中国家的外贸发展战略有哪两种基本类型?试比较其优缺点。
5. 第二次世界大战后贸易自由化主要表现在哪些方面?
6. 第二次世界大战后新贸易保护主义的主要特征是什么?

网络练习

出口导向战略对经济规模较大的发展中国家是否完全适用?请结合中国实例进行分析。

第五章
进口保护措施：关税

学习目标

掌握关税的主要分类，熟悉关税的征收方法，了解名义保护率与有效保护率的区别，能够采用经济学分析方法说明关税征收会对国内经济产生哪些影响，掌握关税水平、关税结构、关税结构等基本概念。

引导案例

海关总署关于2017年关税调整方案的公告

《2017年关税调整方案》已经国务院关税税则委员会第七次全体会议审议通过，并报国务院批准，将自2017年1月1日起实施（具体内容见财政部网站）。为准确实施《2017年关税调整方案》，现将相关内容公告如下：

（一）进口关税税率

1. 最惠国税率

（1）对《中华人民共和国加入世界贸易组织关税减让表修正案》附表所列信息技术产品最惠国税率自2017年1月1日至2017年6月30日继续实施首次降税，自2017年7月1日起实施第二次降税。

（2）自2017年1月1日起对822项进口商品实施暂定税率，自2017年7月1日起，实施进口商品暂定税率的商品范围调减至805项。

2. 关税配额税率

继续对小麦等8类商品实施关税配额管理，税率不变。其中，对尿素、复合肥、磷酸氢铵3种化肥的配额内税率继续实施1%的暂定税率。继续对配额外进口的一定数量棉花实施滑准税。

3. 协定税率

根据我国与有关国家或地区签署的贸易或关税优惠协定，对有关国家或地区继续实施协定税率：

（1）中国与澳大利亚、巴基斯坦、瑞士、哥斯达黎加、冰岛、韩国、新西兰、秘鲁的自贸协定以及内地分别与港澳的更紧密经贸安排（CEPA）项下的部分商品的协定税率进一步降低。

（2）中国与东盟、智利、新加坡的自贸协定、亚太贸易协定以及海峡两岸经济合作框架协议（ECFA）项下的商品继续实施协定税率，商品范围和税率水平均维持不变。

4. 特惠税率

对有关最不发达国家继续实施特惠税率，商品范围和税率水平维持不变。

（二）出口关税税率

对铬铁等213项出口商品征收出口关税，其中有50项暂定税率为零。

（三）税则税目

2017年，我国进出口税则税目与《商品名称及编码协调制度》同步转版。根据国内需要对部分税则税目进行调整。经转版和调整后，2017年税则税目共计8 547个。

（资料来源：中华人民共和国海关总署网站，2016年12月30日）

关税是最早采用的贸易管制措施。作为一国政府干预进口贸易的主要手段，关税能够发挥哪些作用？最常见的关税种类有哪些？关税实施后会对一国经济产生怎样的影响？本章将对此进行解释和分析。

第一节 关税的特点与作用

关税（Tariff；Customs Duty）是由一国政府设置的海关对进出关境的货物或物品向本国进出口商、进出境物品的所有人所征收的税收。

关税的概念包括以下三个要点：其一，关税是一种税收，这是它最基本的属性；其二，关税的征收机关是海关，其他税种则由国内税务部门征收；其三，关税的课税对象是进出关境的货物或物品，是专门针对来自或输往外国的商品而设置的税种。

征收关税是海关的基本任务之一。一般情况下，一国关境和国境是一致的。但是，如果一国在本国国境内设置了综合保税区、保税物流园区、自由港、出口加工区等特殊经济区域，这些特殊经济区域属于"境内关外"地区，此时该国的关境就小于国境。如果一国与其他国家结成关税同盟，在关税同盟各国之间取消一切贸易壁垒，对外实行统一的关税制度，此时参加关税同盟的几个国家的领土构成统一的关境，关境就大于各国各自的国境。

一、关税的特点

作为国家税收的一种，关税与其他税种一样具有强制性、无偿性、预定性等特点。所谓强制性，是指国家根据法律规定强制征收而非纳税人自愿缴纳；所谓无偿性，是指国家无代价地获取税收，不必归还给纳税人；所谓预定性，是指国家预先规定征税比例或征税额。

除具备税收的基本特点以外，关税还具有以下特点。

（一）关税是一种间接税

关税是一种间接税，可以转嫁给其他人。进出口商是关税的纳税人，但是进出口商并非关税的最终承担者。进出口商可以将所缴纳的关税分摊至商品的价格，最后转嫁给消费者。由于关税可以转嫁，因此关税是间接税。

（二）关税具有对外统一性

关税是由海关在全国各地口岸按照统一标准进行征收，具有对外统一性。否则，就会出现"税往低处流"的现象，导致国家关税政策遭到破坏，关税收入也就没有了保障。

（三）关税是一国实施外贸政策的重要手段

关税是一国实施外贸政策的重要手段。国家通过征收关税可以调节国内供求、保护国内市场、贯彻对外贸易国别政策，直接影响本国及贸易伙伴国的进出口和就业状况。

二、关税的作用

对进出口货物征收关税，可以起到以下三方面作用。

（一）增加国家财政收入

征收关税可以为国家带来财政收入。尽管在现代经济中，随着国家税收来源的增加，关税收入在政府财政收入中所占比重明显下降，但对于一部分经济发展水平较低的发展中国家而言，关税仍然是它们取得财政收入的重要来源。这种为了增加国家财政收入而设立的关税被称为财政性关税。

具体到我国，2016 年，我国财政收入 159 552 亿元，其中关税收入为 2 603 亿元，仅占政府财政收入的 1.6%。可见，我国征收关税的主要目的并非为了增加国家财政收入。

（二）保护国内产业与市场

进口国通过对进口商品征收关税，提高了进口商品在境内的销售价格，从而可以抑制商品进口，达到保护本国产业和市场的目的。这种以保护本国产业和市场为主要目的而征收的关税，被称为保护性关税（Protective Tariff）。

保护性关税主要是对工业制成品特别是对国内生产威胁较大的进口品征收高额关税，而对原材料的进口实行低税，对本国出口商品很少征收关税，从而达到既保护国内市场，又促进本国工业发展的目的。目前，世界各国设置的关税主要是保护性关税。

（三）调节产业结构和进出口商品结构

在当代经济发展中，各国都面临产业结构和产品结构调整的任务。一个国家可以通过调整关税结构来调整进出口商品结构，继而调整产业结构。对于需要扶植和发展的产业和产品，调高同类商品的进口税率，就可削弱进口商品的竞争力，使本国产品能在高额关税保护下求得发展。对于一些已失去优势，不具备发展前景的产业和产品，国家可以通过降低进口商品的关税税率，引进竞争，促使国内产业和产品尽快改造和更新，从而完成产业结构和产品结构的调整。

第二节 关税的分类

世界各国现行关税种类众多。根据不同的标准，可以对关税进行不同的分类。

一、按照商品流向分类

根据商品流向，可以把关税分为进口税、出口税和过境税三大类。

（一）进口税

进口税（Import Duty）是一国海关在外国商品进入本国时，对本国进口商征收的关税。

进口税是最广泛使用的一种关税。在目前世界各国基本不征收过境税，出口税也很少使用的情况下，通常所说的关税，一般都指进口税。

（二）出口税

出口税是一国海关在本国商品输往国外时，对本国出口商征收的关税。

出口税的征收增加了本国商品的出口成本，不利于本国产品参与国际市场竞争，因此"二战"后大多数国家只对少量商品征收出口税。征收出口税的目的，有的是为了保护本国稀缺资源，有的是为了保障本国国内供给，还有的是和进口国政府相互协商的结果。

（三）过境税

过境税是一国海关对通过其国境的外国过境货物征收的关税。所谓过境货物，是指通过该国境内运输，并不进入该国国内市场的货物。

过境税在资本主义生产方式准备时期曾经流行于欧洲各国，征税的目的主要是为了增加财政收入。由于过境货物对本国生产和市场没有不利的影响，反而可增加本国物流行业的利润，因此19世纪后半期世界各国相继废止了过境税。1921年，国际联盟在西班牙的巴塞罗那召开了关于"自由过境"的国际会议，要求参加国不得对过境货物征收任何捐税。目前，世界上大多数国家不征收过境税，我国也不征收过境税。

二、按照实施情况分类

按照实施情况划分，关税可分为进口正税、进口附加税和差额税等三大类。

（一）进口正税

进口正税是指通过立法程序制定的并在进出口税则中公布实施的关税税率。正税一旦制定就具有相对的稳定性。

根据是否给予优惠待遇，针对来自不同国家同一商品的进口关税税率可分为普通关税、最惠国关税、普惠制关税、特惠关税、协定关税等几大类。

1. 普通关税。普通关税是指不附带任何优惠条件的关税，适用于与该国没有签订双边、多边经济贸易互惠协定国家或地区的进口商品。

普通关税是非优惠性关税，是税率最高的一种关税，又被称为歧视性关税。

2. 最惠国关税。最惠国关税（Most-favored-nation Tariff）是指彼此签订过含有最惠国待遇条款的贸易协定的国家或地区之间，其商品进出口所适用的关税。例如，甲国和乙国签订了双边最惠国待遇协定，则甲国对乙国出口的商品适用乙国的最惠国关税，乙国对甲国出口的商品也适用甲国的最惠国关税。

所谓"最惠国待遇"（Most-favored-nation Treatment），是指缔约双方可以立即无条件地享受对方现在或将来给予任何第三方的任何贸易优惠待遇。"最惠国待遇"是一个容易引起误解的概念。当前，大多数国家或是加入了世界贸易组织，或是相互之间签订了双边贸易优惠协定，绝大多数都能享受到对方国家的最惠国关税待遇。"最惠国待遇"实际上变成了一种非歧视待遇。通常所讲的正常关税，一般指的就是最惠国关税。

最惠国关税并非最优惠的关税税率。根据国际贸易惯例，允许各成员国对"最惠国待遇"保留一些例外，对特殊类型国家、特定类型贸易、特定区域或特定领域内的贸易可给予更多优惠。当然，最惠国税率比普通税率要低，且差别较大。以植物油进口关税为例，该商品出口到我国的最惠国税率为10%，普通税率高达70%。

3. 普惠制关税。普惠制关税是工业发达国家给予来自发展中国家的工业制成品和半制成品的普遍的、非歧视的、非互惠的关税优惠。

普遍优惠制（Generalized System of Preferences，GSP）是联合国贸易与发展会议于1968年通过了的一项决议，并于1971年7月1日起正式实施，目的是为了扩大发展中国家对发达国家的工业制成品和半制成品出口，促进发展中国家工业化，加快发展中国家经济增长。

普遍优惠制有三项基本原则：普遍性原则、非歧视原则、非互惠原则。所谓普遍性原则，是指发达国家应对发展中国家或地区出口的所有工业制成品和半制成品给予普遍优惠待遇。所谓非歧视原则，是指所有发展中国家或地区都不受歧视地能够享受普惠制的待遇。所谓非互惠原则，是指发达国家应单方面给予发展中国家或地区关税优惠，而不要求发展中国家或地区提供反向优惠。

普惠制关税是在最惠国税率基础上降低关税，因此普惠制税率低于最惠国税率。但是，发达国家出于保护本国利益的目的，均在各自的普惠制方案中添加了一系列限制条件，涉及受惠国家或地区名单、受惠商品范围、受惠商品的原产地标准等。例如，美国的普惠制方案规定，社会主义国家、石油输出国组织等国际商品卡特尔国家、没收美国公民财产的国家、对有关美国公民或企业争议不尊重仲裁裁决的国家，不能成为受惠国。因此，美国未给予中国普惠制待遇。

20世纪80年代以来，"毕业条款"概念被引入普惠制，一旦受惠国的某种商品被认为已具备一定竞争力，就不能再享受普惠制待遇。例如，欧盟普惠制规定，受惠国任何一种商品在欧盟的市场份额如果超过15%就将丧失普惠制待遇，纺织品和服装的毕业门槛则是12.5%。据此规定，欧盟委员会确定中国有13大类产品毕业，包括化工类产品、塑料和橡胶制品、皮革及皮毛制品、纺织品、鞋类、帽类、手杖、羽毛及毛发制品、人造花、珠宝首饰、贱金属及其制品、机械录音录像设备、杂项制品等，约占中国出口欧盟产品的 80%。只有农产品、矿产品、交通工具及其设备等 6 大类、近 2 成的中国产品可继续享受普惠制待遇。

4. 特惠关税。特惠关税（Preferential Duty）是指一国对从某个国家或地区进口的全部商品或部分商品，给予特别优惠的低关税或免税待遇。

特惠税税率低于最惠国税率和普惠制税率。但是，只适用于特定国家或地区的商品，非受惠国不得引用最惠国待遇条款享受这种税率。

特惠税始于宗主国与殖民地附属国之间的贸易。为了保证宗主国在其殖民地附属国市场上占据优势地位，英国、法国、荷兰等国与其附属国之间都实行过特惠税，比较有名的是 1932 年建立的英联邦特惠税。自 1973 年英国正式加入西欧共同市场（欧盟的前身）以后，英联邦特惠税逐步取消。

此后比较著名的特惠税是《洛美协定》特惠税。《洛美协定》签订于 1975 年，欧洲经济共同体各国对其在非洲、加勒比和太平洋地区的旧殖民地共 46 个发展中国家提供单方面的特惠税。欧共体各国在免税、不限量的条件下，对来自上述发展中国家的全部工业品和 94% 的农产品免征进口关税，同时提供财政援助，但不要求这些国家给予反向的特惠关税待遇。2002 年，第五个"洛美协定"正式生效，协定有效期为 20 年。欧盟宣称将逐步取消对非洲、加勒比和太平洋地区各国的单向贸易优惠政策，代之以向自由贸易过渡，最终建立自由贸易区。

5. 协定关税。协定关税是一个国家与另一个国家之间通过协商相互给予对方优惠待遇的关税制度。

最初，世界各国海关均独立地制定本国关税税率，又称国定关税。1860 年，英法两国相互减让关税，出现了协定关税。这种在平等互利的基础上签订的协定关税被称为自主协定关税，此后在世界各国签订贸易条约时经常使用。但是，如果一方遭受对方胁迫，非自愿地给予对方优惠待遇但不享受对方给予的对等优惠，就是片面的协定关税。

根据我国与有关国家或地区签署的贸易或关税优惠协定，2017 年我国与东盟、智利、新加坡等国自由贸易协定、亚太贸易协定以及海峡两岸经济合作框架协议项下的商品继续实施协定税率，商品范围和税率水平均维持不变；我国与澳大利亚、巴基斯坦、瑞士、哥斯达黎加、冰岛、韩国、新西兰、秘鲁的自由贸易协定以及内地与港澳更紧密经贸安排项下部分产品的协定税率进一步降低。

(二) 进口附加税

进口附加税（Import Surtaxes）是一种临时性措施，它是因某种特定目的对某些商品在正常关税之外额外征收的关税，当特殊情况不存在时就停止征收。进口附加税具有临时性，又被称为特别关税。

根据征收目的不同，进口附加税有各种名称。常见的进口附加税有反倾销税、反补贴税、紧急关税、报复性关税、惩罚性关税等。

1. 反倾销税。反倾销税（Anti-dumping Duty）是指出口商进行商品倾销，对进口国同类产品的生产或销售造成严重损害或重大威胁时，由进口国海关征收的一种进口附加税。征收反倾销税的目的在于抵制国际商品倾销，使之不能在进口国进行低价竞争，以保护本国同类产品的制造商。

征收反倾销税必须具备三个条件：进口产品存在倾销行为；进口产品对进口国同类产品造成重大损害或威胁；倾销的存在与所称的损害之间存在因果关系。

世界贸易组织的《反倾销协议》对倾销和征收反倾销税作了如下规定：所谓倾销，是指一国产品以低于正常价格向另一国销售的行为，并对进口国同类产品或工业造成严重损害或重大威胁。为了防止或抵消倾销，进口国可以对倾销产品征收数量不超过这一产品倾销差额的反倾销税，但是不得对同一产品同时征收反倾销税又征收反补贴税。

目前，反倾销税已成为常用的进口限制手段，很多国家通过反倾销调查以及征收反倾销税的方式以达到限制国外产品进口的目的。在反倾销调查期间，进口商不敢大量订货，直接起到限制进口的作用。

2. 反补贴税。反补贴税（Countervailing Duty）是指出口国对出口商品给予直接或间接补贴，对进口国同类产品的生产或销售造成严重损害或重大威胁时，由进口国海关征收的一种进口附加税。征收反补贴税的目的在于抵消外国竞争者享受的补贴金额，使之不能在进口国进行低价竞争，以保护本国同类产品的制造商。

世界贸易组织的《补贴与反补贴措施协议》规定，征收反补贴税必须具备三个条件：进口产品在生产、制造、加工、交易过程中接受过现金或其他补贴，不管这种补贴来自政府还是同业公会；这种进口产品对进口国同类产品造成重大损害或威胁；补贴的存在与所称的损害之间存在因果关系。

具体的征收规定包括：征收反补贴税的税额不得超过商品得到补贴的数额；不能对同一产品同时征收反补贴税和反倾销税；进口国不能因为出口退税或免税而征收反补贴税；征收反补贴税的期限不得超过5年，又称"日落条款"。

3. 紧急关税。紧急关税是指为消除短期内外国商品大量进口对本国国际收支或对本国同类商品生产造成重大损害而征收的一种进口附加税。

当短期内外国商品大量进口时，一般的正常关税难以起到有效的保护作用，需要借助额外征收的特别关税来限制进口，以保护国内同类商品的生产，或减少外汇收支逆差。1971年，美国出现了自1893年以来的首次贸易逆差，国际收支状况恶化。1971年8月15日，美国尼克松政府宣布实行"新经济政策"，其中一项措施是对所有进口商品临时征收10%的进口附加税，以限制进口，取得国际收支平衡。1972年5月，在外国进口涤纶产品冲击下，为保护国内生产，澳大利亚政府决定征收紧急关税，在每磅20澳分的进口正税外另外加收每磅48澳分的进口附加税。

4. 报复性关税。报复性关税（Retaliatory Tariff）是指一国为报复他国对本国商品、船舶、企业、投资或知识产权等方面的不公正待遇，对从该国进口的商品所课征的进口附加税。

我国政府规定，任何国家或者地区对其进口的原产于中华人民共和国的货物征收歧视性关税或者给予其他歧视性待遇的，我国海关对原产于该国家或地区的进口货物，可以征收特别关税。当对方国家取消不公正待遇时，报复性关税随之取消。

5. 惩罚性关税。惩罚性关税（Penalty Tariff）是指出口国某商品违反了与进口国签订的协议或未按进口国海关办理进口手续时，由进口国海关对该进口商品所征收的一种临时性的进口附加税。

1988年，日本半导体元件的出口违反了与美国达成的"自动"出口限制协议，美国对来自日本的该类商品征收100%的惩罚性关税。

综上所述，征收进口附加税的主要目的有：应付国际收支危机，维持进出口平衡；防止和抵制外国商品低价倾销或补贴，保护本国市场；对某个国家实行贸易歧视或报复等。因此，进口附加税又被称为特别关税。

（三）差额税

差额税是一种特殊的征税方法。差额税（Variable Levy）又称差价税，是指当本国生产的产品价格高于同类进口产品价格时，为了削弱进口产品的竞争力，保护国内生产和国内市场，进口国海关按国内价格与进口价格之间的差额征收的关税。

由于差价税随着国内外产品价格差额的变动而变动，因此它是一种滑动关税。目前最著名的差额税是欧盟对从非成员国进口的农畜产品所征收的差价税，包括粮食及其制品、生猪、猪肉、家禽、蛋、动植物油脂、奶制品、糖、食糖及糖浆等产品。征收差价税是欧盟实施共同农业政策的一项主要措施，其目的是为了保护和促进欧盟内部的农业生产。所征差价税款作为农业发展资金，用于资助和扶持内部农业生产的发展。

三、按照征税标准分类

按照关税的征收标准，关税可分为从价税、从量税、复合税、选择税和滑准税。

（一）从价税

从价税（Ad Valorem Tariff）是最常用的关税计税标准。它是以货物的完税价格作为计税依据，按照完税价格的一定比例计征关税的关税计征标准。

从价税额的计算公式是：从价税额 = 完税价格 × 从价税率。所谓完税价格，是指经海关审定的用于计征关税的货物价格，一般根据进出口商申报的成交价格并经过调整后确定。以完税价格为基础，乘以该商品所适用的关税税率，就可以计算出该商品应纳的关税总额。

从价税的优点是税负合理。同一商品，质高价高税额也高，质次价低税额也低。从价税的缺点是完税价格的确定比较复杂，对不同品种、不同规格、不同质量的同一货物海关估价有一定的难度，计征关税的手续也比较复杂。

（二）从量税

从量税（Specific Duty）是以货物的数量、体积、重量等计量单位作为关税计征标准。例如在《中华人民共和国进出口税则》（2011年版）中，冻的整只鸡普通税率为5.6元/千克，最惠国税率为1.3元/千克。

从量税额的计算公式是：从量税额 = 商品计量单位数 × 每单位应纳税额。

征收从量税的优点是：征收手续简便，容易计算，只需核对商品的名称和数量，并能起到抑制廉价商品或故意低瞒报价商品的进口。其缺点是：对同一税目下的商品，不论质量好坏，价格高低，均按同一税率征收，税负不太合理。第二次世界大战以后，使用从量税计征关税的商品大大减少。

（三）复合税

复合税（Compound Duty）是指对某种商品同时订有从量税和从

价税两种税率，并同时征收的一种关税计征标准。

复合税额的计算公式是：复合税额＝从量税额＋从价税额。例如，美国对男式开司米羊绒衫征收混合税，每磅从量税征收 37.5 美分，加征从价税 15.5%。

复合税综合了从量税和从价税的优点。在进口商品价格变动时，既可以保证有稳定的财政收入，又可以起到对国内市场的保护作用。但混合税中从价税和从量税的比例难以确定。

（四）选择税

选择税（Alternative Duty）是对于某种商品同时订有从价税和从量税两种税率，在征税时选择其中一种税率计征的关税计征标准。海关一般选择税率较高的一种税率征收，对于鼓励进口的货物则选择较低的一种征收。

（五）滑准税

滑准税（Sliding Duty）是一种随进口货物价格的由高至低而由低至高设置税率的关税计征标准。通俗地讲，就是进口货物的价格越高，其进口关税税率越低；进口货物的价格越低，其进口关税税率越高。滑准税可保持实行滑准税商品国内市场价格的相对稳定，减少国际市场价格波动对国内市场的影响。

第三节　关税的理论分析

各国实行关税制度的主要目的是对进出口进行管理，在维护本国贸易利益的同时又能适应国际贸易发展的需要。征收关税对国内经济影响如何？关税对国内经济的总体保护水平如何测算？对具体某类商品的保护程度如何？这就是关税的理论分析要说明的问题。

一、关税的经济效应

所谓关税的经济效应，是指征收关税对国内价格、生产、消费、贸易量、贸易条件、税收、再分配及总福利等方面产生的影响。关税的征收，首先引起进口商品的国际市场价格和国内市场价格发生变动，然后通过价格变动，影响到进口国在生产、消费等方面的调整，继而产生其他经济效应。下面分别讨论贸易小国和贸易大国征收关税对本国经济的影响。

(一) 贸易小国征收关税的经济效应

所谓贸易小国，是指进出口数量的增减对国际市场价格影响不大的国家。

假设某国为贸易小国，该国 X 产品的供给、需求及贸易状况如图 5-1 所示。其中，横轴表示 X 产品的数量，纵轴表示 X 产品的价格，S_X 和 D_X 分别是 X 产品的供给曲线和需求曲线，供求曲线的交点 E 所决定的价格 P_E 为 X 产品的均衡价格。在自由贸易下，X 产品的国内价格等于国际价格，为 P_1。在此价格下，该国对 X 产品的需求量为 D_1，本国的生产数量为 S_1，因此进口量为 S_1D_1。

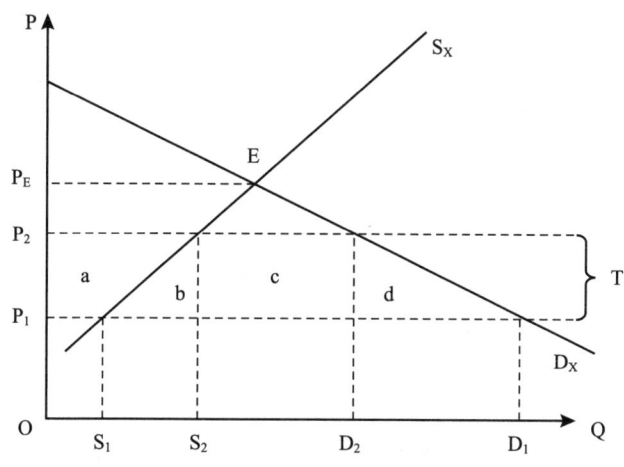

图 5-1 贸易小国征收关税的经济效应

资料来源：笔者整理。

若该国对 X 产品的进口征收额度为 T 的关税（税率为 T/OP_1），则征收关税对国内经济产生了以下影响。

1. 价格效应。价格效应是指征收关税对产品价格的影响。一国对进口商品征收关税后，必然引起进口国国内价格的上涨。由于小国对商品的国际价格没有影响力，因此课征关税后，X 产品的国际价格仍为 P_1，但其国内价格却升至 P_2，且 $P_2 = P_1 + T$，即小国征收关税后，该产品的国内价格提高，提高的幅度等于所征关税税额。

2. 消费效应。消费效应是指征收关税对产品需求的影响。小国征收关税后，对 X 产品的需求量因价格提高而由 OD_1 减至 OD_2，即减少了 D_1D_2 数量的消费。

3. 生产效应。生产效应是指征收关税对产品供给的影响。小国征收关税后，由于进口品价格提高到 ($P_1 + T$) 的水平，国内的厂商愿意生产的数量由 S_1 提高到 S_2，即增加了 S_1S_2 的产量。

4. 贸易效应。贸易效应是指征收关税所引起的进口数量变化。小国征收关税后，由于国内生产增加且消费减少，进口数量由 S_1D_1 减为 S_2D_2。其中，D_1D_2 数量的进口减少是由消费减少所致，S_1S_2 数量的进口减少是由生产增加所致。

5. 贸易条件效应。贸易条件效应是指征收关税对进口国贸易条件的影响。所谓贸易条件是指出口价格指数与进口价格指数之比，用公式表示为 N = 出口价格指数／进口价格指数×100。尽管小国对进口商品征收关税使该产品的国内价格上升，进口量缩减，但小国进口量的减少并不会对国际市场的供求关系产生显著影响，并不会导致该产品的进口价格发生变动。因此，贸易小国的进口价格指数不变，关税的贸易条件效应并不存在。

6. 财政效应。财政效应是指征收关税对国家财政收入的影响。如图 5-1 所示，小国征收额度为 T 的关税后，政府取得了面积为 c 的关税收入，财政收入增加。

7. 收入再分配效应。收入再分配效应是指征收关税所引起的国内各利益集团收益的变化。如图 5-1 所示，小国征收额度为 T 的关税后，消费者剩余较征税前减少了（a+b+c+d），生产者剩余较征税前增加了 a，政府由于征收关税而增加了面积为 c 的财政收入。可见，生产者剩余的增加和政府财政收入的增加实际上是通过增加消费者的负担实现的。换句话说，征收关税将降低国内消费者的福利，但对国内生产者和政府而言是有利的。

8. 福利效应。福利效应是指征税对国家总体福利的影响。由于征收关税，国内商品价格上涨，消费者支出增加。在消费者剩余的损失中，一部分转化为生产者剩余，一部分转为政府关税收入，还有一部分没有任何人得到而被白白损失掉。这个白白损失掉的部分是征收关税使本国遭受的净损失。如图 5-1 所示，征税后消费者剩余减少（a+b+c+d），其中 a 部分转移为生产者剩余增加，c 部分成为政府的关税收入，余下的（b+d）部分是征税所致的福利净损失，即关税的社会成本。

综上所述，一国对进口商品征收关税后，必然引起该商品在进口国国内价格的上涨，国内需求减少，国内供给增加，进口量下降，消费者剩余减少，国家财政收入和生产者剩余增加，国民福利降低。

（二）贸易大国征收关税的经济效应

所谓贸易大国，是指进出口数量的增减能够对国际市场价格产生影响的国家。

贸易大国对进口商品征收关税之后，由于进口贸易量下降，导致该商品在世界市场供过于求，国际市场价格随之下降。这样，贸易大国征收关税之后，该产品国内价格上升的幅度会小于关税的幅度，但国内价格与国际价格差额仍正好等于关税。

图 5-2 显示了大国征收关税后的局部均衡状态。其中，横轴表示 X 产品的数量，纵轴表示 X 产品的价格，S_X 和 D_X 分别是 X 产品的供给曲线和需求曲线，供求曲线的交点 E 所决定的价格 P_E 为均衡价格。

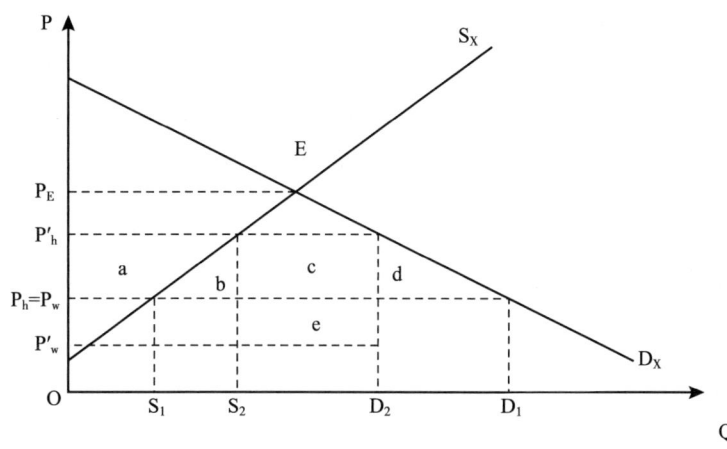

图 5-2 贸易大国征收关税的经济效应

资料来源：笔者整理。

在自由贸易条件下，X 产品的国内价格和国际价格一致，为 $P_h = P_w$。在该国征收关税之后，X 产品的国内销售价格上涨到 P'_h。由于国内价格上升，X 产品的供应由 S_1 增加到 S_2，需求从 D_1 下降到 D_2。于是，进口量由 S_1D_1 减少到 S_2D_2。

因为该国是贸易大国，进出口能够对国际市场价格产生影响，征收关税以后 X 产品进口需求的下降，导致该商品的世界市场价格下降到 P'_w。P'_h 和 P'_w 的差额等于征税幅度。在其他条件不变的条件下，进口价格下降使得本国贸易条件改善。因此，贸易大国与贸易小国征收关税最主要的差异在于贸易大国征收关税导致国际市场价格下跌，改善了本国贸易条件。

贸易大国与贸易小国征收关税的经济效应差异还体现在福利效应方面。贸易大国征收关税的福利效应为：消费者剩余减少，可以用 $-(a+b+c+d)$ 表示；生产者剩余增加，可以用 a 表示；政府关税收入增加，可以用 (c+e) 表示；总福利的变动为 $e-(b+d)$。在总福利效应中，e 被称为贸易条件利得，它是大国征收关税使得外国商品不得不降低出口价格所造成的，通常把它看作是外国出口商承担了本国部分的进口关税；b 是生产扭曲造成的损失；d 是消费扭曲造成的损失。从总体来看，生产者剩余增加的 a 和政府关税收入增加的 c 的是由本国的消费者剩余的损失转移过来的，但是关税收入 e 来自其他国家的福利损失。在 e、b 和 d 这三者中，如果 e＞（b＋d），进口国因征税而使福利水平增加；如果 e＜（b＋d），进口国的福利会因征收关税而受损。因此，大国征收关税的福利效应是不确定的，有获益的可能。

进口国的福利变化，取决于进口需求弹性与出口供给弹性的大小。进口国进口需求弹性越小，国内价格上涨幅度越大，进口国的关税负担越重而出口国负担越轻；出口国出口供给弹性越大，国际价格下跌幅度越小，进口国的关税负担越重而出口国负担越轻。反之亦然。

通过以上对贸易小国和贸易大国征收关税的局部均衡分析可知，征收关税虽然使本国厂商受益并对政府有利，但却极大地损害了消费者福利，最终使社会遭受无谓的损失，关税的征收不利于资源的合理配置，因而不应该通过关税对某种商品的生产提供长期保护。相反，降低关税，会增进国民福利和消费者利益，但是对相关产品的生产者及国家财政收入不利。

二、关税水平

关税水平（Tariff Level）是指一个国家的平均进口税率。它是用来说明关税对一国进口总体保护程度的指标，也是一国参加国际贸易协定进行关税谈判时的主题。

关税水平可以采用简单平均法或加权平均法进行计算。

简单平均税率是将税率表中的所有税率加总除以税率的个数而得到的平均关税水平。根据统计学中计算算术平均数的方法，简单平均税率的计算公式为：$T = \sum t_i / n$。其中，t_i 代表第 i 种商品的关税率；n 代表所有商品的个数；T 代表总体关税水平。该方法不管每种商品的实际进口数量，只按税则中的税目数求得税率的算术平均值。由于许多高税率的商品进口量很少或根本没有进口，而有些大量进口的商品是零税或免税的，因此简单平均税率不能如实反映一国关税水平。尽管计算简单，但是这种计算方法显然是不合理的，也很少被使用。

加权平均税率是以进口商品的数量或贸易额作为权数，结合税率计算出来的平均关税税率。按照取样范围的不同，加权平均税率又可分为全额加权平均和取样加权平均两种。

全额加权平均是一个时期内所征收的进口关税总额占所有进口商品总额的百分比，计算公式为：关税水平＝进口税款总额/进口总值×100%。在这种计算方法下，如果一国税则中免税的项目较多，计算出来的数值就较低，不易看出有税商品税率的高低。因此，还有另外一种全额加权平均税率计算方法，计算公式为：关税水平＝进口税款总额/有税商品进口总值×100%。

取样加权平均是选取若干种有代表性的商品。按一定时期内这些代表性商品的进口税款总额占这些商品进口总额的百分比计算。计算公式为：$T = \sum t_i V_i / \sum V_i \times 100\%$。上式中的 t_i 代表第 i 种商品的进口关税率，V_i 代表第 i 种商品的进口总额，T 代表总体关税水平。如果各国选取同样的商品进行加权平均，就让各国关税水平的比较成为可能。这种方法比全额加权平均更为实用。在《关贸总协定》肯尼迪回合的关税减让谈判时，各国就是使用联合国贸易与发展会议选取的 504 种代表性商品来计算和比较各国的关税水平的。

三、关税保护程度

与关税水平衡量一国关税对市场的总体保护程度不同，关税保护程度衡量的是一国关税对某一类商品的保护程度。

与关税保护程度相关的概念有两个：一个是名义保护率；另一个是有效保护率。

（一）名义保护率

根据世界银行的定义，关税的名义保护率（Nominal Rate of Protection，NRP）是指由于实行保护而引起的国内市场价格超过国际市场价格的部分与国际市场价格的百分比。其计算公式为：名义保护率＝(国内市场价格－国际市场价格)/国际市场价格×100%。

从上述计算公式可以看出，在不考虑汇率的情况下，国内外价格差与国外价格之比就是该商品的关税税率，即名义保护率是海关进出口税则中对进口商品征收的从价税率。但在计算名义保护率时，需要把国外价格折算成本国货币表示，所以名义保护率受汇率影响较大。在其他条件相同的情况下，名义税率越高，对本国同类产品工业部门的保护程度越高；名义税率越低，其保护程度也越低。

（二）有效保护率

有效保护率（Effective Rate of Protection，ERP）是指关税对某类产品生产过程中的净增值所产生的影响。其计算公式为：有效保护率＝(国内加工增值－自由贸易下的加工增值)/自由贸易下的加工增值×100%。

名义保护率与有效保护率的区别在于：名义保护率的高低只与该产品的国内市场价格有关，即关税的征收对该产品国内市场价格产生影响；有效保护率的高低既与被保护商品的关税有关，也与用于制造该产品的原材料及中间产品的进口关税有关。

有效保护率研究的基本结论是：当最终产品的名义税率大于其投入品的名义税率时，对最终产品的有效保护率大于名义保护率；当最终产品的名义税率等于其投入品的名义税率时，对最终产品的有效保护率等于名义保护率；当最终产品的名义税率小于其投入品的名义税率时，对最终产品的有效保护率小于名义保护率；当投入品的进口税率过高时，则会出现负的有效保护率。因此，有效保护理论认为，对生产被保护产品的投入品课征关税，会提高制成品成本，减少制成品生产过程的增值，从而降低对制成品的保护。

四、关税结构

在关税总水平既定的情况下，什么样的关税结构对本国经济的有效保护率最高？这是关税结构理论要回答的问题，因此关税结构理论又称最适关税理论。

所谓关税结构，是指一国进出口税则中各类商品税率之间高低错落的相互关系。

有效关税理论和各国贸易的实证研究表明，最佳的关税结构应该是原材料产品、中间产品和最终产品的关税逐步升级，这种关税结构有利于提高关税的有效保护程度。因此，在实践中世界各国纷纷采取瀑布式的关税结构（Cascading Tariff Structure），即进口商品的关税税率随着进口商品加工程度的逐渐深化而不断提高，制成品的进口关税高于中间产品的进口关税，中间产品的关税税率高于原材料的进口关税，对原材料的进口实行免税或只征收极低的关税。

这种从低到高的关税结构又称关税升级（Tariff Escalation）。以发达国家为例，在20世纪60年代，发达国家的平均名义保护率在第一加工阶段为4.5%，在第二加工阶段为7.9%，在第三加工阶段为16.2%，在第四加工阶段为22.2%。在上述四个阶段中的有效保护率分别为4.6%、22.2%、28.7%和38.4%。

瀑布式的关税结构能够在不增加平均关税水平的基础上使最终产品受到最充分的保护。在关税减让谈判中，发达国家给予发展中国家初级产品的优惠，远大于对制成品提供的优惠，原因就在于此。这也是世界各国在关贸总协定及WTO组织的关税减让谈判中，对初级产品的名义保护率愿意多减让一些，而对最终产品的关税不过多降低策略的理论依据。

此外，合理的关税结构还表现为：资本品税率较低，消费品税率较高；生活必需品税率较低，奢侈品税率较高；本国不能生产的产品税率较低,本国能生产的产品税率较高。

因此,考察一国对某种商品的保护程度,不仅要考察该商品的关税税率,还要考察对该商品各种中间投入品的关税税率,即要考察整个关税结构。了解这一点,对于一国制定进口税率或进行关税谈判都有重要意义。

第四节 关税的征收依据

海关税则是海关征收关税的法律依据。

一、海关税则的内容

海关税则(Customs Tariff),又称进出口税则或关税税则,是一国通过一定的立法程序制定并公布实施的,对进出口商品计征关税的规章和对进出口应税和免税商品加以系统分类的一览表。海关税则既是海关征收关税的法律依据,也是一国关税政策的具体体现。

海关税则的内容一般包括两部分:一部分是海关征收关税的规章、条例和说明;另一部分是关税税率表。其中,关税税率表包括货品名称、税则号列、进口税率、出口税率、增值税率、出口退税、监管条件等栏目。

《2017年中华人民共和国海关进出口税则》

二、海关税则的类型

根据税率制定中的国家权限,海关税则可分为自主税则和协定税则两种。自主税则是由本国政府自主制定,并有权加以变更的海关税则。协定税则是本国通过与其他国家谈判后制定的,受国际贸易条约或协定约束的海关税则。

根据每种货品适用关税税率栏目的多少,海关税则可分为单式税则和复式税则。单式税则是指海关税则中每个税目只设有一栏税率,适用于来自任何国家的同一种商品。复式税则是指海关税则中每一税目都有两个或两个以上的税率,可对来自不同国家的同一种商品实行差别待遇。

目前,大多数国家都采用二栏、三栏、四栏甚至五栏的复式税则。以欧盟国家为例,第一栏特惠税率,实施对象是签订《洛美协定》的非洲、太平洋及加勒比地区的发展中国家或地区,还有与欧盟签订双边协定的土耳其、摩洛哥、突尼斯等国;第二栏是协定国税率,实施对象是与欧盟签订了优惠贸易协定的国家,如以色列、瑞士等;第三栏是普惠制税率,实施对象是77国集团及其他发展中国家;第四栏是最惠国税率,实施对象是世界贸易组织成员及与欧盟签有双边最惠国待遇协定的国家;第五栏是普通税率,也就是最高税率,实施对象是上述国家以外的其他国家和地区。

三、海关税则中的商品分类

国际贸易的商品成千上万,种类繁多。为了对进口商品的征税进行管理,必须通过商品分类目录把种类繁多的商品加以综合。

第二次世界大战以前,世界各国有不同的商品分类方法。有的按商品的自然属性分类,分成水产品、农产品、畜产品、纺织品、机械制品等;有的按商品的加工程度分类,分成原料、半制成品、制成品等;有的按税率的高低顺序进行分类;还有的是按商品名称的拉丁字母顺序进行分类。不同的商品分类方法不仅不利于国际贸易的发展,也不利于世界各国进行关税减让谈判。

第二次世界大战之后,国际组织为协调各国海关税则中的商品分类方法做出了不懈努力。为了便于对全球进出口贸易进行统计分析,联合国统计委员会编制了《国际贸易商品标准分类》(Standard International Trade Classification,SITC)。该分类法首先将所有的商品分成初级产品和工业制成品两大类,然后再细分。1995年更名为世界海关组织的海关合作理事会制定了《海关合作理事会税则目录》(Customs Co-operation Council Nomenclature,CCCN),因其在布鲁塞尔制定又被称为《布鲁塞尔税则目录》(Brussels Tarrif Nomenclature,BTN)。该目录以商品的自然属性为主并结合加工程度来划分商品,被世界上100多个国家用于海关征税或国际贸易谈判等事宜。

为了克服世界各国海关税则在商品分类上的差异,也为了让任何一种商品在任何国家只有唯一的商品编码,海关合作理事会从1970年开始着手将《布鲁塞尔税则目录》和《国际贸易商品标准分类》这两种既有差别又有联系的商品分类标准进行协调,最终在1983年通过了《商品名称与编码协调制度》(Harmonized Commodity Description and Coding System,HS)。该文件于1988年1月1日正式生效。

《商品名称与编码协调制度》(简称《协调制度》)是一个系统的、多用途的国际贸易商品分类编码体系,可供与国际贸易有关的各方面如海关、运输、保险、银行、贸易统计、商检、数据交换、进出口管理等相关部门共同使用。

《协调制度》包括三大部分:归类规则;类、章、项、子目注释;项与子目编码及条文。《协调制度》采用6位数编码,把全部商品分为 21 类、97 章、1 241 项和 5 019 个子目。即使国际贸易中有新的商品出现，也能在《协调制度》中找到自己的位置。

目前，包括中国在内，已有 200 多个国家或地区采用《协调制度》对进出口商品进行分类。

本 章 小 结

国际贸易政策措施包括进口管理措施和出口管理措施两方面。在进口管理措施方面，关税是世界各国普遍采用的保护国内市场和国内产业的手段。征收进口税时，根据是否给予优惠待遇，针对同一商品的关税税率可分为普通关税、最惠国关税、普惠制关税、特惠关税、协定关税等几大类。出于特殊原因，还可能在进口正税基础上额外征收进口附加税。常见的进口附加税有反倾销税、反补贴税、紧急关税、报复性关税、惩罚性关税等。根据计税标准的不同，关税有从价税、从量税、复合税、选择税、滑准税等几种计征方法。

海关税则是征收关税的法律依据。海关税则包括所有应税商品所适用的税率。所有应税商品都有一个税则号，目前绝大多数国家都采用《协调制度》中的商品分类编码。

征收关税对进口国国内经济的影响包括价格效应、生产效应、消费效应、贸易效应、贸易条件效应、财政效应、收入再分配效应、福利效应等。通过征收关税可以达到保护本国工业的目的，并给政府带来关税收入，但同时会给消费者和社会福利带来损失。

要实现关税的保护作用，不但要看每种商品的名义保护率，还要看其有效保护率。当最终产品的名义税率高于原材料和中间产品的名义税率时，有效保护率高于名义保护率。因此，在实践中世界各国纷纷采取瀑布式的关税结构，即随着加工程度的上升，商品的名义税率逐步提高。

【本章重要术语】

关税（Tariff；Customs Duty）

保护性关税（Protective Tariff）

最惠国待遇（Most-favored-nation Treatment）

最惠国关税（Most-favored-nation Tariff）

普惠制（Generalized System of Preferences，GSP）

特惠关税（Preferential Duty）

进口税（Import Duty）

进口附加税（Import Surtaxes）

差额税（Variable Levy）

反倾销税（Anti-dumping Duty）

反补贴税（Countervailing Duty）

报复性关税（Retaliatory Tariff）

惩罚性关税（Penalty Tariff）

从价税（Ad Valorem Tariff）

从量税（Specific Duty）

复合税（Compound Duty）

选择税（Alternative Duty）

滑准税（Sliding Duty）

关税水平（Tariff Level）

名义保护率（Nominal Rate of Protection，NRP）

有效保护率（Effective Rate of Protection，ERP）

瀑布式的关税结构（Cascading Tariff Structure）

关税升级（Tariff Escalation）

海关税则（Customs Tariff）

协调制度（Harmonized Commodity Description and Coding System，HS）

【延伸阅读】

1. 财政部关税司：《世界主要国家关税政策分析系列（二）——美国关税概况》，载于《预算管理与会计》2015 年第 10 期。

2. 财政部关税司：《世界主要国家关税政策分析系列（三）——韩国关税概况》，载于《预算管理与会计》2015 年第 11 期。

复习与思考

1. 什么是关税？征收关税的作用是什么？

2. 关税有哪些种类？

3. 征收关税的方法主要有哪几种？

4. 普惠制的基本原则是什么？

5. 何谓倾销？何谓反倾销税？进口国实施反倾销的三个条件是什么？

6. 什么是海关税则？它可以分为哪几类？

7. 请画图说明贸易大国和贸易小国征收进口关税的经济效应有何不同。

8. 名义关税和有效关税的区别是什么？有效保护率是如何测度的？其意义是什么？

网络练习

1. 请查阅一个对华反倾销或反补贴的案例，谈谈你从中得到什么启示。

2. 我国轮胎生产企业应该如何应对外国针对我国产品的反倾销及反补贴调查？

第六章
进口保护措施：非关税措施

学习目标

了解非关税措施的各种形式，理解非关税措施的特点，掌握非关税措施的经济效应。

引导案例

十年中美禽肉贸易之争中的非关税壁垒

2015年3月18日，24吨去骨烤鸭从山东中澳集团起运美国。这是中国熟禽肉制品时隔10年之后重返美国市场。据中国海关统计数据显示，美国对中国的禽产品出口从2004年的1600万吨，猛增至2014年的2.04亿吨，中国已经是美国禽肉最大的出口市场之一。而同一时段内，美国进口中国禽肉数量为零。世界两个最大货物贸易国之间旷日持久的禽肉贸易大战凸显了非关税壁垒在当代国际贸易活动中越来越大的影响力。

时间追溯到2004年，中国爆发了H5N1型高致病禽流感，美国立刻全面禁止进口中国的家禽和禽肉制品。2006年本来已经允许中国加工熟制禽肉制品进口，但是在2007年美国国会又在通过的《2008年综合农业拨款法》第733节规定"根据本法所提供的任何拨款，不得用于制定或执行任何允许美国进口中国禽肉产品的规则"（简称733条款）。此后，《2009年农业拨款法案》第727条款（简称727条款）延续这一规定。733条款和727条款法案均明确针对中国，通过联邦立法方式从源头上扼杀了中国对美禽肉出口的可能性。

面对这一明显带有歧视性的限制进口贸易措施，中国政府将美国政府诉至WTO，并在2010年赢得了诉讼。美国政府在2010年的拨款法案中虽然做了修正，但是提出只有在"满足加强检验核查，增强措施透明度等要求后"，才能允许将联邦预算拨款用于进口中国禽肉或者禽类制品。同时根据美方《动植物卫生检疫措施协定》（SPS协议）规定，进口国有权在一定条件下采用比国际标准更高的标准对进口产品进行限制。面对层层的技术性贸易壁垒，我国要么重新诉讼打官司，要么接受美国的禽肉检验标准，才能进入美国市场。2004~2014年的10年间，美国先后6次派员通过文档审阅、现场核查及进口港复检方式审查我国出口禽肉加工和屠宰检验检疫体系及卫生体系是否与美国禽肉检验体系对等。直到2014年，才有三家来自山东的企业获得了出口美国熟制禽肉的资格，前提是加工原料必须来自美国或者美国认可的国家。

漫漫十年，中国禽肉输美之路如此漫长，除了WTO自身争端解决机制存在的固有问题，我们贸易应诉机制不健全，中国禽肉加工企业技术相对落后等原因，美方设置的技术性贸易壁垒和绿色贸易壁垒也"功不可没"。

（资料来源：根据罗汉伟：《中国禽肉案：牵制比胜诉更重要》，载于《中国经济周刊》2010年第25期；王媛媛、孙淑芳、刘陆世、魏荣：《中美禽肉贸易争端回顾和分析》，载于《中国兽医杂志》2016年第8期等相关资料整理）

20世纪70年代以来，随着贸易自由化的发展，各国关税水平大幅度降低，贸易保护的重点从关税转向非关税措施。非关税措施从20世纪70年代的900多项增加到20世纪末的3 000多项，由于非关税措施引起的国际贸易摩擦也越来越多。

第一节 非关税措施的含义与特点

随着贸易自由化和关税减让运动，关税在一国外贸政策中发挥的作用不断弱化，不论是发达国家还是发展中国家都开始采用非关税措施来限制进口。

一、非关税措施的含义

非关税措施又称非关税壁垒（Non-tariff Barriers，NTBs），是指除进口关税以外的一切由政府采取的限制进口的政策和措施。

关税作为一种贸易保护手段，早在重商主义时期就已开始盛行。但是，1929~1933年爆发的世界性经济危机，暴露出关税在保护国内市场方面的局限性，即关税不能有效地阻止外国商品的大规模进口。这一时期开始出现进口配额、进口许可证等非关税措施。

把非关税措施作为贸易保护的主要手段开始于20世纪70年代。第二次世界大战之后，在《关税与贸易总协定》的推动下，发达国家普遍削减了关税，平均关税水平由战后的40%下降至70年代的7%，关税作为一种贸易保护手段的作用大大下降，使用关税措施推行贸易保护主义的空间被大大压缩。在70年代中期的资本主义经济危机中，以美国为首的西方发达国家掀起了一场以非关税壁垒为特征的新贸易保护主义浪潮。与此同时，广大发展中国家为了限制非必需品及与本国产品相竞争的外国产品的进口，保护本国民族产业的发展,也开始广泛采用各种非关税壁垒作为保护手段。非关税壁垒从此成为各国实施贸易保护的主要措施。非关税壁垒越来越趋向采用处于《关税与贸易总协定》法律原则和规定的边缘或之外的歧视性贸易措施,如自动出口限制等,以绕开《关税与贸易总协定》的直接约束,成为"灰色区域措施"(Gray Area Measurements)。目前,越来越多的国家使用灰色区域措施,在一定程度上构成了对国际自由贸易体系的威胁。

二、非关税措施的特点

与关税措施相比,非关税措施具有以下四个特点。

(一)灵活性

非关税措施的制定和实施只需通过行政程序,制定程序简便,可以根据市场现状和进口国的需要对某些需要限制的进口商品采取相应的进口限制措施,及时应付国际经济中的突发事件。而关税税率的制定和调整必须通过严格的法律程序,手续烦琐,时间较长,在需要紧急限制进口时往往难以适应。在当今国际社会中,关税税率的更改还受到国际经济组织的牵制,一旦降低就难以再次提高。因此,非关税措施逐步取代关税,成为各国限制进口的主要政策工具。

(二)有效性

非关税措施中的一些数量限制措施,如进口配额和进口许可证制度等,对进口的限制是绝对的。只要达到了规定的限额或者没有得到政府有关部门的许可,进口商品就不可能通过正常途径进入该国市场。相反,关税措施主要是利用征收高额关税,提高进口商品价格,达到削弱其在进口国市场价格竞争力的目的。如果出口国通过降低生产成本,或者采取出口补贴、商品倾销等方法降低出口商品价格,进口国通过提高关税限制商品进口的作用就会大打折扣。因此,与关税措施相比,非关税措施在限制进口方面更直接也更有效。

(三)歧视性

关税在正常情况下对同一类国家给与同等待遇,而非关税措施更多地是针对特定国家采取的歧视性贸易措施,可针对不同国家、不同商品采取不同的差别待遇。如美国就曾在2004年专门针对来自中国的服装和纺织产品强制执行为期1年的保护性进口配额。

(四) 隐蔽性

非关税措施既能巧立名目，以正常的海关检验、进口法规和条例的面目出现，又可以隐蔽在具体执行过程中而无须公开解释。人们往往难以识别和反对这类政策措施，从而增加了贸易保护措施的复杂性和隐蔽性。非关税措施也可规定得极为烦琐、复杂，令进口商难以适从。例如某些强制性的环保标准、技术标准和卫生检验检疫等措施，都是以环境保护和消费者保护的名义颁布的，而且经常处于变化中，发展中国家的出口商短期内很难达到进口国标准。

第二节 非关税措施的主要类型

非关税措施为达到限制外国商品进口的目的，可采用以下方式：第一，直接限制进口数量，例如进口配额就是直接从数量上限制进口；第二，提高进口成本，例如技术贸易壁垒和环境贸易壁垒就极大地增加了进口成本；第三，制造进口过程中的不确定性，例如复杂的海关检验程序在提高进口成本的同时，给商品进口带来了极大的不确定性。

非关税措施的类型众多，常见的非关税措施包括：

一、进口配额

进口配额（Import Quota）是指一国政府在一定时期内对某种商品的进口数量或金额所加的直接限制。在规定的期限内，配额内的商品可以进口，超过配额的不准进口或者在加征高额关税或罚款后才能进口。进口配额是进口国实施数量限制的主要手段之一。

根据实施方式，进口配额可分为绝对配额和关税配额。

（一）绝对配额

绝对配额（Absolute Quota）是指一国在一定时期内对某种商品的进口数量或金额所规定的最高数额，达到规定限额后就不再允许进口这种商品。

绝对配额又分为全球配额和国别配额两种。

1. 全球配额（Global Quota）是指进口国对于该商品只规定一个总额度，对来自任何国家或地区的商品一律适用，超过总限额就不再进口。进口国主管当局通常根据进口商申请先后或过去某一时期的实际进口额批给一定额度，直至总配额发放完毕为止。

2. 国别配额（Country Quota）是指在总的额度内，根据与有关国家或地区的贸易情况，按国别和地区分配配额。这种国别配额可由进口国单方面规定（自主配额）或由双方协议规定（协议配额）。国别配额可以贯彻外贸国别政策，具有很强的歧视性。为了区分来自不同国家和地区的商品，在商品进口时进口商必须提交原产地证明。

（二）关税配额

关税配额（Tariff Quota）是指对商品进口的绝对数量不加限制，但是对配额以内进口的商品给予低税、减税或免税等优惠关税待遇，对超过配额的进口商品征收较高的关税、进口附加税或罚款以限制配额以外的商品进口。

根据配额发放方式，关税配额可分为对商品来源没有限制的全球关税配额和对商品来源有限制的国别关税配额。

根据配额优惠性质，关税配额可分为优惠性关税配额和非优惠性关税配额。优惠性关税配额是对配额内进口的商品给予较大幅度的关税优惠，甚至免税，对超过配额的进口商品征收最惠国税率；非优惠性关税是对配额内的进口商品按最惠国税率征税，对超过配额的进口商品征收极高的进口附加税或罚款。例如，欧盟对享受普惠制待遇的发展中国家的纺织品，在规定限额内免税，超过限额部分征收进口税，这种配额就属于优惠性关税配额。

原产地证明（Certificate of Origin，CO）是出口国的特定机构出具的证明其出口货物为该国家（或地区）原产的一种证明文件。原产地证明是贸易关系人交接货物、结算货款、索赔理赔、进口国通关验收、征收关税的有效凭证，它还是出口国享受配额待遇、进口国对不同出口国实行不同贸易政策的凭证。

二、"自动"出口限制

"自动"出口限制（Voluntary Export Restraints，VERs）又称"自愿"出口配额，是指出口国在进口国的压力或要求下，"自愿"规定某一时期内某种商品对进口国的出口额度。在限定的配额内自动控制出口，超过配额即禁止出口。

"自动"出口限制是第二次世界大战后出现的一种新型非关税措施。随着国际市场竞争的日趋激烈和进口国进口限制的增强，出口国被迫越来越多地采取"自动"出口限制的做法。对于出口国来说，若不接受此项措施，就可能遭到进口国更加严厉的贸易报复。

"自动"出口限制有两种形式：一种是由出口国政府或行业协会单方面规定的限额，不受国际协定的约束，出口商必须向政府主管部门提出申请取得出口配额或出口授权书后才能出口。另一种是由出口国和进口国双方通过谈判签订"自愿限制协定"或"有秩序销售协定"，协商确定某种商品的出口限额、商品分类、配额的融通、保护条款、出口管理规定、协定的有限期限等内容，并通过出口国发放出口许可证、进口国海关进行贸易统计来保证自限协定的实施。

20世纪60年代以来，各国启动"自动"出口限制的商品范围越来越广，让"自愿"出口配额逐渐成为常见的非关税措施。对于出口国来说，虽然自限协定并不完全自愿，但是与进口国使用的其他贸易壁垒如关税、进口配额、反倾销措施等相比，它是出口国乐于接受的贸易限制措施。从福利角度来看，使用出口配额，经济租金会保留在出口国国内，而且可以保障国内同类产品出口价格和收益的稳定。从对外贸易管理的角度来看，通过谈判达成的自限协定客观上降低了出口国与进口国发生国际贸易摩擦的可能性，有利于维护出口市场秩序。因此，出口国这种"自动"出口限制或多或少地带有一点"自愿"性。

三、进口许可证

进口许可证（Import License）是指一国为加强对外贸易管制，规定某些商品的进口必须由进口商向相关政府机构提出申请，经过审查批准获得许可证后才可进口的一种制度。没有许可证的商品一律不准进口。

进口许可证常与进口配额、外汇管理等行政措施结合在一起使用。

根据是否与配额结合使用，进口许可证可分为有定额的进口许可证和无定额的进口许可证。有定额的进口许可证是指进口国预先制定有关商品的进口配额，然后在配额内根据进口商申请对每批进口货物发放一定数量或金额的进口许可证。进口配额用完，就不再发放进口许可证。无定额的进口许可证是指进口许可证不与进口配额相结合，有关政府机构不预先公布进口配额，只是在个别考虑的基础上对有关商品的进口颁发进口许可证。因为它是个别考虑的，没有公开的标准，因而更具有隐蔽性，更能起到限制进口的作用。

根据限制程度不同，进口许可证可分为自动进口许可证和非自动进口许可证。自动进口许可证是指在任何情况下对申请一律予以批准的进口许可证，只要进口商填写自动进口许可证后即可进口。在符合要求的情况下，进口商提出申请后的几个工作日内就可领取自动进口许可证，没有进口国别或地区方面的限制。这类商品实际上是可自由进口的商品。填写进口许可证的主要目的在于对商品进口进行分类统计，而非为了限制进口。非自动进口许可证，又称特种进口许可证，是指进口商向政府机构提出申请之后，经严格审查批准后方可签发的进口许可证。这种许可证大多规定进口国别和地区，只有取得进口配额、获得外汇、达到技术标准、通过卫生检疫，才能取得许可。为了区分这两种进口许可证，政府有关部门会定期公布进口许可证管理的商品目录并根据需要随时调整。

中国不断简化进口许可证管理制度

自2001年加入WTO后，中国不断减少特种进口许可证管理商品。自2002年1月1日起，取消了对涤纶纤维、烟草及其制品、彩色电视机及其显像管、彩色感光材料等14种商品的进口许可证管理，实行进口许可证管理的商品种类从26种减少到12种。从2005年1月起，中国取消了汽车及其关键件、汽车轮胎、光盘生产设备的进口许可证管理。至此，针对普通商品的进口许可证管理已全部取消，仅保留部分特殊商品的进口许可证管理。2015年之后，中国只保留了两大类特殊商品的许可证管理：消耗臭氧层物质和重点旧机电产品。

（资料来源：中华人民共和国商务部网站 http://www.mofcom.gov.cn/）

四、外汇管制

外汇管制（Foreign Exchange Control）是指一国政府为保持国际收支平衡或维持本国汇率稳定，通过法令对外汇买卖和国际结算所实行的限制。

在实行外汇管制的国家，出口商必须把出口所得的外汇收入按官方汇率卖给外汇管理机构，不能自行截留和持有外汇收入。进口商进口所需外汇也必须通过外汇管理机构按官方汇率买入。政府对其他途径获取的外汇收入和外汇支出也进行严格限制。这样，政府通过集中外汇收入并确定官方汇率的方式，对外汇供应数量进行控制，以达到限制进口商品品种、数量和国别的目的。

外汇管制方式分为两类：一是数量管制，即由国家外汇管理机构对外汇买卖的数量实行直接限制和分配，通过集中外汇收入、控制外汇支出等办法，达到限制某些商品进出口的目的。有些国家还规定进口商在进口商品时要先获得进口许可证，然后才能向外汇管理机构购买所需外汇。二是汇率管制，即实行复汇率制度，对不同进出口商品的外汇买卖采用不同的汇率，利用外汇买卖成本差异鼓励或限制不同商品的进出口。

中国推动国际贸易的新举措——跨境人民币结算

中国人民银行2009年7月1日颁布了《跨境人民币结算试点管

理办法》，选择上海、广州、深圳、珠海等试点城市，允许有条件的企业在自愿的基础上以人民币进行跨境国际结算。人民币跨境结算可以使企业规避汇率风险，减少经营成本，加快货物通关速度，同时加速人民币国际化进程，促进贸易便利。

2010年1月1日成立的中国—东盟自贸区是人民币跨境结算的第一站，中国人民银行与亚洲各国银行签订了总额为3 300亿人民币的双边本币互换协议。除了东盟国家外，巴西、日本、韩国、俄罗斯等国家也在与中国讨论本币贸易结算事宜。

2015年10月8日由中国人民银行组织开发的人民币跨境支付系统正式启动。人民币跨境支付系统上线运行后，大大提高了人民币跨境清算的安全和效率，标志着人民币国内支付和国际支付统筹兼顾的现代化支付体系取得重要进展。

中国人民银行《2016年人民币国际化报告》指出，人民币在国际结算中的使用比例不断提高。截至2015年底，我国对外贸易以人民币结算的比例接近30%，人民币的跨境结算量达到了9.6万亿人民币，业务范围已从单纯的货物贸易扩展到服务贸易、直接投资和境内银行境外贷款等项目。

（根据中华人民共和国商务部网站、中国人民银行网站、搜狐财经、凤凰财经等网站相关资料整理）

五、歧视性政府采购政策

歧视性政府采购政策（Discriminatory Government Procurement Policy）是指政府用法令规定，或虽无法令明文规定，但实际上在政府机构采购商品时要求优先采购本国产品，从而形成对外国商品的歧视，限制了进口商品的销售。

歧视性政府采购政策主要包括以下几种做法：优先购买本国的产品和服务；规定产品和服务必须达到的国产化程度；在招标中倾向于国内企业，或者直接让国内特定企业中标。

六、当地成分要求

当地成分要求（Local Content Requirements）又称国产化率要求，是指为了促进相关产业发展及促进劳动力就业，政府规定外资企业生产的产品中必须含有一定数量或百分比的当地原材料、半成品、零部件或者劳动加工增值，从而形成对外国商品的歧视，限制了进口商品的销售。

当地成分要求为发展中国家摆脱单一加工基地角色提供了政策支

持。比如马来西亚强制要求汽车制造商更多使用国内企业生产的汽车零部件。

当地成分要求也被发达国家广泛使用。比如 1982 年的美国政府曾规定，政府出资的基建项目所使用的钢材必须是本国生产的。

七、设置海关障碍

所有进出口货物都必须向海关报关以后才能进入或离开一国关境。对于一般进出口货物而言，其通关程序包括申报、征税、查验、放行等几个环节。如果在通关环节设置障碍，就能够起到限制进口的作用。

所谓设置海关障碍，是指进口国海关通过提高计税价格、改变商品分类、设置烦琐海关手续等方法，提高进口商品的成本或风险，以达到阻碍商品进口的目的。

国际上常见的海关障碍主要包括以下几项。

（一）专断的海关估价制

在关税征收环节，从价税是被广泛使用的一种关税计征方法。对进口商品按从价税计征关税时，完税价格与关税税率都会影响进口商所缴纳的关税税额。在关税税率已经固定或被国际协议约束的情况下，海关确定的完税价格高低，直接影响着进口商应纳税额的多少。因此，某些国家便故意使用高估完税价格的办法，提高进口货物应缴纳的关税税额。

使用专断的海关估价制来限制商品进口，以美国最为突出。长期以来，美国海关按照进口商品的外国价格（进口货物在出口国国内市场的批发价格）和出口价格（进口货物在出口国供出口所用价格）两者之中较高的一种征收关税，从而提高进口商的应纳关税税额。

海关估价本来是征收关税时的一项常规工作，属于关税措施的范畴，但进口国海关故意提高完税价格，就使海关估价制度变成了一项非关税措施。

（二）复杂的海关手续

按照海关要求，进口商报关时除了填写进口货物报关单以外，还必须提供运输单据、商业发票、装箱单、原产地证书、进出口许可证等随附单据，缺少任何一种单证，或者任何一种单证填制不规范，都会导致进口货物不能顺利通关。

有些国家甚至随意指定进口货物的报关口岸，让进口货物在海关人员少、海关仓库狭小、商品检验能力差的口岸报关进口，以便延长商品通关周期，以达到限制进口的目的。

(三) 独特的商品分类规则

某些国家不依据世界海关组织的《商品名称及编码协调制度》制定本国海关税则，而是自行制定单独的商品分类规则，使出口商难以应付。

例如，美国在 1990 年采用《协调制度》之前，使用《美国税则》对进口商品进行分类。在对日本产的卡车驾驶室和底盘分类时，由"部件"改成"装配车辆"，就使进口税率由 4% 提高到 25%，大大提高了应纳关税税额。

八、技术性贸易壁垒

在 1994 年关贸总协定"乌拉圭回合"谈判完成之后，国际贸易中的关税壁垒进一步削弱，传统的非关税措施的使用也受到相关协议的约束。20 世纪 90 年代中期以来，世界各国开始以保护环境、维持生物多样性、保障消费者安全等名义，实施或加强了一系列新型非关税措施。这些新型非关税措施主要包括技术性贸易壁垒、环境贸易壁垒和社会责任标准，下面分别进行介绍。

(一) 技术性贸易壁垒的含义

所谓技术性贸易壁垒（Technical Barriers to Trade，TBTs），是指进口国以维护国家安全、保障国民健康、维护动植物生命健康、保护环境、保证产品质量等为理由而采取的一些强制性或非强制性技术措施，以增加进口难度，最终达到限制进口的目的。

由于发达国家的科技水平较高，处于技术垄断地位，他们通过立法手段制定的强制性技术标准和卫生检验检疫条例，不仅十分复杂，而且经常修改，令其他国家的出口商难以适应，由于发展中国家的出口商在短期内很难甚至根本无法达到其要求，这些技术标准因此被认为是国际贸易中最隐蔽、最难应付的非关税壁垒。

(二) 技术性贸易壁垒的类型

技术性贸易壁垒有狭义和广义之分。狭义的技术壁垒主要是指世界贸易组织《技术性贸易壁垒协议》规定的技术法规、技术标准和合格评定程序。广义的技术壁垒还包括动植物及其产品的检验和检疫措施、包装和标签及其标志要求、绿色环境壁垒、信息技术壁垒等。

技术性贸易壁垒的主要类型如下。

1. 技术标准和技术法规。按照世界贸易组织的《技术贸易壁垒协议》，技术标准是指经过公认权威机构批准的、自愿的、非强制执行的规定产品特性或其相关加工工艺和生产方法的规则、指南或特性的文件；技术法规是指必须强制执行的有关产品特性或其相关工艺和生产方法，包括法律和法规、政府部门颁布的命令、决定和条例、技术规范和指南、专门术语符号、包装标志或标签要求。发达国家制定的技术标准，既有产品标准，也有检验方法标准和安全卫生标准。进口商品只有符合进口国规定的相关标准，才准许进口和销售。在质量标准方面，欧盟拥有的技术标准有 10 万多个，所涉及的产品越来越多，标准越来越高，标准分类越来越细，成为发展中国家进入欧盟市场的主要贸易壁垒。

2. 合格认证制度。合格认证制度又称质量认证制度，是指第三方认证机构按照技术法规和标准的规定，对企业的生产、产品、质量、安全、环境保护及其整个保证体系等方面进行全面的监督、审查和检验，合格后授予国家或国外权威机构统一颁发的认证标志。目前，国际上著名的认证标准有 ISO9000 质量管理体系认证、ISO14000 环境管理体系认证、IEC 电气设备安全标准认证、英国劳氏船舶等级社 LR 认证、欧盟 CE 认证、美国 UL 认证、加拿大 CSA 认证、日本 JIS 认证等。合格认证工作涉及生产、流通、消费领域，是一项复杂的系统工程，各种认证标准和方式差异很大，认证成本较高，导致发展中国家的出口企业难以获得国际著名机构的认证，然而许多产品如果没有取得认证就无法进入发达国家市场。

3. 卫生检验检疫标准。卫生检验检疫标准主要适用于食品和药品。基于保护环境和生态资源、确保人类和动植物健康的目的，许多国家特别是发达国家在卫生检验检疫方面都制定了严格的产品检验和检疫制度，包括对农药兽药残留量的规定、对加工过程中添加剂的规定、对生产加工过程中卫生和安全的规定、对污染物的规定等。

4. 商品包装和标签要求。一些国家以立法形式规定禁止使用某些包装材料，如含有铅、汞、铬等成分的包装材料、未达到特定再循环比例的包装材料、不能再利用的容器等。例如，加拿大规定只有容器符合政府要求的罐头食品才能进口，美国则规定凡用稻草、棉花等材料作为包装衬垫物的商品不准进口。各国还通过对商品标签的规定来阻止商品进口。许多进口产品因为不符合规定不得不重新包装或改换商品标签，增加了包装成本，削弱了产品竞争力。美国是世界上食品标签法规最为完备的国家，美国食品药品管理局要求大部分的食品必须标明至少 14 种营养成分的含量。对于那些没有条件进行食品成分分析的国家而言，这无疑就是禁止进口措施。在欧洲市场，欧盟要求对纺织品加贴 Oeko – Tex Standard 100（生态纺织品标准 100）标签,对纺织品的 pH 值、色牢度、甲醛、致癌染料以及会分解为致癌芳香胺或引起皮肤反应的染料、有害重金属元素、卤化染色载体以及五氯苯酚、增白剂、软化剂、农药污染等方面加以控制。该标签是其他国家纺织品进入欧洲市场的通行证,如果达不到认证标准就无法对欧盟出口。

(三) 技术性贸易壁垒的作用

技术性贸易壁垒有其积极作用:第一,技术性贸易措施在一定程度上促进了世界经济发展与环境保护的相互协调;第二,技术性贸易措施有利于推动出口国提高产品质量,以达到卫生标准及安全标准,对人类的生命安全和身体健康具有积极作用。

但是,根据我国国家知识产权局统计,目前国际贸易壁垒的80%都来源于技术性贸易壁垒,技术性贸易壁垒对世界经济和国际贸易发展无疑也产生了消极影响:第一,技术性贸易措施加大了进口商品成本,不利于资源在全球范围内的合理配置,也与贸易自由化的发展趋势相背离;第二,由于现行国际标准的制定者以发达国家为主,发展中国家大多是标准的被动接受者。发达国家经常利用技术性贸易壁垒限制来自于发展中国家的进口产品,妨碍了发展中国家出口贸易的发展。

合格认证制度

目前对于商品的合格认证包括国际认证、区域性认证和国家认证等几个层面。

ISO 认证和 IEC 认证等都属于国际认证。ISO 认证机构名为合格评定委员会。在 ISO 认证中,ISO9000 系列(质量管理和质量保证标准)认证是最重要的认证。质量体系认证按申请企业要求,可用 ISO9001(等同 GB/T19001)、ISO9002(等同 GB/T19002)、ISO9003(等同 GB/T19003)中的一种。如果企业具有产品设计、开发功能,同时又希望对外承揽设计业务,可申请 ISO9001 的体系认证;如果企业具有设计、开发功能,但不对外承揽设计任务,或者没有设计功能,但产品的制造比较复杂,可申请 ISO9002 体系认证;如果企业生产的产品十分简单,则可申请 ISO9003 体系认证。IEC 认证有 IECQ(电子元器件质量评定体系)和 IECEE(电工产品安全认证组织)。

欧盟的 CE 标志属于区域性认证。CE 是欧盟实行的安全认证,用以证明电气设备产品符合指令规定的安全合格标志所要求的内容。CE 标志是工业产品进入欧盟市场的"通行证"。按欧盟规定,凡进入欧盟市场的工业产品,须经指定的认证机构进行安全性能检验合格后,加贴 CE 标志,方可进入。

国家认证包括 UL 认证、CSA 标志、BSI 认证等。UL(保险商实验联合公司,也称安全实验所)是美国民间的检验机构,由于它在世界上建立了良好的检验声誉而成为一个专业检验认证公共安全产品的权威机构。美国进口商或外国厂商销往美国市场的产品要向 UL 申请认证检验。UL 检测的产品有 6 大类,包括:电器;防火设备;防盗和信号装置;防止灾害和化学性的危害的设备;采暖、制冷和空调设备;水上用品等。CSA(加拿大标准协会)是加拿大的检验认证机构,主要从事产品安全与性能品质的检测和认证,凡在加拿大销售的电器设备必须经 CSA 试验及证明。CSA 在日本、中国香港和中国台湾设立了三个办事处,同时还与日本的 JMI、荷兰的 KEMA、英国的 BSI 等认证机构建立了代理认证关系。BSI(英国标准学会)是英国认证机构委员会认可的民间认证机构,主要从事工业产品的认证工作,具有悠久历史,也是英国最大的认证机构。BSI 由四大部分组成,即标准部、质量保证部、检验部和出口商技术服务部。认证工作由质量保证部负责,认证的产品范围包括机械、电子、电工、化工、建筑、纺织等。产品认证标志有风筝标志和安全标志。其中,获得风筝标志的产品符合 BS(英国标志)规定的结构、性能、安全和尺寸参数;获得安全标志的家电产品符合 BS 有关安全的要求。此外,国际著名的认证机构还有德国的 DIN 认证、GS 认证,法国的 NF 认证,日本的 JQA 认证,意大利的 IMQ 认证,澳大利亚的 SAA 认证,等等。

九、环境贸易壁垒

环境贸易壁垒是近年来出现的一种新型非关税壁垒。

(一)环境贸易壁垒的含义

环境贸易壁垒(Environmental Barriers to Trade)又称绿色壁垒,是指进口国政府以保护生态环境、自然资源、人类和动植物健康为由,通过国内立法的方式要求进口商品不仅要符合质量标准,还要符合环境保护的要求。环境贸易壁垒可有效地阻止外国产品特别是环保技术落后国家的产品进口,以达到限制进口、保护国内市场的目的。

(二)环境贸易壁垒的类型

环境贸易壁垒的主要形式包括以下几方面。

1. 环境技术法规和标准。发达国家制定的汽车尾气排放标准、纺织品有毒有害物质等标准等都与环境保护有关。国际标准化组织于

1996年颁布的ISO14000系列标准对企业的清洁生产、产品生命周期评价、环境标志产品、企业环境管理体系加以审核，是世界普遍认可的环境管理体系标准。

2. 环境标志制度。环境标志是经权威机构认定并印制在产品或其包装上的图形标志，表明该产品的生产、使用、消费和回收过程符合环保要求，对生态环境和人类健康均无损害，并有利于资源的再生和回收利用。贴有环境标志的产品在发达国家市场上更受欢迎，对无此标志的进口产品销售造成了不利影响。德国、加拿大、法国、北欧、荷兰、中国都有本国或本地区的环境标志。

3. 包装的环保要求。为了减少包装材料的浪费和环境污染，许多欧美国家都颁布包装方面的法律法规，对商品包装材料的易处理性和再回收率规定了较高标准。例如，丹麦1997年通过法令，禁止饮料使用易拉罐包装，啤酒和非酒精饮料必须使用可重复使用的包装。再如，英国规定自2000年起60%的工业包装物和35%的家用包装物必须能够回收再利用。

4. 绿色补贴制度。绿色补贴制度是指生产者应该将生产导致的环境退化及其治理费用计入产品成本，但发展中国家的环境保护标准较低，在产品成本中并无环境成本，形成了对出口产品的一种环境补贴。因此，当发展中国家的产品出口到发达国家时，发达国家往往对其征收生态反补贴税、生态反倾销税或环境进口附加税。例如，美国就曾以环保补贴为由，对来自巴西的人造胶鞋提出了反补贴诉讼。

5. 禁止进口。禁止进口是环境贸易壁垒中最为严厉的措施。在200多项多边环境协议中，有20多项与贸易有关，如《关于消耗臭氧层物质的蒙特利尔议定书》《控制危险废物越境转移及其处置的巴塞尔公约》等。进口国可以根据多边环境协议中与贸易有关的规定，限制或禁止某类商品的进口，以达到环境保护的目的。

十、社会责任标准

社会责任标准是近年来新出现的一种非关税壁垒。

（一）社会责任标准的含义

所谓社会责任标准，是对国际公约中有关社会保障、劳动者待遇、劳工权益等诸多规定的总称。

20世纪90年代以来，欧美发达国家开始实行企业社会责任标准，以改善劳动者工作环境、保障劳动者生存权利为理由，对供应商进行社会责任审核。如果审核后发现供应商不符合社会责任标准则取消其供应商资格，导致很多发展中国家的企业无法出口，使得该标准成为发达国家限制来自于发展中国家的劳动密集型产品进口的新手段。

社会责任标准的核心是劳工标准,它由国际劳工组织的基本公约、世界人权宣言、联合国儿童权利公约等涉及劳工权益的内容构成,主要包括劳动者的权利(如自由结社、罢工、集体谈判权等)、禁止强迫劳动、禁止劳动歧视、禁止使用童工、工人工作条件、工作时间、工资与福利等内容。其中,最低劳工权利标准包括:不使用童工;为劳动者提供安全、健康的工作环境;保证达到最低工资标准;遵守工资约定;尊重劳工的集体谈判权等。

(二) 社会责任标准的类型

目前,相关的国际公约有100多个,影响较大的社会责任标准体系包括以下几方面。

1. 1999年初联合国秘书长安南提出的"全球协议"计划,号召全世界的企业尊重人权、遵守劳工标准、保护环境。

2. 社会责任认证标准8000(Social Accountability 8000,SA8000),这是美国非政府组织"社会责任国际组织"制定的社会责任认证标准,以保障劳工权利为主要内容,2000年开始生效。SA8000是全球第一个可用于第三方认证的社会责任管理体系。该标准用于向各国消费者表明生产商和经销商的生产和销售行为符合国际社会的社会责任要求,其提供的产品符合国际公认的最低劳工权利标准,目的是通过有道德的贸易活动改善全球工人的工作条件。SA8000标准发布后,很快在国际贸易中被广泛运用,几乎所有的欧美企业都对其全球供应商和承包商实施SA8000社会责任评估和审核。出口企业只有通过社会责任认证,才能拿到欧美企业的订单。如果没有通过认证,不仅拿不到订单,而且会被取消供应商和承包商资格。因此,进行SA8000社会责任认证已经成为各国企业开展国际贸易的"敲门砖"。

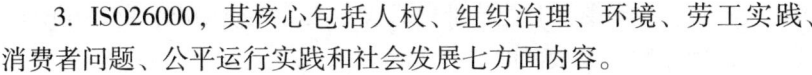

《社会责任国际组织官网》

3. ISO26000,其核心包括人权、组织治理、环境、劳工实践、消费者问题、公平运行实践和社会发展七方面内容。

(三) 国际社会对社会责任标准的评价

在社会责任标准问题上,发达国家与发展中国家持完全对立的观点。

发达国家认为,由于不同国家工人工资水平、工作时间、劳动环境、安全卫生状况等条件上的差异,导致劳工标准低的国家生产成本低,在国际贸易中具有价格优势,造成由发展中国家向劳工标准高的发达国家进行"社会倾销"。因此,需要制定统一的国际劳工标准。自2004年5月1日起,美国和欧盟部分国家开始对进口产品强制实施 SA8000 认证。

发达国家这种将人权和社会问题与国际贸易挂钩的做法，遭到了广大发展中国家的强烈反对。现阶段，廉价的劳动力是发展中国家对外贸易和经济发展的重要支柱，强制要求社会责任标准认证将导致发展中国家失去在国际贸易中的比较优势，影响发展中国家的经济发展。因此，许多发展中国家认为发达国家强制推行社会责任标准的主要目的，并不是真正关心发展中国家的劳工待遇，而是想通过实施 SA8000 提高进口产品成本，进而达到限制劳动密集型产品进口的目的。

十一、贸易救济措施

贸易救济措施是指在特定情况下外国产品大量进入本国市场，给国内同类产业的生产造成严重损害或重大威胁，进口国政府为了保护国内同类产业的安全所采取的必要的、适度的、有限的限制进口的措施。

在世界贸易组织框架内，贸易救济主要包括三种形式：反倾销、反补贴和保障措施。为维护公平贸易和正常的竞争秩序，WTO 允许成员方在进口产品的倾销、补贴或过激增长给其国内产业造成损害的情况下，使用反倾销、反补贴和保障措施等贸易救济措施，保护国内产业不受损害。其中，反倾销和反补贴措施针对的是价格歧视的不公平贸易行为，保障措施针对的是进口产品激增的情况。

由于反倾销措施的实施效果明显，有着不易报复、受法律保护、容易实施等特点，现已发展成为在全球范围内运用最多、涉及范围最广的贸易救济措施，是各国实施贸易保护的优先选择手段。相比较而言，出口补贴由于自身有很强的隐蔽性和多样性，加之是政府行为，所以在国际贸易中反补贴措施的使用少于反倾销。保障措施与其他两者比较条件更加苛刻，加之有非歧视性要求和补偿要求，所以在国际贸易中的使用频率是最低的。

尽管贸易救济措施实施的主要目的在于限制不公平贸易、保护国内产业不受损害，但是由于某些进口国滥用或频繁使用反倾销、反补贴和保障措施以限制日益增长的进口，因此贸易救济措施已经发展成为新的非关税壁垒。

十二、其他非关税措施

除以上常见的非关税措施以外，还有其他一些非关税措施以不同形式直接或间接地起到限制进口的作用。

(一) 最低限价和禁止进口

最低限价是指一国政府对某种商品规定最低进口价格，凡进口产品低于最低限价，则征收进口附加税。欧盟为保护其农产品而制定的"闸门价"、美国为抵制日本钢材和钢铁制品实施的"启动价格制"，都属于这种类型的进口限制措施。

禁止进口是指一国政府通过颁布法令方式，公布禁止进口商品的货物名单，禁止这些商品进入本国市场。当最低限价已不足以解决国内市场所受的进口商品冲击时，某些国家就会直接颁布法令禁止该商品的进口。

(二) 进口押金制度

进口押金制度又称进口存款制，是指进口商进口商品时必须预先按照进口总额的一定比率在指定银行无息存入一笔定期存款，旨在增加进口商的资金负担，达到限制进口的目的。

(三) 征收有差别的国内税

征收有差别的国内税是指在一国对进口商品和国内生产的商品实行不同的国内税征收方法和不同的税率，对进口商品征收较高的国内税，以达到限制进口的目的。

某些国家特别是西欧国家，广泛采取国内税制度直接或间接地限制某些商品的进口。在美国和日本，对进口酒类和饮料的消费税都高于本国同类产品。由于国内税的制定和执行属于地方政府的权限，通常不受双边贸易条约或多边贸易协定限制，所以它是一种比关税更灵活且更易于伪装的贸易保护手段。

(四) 进出口的国家垄断

进出口的国家垄断是指国家规定某些商品的进出口由国家直接经营，或者把某些商品的进出口权授予某些垄断组织，以达到直接控制某些商品进出口品种和数量的目的。

一般而言，进出口的国家垄断主要集中于三类商品：第一类是香烟和酒精饮料，香烟和酒精饮料属于非生活必需品，但消费者众多，政府从香烟和酒精饮料的进出口垄断中可以获得巨额财政收入。第二类是农产品，农产品是关系到国计民生的敏感性商品，许多国家对农产品实行垄断经营，部分发达国家把农产品的对外垄断销售作为国内农业政策的一部分。第三类是武器，由于关系到国家安全各国的武器贸易绝大多数是由国家垄断经营的。

第三节 非关税措施的理论分析

非关税措施对全球贸易、进口国及出口国的经济发展都产生着重要影响。

一、进口配额的经济效应

非关税措施种类繁多,无法对其经济效应逐一进行具体分析。这里以进口配额这一比较典型的非关税措施为例,说明其对进口国国内经济的影响。

假设进口国为贸易小国,其进口需求的变化对国际市场价格不会产生影响。如图 6-1 所示,横轴表示商品数量,纵轴表示商品价格,S_X、D_X 分别为该商品的国内供给曲线和需求曲线。

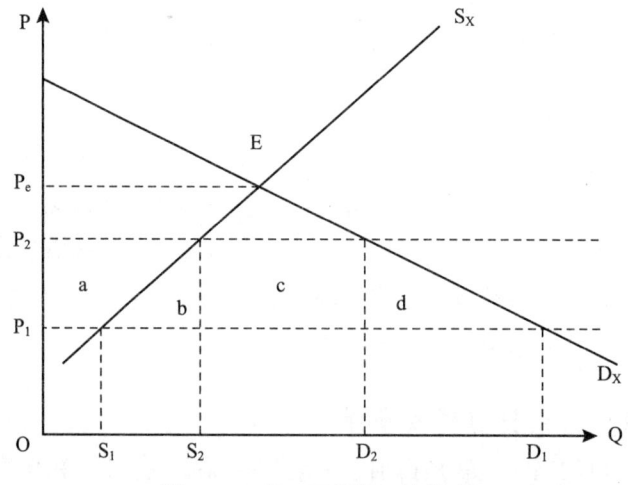

图 6-1 进口配额的经济效应

在自由贸易的情况下,国内市场价格与国际市场价格相等,用 P_1 表示。此时,国内需求量为 OD_1,国内供应量为 OS_1,需要进口的商品数量为 S_1D_1。

假定进口国对某种商品实行进口配额制,规定最高进口限额为 S_2D_2。由于受到进口配额限制,进口量减少导致该商品出现短缺,从而引发该商品国内价格从 P_1 上涨至 P_2。在价格上升到 P_2 时,国内产出量从 OS_1 上升至 OS_2,总需求量从 OD_1 减少至 OD_2,进口量等于配

额数量 S_2D_2。由于价格上涨，进口国消费者损失了面积为（a+b+c+d）的消费者剩余，但是让生产者获得了面积为 a 的生产者剩余，还有面积为 c 的配额收益由配额持有者获得。

由此可见，进口国实施进口配额限制以后，产生了以下经济效应：第一，价格效应，即国内市场价格上涨；第二，消费效应，即价格上升致使国内需求量减少；第三，生产效应，即价格上升致使国内供给量增加；第四，贸易效应，即该商品进口量下降；第五，贸易条件效应，由于小国需求量的增减不能引起国际市场价格的变化，因此贸易条件没有变化；第六，收入分配效应，即进口配额增加了生产者剩余，让配额持有者获得了配额收益，却使消费者遭受损失，实现了收入的再分配；第七，福利效应，即进口配额使进口国国民总体福利遭受了净损失，数量为（b+d），其中 b 为国内生产者低效率利用资源扩大生产带来的损失，d 为国内市场价格提高导致部分消费者被迫放弃消费带来的损失。

进口配额的经济效应：分析进口配额的实施对国内价格、生产、消费、贸易量、贸易条件、福利的影响。

因此，进口配额具有与关税相似的价格效应、生产效应、消费效应、贸易效应、贸易条件效应和收入再分配效应。两者唯一不同之处在于面积 c 这部分收益的归属。在征收关税的情况下，面积 c 所代表的收益归政府所得，产生财政收入效应。而在实施进口配额的情况下，面积 c 的收益归属取决于进口国对配额的分配方式以及国际市场上该商品的出口商状况。

二、进口配额的分配

进口国对配额的分配方式一般有以下几种：公开拍卖、按固定参数无偿分配、进口商按一定程序申请、由出口国自行分配。不同的分配方式下，配额收益的归属是不同的。

（一）公开拍卖

如果进口国政府相关部门公开拍卖配额，则配额的价格将在拍卖竞价过程中达到 P_1P_2。

当数量为 S_2D_2 的配额以 P_1P_2 价卖出，面积 c 的配额收益作为配额拍卖收入全部归政府所有。

（二）无偿分配

进口国政府相关部门按固定参数将配额无偿分配至各进口商，即进口国参照进口商近年的实际进口额，按照一个固定的比例对配额进行分配。

在这种方式下，由于进口商免费得到配额，而拥有配额就意味着可以在国内市场加价销售并获取配额收益，所以这种配额分配方法实际上是把面积 c 所代表的收益全部给予各进口商，政府并未增加任何收入。

（三）进口商申请

如果进口国政府相关部门要求进口商按一定的程序申请配额，然后由政府官员审批后发放配额。由于审批的透明度差，审批权掌握在政府官员手中，国内进口商将把大量的时间和精力花费在繁杂的手续，或者用送礼的方法贿赂分配配额的官员。如果政府官员受贿，在这种情况下，进口商与政府官员将共同瓜分配额收益 c。如果政府官员不受贿，完全按正常手续审批配额，配额收益 c 完全归申请到配额的进口商所有，但是进口商为此花费的时间以及为此经历的烦琐手续却没有创造出任何社会效益，因而也造成了浪费。

（四）由出口国自行分配

如果进口国将配额分配权限交给出口国，由各出口国自行分配。这样，获得配额的出口商可以提高出口价格，从而分享到部分配额收益。如果该商品的国际市场是垄断市场，即进口商除了从垄断出口商处进口外不能从其他来源进口，则出口商便可凭借其垄断地位，把出口价格提高至 P_2，此时配额收益将全部归出口商所有。

可见，在上述四种配额分配方式中，第一种公开拍卖配额方式最有效率，也最公正，其财政后果也与关税完全相同，配额收益由政府获得；第二种方式下的配额收益归属于进口商；第三种方式会产生收受贿赂问题，引起政府官员腐化，从而产生社会问题；第四种的配额收益归属于出口国。

通过以上分析还可以看到，进口配额等非关税壁垒导致进口国国内商品价格的上涨，成为进口国同类产品生产厂商的价格保护伞，在一定条件下起到保护和促进本国同类产品生产和产业发展的作用。作为一种纯粹的行政干预手段，进口配额在进口限制方面比关税手段更准确、更有效。但也要看到，就进口国的总体福利而言，实施进口配额等进口数量限制措施将给本国的福利造成损失，配额的分配机制甚至会在政府官员中滋长腐败习气，产生寻租等资源损失。

三、非关税措施对国际贸易的影响

20 世纪 50、60 年代，经过《关税与贸易总协定》减税谈判的推动，关贸总协定各缔约国的平均关税水平大幅度下降。与此同时，发达国家也大幅度地放宽或取消了进口数量限制，极大地促进了国际贸易的发展。据统计，1950~1973 年，国际贸易额的年均增长率达到 10.3%，国际贸易量的年均增长率达到 7.2%，均高于同期全球 GDP 的平均增长速度。

（一）非关税措施对全球贸易的影响

进入 20 世纪 70 年代以后，由于受到资本主义经济危机的影响，非关税措施这种新贸易保护主义措施迅速兴起，逐渐成为国际贸易保护的主要手段。根据世界贸易组织的统计，20 世纪 70 年代各种非关税措施达到 900 多种。

非关税措施的增加严重地束缚了国际贸易的发展。1973~1979 年，国际贸易量年均增长率只有 4.5%，1980~1985 年期间甚至降为 3%。经过多年发展，到世界贸易组织成立的 1995 年，非关税措施的种类已超过 3 000 种，并呈现出形式更加隐蔽、技巧更高的特点，以至于很难区分其保护是否合理。非关税壁垒已具有世界性，并已成为目前国际贸易发展中的主要障碍。

非关税措施对全球贸易的总体影响，主要体现在对国际贸易商品结构和地理方向的影响：第一，受到非关税措施限制的商品，从传统的农产品和纺织品扩大到高新技术产品、资本密集型产品和服务贸易。当然，非关税措施对农产品贸易的影响程度仍然超过工业制成品；对劳动密集型产品贸易的影响程度仍然超过技术密集型和资本密集型产品。第二，受非关税措施损害的国家不仅包括广大发展中国家，发达国家的出口也受到非关税措施的限制。当然，非关税措施对发展中国家国际贸易的影响仍然超过对发达国家国际贸易的影响。第二次世界大战后国际贸易发展的实践表明，非关税措施对国际贸易的发展起着很大的阻碍作用，使许多发展中国家的经济利益遭受损害。

（二）非关税措施对出口国贸易的影响

进口国加强非关税措施，特别是实行直接的进口数量限制，将使出口国的商品出口数量和价格受到严重影响，造成出口数量减少和出口价格下跌。

由于各国经济结构和出口商品结构不同，其出口商品受到非关税措施的影响也不同。同时，出口商品的供给弹性也不同，其价格所受的影响也将不同。一般说来，发达国家出口商品的供给弹性较大，这些商品因进口国非关税措施所引起的价格下跌也较小；反之，发展中国家出口商品的供给弹性较小，因进口国非关税措施而导致的价格下跌也较大。因此发展中国家或地区受非关税措施限制的损失超过了发达国家。在非关税措施不断加强的情况下，发达国家一方面采取各种措施鼓励本国商品出口，另一方面采取报复性和歧视性措施限制对方商品进口，从而进一步加剧了发达国家与发展中国家之间的贸易摩擦。

本 章 小 结

本章介绍进口保护措施中非关税措施的基本概念和主要特点、非关税措施的主要种类、非关税措施对国际贸易的影响，同时选取进口配额为例对非关税措施的经济效应进行了分析。

常见的非关税措施包括进口配额、"自愿"出口配额、进口许可证、外汇管制、歧视性政府采购政策、当地成分要求、设置海关障碍、技术性贸易壁垒、环境贸易壁垒、社会责任标准等。

这些五花八门、数量繁多的非关税措施对全球贸易产生了消极影响，形成了关税为辅、非关税为主的新贸易保护主义。由于各国出口商品结构和出口商品供给弹性不同，其出口商品数量、出口价格受到非关税措施的影响也不同。

【本章重要概念】

非关税壁垒（Non-tariff Barriers，NTBs）

进口配额（Import Quota）

"自动"出口限制（Voluntary Export Restraints，VERs）

进口许可证（Import License）

外汇管制（Foreign Exchange Control）

歧视性政府采购政策（Discriminatory Government Procurement Policy）

当地成分要求（Local Content Requirements）

技术性贸易壁垒（Technical Barriers to Trade，TBTs）

环境贸易壁垒（Environmental Barriers to Trade）

社会责任认证标准 8000（Social Accountability 8000，SA 8000）

【延伸阅读】

1. 李清如：《关税与非关税壁垒对贸易获益的影响》，载于《经济问题探索》2016 年第 12 期。

2. 谢玲红、魏国学、刘宇：《非关税措施的量化研究进展》，载于《经济评论》2016 年第 4 期。

3. 梁俊伟、魏浩：《非关税措施与中国出口边际》，载于《数量经济技术经济研究》2016 年第 3 期。

复习与思考

1. 什么是非关税措施？非关税措施的特点是什么？

2. 试述非关税措施的主要类型。

3. 进口配额和"自动"出口配额的联系与区别在哪里？

4. 外汇管制如何起到限制进口的作用？
5. 技术性贸易壁垒有哪些？
6. 试比较关税和配额经济效应的异同。两者孰优孰劣？

网络练习

1. 中国已连续多年位居全球贸易摩擦对象国首位。请结合中国的贸易商品结构和贸易政策对此现象进行分析。

2. 查找相关资料，说明中国企业应该如何应对国外技术性贸易壁垒、绿色壁垒和社会责任壁垒等非关税壁垒的挑战？

第七章
出口鼓励与出口管制措施

学习要点

掌握政府鼓励出口的各种手段，理解出口补贴和出口信贷的基本类型，理解货币贬值对出口的影响，理解出口补贴的经济效应，了解政府实施出口管制的主要原因及商品类别。

引导案例

中国进出口银行助力中国高铁"走出去"

全球高铁市场规模不断扩大，各国尤其是很多发展中国家都把拥有高铁视作经济实力的象征。中、日、德、法等高铁技术大国在这个竞争日趋激烈的市场中"近身博弈"。

高铁建设和产品出口，最大的制约因素之一就是融资困难。为了解决融资困难，支持中国高铁走向世界，中国进出口银行一直扮演着至关重要的角色。2006 年，由中国铁道建筑总公司和中国机械进出口总公司组成的联合体击败欧美多家公司，成功中标安卡拉——伊斯坦布尔高铁二期项目。安伊高铁全长 533 公里，二期项目覆盖路段全长 158 公里，设计时速 250 公里。安伊高铁二期建于土耳其这一准欧盟成员国和新兴经济体，完全采用欧洲标准和规范建设，起点高、难度大，对中国高铁进一步"走出去"具有重要示范作用。在融资方面，安伊高铁二期合同金额 12.7 亿美元，建设费用并非全由土耳其当地出，其中很大一部分是使用中国的贷款，由中国进出口银行提供贷款 7.2 亿美元。

2014 年土耳其当地时间 7 月 25 日，安伊高速铁路二期工程顺利通车，成为中国企业在海外建成的第一条高铁。正式通车后，预计每日往返客流量将由目前的 4 000 人次增加至 25 000 人次以上，单程耗时由目前的 10 小时缩短至 3.5 小时。

在中国高铁"走出去"过程中，无论是在土耳其项目、墨西哥项目，还是在非洲、东南亚的项目中，进出口银行和 2015 年之后成立的亚洲投资银行都扮演着坚强后盾。2014 年 4 月，为了支持中国北车集团公司（中国北车）海外"走出去"项目，中国进出口银行与中国北车签订战略合作协议。双方同意，战略合作金额为 300 亿元人民币或者等值美元，双方合作期限为 3 年。该合作主题主要是以当地政府信用做担保，由中国进出口银行贷款给国外这些项目的购买方。中国进出口银行除了提供信贷业务合作，还提供咨询服务，非融资类金融服务、海外项目合作等中国进出口银行经营范围内的服务。

（资料来源：根据中华人民共和国商务部网站、中国新闻网、21世纪经济报道等网站相关资料整理）

为了拉动国内就业、提高国民收入，各国政府除了利用关税或非关税措施抑制进口以外，还会采取多种措施推动本国商品出口。与此同时，出于政治、经济或安全方面的考虑，各国政府也会限制或禁止某些商品的出口，采取措施对某些商品的出口加以管制。本章介绍世界各国常用的出口鼓励措施和出口管制措施。

第一节 出口鼓励措施

出口鼓励措施是政府为促进本国商品出口、开拓国际市场、改善国际收支结构而采取的各类经济措施和政策工具的统称。

出口鼓励措施和进口限制措施都属于贸易保护措施。但由于进口限制措施极易引发贸易摩擦，招致贸易伙伴国的不满和报复，因此世界上越来越多的国家开始以积极的鼓励出口措施替代消极的进口限制措施，以实现本国的对外贸易目标。

目前世界各国常用的出口鼓励措施主要包括金融措施、财政措施、组织措施、设立经济特区等措施。对于出口企业而言，本国政府的出口鼓励措施，为企业参与国际市场竞争、获取竞争优势提供了一定的保障。因此，出口企业应熟悉和了解本国的现行出口政策，充分利用政府的各项出口鼓励措施，以扩大出口规模，提高出口绩效。

一、出口信贷

（一）出口信贷的含义

出口信贷（Export Credit）是指出口国政府为促进本国商品尤其是大型机械设备和船舶的出口，鼓励本国银行以优惠利率对本国出口商、外国进口商（或其银行）提供贷款，其利差由国家补贴，以解决本国出口商的资金周转困难，满足国外进口商延期付款需要的一种国际信贷方式。

出口信贷机构往往由国家组建，主要职能是鼓励本国金融机构对本国出口商或外国进口商或进口国银行提供优惠贷款,因此该做法也被称为"官方支持的出口信贷(Officially Supported Export Credits)"。由于出口信贷有助于促进出口贸易的发展,发达国家往往都设立专门的金融机构来办理此项业务,如美国的进出口银行、日本输出入银行、法国对外贸易银行、加拿大出口开发公司等。这些专门银行除了对成套设备、大型交通工具的出口提供信贷外,还向本国私人商业银行提供低息贷款或给予贷款补贴,以资助这些商业银行办理出口信贷业务。

(二) 出口信贷的特点

出口信贷的主要特点有:

第一,指定用途。贷款必须用于购买债权国的资本品货物。目前,我国电信设备、电站设备、铁路机车、船舶、飞机等大型成套设备的出口可以申请出口信贷。

第二,期限长。用于成套设备和大型工程项目的中长期贷款一般为5~8年,但最长不超过10年。

第三,资金数额大,利率低。优惠出口信贷利率一般低于同期市场贷款利率,利差由国家补贴,并与国家信贷担保相结合。

(三) 出口信贷的类型

按贷款对象的差异,出口信贷分为卖方信贷和买方信贷两种基本形式。

1. 卖方信贷。卖方信贷(Seller's Credit)是指由出口国银行直接向本国出口商提供贷款,支持出口商接受进口商的延期付款要求,以达到支持成套设备和船舶等商品出口的目的。

在对外贸易实践中,由于大型机械、成套设备和船舶等商品的成交金额较大,进口商一般会要求采取延期付款的支付方式,出口商往往要用较长的周期才能把全部货款收回,增加了资金周转的压力。在此情境下,出口商往往需要取得银行的信贷支持。卖方信贷就是银行直接为本国出口商提供融资,缓解因为国外进口商延期付款而对出口商带来的资金周转压力,以促进商品的出口。

卖方信贷的优点是手续简便,缺点是出口商报价中增加了银行利息、手续费和附加费等项目,出口商品价格一般会比现汇交易的商品价格高出30%,有可能影响出口商品的价格竞争力。

2. 买方信贷。买方信贷(Buyer's Credit)是指在大型机械、成套设备和船舶等资本品货物的出口贸易中,由出口国银行向外国进口商或进口商银行提供贷款,使得进口商可以用该笔贷款通过现汇方式从贷款国进口商品,从而达到推动资本品出口的目的。

从本质上看，买方信贷就是通过货币资本的输出带动商品资本的输出。由于在买方信贷下，进口商必须将其所得贷款用于购买债权国的商品，因此，买方信贷又被称为约束性贷款（Tied Loan）。

相较于卖方信贷，买方信贷使用更加普遍，对所有参与方都比较有利。对于出口国银行来说，贷款给国外的进口方银行，要比贷款给国内出口企业风险更小，贷款的安全收回较有保障。对于进口方银行来说，承做买方信贷可以扩大业务量，有利于增加收益。对于出口商而言，买方信贷能让出口商较早地收回全部货款，有助于企业的资金周转，进一步拓展国际市场。对于进口商而言，在买方信贷条件下，进口商比较容易获得货价以外的相关费用信息，便于与出口商讨价还价，争取更多的利益。

中国进出口银行沿革与出口信贷

中国进出口银行（The Export-Import Bank of China）于1994年7月1日正式成立，是由国家出资设立、直属国务院领导、支持中国对外经济贸易投资发展与国际经济合作、具有独立法人地位的国有政策性银行，总部设在北京。

成立初期其任务主要是对我国的机电产品及成套设备等资本品货物的进出口给予必要的政策性金融支持，从根本上改善我国出口商品结构，以促进其升级换代。目前其支持领域扩大，包括外经贸发展和跨境投资、"一带一路"建设、国际产能和装备制造合作，科技、文化以及中小企业"走出去"和开放型经济建设等。

截至2016年末，中国进出口银行在国内设有29家营业性分支机构和香港代表处；在海外设有巴黎分行、东南非代表处、圣彼得堡代表处、西北非代表处。

据《中国进出口银行2016年年度报告》，2016年该行对外贸易贷款余额9 944.28亿元人民币，比2015年增加了1 030.41亿元人民币。其中，出口信贷余额3 164亿元人民币。买方信贷增速高达22.29%，卖方信贷则呈现负增长。

（资料来源：中国进出口银行官网 http://www.eximbank.gov.cn/）

二、出口信用保险

（一）出口信用保险的含义

出口信用保险（Export Credit Insurance）又称出口信贷国家担保

制,是指出口国政府为了鼓励出口,对于本国出口商以商业信用方式的出口,特别是高科技、附加值大的机电产品等资本性货物出口,由国家设立的专门机构担保。一旦国外债务人因政治或经济原因不能按时付款或拒绝付款时,该机构就按照所承保的金额予以补偿。

出口信用保险从事的是国家政策性保险,旨在降低出口商的收汇风险。因此,官方支持的出口信用保险机构也被视为出口信贷机构。

出口信用保险是一种国际通行的出口贸易促进措施,已有100多年的发展历史,被公认为是出口收汇的有力保障。目前,全球贸易额的12%~15%是在出口信用保险的支持下实现的。

(二)出口信用保险的类型

出口信用保险主要分为两类:

一类是短期出口信用保险,主要适用于产品全部或部分在本国制造的机电产品和消费品出口。信用期限一般在180天以内。

另一类是中长期出口信用保险,主要适用于资本品货物,如成套设备、船舶、飞机等的出口以及工程承包、技术服务项目合同等。信用期限由180天至2年、5年、8年不等。

(三)出口信用保险的适用范围

出口信用保险的投保要求如下:

第一,只承保全部或大部分是本国制造或生产的出口产品。我国现阶段的出口信用保险承保的范围主要向机电产品、成套设备等技术含量较高的产品倾斜。出口企业在投保时,需填写真实反映出口情况的投保申请书,保险机构根据情况制定保险条款和保险费率。

第二,出口信用保险主要承保以商业信用方式,如付款交单、承兑交单、赊账等方式出口的产品。

第三,短期信用保险一般实行全部投保的原则。

第四,出口企业自己应承担一定比例的损失。为了防止高风险交易造成巨额损失,出口信用保险机构采取与被保险人共同分担风险的方式。出口信用保险机构承担的政治风险损失比例一般为85%~95%,承担的商业风险损失比例一般为70%~90%。具体承担比例根据进口国别、进口商、信用方式等予以确定。

第五,严格控制买方信用额度。信用额度是由出口信用保险机构针对指定进口商确定的,是出口信用保险机构对被保险人向该进口商出口货物承担赔偿责任的最高限额,超过信用额度的损失保险机构不负责赔偿。

第六,对不同原因造成的损失,保单均规定一个不同的核定损失的期限,一般为4~6个月。在此期间,出口信用保险机构调查损失情况，也可要求出口商设法收回货款，或协助保险机构追讨债务人的欠款。除非该风险已确实发生且无法挽回时，保险机构才进行理赔。

中国出口信用保险公司

我国政府1989年委托中国人民保险公司负责经营出口信用保险，到1994年中国进出口银行成立，由该行承担出口信用保险业务。2001年12月18日由财政部出资，中国人民保险公司和进出口银行联合组建了中国出口信用保险公司（China Export & Credit Insurance Corporation，SINOSURE）。该公司的经营宗旨是："通过为对外贸易和对外投资合作提供保险等服务，促进对外经济贸易发展，重点支持货物、技术和服务等出口，特别是高科技、附加值大的机电产品等资本性货物出口，促进经济增长、就业与国际收支平衡"。

中国出口信用保险公司成立以来，对我国外经贸的支持作用日益显现。截至2016年末，中国信保累计支持的国内外贸易和投资规模超过2.8万亿美元，为数万家出口企业提供了出口信用保险服务，为数百个中长期项目提供了保险支持，包括高科技出口项目、大型机电产品和成套设备出口项目、大型对外工程承包项目等，累计向企业支付赔款94.8亿美元。同时，中国信保还累计带动233家银行为出口企业融资超过2.7万亿元人民币。

（资料来源：中国出口信用保险公司网站http：//www.sinosure.com.cn/sinosure/index.html）

三、出口补贴

（一）出口补贴的含义

出口补贴（Export Subsidy）是指一国政府为了降低出口商品价格，提升产品国际竞争力，在企业出口商品时给予出口商的现金补贴或财政上的优惠待遇。

（二）出口补贴的类型

出口补贴一般分为两种：直接补贴和间接补贴。

1. 直接补贴（Direct Subsidy）是指政府为降低出口商品价格，帮助出口商品进入国际市场，在企业出口商品时直接付给出口商的现金补贴。

直接补贴主要来自财政拨款，其目的是为了弥补因出口商品的国内价格高于国际市场价格而给出口商带来的亏损，或者补偿出口商因出口利润率低于国内销售利润率所造成的损失。在某些情况下，如果出口补贴金额大大超过出口商品的实际差价或利差，出口补贴就会变为出口奖励。直接补贴也可能来自行业协会。为了鼓励和支持同行业厂商拓展国外市场，避免国内市场的过度竞争，行业协会有时会进行出口现金补贴。

直接补贴以欧盟对农产品的出口补贴最为典型。欧盟国家的农产品由于生产成本比较高，其国内价格一般高于国际市场价格。若按国际市场价格出口过剩的农产品就会出现亏损。因此，欧盟各国政府会按照国内市场与国际市场的差价对出口农产品进行补贴。

根据世界贸易组织的《补贴与反补贴协议》，直接补贴属于禁止性补贴，应该予以取消。在符合一定条件的前提下，进口国政府可以征收反补贴税。因此，世贸组织成员方不得不逐渐缩小出口补贴范围，直接补贴对出口贸易的促进作用日益受到约束。

2. 间接补贴（Indirect Subsidy）是指政府为降低出口商品价格，帮助出口商品进入国际市场，对某些商品的出口给予财政上的优惠，如退还或减免出口商品所缴纳的增值税、消费税等国内税，对进口原料或半制成品加工后出口给予暂免纳税或退还已缴纳的进口税，免征出口税等。

根据世界贸易组织的《补贴与反补贴协议》，允许成员方实施出口退税（Tax Refunds）。出口退税主要分为两类：一是对出口产品在生产流通环节征收各种间接税，如印花税、增值税、流转税、销售税、消费税等，不含出口关税，退还给出口商；二是对出口产品在制造加工环节中使用的中间投入品及服务征收的关税和其他间接税，退还给出口商。

在我国，出口退税主要是退增值税。根据世界贸易组织的国民待遇原则，出口退税使得出口产品和进口国的当地产品税赋相同。在WTO《补贴与反补贴协议》中，也明确出口退税不构成出口补贴。

（三）出口补贴的经济效应

出口补贴对出口国生产、消费、价格、贸易量的影响，会因出口国在国际市场所占份额不同而有异。

对于那些出口规模小的国家而言，出口补贴措施不会对国际市场价格产生影响，但会引起国内市场价格的上涨，推动国内生产增加而消费减少，促进出口量的增加。因为出口补贴使得出口销售比国内销售更为有利可图，企业会尽量增加出口。同时，由于出口补贴只限于出口商品，企业要想在国内市场获得与出口同样的收入，只有提高国内售价一种办法。而在国内市场价格上涨之后，国内消费自然就会减少。

如图7-1所示，对于贸易小国，出口补贴会导致国内价格由 P_1 上涨到 P_2，本国供给量由 S_1 增加到 S_2，国内消费量由 D_1 减少到 D_2，本国出口量由 D_1S_1 增加到 D_2S_2。因此，出口补贴对于贸易小国具有推动国内价格上涨、国内生产增加、国内消费减少、出口增加、贸易条件不变的作用。此外，出口补贴具有收入再分配作用，在新的价格水平下，消费者剩余减少，可由 $-(a+b)$ 表示；生产者剩余增加，可由 $+(a+b+c)$ 表示；政府因补贴导致财政支出增加，可由 $-(b+c+d)$ 表示。整个社会福利出现净损失，损失可由 $-(b+d)$ 表示。

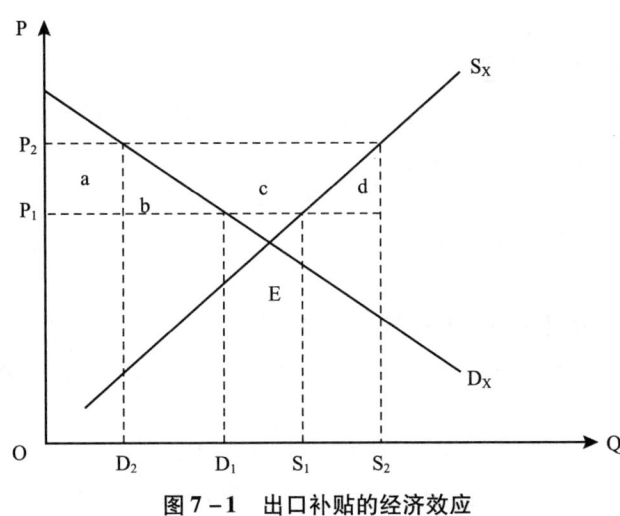

图7-1　出口补贴的经济效应

对于贸易大国而言，出口补贴对其国内市场价格、生产、消费、出口量和社会福利的影响与出口小国是同质的，但损失程度有所不同。贸易大国的出口补贴，会大大增加国际市场供应量，导致国际市场价格下降，政府补贴的福利效应将无法全部实现。即出口商从单位商品出口获得的实际收入少于贸易小国的出口商所得，出口增长会低于小国，国内市场价格的上涨幅度会低于小国，国内生产和消费的变动也会小于出口小国。贸易大国的出口补贴对本国经济利益造成的损失比贸易小国要大。除了补贴造成的生产扭曲和消费扭曲之外，大国的出口补贴还会造成出口产品的国际市场价格下跌，带来贸易条件的恶化。因此，在出口已占世界市场较大份额时，继续使用出口补贴来刺激出口并非明智之举。

由于出口补贴行为会扭曲商品在国际市场的销售价格，对进口国同类商品的生产造成损害，所以世界贸易组织原则上反对各国对出口商品给予补贴，并允许其成员国以反补贴税的方式对出口补贴行为实施制裁。然而，对于经济落后的发展中国家而言，给予某些产品出口补贴可以扩大出口，减少国际收支逆差，世界贸易组织也允许发展中国家在特殊情况下适度运用这种做法。

四、货币贬值

(一) 货币贬值的含义

货币贬值（Devaluation），又称外汇倾销，是指出口国政府通过本国货币对外贬值，降低出口商品价格，以达到扩大本国商品出口的目的。

(二) 货币贬值的作用

当本币贬值以后，出口商品以外币表示的价格降低，提高了该商品的价格竞争力，从而有利于扩大出口。同时，本币贬值会引起进口商品以本币表示的价格上涨，因而可降低进口商品的竞争力。

因此，货币贬值可起到促进出口和限制进口的双重作用。

(三) 货币贬值行之有效的条件

货币贬值只有具备一定的条件，才能起到扩大出口和限制进口的双重作用。

第一，本国货币对外贬值的幅度大于国内物价上涨幅度。本国货币对外贬值，必然引起进口原料和进口中间产品价格的上涨，带动国内物价的普遍上涨，使出口商品的国内生产成本上升及价格上涨。当出口商品价格上涨幅度与货币对外贬值幅度相抵时，因货币贬值而降低的出口商品外汇标价会被因生产成本增加所引起的该商品国内价格的上涨所抵消。由于货币对外贬值可以使出口商品的外汇标价马上降低，而国内物价的上涨却有一个时滞，因此外汇倾销必须在国内价格尚未上涨或上涨幅度小于货币贬值幅度的前提下进行。由此可见，货币贬值所起作用的是有时间限制的，或者说货币贬值对出口的促进的作用是暂时的。

第二，其他国家不同时实施同等程度的货币贬值或采取其他报复性措施。也就是说，货币贬值措施只有在国际社会认可或不反对的情况下方能奏效。

第三，不宜在国内通货膨胀严重的背景下贸然使用。一国货币的对内价值与对外价值是互为联系、彼此影响的。一国汇率下跌迟早会推动其国内价格水平的上升，从而给已经严重的通货膨胀局面火上浇油。

(四) 货币贬值的代价

值得注意的是,实行货币贬值的代价十分昂贵。

由于货币贬值的实质是降低出口商品的外汇标价以换取出口数量的增加,从而达到增加外汇收入的目的。因此,货币贬值会推动商品出口数量增加,但并不等于出口额必然随之增加。货币贬值实际上使同量出口商品可换回的进口商品数量减少,贸易条件趋于恶化。

另外,它有时甚至会引起国内经济的混乱,出现得不偿失的结果。

五、商品倾销

(一) 商品倾销的含义

商品倾销(Dumping)是指出口商以大大低于国际市场价格,甚至低于商品生产成本的价格在国外市场抛售本国商品,以达到扩大出口、击败竞争对手、最后占领国际市场的目的。

(二) 商品倾销的类型

按照倾销目的,商品倾销可分为三种类型:

1. 偶然性倾销。偶然性倾销(Sporadic Dumping)是指企业因为销售旺季已过或改营其他业务,需要处理库存商品,但国内市场容量有限只得以较低价格在国外市场上抛售其在国内市场上不能售出的"剩余"货物的行为。这种倾销虽然会对进口国同类产品的生产与销售造成一定程度的冲击,但由于持续时间短,进口国较少采取反倾销措施。

2. 掠夺性倾销。掠夺性倾销(Predatory Dumping)是指企业以低于国内市场价格甚至低于生产成本的价格在国外市场销售产品,目的是挤垮进口国国内生产商以获得垄断地位,再依靠垄断地位提高商品售价以获取垄断利润的销售行为。从实践上来看,20世纪30年代工业制成品的掠夺性倾销曾普遍存在。但是在现代经济中,只要占据优势地位的企业试图提高价格就会有其他跨国企业进入市场,令掠夺性倾销难以维系。

3. 持续性倾销。持续性倾销(Persistent Dumping)又称长期倾销,是指企业在较长时期内持续地以低于国内市场的价格在国外市场销售产品的行为。自20世纪70年代以来,国际贸易领域的持续性倾销行为日益增多。持续性倾销之所以能够存在和维持,一般来说必须具备三个条件:第一,出口企业在本国市场具有一定的垄断优势,可以在很大程度上决定国内市场价格的形成；第二，本国市场与国外市场保持相对封闭，不存在套购获利的可能性；第三，两国的需求价格弹性不同，在低价倾销时，进口国消费需求的增加会超过国内消费需求。当上述条件成立时，企业就可能通过在国内市场索取高价，而在国外市场收取较低价格，实现企业利润的最大化。当这种倾销行为严重损害进口国厂商的利益的时候，会招致进口国的反倾销调查并以征收反倾销税的方法对其加以抵制或进行制裁。

(三) 商品倾销的补偿机制

从表象来看，商品倾销是一种企业行为，但商品倾销又被许多国家视为出口鼓励措施，其根本原因在于出口企业的倾销行为往往得到了本国政府的支持。

一般而言，出口企业实施商品倾销的补偿机制主要有三种：一是获得本国政府的出口补贴，以弥补因低价出口所带来的经济损失；二是利用本国政府赋予的垄断经营权，获取国内市场的高额垄断利润，从而弥补因低价出口所带来的损失；三是利用倾销低价挤垮竞争对手，然后通过实现规模经济效益或者垄断利润来弥补低价倾销所带来的损失。其中，前两个补偿机制都是基于本国政府的特殊政策而形成的。因此，商品倾销也可视为政府的出口鼓励政策。

六、促进出口的组织措施

第二次世界大战以后，许多国家为了鼓励和促进出口贸易的扩大，在制定一系列出口鼓励政策的同时，还采取了一些旨在促进出口的组织措施。

这些组织措施主要有以下几种类型。

(一) 设立专门组织机构，研究与制定出口战略

为了充分发挥出口贸易对国内经济发展的拉动作用，许多国家都从宏观层面制定出口战略。

例如，美国在1960年成立了"扩大出口全国委员会"，其职能是向美国总统和商务部长提供有关改进和鼓励出口的各项措施建议和材料；1978年成立了"出口委员会"和"跨部门出口扩张委员会"，附属于总统国际政策委员会；1979年成立了"总统贸易委员会"，统一指导美国的对外贸易工作；1992年成立了国会的"贸易促进协调委员会"；1994年成立了"美国出口援助中心"；1998年，时任美国总统克林顿又提出并实施了"国家出口战略"，通过加强政府干预、开展经济外交、放松出口管制、实行商贸信息公开化、强化对出口厂

商的信息服务、拓宽融资渠道、加强对中小企业的出口的扶持与鼓励等，推动美国出口贸易的发展。日本、欧盟和一些新兴工业化国家也有类似的鼓励出口的组织措施。

中国国际贸易促进委员会

中国国际贸易促进委员会（China Council for the Promotion of International Trade，CCPIT），简称贸促会，成立于1952年，是全国性对外贸易投资促进机构。

中国贸促会的主要职责是，落实国家有关重大发展战略，促进对外贸易、双向投资和经济技术合作；推进与境外对口机构机制化合作；接待境外高层次经贸代表团来访，组织中国经贸代表团出访；管理全国出国举办经贸展览会，负责中国参加国际展览局和世界博览会事务；举办和组织企业参加经贸展览会、论坛、洽谈会及有关国际会议；在外经贸领域代言工商，参与经贸政策法规制定、对外经贸谈判和国际商事规则制定；开展法律顾问、商事调解、经贸和海事仲裁等工作，签发和出具出口商品原产地证明书、对外贸易有关文件和单证，提供专利申请、商标注册、诉讼维权等知识产权服务；组织产业和企业应对经贸摩擦；提供经贸信息、经贸培训等服务。

（资料来源：中国国际贸易促进委员会 http：//www.ccpit.org/）

（二）建立商业情报网，加强对出口商的信息服务和咨询

随着国际贸易的发展，许多国家开始建立商业情报网，加强国外市场情报工作，及时向出口厂商提供国际市场信息和商业资料，为出口商的出口决策提供帮助。

例如，英国的海外贸易委员会在1970年就设立了出口信息服务部，向有关出口厂商提供信息，以促进商品出口。又如，日本政府出资设立的日本贸易振兴会，就是一个从事海外市场调查并向企业提供信息服务的机构。

（三）设立贸易中心，组织贸易博览会

设立贸易中心、组织贸易博览会也是许多国家促进本国产品出口的重要手段。

贸易中心一般为永久性设施，可为出口厂商提供商品陈列展览场所、办公地点和咨询服务等。贸易博览会往往是流动性展出，可在多个城市轮流举办。这些贸易中心和国际展会可以吸引大量外国进口商参与，帮助其了解出口国的商品和交易机会，从而起到促进出口发展的作用。

（四）组织贸易代表团出访和接待来访

许多国家的政府为了推动和发展对外贸易，还会组织贸易代表团出访，其费用大部分由地方财政支付。

此外，许多国家还设立专门机构接待来访的贸易团体。例如，英国海外贸易委员会设立了接待处，专门接待官方贸易代表团，并协助本国公司、社会团体接待来访的外国工商界人士，以促进英国的对外贸易。

（五）组织出口厂商的评奖活动

许多国家定期组织出口厂商的评奖活动，以形成出口光荣的社会氛围。

例如，英国曾实行"女王陛下表彰出口有功企业的制度"，允许受表彰的企业在五年之内使用带有女王名字的奖状来对自己的产品进行宣传。又如，日本政府曾把每年的 6 月 28 日定为贸易纪念日，每年的这一天，由通产大臣向出口成绩卓著的厂商颁发奖状。此外，有些国家还对有突出贡献的出口厂商颁发总统奖章或授予荣誉称号，或由总理亲笔写感谢信。这些做法都有力地推动了本国对外贸易尤其是出口贸易的发展。

七、建立经济特区

为了促进本国经济和对外贸易的发展，世界上的许多国家都采取了建立经济特区的措施。

（一）经济特区的含义

所谓经济特区（Special Economic Zone），是指一个国家或地区在其国境内划出一定范围的区域，实行减免税收等优惠待遇，吸引国内外企业从事进出口贸易或出口加工等活动。其根本目的在于促进对外贸易发展，繁荣本地区经济，增加财政收入和外汇收入。

（二）经济特区的类型

经济特区的出现距今已有 400 多年的历史，世界各国建立的经济特区表现为多种形式，包括自由港、自由贸易区、出口加工区、保税区、自由边境区、科技工业园区和综合性经济特区等。

早期的经济特区主要是自由港（Free Port）和自由贸易区（Free Trade Zone）。这些自由港和自由贸易区均设在关境以外，对进出口商品的全部或大部分免征关税，并且允许在自由港内或自由贸易区内从事商品的储存、展览、重新包装、再加工和制造等业务活动，以推动本地区经济和对外贸易的发展，增加财政和外汇收入。德国的汉堡和不莱梅、丹麦的哥本哈根、新加坡、中国香港、中国澳门、南美的巴拿马都是国际知名的自由港或自由贸易区。

出口加工区（Export Processing Zone）是一国政府在其港口或邻近港口、国际机场的地方划出一定的区域范围，新建或扩建码头、车站、道路、仓库和厂房等基础设施，提供免税等优惠措施，鼓励国外企业在区内投资设厂，生产以出口为导向的工业制成品的加工区域。爱尔兰于1959年在香农国际机场建立了世界上第一个出口加工区，1965年我国台湾也建立了高雄出口加工区，主要吸引发达国家企业投资于当地的劳动密集型产业。

保税区（Bonded Area）是由一国海关设立的或经海关批准注册并受海关监督的特定地区。外国商品存入保税区内，可暂不缴纳进口关税；若再出口，不必缴纳出口关税；若要运进所在国的国内市场销售，则需办理报关手续，缴纳进口关税。运入保税区内的外国商品可进行储存、改装、分装、展览、加工和制造等。有些国家的保税区还允许在区内开展金融、保险、房地产、展销、旅游等业务。

综合型经济特区是指一国在其港口或港口附近等地划出一定的区域范围，新建或扩建基础设施和提供减免税收等优惠条件，吸引国外或区外企业从事外贸、加工业、农牧业、金融保险、旅游等多种经营活动的区域。我国设立的深圳、海南等经济特区就属于综合型经济特区。

第二节 出口管制措施

一、出口管制的含义

出口管制（Export Control）是指出口国政府通过法令、经济和行政措施等，对本国出口贸易所实施的管理与控制。

许多国家，特别是发达国家，为了达到一定的政治、军事和经济的目的，往往会对某些商品，尤其是战略物资与高科技产品实行管制，限制或禁止其出口。因此，出口管制往往被视为发达国家实行贸易歧视政策的重要手段。

二、出口管制的对象

世界各国实施出口管制的商品,主要分为以下几大类。

(一) 战略物资及有关尖端技术

世界各国尤其是发达国家对武器、军事装备等战略物资的出口管制措施十分严厉。多数发达国家对先进计算机、机器设备及技术资料等尖端技术的出口也进行严格的控制,以保障自己在全球的科技领先地位。若需出口,必须通过一系列审查、限制和控制机制,直接或间接地防止本国产品通过各种途径扩散至目标国家,从而保障本国的安全、外交和经济利益。这种控制主要是从所谓的国家安全和军事防务的需要出发,防止战略物资及有关尖端技术和技术资料流入政治制度对立或政治关系紧张的国家或地区。

(二) 国内紧缺物资

世界各国往往会对国内生产所需要的原材料、半制成品及国内供给明显不足的某些商品的出口进行控制,以避免加剧国内的供给不足和市场失衡。西方国家往往对石油、煤炭等能源产品实行出口管制,美国对某些化工产品、药品、活牲畜、可可等也都实行过出口管制。

(三) 历史文物和艺术珍品

各国出于保护本国文化艺术遗产和弘扬民族精神的需要,一般都会禁止古玩、珍贵艺术品、名画等文化遗产的输出。即使允许输出的,也实行严格的管制。

(四) 需要"自动"限制出口的商品

为了缓和与进口国之间的贸易摩擦,出口国在进口国政府的要求或压力之下,对本国具有国际竞争力的商品实行出口管制。但是,一旦进口国的压力有所减缓,出口国政府就会相应地放松出口管制措施。

(五) 在国际市场上占据主导地位的重要商品

对发展中国家来讲,这类商品的出口管制尤为重要。在发展中国家出口商品结构单一、出口市场比较集中的情况下,其出口商品价格容易出现大起大落。当国际市场价格下跌时,发展中国家往往会控制该商品的出口,以免加剧世界市场的供过于求,减少本国可能遭受的经济损失。欧佩克组织对其成员国的石油产量和出口量进行的控制,就属于这种类型的出口管制。

（六）跨国公司的某些产品

跨国公司在发展中国家的大量投资，虽然会促进东道国经济发展，但同时也可能利用国际贸易活动损害东道国的对外贸易利益。跨国公司实施的"转移定价"策略，就是一个典型的例子。因此，发展中国家往往会利用出口管制手段来制约跨国公司的这类行为，以维护自己的正当权益。

此外，某些被列入经济制裁范围的商品，如联合国成员国对被联合国通过决议予以制裁的国家，也需要对其出口的商品进行出口管制。

三、出口管制的形式

根据参与管制的国家，出口管制可分为单边出口管制和多边出口管制两种。

（一）单边出口管制

所谓单边出口管制，是指出口国根据本国的出口管制法案，设立专门的出口管制执行机构，对本国某些商品的出口进行审批并颁发出口许可证，实行出口管制。

美国是当今世界经济和科技实力最强大的国家，也是实施出口管制最严格的国家，专门制定有《出口管理法》《出口管理条例》《武器出口控制法》《原子能法案》《对敌贸易法》《国际紧急状态经济权力法》等多项管制法案。早在1917年，美国国会就通过了《1917年与敌对国家贸易法案》，禁止所有个人与美国的敌人及其同盟国在战时或国家紧急时期进行财政、金融和商业上的交易。第二次世界大战以后，为了对社会主义国家进行禁运，1949年美国通过了《出口管制法案》，禁止全部商品和技术资料经由贸易渠道出口，战时临时性的出口管制措施因此得以固定化和永久化。这个法案几经修改，直至《1969年出口管理法》出台。以后美国国会又出台了《1979年出口管理法》和《出口管理法1985年修正案》，1988年美国商务部还出台了《出口管理条例》详细列出有关出口管制的各项政策法规，为办理出口许可证提供指南。冷战结束后，随着世界政治经济形势的变化，商业利益与国家安全利益并驾齐驱，美国逐步放宽了出口管制措施。2010年，美国政府再次对美国出口管制体系进行改革，目标是建立一个分层次的出口管制体系，在最敏感的核心技术周围建筑起"高墙"，但放松对其他技术的出口限制，尽量使美国国家安全和出

> **转移定价**：指跨国公司母公司与子公司、子公司与子公司之间进行货物、劳务或技术交易时所采用的内部价格。通过产品在不同国家的"高进低出""低进高出"，跨国公司可以达到调节利润、逃避税收、享受优惠、优化资产配置、避免风险的目的。

口商业利益达到更好的平衡。在出口管制的监控链条中，美国国务院、五角大楼、甚至联邦调查局等情报部门，共同构成一个严密的网络，联手执行美国政府的出口管制政策，防止自身的先进武器装备和军用技术被对手国家利用或被研究超越。

（二）多边出口管制

所谓多边出口管制，是指多个国家的政府出于共同的政治和经济目的，通过一定方式设立国际性的多边出口管制机构，协商和制定统一的多边出口管制货单和管制国别，规定出口管制办法，以协调彼此的出口管制政策和措施，然后由各成员国根据上述精神自行办理出口商品的具体管制和出口申报手续。

"巴统"与多边出口管制

1949年由美国操纵成立的巴黎统筹委员会就是一个典型的多边出口管制机构。巴黎统筹委员会本名为输出管制统筹委员会（Coordinating Committee for Multilateral Export Control，简称COCOM），是在美国操纵下，由17国（美国、英国、法国、意大利、加拿大、比利时、卢森堡、荷兰、丹麦、葡萄牙、挪威、联邦德国、日本、希腊、土耳其、西班牙、澳大利亚）组成的常设多国出口管制机构，其总部设在巴黎，因此被称为巴黎统筹委员会，简称"巴统"。

该机构成立于1949年11月，主要职责是：编制和增减多边禁运货单，规定禁运对象（主要是针对当时的社会主义国家），确定禁运审批程序，加强转口管制，讨论例外程序和交换情报等。20世纪70年代以来，随着东西方政治、经济关系逐步改善，这个委员会的禁运政策逐步放宽，所编制的禁运货单逐步缩小。随着冷战的结束，1994年4月1日，"巴统"组织正式解散，被《瓦森纳安排》取代。

需要说明的是，"巴统"组织虽已解散，但其影响仍然存在。即使是现在，西方国家对我国的高科技产品出口管制仍然是非常严格的，这也是我国对主要发达国家贸易出现顺差的原因之一。

四、出口管制的实施

在实施出口管制时，主管机构首先根据出口管制法案制定出口管制货单和输往国别分组管制表，被列入出口管制的商品必须办理出口审批手续，获取出口许可证后方可出口。

以美国政府为例，美国商务部贸易管理局是出口管制主管机构，它负责制定出口管制货单和输往国别分组管制表。在出口管制货单中，列明各种需要管制的商品名称、商品税则号码、商品单位及其所需的出口许可证类别。在输往国别分组管制表中将商品输往国家和地区分成 Z、S、Y、P、W、Q、T、V 八个组，实行从严到宽不同程度的管制。

对受到出口管制的商品，出口商必须向国际贸易管理机构申领出口许可证。美国的出口许可证可分为三种：

第一，一般许可证，也称普通许可证，这种许可证项下的商品出口管理十分宽松，出口商在出口这类商品时不必向贸易管理局提出申请，只要在出口报关表上填清管制货单上这类商品的普通许可证编号，经海关核实，就算办妥出口许可证手续。

第二，单项有效许可证（Individual Validated Licenses），是由美国商务部发放的一种批准出口许可的官方文件。该证列明了具体批准的出口商品或技术资料的名称、数量，指定了具体收货人及最终通途，有效期一般为一年。出口商必须依据订货单或合同填写申请表格，逐项申请，获批后应严格按许可证载明的条款执行。属于单项有效许可证范围的商品，主要包括一些"战略商品"、出口至"受限制国"的涉及"国家安全"的商品、出口到一些敏感地区的受"外交政策"约束的商品、出口至某些国家的"未公开的"技术资料和出口到任何目的地的"短缺商品"。

第三，特殊许可证（Special Licenses），是在特定条件下所采用的一种许可证，与单项有效许可证性质相同。但特殊许可证比单项有效许可证包含的内容更多，常常可代替若干单项有效许可证使用。这种许可证必须向有关机构专门申请，出口商在许可证上要填清商品的名称、数量、管制编号以及输出用途，再附上有关交易的证明书和说明书，呈送有关机构审批，获准后才能出口商品。那些涉及所谓"国家安全"的商品，还要提交更高层的机构审批，如不予批准则禁止出口。

由此可见，出口管制政策不仅是各国政府管理对外贸易的一种经济手段，更是对外实行政治歧视和差别待遇的重要工具。自 20 世纪 70 年代以来，各国的出口管制有所放松，特别是出口管制的政治倾向有所减弱，但它仍然作为一种重要的经济手段和政治工具而存在。

本 章 小 结

限制进口和促进出口是国际贸易政策相辅相成的两方面。在当今世界无论是采取自由贸易政策还是保护贸易政策的国家，都毫无例外地采用这种"奖出限入"的政策。

在出口方面，为了促进国内产业发展，各国政府常常采取出口信贷、出口信用保险、出口补贴、货币贬值、商品倾销、组织措施、经济特区等措施鼓励和扩大出口。与此同时，出于某些政治、经济、安全及军事目的，各国政府也会对某些商品实施单边或多边的出口管制，限制或禁止这些商品的出口或限制其出口目的地。实施出口管制的商品主要包括战略性物资、高科技产品、国内紧缺商品、大宗出口商品、"自限"协定中的商品、历史文物以及跨国公司的某些产品等。

【本章重要概念】

出口信贷（Export Credit）

买方信贷（Buyer's Credit）

卖方信贷（Seller's Credit）

出口信用保险（Export Credit Insurance）

出口补贴（Export Subsidy）

直接补贴（Direct Subsidy）

间接补贴（Indirect Subsidy）

商品倾销（Dumping）

出口管制（Export Control）

【延伸阅读】

1. 邱筵婷、张馨元：《中国出口鼓励财政政策与出口商品结构的优化》，载于《经济视角》2016年第4期。

2. 姜辉：《出口管制对中美贸易失衡的影响研究》，载于《工业技术经济》2016年第5期。

3. 王孝松、刘元春：《出口管制与贸易逆差——以美国高新技术产品对华出口管制为例》，载于《国际经贸探索》2017年第1期。

复习与思考

1. 出口信贷的两种基本类型是什么？两者的区别是什么？
2. 出口补贴的两种基本类型是什么？两者的区别是什么？
3. 对于贸易大国和贸易小国，出口补贴带来的经济效应有何不同？
4. 论述商品倾销的基本类型及其目的。
5. 何谓货币贬值？货币贬值的作用如何？实施货币贬值必须具备什么条件才能发挥作用？
6. 鼓励出口的主要措施有哪些？
7. 何谓出口管制？出口管制的商品主要有哪些？
8. 论述出口管制的主要形式及其管制程序。

网络练习

1. 查找资料，说明我国政府对稀土出口都采取了哪些管理办法？
2. 我国政府如何在符合世贸组织规则的前提下对本国稀土资源进行合理保护？

第八章 区域经济一体化与多边贸易体制

学习目标

了解国际贸易条约与协定的含义，理解区域经济一体化的基本理论、主要形式和经济效应，掌握世界贸易组织的基本规则，认识区域经济一体化与多边贸易体制之间的关系。

引导案例

区域贸易协定和 WTO 多边贸易体制

随着全球经济的快速发展，各国之间经济依存度的加深和贸易联系的日益紧密，区域贸易协定与多边贸易体制齐头并进已成为当今国际社会的重要特点。目前，WTO 多哈回合的进展缓慢，进一步发展和推进的困难重重，而区域经济组织却由于地缘政治、经济因素以及国家安全和外交等考虑，从传统的货物和服务贸易合作，发展成多方位的整合，其深度和广度正在经历着 WTO 多边贸易体制从未达到的发展规模。

区域贸易协定（Regional Trade Agreements，RTAs）受到国际社会尤其是一些贸易大国的青睐。尤其是在 WTO 多边贸易体制还未涉及的许多方面，诸如海关程序、电子商务、投资、环境保护和劳工标准等领域，区域经济组织纷纷开展合作和安排。

当前最受关注的区域贸易协定主要包括跨太平洋战略经济伙伴协定（TPP）、跨大西洋贸易与投资伙伴协议（TTIP）、区域全面经济伙伴关系（RCEP）、亚太自由贸易区（FTAAP）等。但是这些区域贸易协定的命运各自不同。TTIP 的谈判陷入停滞。美国总统特朗普上台伊始就宣布退出跨太平洋战略经济伙伴协定（TPP），该协议只剩下日本独木难支。随着美国正式宣布退出 TPP 后，区域全面经济伙伴关系（RCEP）协定成为迄今为止亚太地区唯一一基础较好、前景较为明朗、近期较有希望达成的大型自贸协定。日本也随之开始转风向。2017 年 2 月 27 日第 17 轮 RCEP 工作层面谈判会议上就是在日本神户举行的。中国和东盟十国及日本等总计 16 国参加。日本共同社报道：各方将讨论取消或减少商品关税、放宽投资及服务贸易相关限制等。各国此前已就经济技术合作和中小企业方面的内容达成了共识。若 RCEP 得以实现,将诞生占全球国内生产总值(GDP)之和约三成的巨大经济圈。对于中国来说,一方面加速国内市场化改革,同时加速推动 RCEP 和 FTAAP 的进程,无疑是巨大的挑战,也是巨大的机遇。

面对区域贸易协定的蓬勃发展,WTO 所建立的世界贸易多边体制无疑怀揣着复杂的情感。但是我们不应将区域贸易协定片面的界定为多边贸易体制的"奠基石"或者"绊脚石",而应辩证地看待两者之间的关系。虽然以 WTO 为中心的多边贸易法治秩序受到了 RTAs 的猛烈冲击,但国际贸易法治秩序终究需要维持。WTO 至今为止仍是全球贸易领域成员最多、权威性最强的普遍性国际组织,亦仍处于国际贸易法治基石的重要位置,它对各种各样的 RTAs 具有重要的整合作用,而 RTAs 又在 WTO 贸易谈判暂未涉及的领域,或是在数量相对较少的国家之间以程度更高的贸易自由化和便利化谈判,促进着多边国际经济合作的发展。

当然,区域贸易协定的蓬勃发展在一定程度上对 WTO 多边贸易体制的继续推进仍有一定的消极抑制作用。虽然两者在终极目标上保持一致,但它们在国际法治领域毕竟面对着共同的国际法主体,争夺着国际贸易规则的主导权。

(资料来源:肖雯:《区域贸易协定和 WTO 多边贸易体制对立统一的互补性竞争》,载于《商业时代》,2014 年第 25 期;中华人民共和国商务部官网)

在战后世界贸易体制的形成和发展过程中,一直存在着两股势力的较量:一股势力是以关贸总协定和世界贸易组织为代表的多边贸易体制,对推动全球贸易的自由化发挥了重要作用;另一股势力则是区域经济一体化组织的发展,其重点在于推动有限范围内国家之间的贸易自由化。如何认识和协调多边贸易体制与区域经济一体化组织之间的关系,也成为国际贸易理论和实践中的新问题。

第一节 国际贸易条约与协定

国际贸易条约与协定的发展由来已久。随着战后国际贸易的发展,国际贸易条约与协定不仅在数量上大为增加,在内容上也日趋复杂,并且已成为世界各国加强与外界联系,扩大经济贸易的重要途径。

一、国际贸易条约与协定的概念及类型

(一)国际贸易条约与协定的概念

国际贸易条约与协定,是指两个或两个以上的国家之间、国家与

国际组织之间，以及国际组织之间依据国际经济法所缔结的，以条约、公约、协定和协议等名称出现的，以调整国际贸易关系为内容的一切有法律拘束力的文件。

广义的国际贸易条约与协定，是国家间（包括民间团体）在贸易关系方面缔结的各种书面协议的总称，如通商航海条约、贸易协定、易货协定、支付协定、贸易议定书、换文和各种公约、规则，其内容和名称虽然不同，但都有法律效力。

狭义的国际贸易条约与协定，仅指以条约、公约、协定、协议名称缔结的关于贸易关系方面的书面协议，主要是大型或综合性的贸易协议，并以国家或政府首脑的名义由国家或政府首脑特派全权代表签订，按缔约国法律程序完成批准手续后才能生效。

按照缔约国家的多少，国际贸易条约与协定可分为双边贸易条约与协定和多边贸易条约与协定。前者是指两个主权国家之间所缔结的贸易条约与协定，后者是指两个以上主权国家共同缔结的贸易条约与协定。

在国际经济关系中，由于各国的社会制度、经济制度、政治经济实力对比关系的不同，它们所缔结的贸易条约与协定的内容和作用也有所不同。贸易条约与协定的条款，通常是在所谓"自由贸易、平等竞争"的基础上签订的。但事实上，缔约国在经济上的利益，往往是依靠缔约国的政治、经济实力来保证的。因此，各缔约国之间从贸易条约与协定中得到的利益是不一致的。

（二）国际贸易条约与协定的种类

1. 贸易条约（Commercial Treaty）。贸易条约是全面规定缔约国之间经济和贸易关系的条约，包括"通商条约""友好通商条约""通商航海条约""友好通商航海条约"等。

贸易条约的内容比较广泛，主要涉及关税的征收、海关通关手续、缔约国双方公民和企业在对方国家所享有的经济权利、船舶航行、港口使用、知识产权保护、铁路运输、转口和过境、进口商品的国内捐税、进出口数量限制、仲裁裁决的执行等方面的问题。

贸易条约一般由国家首脑或其特派全权代表签订，并经国家最高权力机关批准才能生效，有效期比较长。

2. 贸易协定（Trade Agreement）。贸易协定是缔约国为调整和发展彼此之间的贸易关系而签订的一种书面协议。与贸易条约相比，贸易协定所涉及的范围较窄，内容比较具体，有效期较短，签订的程序也较简单，一般只须经签字国的行政首脑或其代表签署即可生效。其正文的内容一般包括：最惠国待遇条款、进出口商品货单和贸易额、商品作价原则、使用的货币、支付和清偿办法、关税优惠及其他事项的规定等。

3. 贸易议定书（Trade Protocol）。贸易议定书是缔约国之间就发展贸易关系中某项具体问题所达成的书面协议。在国际贸易实践中，贸易议定书一般是对已签订的贸易协定进行补充、解释或修改，也可在未签订贸易协定的情况下先签订贸易议定书作为临时依据。此外，在签订长期贸易协定时，往往通过贸易议定书来规定年度贸易的具体事项。

4. 支付协定（Payment Agreement）。支付协定是缔约国之间关于贸易和其他方面债权债务结算办法的一种书面协议。支付协定的主要内容包括：规定清算机构、开立清算账户、规定清算项目与范围、规定清算货币和清算方法以及清算账户的差额处理等。

支付协定是外汇管制的产物。在实行外汇管制的条件下，一种货币往往不能自由兑换成另一种货币，对一国所拥有的债权不能用来抵偿对第三国的债务，结算只能在双边基础上进行，因而只能通过缔结支付协定来解决两国间的债权债务。这种支付清算协定有助于克服外汇短缺的困难，有利于双边贸易的发展。

自20世纪50年代末以来，主要发达国家相继实行货币自由兑换，放松外汇管制，双边支付清算逐渐为多边现汇支付结算所代替，已不再需要签订支付清算协定。至于一些仍然实行外汇管制的发展中国家，有时还需要通过支付协定来清算对外债权和债务。

5. 国际商品协定（International Commodity Agreement）。国际商品协定是指某项商品的生产国（出口国）与消费国（进口国）就该项商品的价格、购销等问题，经过协商达成的政府间的贸易协定。

国际商品协定的主要对象是发展中国家的初级产品。由于初级产品易受世界经济动荡和行情变化的影响，其国际市场价格经常发生波动。发展中国家为保障自己的利益，希望通过国际商品协定维持初级产品的合理价格。作为初级产品的主要消费国，发达国家则希望通过签署国际商品协定保证初级产品价格和供应的相对稳定。

国际商品协定主要通过以下方式来稳定价格：

第一，设置缓冲存货。协定的执行机构建立缓冲库存（包括存货与现金），并规定最高和最低价格。当市场价格涨到最高限价时，就利用缓冲库存抛出存货；当市场价格跌到最低限价时，则用现金在市场上收购，以达到稳定价格的目的。采用缓冲存货规定的有国际锡协定和国际天然胶协定。

第二，签订多边合同。该条款规定，进口国在协定规定的价格幅度内向各出口国购买一定数量的有关商品，出口国在规定的价格幅度内向各进口国出售一定数量的有关商品。它实际上是一种多边性的商品合同。国际小麦协定就属于这种类型的协定。

第三,规定出口配额。先规定一个基本的出口配额,再根据市场需求和价格变动情况作相应的增减来确定当年的年度出口配额。国际咖啡、糖的协定就属于这种类型的协定。除价格原因外,有的是进口国为了保护国内市场而与出口国签订配额协议,以便对某一时期内某种商品的进出口数量作出安排。《国际多种纤维协定》就是在多边的基础上管理纺织品和服装的出口,限制这些商品的市场准入。

第四,出口配额和缓冲存货相结合。协定规定最高和最低限价,然后通过出口配额和缓冲存货来调节价格,以使价格恢复到最高限价和最低限价的幅度内。国际可协定采用的就是这种办法。

二、国际贸易条约与协定所依据的法律原则

国际贸易条约与协定中所依据的法律原则主要是最惠国待遇原则和国民待遇原则。

(一) 最惠国待遇原则

最惠国待遇原则是国际贸易条约与协定中的一项重要条款。最惠国待遇(Most-Favored-Nation,MFN)的基本含义是:缔约国一方现在和将来给予任何第三方的一切特权、优惠和豁免,必须同样给予缔约对方。

在签订国际贸易条约与协定时,缔约双方可以根据两国关系和发展对外贸易的需要,在最惠国待遇条款中具体确定其适用的范围。最惠国待遇条款适用的范围有大有小,一般包括:有关进口、出口、过境商品的关税及其他捐税;商品进口、出口、过境、存仓和换船方面的海关规则、手续和费用;进出口许可证发放的行政手续等。在通商航海条约中,最惠国待遇条款适用的范围要大些,可把缔约国双方的船舶驶入、驶出、停泊时的各种税费和手续等也包括在内。

在国际贸易条约与协定中,一般还规定有不适用最惠国待遇的例外条款。例如,缔约国一方给予邻国有关边境贸易的特别优惠待遇;关税同盟国家之间或特定国家之间的特惠待遇等,这些都是最惠国待遇的例外。

(二) 国民待遇原则

在国家间签订的贸易条约与协定中,时常规定缔约国双方相互给予国民待遇原则。

所谓国民待遇(National Treatment),是指缔约国一方保证缔约国另一方的公民、企业和船舶在本国境内享受与本国公民、企业和船舶同等的经济待遇。

国民待遇原则一般适用于外国公民或企业的经济权利。其范围主要包括：外国公民的私人经济权利（私人财产、所得、房产、股票）、外国产品应交的国内税、利用铁路运输和转口过境的条件、船舶在港口的待遇、商标注册、版权、专利权等。

但沿海贸易权、领海捕鱼权、土地购买权等，这些都是国民待遇原则的例外。

第二节 区域经济一体化

自20世纪90年代以来，区域经济一体化和经济全球化就成为当今世界经济发展的两大趋势。

一、区域经济一体化的形成

（一）区域经济一体化的含义

所谓区域经济一体化（Regional Economic Integration），是指地理位置相邻的国家，对生产要素、人员、技术、商品的流动相互采取比对区域外国家更为开放、更为自由的政策，并结成经济联合组织乃至国家集团的统一大市场的进程。

关于区域经济一体化的概念，学术界至今也没有一个统一的定义。

1954年，荷兰经济学家丁伯根首次提出经济一体化的定义：经济一体化就是将有关阻碍经济最有效运行的人文因素加以清除，通过相互协调和统一，创造最适宜的国际经济结构。根据政府当局促进经济一体化的措施，丁伯根把经济一体化区分为"消极一体化"和"积极一体化"。前者是指取消各种规章制度，即消除对有关各国的物质、资金和人员流动的障碍；后者是指建立新的规章制度去纠正自由市场的错误信号，强化自由市场正确信号的效果，从而加强自由市场的一体化力量。

1961年，美国经济学家贝拉·巴拉萨所提出的经济一体化定义被广泛引用：经济一体化既是一个过程，又是一种状态。就过程而言它包括旨在消除各国经济单位之间差别的种种举措；就状态而言，则表现为各国间各种形式的差别待遇的消失。在《新帕尔格雷夫经济学大辞典》里，巴拉萨进一步解释道：在经济文献里，经济一体化这个术语没有明确的含义。一方面两个独立的国民经济之间，如果存在贸易关系就可认为是经济一体化；另一方面，经济一体化又是各国经济之间的完全联合。经济一体化的形式多种多样，代表着不同的经济一体化的程度。

有的经济学家还提出了其他观点。如保罗·斯特里坦在1961年指出：一体化不应该按手段（自由贸易、统一市场、可兑换性、自由化等）定义，而是应该按照目的来界定，如平等、自由、繁荣等。

（二）区域经济一体化的形式

按照经济一体化程度的不同，区域经济一体化可分成以下六种形式。

1. 优惠贸易安排（Preferential Trade Arrangements），这是区域经济一体化最低级和最松散的一种表现形式，成员国之间通过国际商品协定等方式，对全部商品或一部分商品规定特别的优惠关税。

2. 自由贸易区（Free Trade Area）是指成员国在享有自决权的前提下，废除相互间的贸易障碍，实现贸易自由化。为防止区外国家的商品通过贸易壁垒较低的成员国进入自由贸易区，通常在成员国之间的边境上仍保留海关。例如，1994年正式生效的北美自由贸易区、2010年全面启动的中国—东盟自由贸易区等均属于这一类型。

3. 关税同盟（Customs Union）是指两个或两个以上国家建立统一的关境，在统一关境内成员国之间相互取消关税，对从关境以外的国家或地区的商品进口实行统一的关税税率和外贸政策。关税同盟类似于自由贸易区，但对来自非成员国的进口商品，采取共同关税，实行统一外贸政策。例如，1967年的欧共体和2002年成立的海湾关税同盟等均属于这一类型。

4. 共同市场（Common Market）是指以关税同盟作为基础，不仅在成员国间实现了自由贸易、建立了统一关境，而且还允许技术、劳动力、资金等生产要素在成员国间流动。例如，1993年1月1日欧共体宣布建成共同市场；1995年1月1日，阿根廷、巴西、乌拉圭和巴拉圭等四国建立的南方共同市场正式运行，它是南美地区最大的经济一体化组织，也是世界上第一个完全由发展中国家组成的共同市场。

5. 经济同盟（Economic Union）是指各成员国间不但建立起关税联盟、商品与生产要素可以完全自由移动，各成员国还实行统一的货币政策、财政政策与社会政策，通过实行统一的经济政策协调各成员国的经济发展。欧盟就属于这一类型。1991年12月11日，欧共体各国通过了建立欧洲经济货币联盟和欧洲政治联盟的《欧洲联盟条约》，又称《马斯特里赫特条约》（简称《马约》）。《马约》于1993年11月1日正式生效，欧洲联盟正式成立，这标志着欧共体从经济实体向经济政治实体过渡,同时发展共同外交及安全政策,并加强司法及内政事务上的合作。

6. 完全经济一体化(Full Economic Integration),这是区域经济一体化的最高形式。在此阶段,区域内各国真正成为一个国家,区域经济一体化中央当局不仅统制货币与财政政策,而且还有中央议会,它拥有一个国家政府的全部权力。这种形式的一体化至今尚未出现。

区域经济一体化的不同形式及其特征如表8-1所示。

表8-1　　　　　区域经济一体化的形式及特征

区域经济一体化的特征	成员间协定全部或部分商品享有优惠关税	成员间废除关税和非关税壁垒	成员对外对非同盟成员统一关税政策	生产要素可在成员间自由流动	统一成员间经济政策	统一成员间社会、政治政策
优惠贸易安排	是	否	否	否	否	否
自由贸易区	是	是	否	否	否	否
关税同盟	是	是	是	否	否	否
共同市场	是	是	是	是	否	否
经济同盟	是	是	是	是	是	否
完全经济一体化	是	是	是	是	是	是

资料来源:笔者整理。

(三) 区域经济一体化的成因

促使区域经济一体化迅速发展的原因,因时间、地域、国家不同而有所不同。但是,概括起来不外乎政治、经济两个主要方面。

1. 政治因素。以20世纪50年代区域经济一体化第一次浪潮中的典型代表"欧洲经济共同体"为例,其政治背景在于:第二次世界大战后,美苏两个超级大国所支配的东西方两大集团的"冷战"和对抗成为南北关系的基本态势。在第二次世界大战中元气大伤的西欧各国,不仅面临着苏联控制下的东欧地区的威胁,也要谨防美国对其经济、政治和军事的渗透与控制,故而认识到只有联合起来,建立共同市场,才能保护成员国各方的利益。同样,20世纪90年代区域经济一体化第二次浪潮也与国际政治格局的改变有关。随着苏联的解体和东欧剧变,"冷战"结束,世界进入多极化发展的新时期,南北关系总体上也由对抗逐步走向对话和合作,因此产生了新一轮区域经济一体化热潮。

2. 经济因素。经济方面,影响区域经济一体化发展的因素众多。第一,国际分工的发展和国际市场的扩大。随着科技革命的推动,生产力迅速发展,越来越多的国家依赖国际市场和国际分工提高经济利益。专业化的大批量生产需要扩大的市场范围。随着国际分工的深化,各国经济相互依赖,在客观上要求拆除贸易壁垒实现自由贸易,建立共同市场。因此区域经济一体化成为有密切经济联系国家之间相互实现经济利益的首要途径。

第二,世界经济多中心格局的出现。第二次世界大战之后,国际竞争日益激烈,国际贸易摩擦迭起,贸易保护主义不断升级,越来越多的国家感到单一国家势单力薄,迫切需要联合起来,通过构筑共同壁垒来保护区域利益,以共同的市场和原则来增强谈判能力,才能应对国际贸易摩擦,解决国际贸易争端。区域经济一体化是美国国际地位削弱和世界经济多中心格局条件下的产物。随着欧洲和日本经济的崛起,美国渐渐失去了在世界经济中的绝对优势。以德、法、日为核心的商品贸易和资本流动,部分替代了对美国的依赖。随着美、欧、日之间经济竞争的日益激烈,区域经济一体化有利于形成区域范围内的规模经济,从而增强集团竞争力。区域内的经济关系得到更充分的发展,这就为区域经济一体化的形成和进一步发展提供了经济基础。

第三,多边贸易体制的矛盾。关贸总协定自1948年生效以后,经历了八个回合的谈判。前七轮谈判的主要议题是关税减让和消除非关税壁垒。第八轮乌拉圭回合谈判,除关税和非关税措施以外,还涉及农产品市场开放、与贸易有关的知识产权保护、争端解决机制的完善等议题。尽管乌拉圭回合最终达成了协议并建立了世界贸易组织,但是由于成员数量众多、谈判议题不断增加、各成员国之间经济发展的不平衡,致使成员国之间的矛盾越来越激化。世界贸易组织建立后,2001年11月发起的"多哈回合"谈判迟迟未能达成协议,许多国家对多边贸易体制的信心开始下降,转而加强区域性经济合作。

第四,市场经济体制在全球确立。20世纪90年代以后,市场经济体制已为世界大多数国家所接受,这为区域经济一体化提供了必要的制度基础。苏联解体后,原先一些实行计划经济的国家先后开始了向市场经济体制转化的过程。俄罗斯和中东欧国家实行了向私有化为核心的市场经济的转型,中国则实行了向社会主义市场经济的转型。世界经济的市场化,为不同社会制度的国家间开展全面经济技术合作,同时也为区域经济一体化创造了制度前提。

(四) 区域经济一体化与经济全球化的关系

区域经济一体化和经济全球化是两个既有区别,又紧密联系的概念。

经济全球化是指为增进国家利益,通过弱化国家经济边界,强化国际通行的市场规则和运行机制,依靠组织程度不断深化的宏观及微观经济组织机构，各国经济在市场经济的道路上全面开放，且相互依存、相互联系日益密切，进而趋于一体的过程。经济全球化扩大了世界市场的规模，促进了国际分工和国际竞争，从而使得所有参与经济全球化的国家可以在更大范围的国际分工与贸易中获利，有利于全球福利的增进。

区域经济一体化则是指地理位置相邻的国家，在客观的经济联系愈来愈密切的基础上，对各种生产要素的流动，相互采取比对区域外国家更为开放、自由的政策，并在体制框架、调节机制上结成经济联合组织以至国家集团的统一大市场的进程。它既包括经济联系、结合的关系或进程，也包括经济联合、调节的机构或行为。

经济全球化的过程是市场机制自发起作用的过程，因此经济全球化的发展进程并不稳定。在存在主权国家的情况下，要在世界范围内对经济、文化、宗教等背景不同的国家的政策进行协调统一存在着难以克服的困难。

如果经济全球化是一个自发的市场机制起着主导作用的过程，那么区域经济一体化则是一个国家起着主导作用的进程。在国际比较优势发生变化的情况下，一个参与国际分工的国家如果不能因此而进行有效的结构调整，或者是没有能力来完成这样的结构调整，那么就会在全球化浪潮的冲击下受损，必须借助于区域经济一体化来化解经济全球化的消极影响，才能真正成为一种促进全球福利的过程。按照交易费用理论，当使用全球化市场的成本和风险大于国与国之间的谈判成本时，一体化的区域经济也会使用国家的直接权威将一部分全球化市场内部化为区域市场。

由此可见，经济全球化是世界经济发展的长期趋势，而区域经济一体化则是当今世界经济发展的主流。

二、区域经济一体化的现状

从总体上看，目前全球区域经济一体化最活跃的地区是欧洲、美洲和亚太地区，其中最重要的三个区域经济一体化组织分别是：欧洲联盟、北美自由贸易区和亚太经合组织。

（一）欧洲联盟

欧洲联盟（European Union，EU），简称欧盟，由欧洲共同体发展而来，是集政治实体和经济实体于一身，在世界上具有重要影响的区域一体化组织。1991年12月，欧洲共同体马斯特里赫特首脑会议通过《欧洲联盟条约》，简称《马约》。1993年11月1日，《马约》正式生效，欧盟正式诞生。

迄今为止，欧盟主要在以下几方面实现了一体化，取得了令人瞩目的成效。

1. 关税同盟。这是欧盟经济一体化的起点和基础。各成员国采用循序渐进、逐步深入的方法，在1959年1月1日到1968年7月1日间取消了相互间的工业品贸易关税；在1961年1月1日到1968年7月1日间拉平了成员国对共同体以外国家的关税；1968年，欧共体建立起统一的对外关税，标志着关税同盟的建立。

2. 共同农业政策。1962年，在法、德等农业大国主持下，欧共体通过了"建立一个农产品统一市场折中协议"。2002年，欧盟共同农业政策已成为一个完整的农业政策体系，包含组织体制、立法体制、结构政策和财政体制等四个方面的内容，以及统一市场、区域优惠、共同财政、共同责任等四大原则。

3. 共同财政税收政策。通过改革和协调，欧盟逐步确立了成员国税收一体化的基本原则：禁止以税收方式对本国产品提供保护；协调成员国的税收立法；消除重复征税；成员国从属；成员国一致同意。并且，还建立了超国家主义的共同财政预算制度，其中财政收入来源于成员国全部进口关税、农产品进口差价税和糖税、成员国增值税提成等。

4. 建立高效组织机构，实施共同政策。欧盟建立了欧洲理事会、欧盟理事会、欧洲议会、欧洲委员会、欧洲法院等一整套组织机构，来保证共同政策的实施。欧盟的区域政策工具主要是设置专项基金和优惠贷款，其中结构基金重点扶持落后地区经济发展。此外，还有欧洲地区发展基金、欧洲投资银行、欧洲煤钢联合体的社会基金、欧洲农业指导与保障基金的指导部分、聚合基金和渔业指导基金等政策工具来平衡欧盟内部经济和社会发展不平衡问题。

5. 货币一体化。1999年1月欧元正式启动，2002年1月欧元作为法定货币在欧元区正式流通。欧元加强了统一市场建设，以消除欧元使用国的汇率风险，促进欧盟内部的公平竞争。2000年里斯本会议决定建立统一的"市场监管委员会"代替欧盟内部多家金融监管机构。2005年建成统一的金融和资本市场。

欧盟的发展是一个长期的、动态的整合过程。经过60年的努力，欧盟以经济区域化为龙头，从欧洲煤钢共同体、关税同盟到共同农业政策，从欧洲货币体系到统一大市场，逐步完成了由经济一体化的低级形式向高级形式的升级。其日益深化的合作过程，成为区域经济合作的典范。

但是，伴随着欧盟成员国的不断增加，同时由于受到2008年发生的全球金融危机的影响，欧盟成员国内部对一些重大问题的分歧和矛盾逐渐公开和激化。尤其是随着欧洲债务危机的加重，欧盟机构获得对成员国经济政策前所未有的干预权,日益涉入成员国的政治决策,引发一些成员国的不满。最终,英国2016年通过全民公投"脱欧",其他一些成员国对欧盟态度也出现游离,人们开始对欧盟这个区域经济一体化的典范产生疑虑。欧盟的一体化之路,面临更多未知的风险。

(二) 北美自由贸易区

按照美国、加拿大、墨西哥三国签署的《北美自由贸易协定》,北美自由贸易区(North American Free Trade Area,NAFTA)1994年1月1日正式启动。这是世界上第一个由发达国家和发展中国家组成的经济一体化集团,其经济规模与欧盟相当。

北美自由贸易区的宗旨是:取消贸易壁垒,创造公平竞争的条件,增加投资机会,对知识产权提供适当保护,建立执行协定、解决争端的有效程序,促进地区和多边的合作。

北美自由贸易区已在以下几方面取得了成效。

1. 贸易自由化。北美自由贸易区贸易自由化的特点是先实施工业品贸易自由化,后实现农产品贸易自由化。1994年进出口关税及相关费用在美国和加拿大两国间消除,1996年6月30日在美国和墨西哥两国间消除。墨西哥同意立即撤除25%的农产品进口输入许可限制并在10~15年间完全自由化,逐步取消产品配额、许可证等各种非关税壁垒。在关税削减时间上美国和加拿大对墨西哥让步,在取消非关税壁垒方面墨西哥让步多一些。

2. 投资自由化。在有关服务贸易市场准入问题上,《北美自由贸易协定》要求缔约国落实服务贸易规则中的国民待遇及最惠国待遇,改善与本地商业存在要求不符的各项措施及限制开放的服务业部门等问题。墨西哥在金融服务业方面完全开放,给予美国和加拿大国民待遇。过渡期内,墨西哥市场上美、加银行业整体参与市场最高限额45%,证券业则为10%~20%。2000年后墨西哥根据具体情况可对这两个行业实行临时保护措施。

3. 构建组织机构。通过设立自由贸易区委员会、秘书处、专家组、专门委员会、工作组环境合作委员会、劳工合作委员、各国行政办事处等机构,确保协定内容得以落实。

4. 制定争端解决机制。确定总的解决争端原则是:北美自由贸易协定、WTO及其随后的协定以及由此签订的任何协定引起的争端,争议方可自由选择任一种来解决,除非被诉方提出按《北美自由贸易协定》的争端解决程序解决。《北美自由贸易协定》规定了自身的反倾销、反补贴税事项审查和争议解决程序,并且还建立了一套争端解决机制,用以解决成员国不能有效履行协议、规定及成员国国内环保规制的问题。

北美自由贸易区突破了以水平分工为基础的一体化模式,通过发达国家与发展中国家区域内的垂直分工,在经济发展水平差异很大、经济结构不同的一体化组织方面取得令人瞩目的成功。它的高效运行实现了预期的目的,尤其在促进三国贸易发展、改善投资环境、提高国际竞争力等方面取得了显著成效。

但是,2017年1月就职的美国总统特朗普认为,自由贸易会让其他国家变得富裕,但剥夺了美国的财富、实力以及自信。因此,美国要求与墨西哥和加拿大重新谈判北美自由贸易协定。这一行为对北美自由贸易区的发展前景蒙上了一层阴影。

美国对加拿大软木实施"双反",美加贸易争端升级

北美自由贸易协定谈判将于2017年8月16日前后重启。在美国、加拿大及墨西哥准备重新谈判北美自由贸易协定之际,美国对美加贸易问题采取了强硬立场。美国《纽约时报》网站2017年4月24日报道,美国商务部裁决,加拿大不恰当地为其向美国出口的软木产品提供补贴。在双方谈判失败后,华盛顿决定对其征收3%至24%的惩罚性关税,而且该关税将追溯到90天前开始征收。

自19世纪以来,美国与加拿大就一直在软木问题上发生争吵,此次争端可追溯到1982年。争端的核心是两国森林所有权的根本性差异。在美国,林地主要由伐木公司所有,属于私人林地。但在加拿大,林地通常为政府所有。美国企业说,加拿大各省通过降低企业砍伐树木时的政府提成率为伐木公司提供了补贴。2017年4月24日,美国商务部裁定有5家加拿大公司得到了价值3%至24%的补贴,从而下令对这些加拿大公司征收相应比例的反补贴关税。

2016年,美国从加拿大进口了总额57亿美元的软木,主要用于住宅建设。美国对加拿大软木的"双反"调查,影响了价值约56.6亿美元的建筑材料的进口。加拿大外交部长和自然资源部长在一份联合声明中说:"加拿大政府强烈反对美国商务部有关征收不公平的惩罚性关税的决定。相关指控是毫无根据的。"美国商务部长则在声明中称"这是美加贸易关系的糟糕一周","这不是我们想要的自由贸易协定的恰当运作方式。"

然而,两个月之后的6月26日,美国商务部再次初裁对加拿大软木征收7.72%的反倾销税,加上4月初裁征收的反补贴税,美国对加拿大软木征收的总税率将升至17.41%~30.88%。对此,加拿大政府声明说:"我们将全力捍卫加拿大软木行业,包括通过司法途径。"在6月的早些时候,加拿大政府就说它将向国内木材行业提供

6.54亿美元的援助。

（根据参考消息网 http://www.cankaoxiaoxi.com/2017年4月27日和6月28日报道整理）

（三）亚太经合组织

《亚太经合组织官网》

亚太经济合作组织（Asia-Pacific Economic Cooperation，APEC）成立于1989年11月，现在共有21个正式成员，3个观察员。

1991年11月，APEC第三届部长级会议确定了APEC的宗旨和目标，即为本地区人民的共同利益保持经济的增长与发展；促进成员间经济的相互依存；加强开放的多边贸易体制；减少区域贸易和投资壁垒。

亚太经济合作组织的进程主要体现在以下方面。

1. 贸易投资自由化和便利化。这是APEC的长远目标，但由于APEC成员经济发展水平存在巨大差异，在实现自由化目标的具体步骤上，APEC采取了区别对待的方式。1994年11月，APEC第二次领导人会议通过的"茂物目标"（Bogor Goals）规定，发达成员和发展中成员分别在2010年和2020年实现贸易投资自由化和便利化，这成为APEC的标志性目标。

2. 经济技术合作。1994年的茂物会议将"加强亚太大家庭内的发展合作"正式作为APEC的合作目标之一。1995年的大阪会议将贸易投资自由化和经济技术合作并列为APEC的两个车轮，确立了经济技术合作的三个基本要素，即政策共识、共同活动和政策对话，制定了APEC经济技术合作的行动议程，确定了合作目的、合作方式及13个合作领域。APEC的合作模式有别于传统意义上的那种给取关系，而是确立了经济技术合作机制，鼓励私人部门和其他相关机构参加合作，并发挥市场机制的作用。

3. 推动建立亚太自由贸易区。2006年，APEC将亚太自贸区确定为实现区域一体化的长期愿景，将推进区域经济一体化、应对金融危机、创新增长和互联互通等作为工作的重点。2016年，APEC领导人会议发布的《亚太自贸区利马宣言》，进一步明确地将"亚太自贸区"作为实现亚太区域经济一体化的主要平台，把实现亚太自贸区作为进一步推进区域经济一体化的动力。

值得一提的是，《利马宣言》明确提出鼓励所有的区域安排，包括《跨太平洋伙伴关系协定》（TPP）和《区域全面经济伙伴关系协定》（RCEP），以便推动亚太地区的贸易、投资自由化和便利化，最终实现亚太自贸区。这既体现出APEC的开放、透明和包容原则，也透露出APEC在面对内部成员巨大分歧时的无奈。首先，APEC成员间经济发展水平差距较大，既有美、日这样的发达成员，也有众多发展中成员,如何协调两者之间的关系,是建立亚太自贸区必须面对的现实问题。其次,APEC 成员关于实现亚太自贸区的路径和机制还存在较多分歧,某些国家对各种形式的区域合作方式都有涉及,也有一些国家只参加某种形式的区域合作,这些区域合作路径之间有一定碰撞。再次,亚太国家在国家制度、体制、历史沿革、经济结构、文化、宗教等方面差异性较大,亚太地区多年来并没有一个所有成员都接受的贸易协定框架,目前的一些区域协定安排也难以反映 APEC 所有经济体的利益。因此,未来一段时期内,亚太区域合作可能会出现多个框架相互重叠的现象,形成"多边共存,多重路径"的态势。这种做法虽然有利于照顾到有关各方的利益,但如果没有一个较为明确的标准,亚太自贸区实现的过程可能会比较慢。

除了上述三个区域一体化集团外,其他较有影响力的区域经济一体化集团包括中国—东盟自由贸易区、南亚区域合作联盟、中美洲共同市场、加勒比共同体、西非国家经济共同体、南方共同市场、海湾合作委员会等重要的区域经济一体化集团。

中国已经加入的区域经济一体化组织

中国—东盟自贸区的建立和升级

中国与东盟地缘相近,文化、历史源远流长。现实层面,双方在经济发展、资源产业等各方面既有同一性,又有互补性。早在 1991 年,中国和东盟就开启了对话进程。1997 年金融危机席卷东南亚,中国鼎力支持东南亚国家共渡难关,双方更感携手之必要。从 2002 年起,双方在货物贸易、服务贸易和投资等各个方面展开全面合作,同时大幅度降低关税。

2010 年中国—东盟自由贸易区(China - ASEAN Free Trade Area, CAFTA)正式建立。中国—东盟自由贸易区是中国对外商谈的第一个自贸区,也是发展中国家间最大的自由贸易区。自贸区建立后,双方对超过 90% 的产品实行零关税。中国对东盟平均关税从 9.8% 降到 0.1%,东盟六个老成员国对中国的平均关税从 12.8% 降到 0.6%。自贸区的建立有力地推动了双边经贸关系的长期稳定健康发展,成为发展中国家间互利互惠、合作共赢的良好合作范式。

为进一步提高本地区贸易投资自由化和便利化水平,2015 年 11 月 22 日,在李克强总理和东盟十国领导人的共同见证下,中国商务部部长高虎城与东盟十国部长分别代表中国政府与东盟十国政府,在马来西亚吉隆坡正式签署中国—东盟自贸区升级谈判成果文件——《中华人民共和国与东南亚国家联盟关于修订〈中国—东盟全面经济合作框架协议〉及项下部分协议的议定书》(以下简称《议定书》)。《议定书》是我国在现有自贸区基础上完成的第一个升级协议,涵盖货物贸易、服务贸易、投资、经济技术合作等领域,是对原有协定的丰富、完善、补充和提升,体现了双方深化和拓展经贸合作关系的共同愿望和现实需求。《议定书》的达成和签署,将为双方经济发展提供新的助力,加快建设更为紧密的中国—东盟命运共同体,推动实现2020年双边贸易额达到1万亿美元的目标,并将促进《区域全面经济伙伴关系协定》(RCEP)谈判和亚太自由贸易区(FTAAP)的建设进程。该《议定书》于2016年7月1日正式生效。

在自贸区各项优惠政策的促进下,中国与东盟双边贸易从2002年的548亿美元增长至2016年的4 522亿美元,增长了8倍多。目前,中国是东盟最大的贸易伙伴,东盟则是中国第三大贸易伙伴。

(根据中华人民共和国商务部网站、东方早报、华龙网相关资料整理)

三、区域经济一体化的经济效应

区域经济一体化的经济效应,是指资源在区域经济一体化成员国和非成员国之间的重新配置、贸易地理方向的变化、贸易利益在成员国与非成员国之间的重新安排和再分配。

在理论上,区域经济一体化的经济效应可分为静态效应和动态效应。

(一)区域经济一体化的静态效应

区域经济一体化的静态效应,是指假定经济资源总量不变且技术水平给定时,区域经济一体化组织的建立对区域内国际贸易、经济发展及消费者福利所产生的影响。

区域经济一体化静态效应的基础理论是关税同盟理论。范纳和李普西最早以关税同盟为例系统地分析区域经济一体化的经济效应,是关税同盟理论的代表人物。按照他们的观点,一个完整的关税同盟应具备三个条件:第一,完全取消关税同盟成员之间的关税;第二,关税同盟成员对关税同盟以外的国家实行统一的关税;第三,通过协商的方式在关税同盟成员之间分配关税收入。

区域经济一体化静态效应包括贸易创造效应、贸易转移效应、贸易扩大效应、其他贸易效应等。

1. 贸易创造效应。贸易创造效应(Trade Creation)是指由关税同盟引起的产品来源地从资源耗费较高的本国生产者转移到资源耗费较低的成员国生产者而增加的福利。这种原本不存在的贸易关系被创造出来,表明经济开始按照自由贸易原则来配置资源,从而提高了成员国的国内福利水平。

假设只存在 A、B、C 三个国家，都生产某一种产品，各国之间的贸易只受关税壁垒影响。A、B、C 三国该产品的国内价格分别是 40、35 和 25；关税税率分别是 100%、75% 和 0。

在关税同盟建立前，C 国具有该产品的绝对优势，按照古典贸易理论，C 国应该出口该产品。但由于 A、B 两国存在较高的关税，三国之间没有发生贸易交换，每个国家都只是在国内市场进行资源的配置、产品生产和销售活动。

在 A、B 两国建立关税同盟后，A、B 之间相互取消关税，对外统一执行 75% 的关税税率。此时，由于 B 国的产品价格（35 美元）低于 A 国（40 美元），具有绝对价格优势，在不存在贸易壁垒的情况下，B 国向 A 国出口产品。A、B 两国之间的这种贸易活动在关税同盟建立之前是不会发生的，因此称其为贸易创造。

如果两国之间原本就有贸易发生，关税同盟建立后因取消关税壁垒对国内经济的影响，可用经济学的局部均衡分析方法（见图 8-1）。在关税同盟建立之前，按照国际市场价格 P_B，A 国的国内供应显然不能满足国内需求，需从国际市场进口。A 国征收关税 t 之后产品价格是 $P_A = P_B(1+t)$。在 A、B 两国建立关税同盟后，关税取消，A 国对从 B 国进口的商品不再征收关税，价格降低到国际市场价格 P_B。进口数量从原来的 40 单位（200-160），增加到 160 单位（260-100）。增加的进口量中有 60 单位是替代本国原来的高生产成本，另外 60 单位则是因为价格下降所带来的消费扩张。因此，对于 A 国来说，净福利的增加就是（b+d）的面积，即贸易创造效应对成员国社会净福利产生积极的影响。

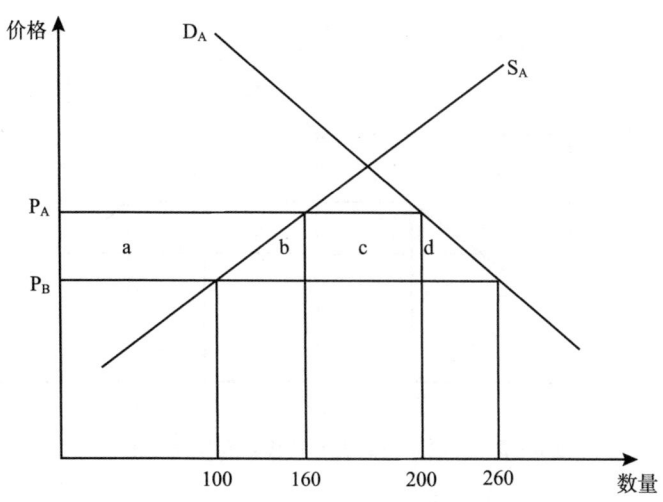

图 8-1 关税同盟的贸易创造效应与社会福利

2. 贸易转移效应。贸易转移效应（Trade Diversion）是指产品来源地从资源耗费较低的非成员国生产者转移到资源耗费较高的成员国生产者而损失的福利。

假设只存在 A、B、C 三个国家，都生产某一种产品，各国之间的贸易只受关税壁垒影响。A、B、C 三国该产品的国内价格分别是 40、35 和 25；关税税率分别是 50%、75% 和 0。

在关税同盟建立之前，C 国具有该产品的绝对成本优势。A 国的关税税率为 50%，即使征收关税 C 国产品价格也低于 A 国产品，A 国会从 C 国进口该商品；B 国的关税税率为 75%，加征关税后 C 国产品价格高于 B 国产品，B 国不会从 C 国进口产品。

在 A、B 两国建立关税同盟之后，两国之间取消关税，并对外统一执行 50% 的关税。因为 C 国的商品加上关税后的价格是 37.5 美元，高于 B 国的 35 美元，所以 A 国会从 B 国进口商品，该贸易活动是从原来 C 国的出口转移而来，称为贸易转移。

贸易转移效应阻止了从外部低成本国家的进口，而以高成本的关税同盟集团内部生产代替，这种行为违背了自由贸易的资源配置效率原则，使消费者的购买价格上升，造成福利损失。从全球的角度来看，生产资源的重新配置导致了生产效率的下降和生产成本的上升，从而导致全球福利水平的下降。

运用经济学的局部均衡分析方法，可以说明关税同盟建立之后贸易转移效应给成员国带来的经济效应和社会净福利的影响（见图 8-2）。

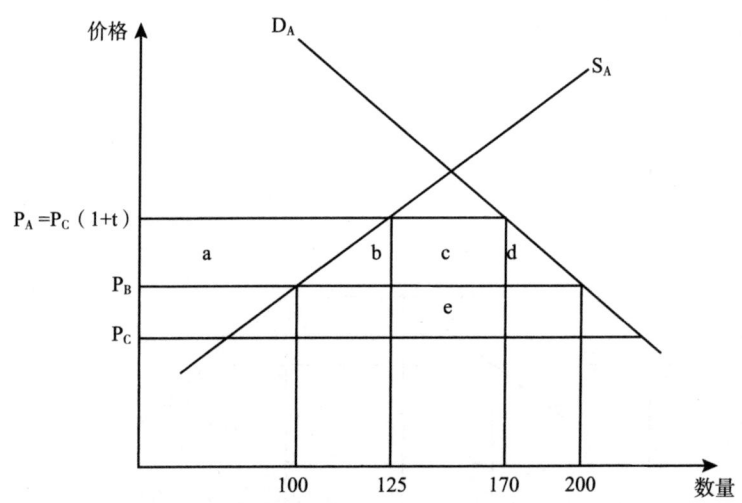

图 8-2 关税同盟的贸易转移效应与社会福利

在关税同盟建立之前，A 国对进口产品征收 50% 的关税，C 国的商品价格为 P_C，低于 B 国的商品价格 P_B，A 国从 C 国进口 45 单位

(170-125)。在与 B 国建立关税同盟后，A 国与 B 国相互取消关税，而对外统一关税，因此，A 国不再从 C 国进口，而从 B 国以 35 美元的价格无关税进口 100 单位（200-100）。从 B 国的进口中有 45 单位是从原来 C 国的进口转移而来，有 25 单位（125-100）是对 A 国高成本的生产的替代，还有 30 单位（200-170）是因为价格下降带来的消费增加。其中，从 C 国转移的 45 单位进口，就是贸易转移效应。对于 A 国来说，因为贸易创造效应带来了（b+d）面积的福利增加，但也带来了 e 面积的福利减少（c+e 的面积是关税同盟之前的关税收入），因此它的净福利效应取决于贸易创造效应与贸易转移效应二者的比较。

依据贸易创造和贸易转移效应的分析，可以发现关税同盟以两种相反的作用方式影响成员国的贸易和福利。如果贸易创造效应与贸易转移效应同时存在，则成员国的商品价格越接近低成本的国际市场价格，区域经济一体化对该国市场的影响就越可能为正，此时的贸易创造效应带来的福利水平的提高将大大高于贸易转移效应带来的福利下降。根据古典关税同盟理论可以得出如下结论：只有当贸易创造效应大于贸易转移效应时，才可以建立关税同盟。否则，就不应该建立关税同盟。

3. 贸易扩大效应。就关税同盟而言，无论贸易创造效应还是贸易转移效应，都会导致一国消费者支付价格的降低和需求的增加，从而带来进口的增加和贸易规模的扩大。贸易扩大效应是从需求角度形成的概念，而贸易创造和转移效应则是从生产角度形成的概念。

4. 其他静态效应。区域经济一体化对成员国的静态效应还包括一些制度领域的影响：第一，由于区域内部关税的取消，负责海关业务的官员可以减少，某些海关也可以取消，由此带来整个行政费用和管理成本的下降；第二，与单个成员国所能获得的平均贸易条件相比，区域经济一体化组织整体谈判力量的上升可使贸易条件得到改善；第三，区域集团成员国在同世界其他国家进行贸易谈判时，也比仅仅依靠自身力量谈判拥有更大的议价能力。

（二）区域经济一体化的动态效应

区域经济一体化的动态效应，是指随着时间的推移，区域经济一体化对成员国带来的长期动态影响。

大市场理论是分析区域经济一体化的动态效应的理论基础。大市场理论认为，区域经济一体化发展到共同市场，可比关税同盟发挥出更大的优势，可获得要素自由化流动带来的效率提高和动态经济效应。共同市场的目的是把那些被贸易保护主义所分割的小市场统一起来，构建为一个大市场，促进一种积极扩张的良性循环的形成：大市场内部的激烈竞争，促成资源的合理配置，获取规模经济，带来生产成本的下降，推动大众消费的增加和市场的进一步扩大，导致竞争的进一步激化。

具体说来，区域经济一体化的动态效应包括以下几方面。

1. 规模经济效应。获准进入更大的市场，有可能使区域一体化成员国在特定出口商品的生产领域获得规模经济。这里的规模经济可能来自于因企业生产规模扩大而带来的内部规模经济，也可能来自于因企业外部经济条件变化带来的投入品成本下降。这些规模经济效应都来源于区域经济一体化所带来的市场扩张。

从产业内贸易理论的角度分析，规模经济效应是产生中间品贸易以及产业内贸易的主要原因之一。因为规模经济效应的存在会导致企业对某种产品的专业化生产，从而形成大规模的产业内贸易。这一效应可以从欧盟产业内贸易的增长中观察到。

2. 强化市场竞争。区域内国家之间降低进口贸易壁垒，可以营造更具有竞争性的市场环境，并有可能削弱区域一体化组织建立之前存在的市场垄断力量。市场竞争会促使企业进行组织调整、产业升级、管理创新、推动新技术的应用等，促进企业生产效率的提升和社会利益的增加。

但是，区域内的竞争加剧也会带来另一个后果，即在与区外企业竞争时，区内企业为了获得竞争优势而进行区域内的并购整合，有可能导致垄断行为的重新出现。

3. 增强投资吸引力。受到区域一体化协议的约束，区域一体化组织内部市场规模的扩大和投资环境的改善，有利于吸引和刺激区域内外企业的投资。区域一体化组织内部的企业，为了应对市场规模的扩大和竞争的加剧，需要增加投资、更新设备、开发和利用新技术，扩大生产规模；区域一体化组织外部的企业，为了绕开贸易壁垒、避免贸易转移效应带来的负面影响，往往会到区域一体化组织内部成员国进行投资。

但是，也有研究认为，区域一体化的贸易创造效应可能会导致一些产业的投资减少，而且外资的进入也可能会减少本国企业的投资机会。同时，因为存在经济发展水平的差异，有可能带来资本流动的"马太效应"，即投资会涌向经济发达地区，而落后地区的投资会减少，甚至原有的投资也可能会流失。因此，区域经济一体化对投资的促进作用会出现一些偏差。

四、区域经济一体化对多边贸易体系的影响

区域经济一体化与多边贸易体系是一个矛盾的统一体，二者既相

互对立,又相互促进,在当今全球贸易中并行发展。

(一) 区域经济一体化对多边贸易体系的积极影响

1. 区域经济一体化可平衡不同国家在多边贸易体系中的力量对比。这一作用对发展中国家尤为重要。发展中国家通过组建区域经济一体化组织,可使自身的综合实力得以提高,在全球经济交流与合作中获得更多话语权,从而打破发达国家对多边贸易体系的垄断,保证多边贸易体系规则的平等性与公正性,有利于发展中国家获取更多经济利益。

2. 区域经济一体化可成为多边贸易体系的一个发展阶段。在多边贸易体系中,由于成员比较多,各成员的利益需求呈现多元化,尤其是在涉及本国整体利益和既得利益的时候,各成员彼此之间往往不能达成一致意见。因此,多边贸易体系中的一些成员首先会在某一区域内寻求和制定相关规则,并在实际执行中逐步完善这些规则,从而为在多边贸易体系中的可持续发展奠定基础。

3. 区域经济一体化与多边贸易体系相互促进。由于区域经济一体化组织内部的成员是作为一个整体来进行对外交流与合作的,如果区域经济一体化组织内部就某一问题达成了一致意见,那么在多边贸易谈判中将会节省妥协折衷的时间,从而有利于提高多边贸易体系的运行效率。同时,区域经济一体化在其运作过程中,为应对多边贸易体系的冲击,也会遵循多边贸易规则,对其相关原则、规则、机制进行补充和完善。因此,多边贸易体系及其规则的发展,也对区域经济一体化规则的形成起到一定的促进作用。

(二) 区域经济一体化对多边贸易体系的消极影响

1. 区域经济一体化的发展会加剧区域发展的不平衡性。区域经济一体化组织使得国际市场的垄断力量得以加强,造成了全球经济体系中强势集团与弱势集团发展不均衡的局面,在一定程度上对多边贸易体系的发展造成了严重冲击。首先,区域经济一体化组织有可能垄断个别商品的国际市场价格,从而使国际市场价格波动朝着有利于经济一体化组织的方向发展;其次,区域经济一体化组织有可能扩大贸易保护措施的实施范围,进而影响多边贸易体系的正常发展;第三,由发展中国家所组成的区域经济一体化组织有可能会随着整体实力的增强而进一步加剧国际市场的垄断现象。

2. 区域经济一体化的贸易转移效应,往往与比较优势原则相悖,会加剧区域经济一体化组织内外的国际贸易摩擦,阻碍多边贸易体系的稳步发展。

3. 区域经济一体化会影响多边贸易体系规则的有效实施。在实践中，区域经济一体化组织为维护自身的利益，其组织内部所制定的原则与规则有时与多边贸易体系的原则和规则不一致，使得多边贸易规则的有效实施受到一定程度的影响。同时，区域经济一体化组织主要着眼于区域性利益，可能让世界各国专注于区域性贸易安排而置多边贸易体系的发展于不顾。从经济发展均衡的角度来看，只有建立在非歧视基础上的多边贸易体系才能约束区域保护主义的泛滥。

4. 区域经济一体化会损害多边贸易体系的权威。现今全球贸易领域的焦点问题已转向非关税措施、环境保护、投资、劳工标准等领域，这些问题远较关税问题复杂，在多边贸易体系下进行的多边谈判进展缓慢。许多国家便将注意力转向区域一体化，通过订立区域内部的相关条款来寻求解决之道。这些区域经济一体化组织成员在多边贸易谈判中，必然持有共同立场，使得区域经济一体化组织在多边贸易规则制定中的话语权增强，严重影响了多边贸易体系的权威。

就目前来看，在较长的时间内，世界经济将在区域经济一体化与多边贸易体系的双轨体制下运行。因此，如何趋利避害，是一个值得研究的重要问题。

第三节　世界贸易组织

一、世界贸易组织的诞生

《世界贸易组织官网》

1995 年建立的世界贸易组织（World Trade Organization，WTO），其前身是 1948 年生效的《关税与贸易总协定》。认识世界贸易组织，需要首先了解《关税与贸易总协定》的产生与发展。

（一）关税与贸易总协定概况

《关税与贸易总协定》（General Agreement on Tariffs and Trade，GATT）是第二次世界大战后美国等 23 个国家于 1947 年 10 月 30 日在日内瓦签订的，并于 1948 年 1 月 1 日正式生效的一个临时性协定。它是政府间缔结的关于关税和国际贸易规则的多边贸易协定。

《关税与贸易总协定》的产生与战后初期夭折的国际贸易组织（ITO）有密切关系。1944 年布雷顿森林会议以后，国际货币基金组织（IMF）和国际复兴开发银行（即世界银行）作为监督国际金融和货币体系运行，稳定世界经济发展的两大国际经济组织问世了。在当时美国的计划中，还计划成立一个国际贸易组织来规范世界贸易行为及执行世界贸易政策。

1946年2月由美国发起并召开的国际贸易与就业会议，邀请了包括当时的中国政府在内的19个国家共同组建成立了国际贸易组织筹备委员会，起草该组织宪章并拟举行世界范围内的关税减让谈判。1947年4月，在日内瓦举行的筹备委员会第二次会议上，通过了《国际贸易组织宪章》草案。为了尽快解决关税减让问题，参加会议的23个国家政府同意在国际贸易组织成立以前，先就关税减让及其他贸易限制等事项进行谈判，并达成了有关协议。这些协议连同《国际贸易组织宪章》中有关贸易政策的内容一并构成一项单独的协定，即《关税与贸易总协定》。该协定作为一项过渡性的临时协议，可处理战后急需解决的各国在关税与国际贸易方面的问题。1947年10月30日，23国在日内瓦签署了该协定，1948年1月1日该协定临时适用生效。

《关税与贸易总协定》原本是一个临时规则，一旦《国际贸易组织宪章》由各国通过后就会取而代之。然而，《国际贸易组织宪章》并没有得到必要数量的国家批准，国际贸易组织的构想最终夭折。于是，当时只是临时适用的《关税及贸易总协定》就作为国际贸易组织的替代物存在下来，担负起管理、监督和发展多边贸易体系的职能，成为调整各缔约国经贸关系、推行多边贸易和贸易自由化的准国际组织机构。

《关税与贸易总协定》的宗旨是通过多边贸易谈判，达成互惠互利的协议，逐步降低关税并消除各种非关税壁垒，实现国际贸易的自由化，扩大世界资源的充分利用，发展商品的生产与交换，保证充分就业，保证实际收入和有效需求的持续增长，以达到提高生活水平和加速世界经济发展的目的。

《关税与贸易总协定》生效之初，只有23个缔约国，也无正式的常设机构，以"国际贸易组织临时委员会"作为秘书处，设于日内瓦，但该秘书处无任何立法权。《关税与贸易总协定》的最高权力机构是缔约国全体会议，每年举行一次，讨论和决定有关重大事项。缔约国全体会议休会期间，如遇紧急问题则召开特别会议或提交临时委员会处理。由于事务日益繁忙，关贸总协定成立了常设委员会。后来，一些重要的缔约国陆续向日内瓦派遣了常驻代表，在此基础上，关贸总协定于1960年成立了缔约国代表理事会，负责处理大会休会期间出现的紧急问题和日常事务，监督总协定所建立的各委员会和工作组的工作。至此，关贸总协定形成了一个事实上的国际经济组织。

（二）关贸总协定的作用

关贸总协定自生效时起，到世界贸易组织诞生时为止，关贸总协定对国际贸易和世界经济的发展起了重要的促进作用。

1. 关贸总协定促进了战后贸易的自由化。在关贸总协定的主持下，从1947年至1993年底，经过8轮多边贸易谈判，工业发达国家的工业制成品加权平均关税税率由原先的40%降至4%，并在近20个产品部门实行了零关税，同时发展中国家的平均关税水平也大幅度下降，从而极大地削弱了关税壁垒。在非关税措施方面，农产品的非关税措施全部予以关税化并进行约束和削减；纺织品与服装协议规定，纺织品的歧视性配额限制应逐步取消并回归到自由贸易体制；《服务贸易总协定》为每年近万亿美元的服务贸易制定了自由化的基本原则和规则。

2. 关贸总协定形成了一整套有关国际贸易政策的规章。关贸总协定规定了有关国际贸易政策的基本原则，如非歧视原则、关税保护原则、公平贸易原则、互惠原则、一般禁止数量限制原则以及磋商解决争端原则等。同时，在关贸总协定的主持下，各缔约方通过八轮多边贸易谈判达成了一系列协议，形成了指导各缔约方贸易政策的行动准则。这些原则和规则对各缔约方都具有约束力，在一定程度上成为各缔约方制定和修改外贸政策，处理国际贸易经济关系的依据。

3. 关贸总协定重视发展中缔约方的利益。关贸总协定的条款是按照发达资本主义国家的意旨制定的，大多是为了维护各发达国家自身的利益。但是，随着发展中国家缔约方的增多，其贸易地位和利益逐步受到关贸总协定的重视，加上发展中国家的争取和斗争，关贸总协定采取了一些措施，以利于发展中缔约方对外贸易的发展。比如，通过艰苦的谈判，1965年后，总协定中增加了专门处理发展中国家贸易与发展问题的条款；1971年，关贸总协定缔约方大会批准，发达国家对来自发展中国家的产品实行普遍优惠制；1979年在"东京回合"上，缔约方全体通过了"授权条款"，即授权发达国家缔约方无须申请解除义务，就可给予发展中国家普惠制待遇，而不受关贸总协定第1条最惠国待遇条款的约束。"授权条款"的作用在于：给予普惠制以法律地位；给予发展中国家之间实行优惠待遇以法律地位。

4. 关贸总协定缓和了各缔约方之间的矛盾。关贸总协定及其达成的协议，是各缔约方特别是发达资本主义国家之间暂时妥协的产物。在多边贸易谈判中，虽然各缔约方尤其是发达缔约方之间经常争吵不休，相互指责，甚至扬言要对某些国家采用报复手段，但关贸总协定为各缔约方提供了解决矛盾的场所，并规定了一套调处各缔约方之间争端的程序和方法，使各缔约方可通过长期谈判，采取磋商、调解的方式解决了一些争端，达成了一些协议。因此，关贸总协定对维护世界多边贸易体制，缓和各缔约方之间在贸易上的矛盾与冲突，保证各缔约方的合法利益，起到了积极作用。

(三) 世界贸易组织的成立过程

1986年9月,关贸总协定部长会议在乌拉圭的埃斯特角召开,关贸总协定时代的第八轮多边贸易谈判——乌拉圭回合谈判拉开了帷幕。

1994年4月,125个国家和地区的代表出席了在摩洛哥马拉喀什召开的部长会议,正式签署了以建立世界贸易组织为核心的《马拉喀什宣言》,并宣告"乌拉圭回合"结束。

"乌拉圭回合"是关贸谈判史上规模最大、历史最长、谈判最艰苦但也最富有成果的一轮多边贸易谈判。125个国家和地区在7年多的时间里就包括3项新议题(服务贸易、与贸易有关的投资措施、知识产权)在内的15项议题进行了艰苦的谈判,最终达成36项协议,形成了一份厚达550页的"乌拉圭回合"最后文件。

马拉喀什部长级会议还成立了世界贸易组织筹备委员会。该委员会主要负责关贸总协定向世界贸易组织的过渡。该委员会通过设置的一些分委员会,复审处理过渡的具体事宜。为顺利过渡,关贸总协定与世界贸易组织在1995年共存一年。

二、世界贸易组织与关贸总协定的关联

1995年1月1日,世界贸易组织宣告成立,并正式采用了世界贸易组织的英文缩写WTO这个名字。WTO总部设在瑞士的日内瓦,管理并执行构成WTO的多边贸易协定。它作为多边贸易谈判的场所,设法解决贸易争端,监督各国贸易政策,与其他参与全球经济决策的国际组织进行合作。

虽然说世界贸易组织是关贸总协定40多年发展过程的自然结果,然而从关贸总协定到世界贸易组织,并非只是名义上的变化,世界贸易组织是对关贸总协定的继承和发展。

(一) 世界贸易组织是关贸总协定的继承者

世界贸易组织是关贸总协定的继承者,这表现在以下几个方面。

1. 世界贸易组织继承了关贸总协定的主要内容。《1994年关贸总协定》作为世界贸易组织的基本文件,继承了《1947年关贸总协定》的整体。它由四部分组成:第一部分为临时适用议定书和《1947年关贸总协定》的各项规定及其修正文本;第二部分为《1947年关贸总协定》下生效的关税减让议定书或证明书、加入议定书、有效的豁免决定;第三部分为关贸总协定条款的6项谅解;第四部分为关贸总协定1994年马拉喀什议定书。

2. 世界贸易组织继承了关贸总协定的基本宗旨和诸项原则。其宗旨仍是促进各国生产和贸易，保证各国的充分就业和收入水平的提高。非歧视原则、关税减让原则、禁止数量限制原则、公平贸易原则等一系列原则仍为世界贸易组织的指导原则，并成为世界贸易组织的灵魂。

3. 世界贸易组织继承了关贸总协定的成员、组织机构和运作机制。关贸总协定的所有成员在签署"乌拉圭回合"的所有协议后，自动成为世界贸易组织的创始成员。世界贸易组织的许多组织机构是由原来关贸总协定的机构发展而来的。其总部还是设在日内瓦，秘书处也由原关贸总协定的秘书处发展而成，并继承了其所有文档。世界贸易组织的磋商一致决策方式、争端解决机制和贸易政策评审机制等也沿袭了关贸总协定的惯例。

（二）世界贸易组织是对关贸总协定的发展

与关贸总协定相比，世界贸易组织无论在组织方式上还是在管理内容上，都有了实质性改变，是一个全新的国际经济组织。

1. 世界贸易组织是一个具有国际法人资格的永久性正式组织。世界贸易组织是根据《维也纳条约法公约》正式批准生效的国际组织，具有独立的国际法人资格，有一整套的组织机构，是一个常设性、永久性存在的国际组织，其所作出的承诺是完整的和永久的。各成员国要赋予世界贸易组织执行职能所必需的法律能力、必需的特权及豁免权，即像联合国专门机构那样的特权和豁免权。而关贸总协定只是一个多边的临时协定，没有组织基础，尽管在40年的实践中，各成员都将关贸总协定当作一种永久性的承诺，但其基础仍然没有摆脱"临时"的性质。

2. 世界贸易组织管辖的范围较关贸总协定广泛。关贸总协定产生于货物贸易占国际贸易大多数的20世纪40年代，其管辖的范围只是货物贸易。在具体实施中，农产品贸易、纺织品和服装贸易又脱离了其管辖，因而关贸总协定管辖的仅是部分货物贸易。相反，世界贸易组织则不仅管辖货物贸易的各个方面，将一些长期游离于贸易原则之外的"敏感"领域和"灰色贸易措施"予以消除，而且还通过《服务贸易总协定》（General Agreement on Trade in Services，GATS）、《与贸易有关的知识产权协定》（Agreement on Trade Related Aspects of Intellectual Property Rights，TRIPS）、《与贸易有关的投资措施协议》等，将服务贸易和与贸易有关的知识产权和投资等方面纳入自己的管理范围。世界贸易组织还通过加强贸易与环境的政策对话，强化各成员注意对经济发展中的环境保护和资源的合理利用。

3. 世界贸易组织成员承担的义务比关贸总协定具有统一性。世界贸易组织成员不分大小,对其所管辖的多边协议一律必须遵守,以"一揽子"方式接受世界贸易组织的协定、协议,不能"点菜式"地有选择地参加,不能对其管辖的协定、协议提出保留。而关贸总协定的许多协议,则是以守则似的方式加以实施,缔约方可以接受也可以不接受,带有自愿选择的性质。

4. 世界贸易组织以法律形式确立了争端解决机制的权威性。在关贸总协定体制下,贸易争端的解决机制是"一只没有牙齿的老虎",只要有一个缔约方提出反对通过争端解决机构提出的裁决报告,关贸总协定就不能对争端作出裁决,从而大大削弱了争端解决机制的权威性和有效性。相反,世界贸易组织规定,只要不是全体成员完全一致反对争端解决机构提出的裁决,即视为全体通过,并规定了解决争端的时间表,使其效率大大提高,权威性也得以确立。

5. 世界贸易组织的成员更加广泛。关贸总协定最初签订时只有23个国家,曾被称为"富人俱乐部",后来一些发展中国家也加入进来,成员达到一百多个。世界贸易组织成立时,成员就有123个。截至2016年6月,世界贸易组织成员已增加到164个,其成员的经济贸易已占世界经济贸易份额的98%以上。

"牙齿"的价值

高渊:你担任中国驻世贸组织大使长达9年,你觉得这是一个怎样的组织?

孙振宇(中国常驻世界贸易组织首任大使):它与其他国际组织最大的不同,在于它是有"牙齿"的。在世贸组织签署的任何一个协议,都不是签完就完了。每个协议都有一个相应的委员会来监督执行,各个委员会要定期召开例会,每个成员都要回应大家的提问。如果问题老不解决,就会启动争端解决机制,裁决之后再不解决,就会经过授权进行贸易报复了。

高渊:也正因为有"牙齿",所以各国才比较看重它吧?

孙振宇:这么多国家愿意把问题拿到世贸组织来谈,就是因为它认真,而且有"牙齿"。后来不仅谈贸易问题,还把与贸易有关的投资、知识产权拿到世贸组织来谈,甚至还有劳工、环境等问题,就是大家觉得这个平台管用。

高渊:中国当被告的次数多吗?

孙振宇:中国入世到现在,我们告其他成员大概有16起,人家告我们有30多起。每个案子短的要花费两三年,长的要三四年,有些陈述都是上千页纸,我们都得用英文,对我们的专家压力很大,但也很锻炼人。

*高渊：*我们赢的多还是输的多？

*孙振宇：*败诉的案子比胜诉的多一些。在败诉以后，中国按裁决修改相关法律法规，这一点我们做得比较好，起码比美国做得好，我们充分尊重世贸组织的争端解决机制。同时，这本身也是在推动我国进一步改革开放。

（资料来源：《首任大使揭秘"中国如何跻身核心圈"》，载于《凤凰国际智库》2016 年 12 月 12 日）

三、世界贸易组织的基本原则

为了有效实施其宗旨，世界贸易组织的各项协议中贯穿了一系列的基本原则。这些基本原则主要来自《1994 年的关税与贸易总协定》、《服务贸易总协定》以及历次多边贸易谈判特别是"乌拉圭回合"谈判达成的一系列协定，适用于世界贸易组织所管辖的国际货物贸易、服务贸易、与贸易有关的知识产权和投资措施等领域。

世界贸易组织协议适用的基本原则是由若干规则和规则例外所组成，它们是多边国际贸易体系运转的基础，也是调整多边国际贸易关系的准则。

（一）非歧视待遇原则

非歧视待遇原则（Rule of Non-discrimination）是世界贸易组织管辖的多边贸易协议与协定中最基本的原则之一，其核心是所有缔约国一律平等，进口商品与国内商品平等，这一原则主要是通过最惠国待遇条款和国民待遇条款来实现的。

1. 最惠国待遇原则。最惠国待遇是国际贸易条约中的一项重要条款，也是各国签订贸易条约所依据的法律原则。最惠国待遇（Most Favored Nation，MFN）是指缔约方一方现在和将来给予任何第三方的优惠和豁免，也同样给予对方。其核心是所有缔约国一律平等，要求缔约方在另一方享有不低于任何第三方享有或可能享有的待遇。

最惠国待遇一般是相互给予的，是一种互惠原则，并通过贸易条约明文规定。条约中规定这种待遇的条文被称为最惠国条款，享有最惠国待遇的国家称为受惠国。

最惠国待遇可以分成有条件的最惠国待遇和无条件的最惠国待遇。有条件的最惠国待遇是指如果缔约方一方给予第三方的优惠是有条件的，则缔约方另一方必须提供同样的补偿，才能享受这些待遇；无条件的最惠国待遇是指缔约方一方给予第三方的一切优惠立即无条件地、无补偿地、自动地适用于缔约方另一方。在现代贸易条约中，普遍采用的是无条件最惠国待遇原则，有条件最惠国待遇原则已极少采用。

2. 国民待遇原则。国民待遇原则是国际贸易条约中通常采用的原则。国民待遇（National Treatment）是指缔约方一方保证缔约方另一方的公民、企业和船舶在本国境内享有与本国公民、企业和船舶同等的待遇。其核心是进口商品与国内商品平等、外资企业和本土企业平等，一般适用于外国公民和企业的经济权利。

实施最惠国待遇原则和国民待遇原则的目的是要消除缔约国之间在贸易、关税、航运、公民法律地位等方面的歧视，使所有缔约国具有同等的贸易机会和条件，平等地进行贸易竞争，促进缔约国之间的贸易往来和经济发展，推动自由贸易的发展。

3. 非歧视原则的适用。最惠国待遇条款和国民待遇条款体现在乌拉圭回合达成的一系列协议中，不仅存在于传统的有关货物贸易的诸多协议中，而且还扩大适用到该回合达成的新议题协议。

在乌拉圭回合达成的《服务贸易总协定》中明确规定了服务贸易适用最惠国待遇原则和国民待遇原则。《服务贸易总协定》的最惠国待遇条款规定，有关本协定任何措施，任何参加方给予另一参加方的服务或服务提供者的待遇，应立即无条件地以相同待遇和相同交接方式给予其他参加方相同的服务或服务提供者。《服务贸易总协定》的国民待遇条款规定，缔约方应在所有影响服务供给的措施方面，给予他国的服务和服务提供者不低于给予其本国相同的服务和服务提供者的待遇。

在乌拉圭回合达成的《与贸易有关的知识产权协议》的总则和基本原则中明确规定，有关知识产权的保护适用最惠国待遇原则和国民待遇原则。该协议的最惠国待遇条款规定，在保护知识产权方面，任何缔约方对另一方国民所给予的优惠、特权及豁免，应立即无条件地给予其他缔约方的国民。该协议的国民待遇原则将仅适用于外国进口产品国民待遇，扩大到包括商标、专利、版权等内容的知识产权领域。

4. 非歧视原则的例外。非歧视原则也存在例外原则。《关税与贸易总协定》签订时已存在的优惠安排、边境贸易、关税同盟及自由贸易区的优惠待遇，涉及国家安全、文物、健康而采取的限制性规定和禁令等不适用最惠国待遇。再者，关税与贸易总协定的国民待遇条款主要适用于货物贸易，且只适用于外国进口产品的国内规章方面，其他方面不能适用。

《服务贸易总协定》也有最惠国待遇和国民待遇的例外规定。该协定规定，一缔约方可以采取与最惠国待遇原则不相一致的措施，但应包括在附录中，并要符合其条件等。服务贸易总协定将国民待遇作为缔约方谈判的具体承担义务，而不是必须遵守的义务，只有当各缔约方明确承诺给予特定服务或服务行为以国民待遇时，国民待遇才是一种义务。此外，它还规定了不少例外，如"一般例外""安全例外"等。

《与贸易有关的知识产权协议》也规定了最惠国待遇例外和国民待遇条款例外。在保护知识产权方面，缔约一方对其他缔约方国民提供的待遇不得低于对它的国民所提供的待遇。这一规定将关税与贸易总协定在国民待遇原则上仅适用于对外国进口产品扩大适用到包括商标、专利权和版权等内容的知识产权领域。但是，有关保护知识产权方面的巴黎公约、伯尔尼公约、罗马公约以及有关集成电路知识产权的条约中的各自例外规定均构成该协议的例外。

（二）贸易自由化原则

贸易自由化（Rule of Free Trade）是世界贸易组织的一个极其重要的原则。贸易自由化就是限制和取消一切妨碍和阻止国际贸易开展和进行的障碍，包括法律、法规、政策和措施等。

贸易自由化原则体现在世界贸易组织所管辖的各项协议中，主要通过互惠规则、关税减让规则和取消数量限制规则等来实现的。

1. 互惠原则。在国际贸易中，互惠是指两国相互给予对方以贸易上的优惠待遇。

互惠有双边互惠和多边互惠之分。多边互惠是把双边互惠原则扩大到多国之间，它在关税减让的谈判中起到关键作用。世界贸易组织强调多边互惠规则的使用，其目的在于明确务缔约方在关税谈判中相互之间应采取的基本立场，确定缔约方之间建立商务关系的基础，保证和鼓励通过关税和其他一些事项的谈判，使新加入的国家做出一定的互惠承诺，从而使缔约方的贸易建立在合理互惠的基础上。互惠规则与最惠国待遇原则的结合实施，还可以避免缔约方由双方互惠而引起的差别待遇。

互惠原则是《1994年关税与贸易总协定》的重要规则之一，主要见诸关税谈判和关税减让的条款中。互惠是关税减让谈判的基础。关贸总协定前几轮回合或采用贸易规模来衡量其互惠程度，或通过主要供应国的谈判模式来安排互惠；肯尼迪回合强调多边互惠优于双边互惠；东京回合采取了一些特殊的非关税壁垒的互惠；乌拉圭回合则提供了实质性互惠，如在谈判中，发展中国家要求发达国家在纺织品、热带产品等方面作出让步，发达国家则要求发展中国家在服务贸易和知识产权保护等方面作出让步，最终各方适当让步，达成了众多的协议，结束了乌拉圭回合谈判。

世界贸易组织的互惠原则也有例外规定。关税与贸易总协定规定发达国家对其承担的对发展中国家的贸易减免税和其他壁垒的义务不能希望互惠，同时，关税与贸易总协定也允许缔约方在某些特殊情况下，可援引免责条款，撤回或修改它已作出的关税减让。服务贸易总协定也有不少例外规定。在服务贸易逐步自由化的有关条款中规定，应允许发展中国家放缓开放服务贸易，或根据其发展情况逐步扩大市场准入程度等方面给予适当的灵活性等。

2. 关税减让原则。关税减让是世界贸易组织倡导的重要规则之一。世界贸易组织允许把关税作为保护国内产业的唯一手段，但同时又规定缔约国各国必须不断地降低关税税率，以逐渐降低关税壁垒。

《1994年关税与贸易总协定》第2条、第28条以及第28条附加条款对关税减让和进行多边贸易谈判的方法作了原则规定。关税减让除了规定直接降低关税税率之外，还有在谈判期间不提高现行税率，不得增减免税税目；固定现行各项税率；规定税率的最高限等形式。关税减让以互惠为基础，通过谈判来实现。

关税减让规则也允许一些例外。如缔约方在遇到某些特殊情况时，可以引用关税与贸易总协定中的免责条款，撤回它已作出的关税减让；发展中国家如因约束税率对国际收支不利时可以暂时在关税保护方面免除该项规则的适用。

3. 取消数量限制原则。为了保证关税作为唯一的保护手段，世界贸易组织原则上不允许实施进出口的数量限制措施。

关税与贸易总协定自成立之初就提出了取消数量限制原则。关税与贸易总协定第11条规定，任何缔约方除征收税捐或其他费用以外，不得设立或维持配额、进出口许可证或其他措施以限制或禁止其他缔约方的产品输入，或向其他缔约方输出或销售出口产品。为防止数量限制例外的滥用，关税与贸易总协定第13条规定，若确有必要实施数量限制，应在非歧视原则基础上实施。

取消数量限制原则在乌拉圭回合得到进一步发展。这不仅表现在把取消数量限制原则扩大到纺织品和服装这一长期游离于关税与贸易总协定之外的商品贸易，逐步取消纺织品和服装类商品贸易的数量限制，最终实现自由化；而且还表现在把取消数量限制原则扩大到其他有关方面的协议，特别是服务贸易总协定。服务贸易总协定规定，不应限制服务提供者的数量，不应采用数量配额方式限制服务交易的总金额，不应采用数量单位表示服务提供的总产出量，不应对雇佣的自然人的总数量进行限制。但缔约方可出于对公共道德或维持公共秩序，对人类、牲畜或植物的生命和健康的保护，法律的规定和安全方面的考虑等原因而采取例外。

由此可见，贸易自由化原则在多边贸易谈判以及在与贸易保护主义斗争中，不仅在传统的货物贸易范围内得到加强，而且在服务贸易和其他领域贸易中都得到了发展。

(三) 透明度原则

透明度（Transparency Mechanism）是世界贸易组织的三个目标之一，是各缔约方在有形商品贸易、技术贸易和服务贸易中应遵循的一项基本原则。关税与贸易总协定规定，缔约方制定的与国际贸易有关的法令、条例与一般援用的司法判决以及行政规定，都应迅速公布，以使各国政府及贸易商熟悉它们；一缔约方政府或政府机构与另一缔约方政府或政府机构之间缔结的影响国际贸易政策的现行规定，也必须公布；对已公布的各项经贸法规和政策措施，各缔约方必须以统一、公正和合理的方式加以实施。

服务贸易总协定规定，在一般情况下，每一缔约方必须将影响服务贸易总协定实施的有关法律、法规、行政命令以及所有的其他决定、规则以及习惯做法，无论是谁作出的，都应最迟在它们生效以前予以公布；如不能公布，也应将消息予以公示等。

与贸易有关的知识产权协议规定，涉及该协议的议题，由任何缔约方通过的法律和法规、司法决定和行政决定应以该国官方语言及时颁布，若颁布不可行时，应以各缔约方政府和权利人可得知的方式公开，在协议一方政府或政府性机构与另一方政府或政府性机构间生效的涉及知识产权保护的协议也应颁布。

为了确保透明度原则的实现，世界贸易组织建立了经贸政策年度报告制度、经贸政策查询制度和经贸政策评审制度。各缔约方必须每年向世界贸易组织秘书处提交本国贸易政策的年度报告，同时也可以随时了解和掌握其他缔约方的经贸政策。世界贸易组织定期对各缔约方的经贸政策进行评审。

不过，世界贸易组织所要求的透明度是有一定范围的。关税与贸易总协定、服务贸易总协定和与贸易有关的知识产权保护协议等都规定，某些会妨碍法令的贯彻执行，会违反公共利益，或者会损害某一公私企业的正当商业利益的机密资料，都可以不予公开。

(四) 市场准入原则

市场准入（Rule on the Access to Market）是指一国允许外国的货物、劳务与资本参与国内市场的程度。

世界贸易组织制定市场准入原则的目的在于通过增强各国对外贸易体制的透明度，减少关税和其他各种强制性限制市场进入的非关税壁垒，以及通过各国对开放本国特定市场所作出的具体承诺，切实改善各缔约方市场准入的条件，使各国在一定的期限内逐步放宽市场开放的领域，从而达到促进世界贸易的增长，保证各国可以在世界市场上公平自由竞争的目的。

市场准入原则的实现必须依靠世界贸易组织其他原则的实施来加以支持，如贸易自由化原则、透明度原则等。同时，市场准入原则又促使和监督这些相关原则的进一步加强、完善以及变成具体化的承诺。

市场准入原则在乌拉圭回合得到充分体现。乌拉圭回合以前的七轮多边贸易谈判涉及的几乎都是多边关税减让，各国都富有成效地降低了关税。但在大幅度削减关税壁垒的同时，许多国家的外贸政策和措施又转向了非关税壁垒，使很多国家的出口商品受到严重阻碍而不能进入他国市场，在很大程度上抵消了关税减让给各国带来的市场准入机会。

乌拉圭回合贸易谈判中市场准入原则得到进一步应用。

首先，市场准入原则在货物贸易协议中得到进一步发展，在很大程度上减少和消除了国际贸易中的障碍，有效地改善了市场准入条件。具体表现为三个方面：一是关税减让，包括削减关税、关税约束、关税上限，120多个国家通过关税减让就市场准入做出了承诺。二是非关税措施削减或实行关税化，长期游离于多边规则之外的纺织品、服装以及农产品贸易纳入多边贸易体系，各参加方承诺农产品的非关税措施全部予以关税化，并进行约束和削减。三是各种非关税措施的约束，乌拉圭回合达成的有关非关税壁垒的协议涉及到原产地规则、装船前检验、反倾销、贸易技术壁垒、进口许可证程序、补贴与反补贴海关估价、政府采购等方面。这些协议通过制定新的规则和对原来规则的改进，对各种非关税措施实施的条件、标准和手段给予了更加严格、明确和详尽的规定，同时，对于各种直接限制商品进口数量的措施，各参加方也在减让表中对其取消的程度、涉及的商品目录和时间安排等作出了某些具体承诺。

其次，市场准入原则在服务贸易领域得到体现。在服务贸易中，市场准入原则的实施对各缔约方而言不是一般性义务，而是具体承诺的义务。这些义务必须通过双边或多边贸易谈判达成协议后才为各国所承担。市场准入原则只适用于各成员方所承诺开放的部门，不适用于其未予承诺开放的其余部门。迄今为止，服务贸易总协定的各缔约方已分别递交了各自承担具体义务的计划安排，对其所承担的市场准入的义务、完成承担义务的适当时间框架、承担义务的生效日期作出详细说明。

（五）公平贸易原则

为了促进贸易的自由化，世界贸易组织不仅确定了市场准入原则，而且还确定了公平贸易原则。市场准入原则主要是针对进口贸易的，而公平贸易原则（Rule of Fair Trade）则主要是针对出口贸易的。

关税与贸易总协定规定，缔约方为了抵消或防止倾销或补贴，可以对倾销或补贴的产品征收数量不超过这一产品的倾销差额或补贴额的反倾销税或反补贴税。

关税与贸易总协定还就征收反倾销税和反补贴税的规则、程序和例外做出了规定。但由于关贸总协定对反倾销税和反补贴税的某些规定过于简单、含义不够明确、约束力不够强，一些国家为推行贸易保护主义，滥用反倾销税和反补贴税。为此，肯尼迪回合达成了《关税与贸易总协定反倾销守则》、《补贴与反补贴守则》，进一步明确和补充了关贸总协定中有关反倾销和反补贴方面的条款和规定。乌拉圭回合又对上述守则分别进行了修改和补充，达成了反倾销、反补贴新协议。

根据新的反倾销协议规定，一项产品从一国出口到另一国，该产品的出口价格低于在出口国旨在用于消费的相同产品的可比价格，则该产品被认为是倾销。对于征收反倾销税的条件，新协议要求损害的事实或损害的威胁必须要有积极的证据来表明，不能仅为指控、假设或推断。至于对倾销的调查、举证、征税程序、临时措施及反倾销决定的公布和说明，新协议都作了更为明确的规定。此外，新协议还增加了反规避反倾销条款。

根据新反补贴协议规定，补贴是指政府或公共部门给企业提供的财政支持、税收减让、货物和劳务以及价格支持等。新协议将补贴分为可诉讼和不可诉讼补贴。前者可诉诸争端解决，后者则不可诉争端解决。新协议还对反补贴税征收程序做出了详细规定。

此外，反倾销和反补贴新协议对发展中国家规定了特殊待遇。如当反倾销措施将影响发展中国家根本利益时，可使用协议规定的其他补助措施；最不发达国家以及人均国民生产总值不足 1 000 美元的发展中国家可以进行出口补贴；对达到出口竞争性标准的产品的取消补贴可有 8 年的宽限期等。

（六）公正平等处理贸易争端原则

国际贸易争端是随着国际经济交往发展不可避免地要发生的一种现象，若不能采用适当途径和方式来解决这些争端和冲突，将会极大地损害国际贸易发展。为了处理缔约方之间的贸易争端，关税与贸易总协定规定了解决国际贸易争端的办法。但由于规定比较简单，完成程序的时间过长、管辖权有限等原因，关贸总协定的贸易争端解决机制只起到论坛和调解委员会的作用。

为了使贸易争端不至于对各成员国的贸易发展造成阻碍，在乌拉圭回合中达成了《关于争端解决的规则与程序的谅解》（下称《谅解》）。随着《谅解》所规定的机构的相继成立，世界贸易组织开始受理一些成员国所提出的申诉，新的国际贸易争端解决机制已经形成。

与原贸易争端解决机制相比，新的争端解决机制体现了公正、平等处理贸易争端的原则（Equality and Fairness in Dispute Settlement），具体表现为：

第一，建立了统一的争端解决程序。它不仅适用于多边贸易协议，而且还适用于诸边贸易协议；不仅把关税与贸易总协定未涵盖的服务贸易、与贸易有关的知识产权保护、与贸易有关的投资措施、农产品和纺织品等敏感性商品纳入其管辖范围，而且还在适用程序方面做了明确的规定，避免了适用法律问题上的分歧。

第二，设立了争端解决机构。世界贸易组织成立了专门负责解决争端的机构。该机构隶属于总理事会，负责执行《谅解》中的规则与程序以及有关协议中的磋商和争端解决条款。

第三，规定了更加严格和明确的工作时限。《谅解》及其附件具体规定了争端解决的各个阶段的工作时限，并对专家小组的工作程序和时间表也提出了具体的框架。

第四，增设了上诉程序，加大了裁决的执行力度。世界贸易组织争端解决的程序中设立了上诉程序，建立了相应的常设上诉机构受理上诉的案件，规定在专家小组报告或上诉报告通过的30天内举行的争端解决机构会议上有关方必须明确其执行裁决的意向。若有关成员方向争端解决机构提出仲裁请求，仲裁应在规定的时间内完成。仲裁的决定是终局的，应被有关方接受。

第五，引入了交叉报复的作法。《谅解》规定，为了保证所有成员的利益，确保争端的有效解决，成员方立即遵守争端解决机构的建议和裁决是重要的。若发现不执行裁决，有关当事方可要求中止减让或履行其他义务。

第六，设立了有关发展中国家、最不发达国家的特别程序。

四、世界贸易组织的贸易争端解决机制

在解决国际贸易争端方面，世界贸易组织在关贸总协定的基础上建立了一个全新的争端解决机制。"乌拉圭回合"谈判达成的《建立世界贸易组织的协议》附件2——《关于争端解决规则与程序的谅解》是建立世界贸易组织新的争端解决机制的主要文件。

（一）争端处理机制的目的和原则

争端解决机制（Dispute Settlement Mechanism）的目的在于确保争端确实有效地解决，优先考虑能为争端各当事方所接受并与有关协

议相一致的解决办法。若无法达成双方均愿意接受的解决办法，争端解决机制的首要目标是确保废除那些与各有关协议的规定不一致的有关措施。如果无法立刻废除这些措施，可以诉诸"补偿性条款"，此条款类似于民法中的损害补偿。《谅解》提供给成员方行使争端解决程序的最后手段时，采取终止各项许可权或终止有关协议下的其他义务的措施，但须经过争端解决机构的授权认可。世界贸易组织的争端解决机制为多边贸易体制提供了安全性和可预测性。

世界贸易组织的争端解决机制从执行程序上，与关贸总协定有一个明显的差异。关贸总协定在争端解决机制上采取的是"协商一致"原则。即指当全体成员国都赞成某项决议的通过，该决议才能通过，如果有一方反对（包含被申诉成员），即使其余各方都同意，该决议也无法通过。而世界贸易组织采用的是"反向协商一致原则"（Negative/Reverse Consensus），只有当全体成员国都反对某项决议的通过时该决议才不能通过。也就是说，只要有一方赞成，该决议就可以通过。"反向协商一致原则"提高了世界贸易组织解决争端的效率，增加了司法层面上的可预测性，提升了世界贸易组织在成员国间贸易争端解决方面的权威和威慑力。"所以，WTO 有了一些 GATT 没有的东西——牙齿"①。

（二）争端解决机制的程序

1. 协商。争端处理首先由当事国之间协商解决。

《谅解》第 4 条详细规定了争端的协商程序，明确了协商的时间限制。接到协商请求的成员方，要在 10 天内给予答复，进行真诚协商，以达成双方满意的解决办法。如果该成员方未在 10 天内给予答复，或者在得到协商请求的 30 天内没有进行协商，则请求磋商的成员方可以直接请求成立专家组。

2. 设立专家小组。设立专家小组的请求要以书面形式提出，要阐明是否已经进行了磋商，确认当事方意见不一的各项具体措施，并提出一份简要概述，说明起诉的法律依据。

根据程序要求，争端解决机构最迟要在该请求列入议程的会议之后的下一次会议上成立专家小组。

专家小组应由 3 名专家组成。在特殊情况下，如果各当事方同意，也可以由 5 人组成。专家小组的职责是按照有关协议的规定，审查由当事方提交争端处理解决机构的有关事项的文件，提出建议和调

---

① Frances Williams, "*WTO——New Name Heralds New Powers*," *Financial Times*, December 16, 1993, P5; and Frances Williams, "*GATT's successor to Be Given Real Clout*," *Financial Times*, April 4, 1994, P6.

查材料，供争端处理机构作出符合协议规定的裁决。

3. 专家小组提出最终报告。若争端各当事方在工作组调查期间，未能取得双方满意的办法，专家小组应向争端解决机构提交有关调查的书面报告。专家小组的这份报告应陈述事实的调查结果、有关条款的适用性，以及专家小组所作的调查情况与建议的基本理由。若争端各当事方之间业已达成对该事件的解决办法，则专家小组的报告应限于对该案例简要陈述，并写明业已达成的解决办法。专家小组从设置开始，原则上在 6 个月之内要向当事国提出最终报告。

在提出专家报告的 60 天内，该报告在争端处理委员会的会议上应予以通过，只要不是全体一致不采纳专家小组的报告，就算通过此报告，除非某一当事方向争端处理委员会正式通报其上诉决定。

4. 上诉与复审。世界贸易组织新的争端解决机制建立了上诉制度。对专家小组的报告不满的当事国，在争端处理机构对报告通过之前可以上诉，要求对案件复审。只有申诉方与被申诉方具备上诉权利，有利害关系的第三方可以就有关问题提出书面意见。

常设上诉机构的成员由 7 人组成，这些人士应具有公认的权威，并在法律、国际贸易和各有关协议主题内容方面具有专业知识。他们应与任何政府没有关系。

上诉机构审理案件只做书面审理，审理过程完全保密。其审理的范围只包括专家小组中的法律问题和该专家小组所做的法律解释。也就是说，上诉机构审理案件不涉及事实问题。上诉机构可以维持、修改或推翻专家小组所做的法律认定和结果。一般情况下，上诉机构的审案时限为 60 天。在特殊情况下，可以延长，但无论如何不能超过 90 天。除非争端解决机构一致决议不通过上诉机构的报告，否则，上诉机构的报告应在该报告向各成员发布的 30 天内由争端解决机构通过，各有关当事方应该无条件接受该报告。

一般来说，从专家小组成立到争端解决机构通过专家小组报告的这一时间，如果没有上诉阶段，不应该超过 9 个月，如果有上诉阶段，不应该超过 12 个月。

5. 实施建议与补偿交涉。专家小组或者上诉机构，如果认为某项措施有悖于某个有关协议，它应建议有关成员方使该项措施与哪个协议的精神相一致。除了建议外，该专家小组或上诉机构还可提出使有关成员方能够履行那些建议的各种方法。

争端解决机构通过的建议或裁决应该迅速得到执行。在专家小组或受理上诉机构报告通过的 30 天内举行的争端解决会议上，有关的成员方（一般指有执行义务的成员）应向争端解决机构说明它执行有关裁决和建议的意向。如果建议和裁决等不能立即实施，那么应该确立一个合理的期限，最长期限不能超过 15 个月。

如果有关成员方在合理期限内不能履行建议和裁决，当事国可以进行补偿的交涉。被申诉方应在确定的合理期限到期之前与任何当事方开始谈判，以求得双方都能接受的赔偿办法。

世界贸易组织争端解决的最后的解决手段是经过争端解决机构的授权，胜诉方有权中止有关协议下的减让或其他义务。如果在败诉方应该履行专家小组和上诉机构的建议和裁决的合理期限之后 20 天内，仍未达成令人满意的补偿办法，申诉方可以请求争端解决机构授权中止适用对有关成员进行的减让或其他义务。

在中止减让或其他义务的时候，世界贸易组织规定了所谓的"交叉报复"机制（Cross-retaliation），即起诉方应该首先设法中止已经由专家小组和上诉机构确认存在违规、利益丧失与损害的相同部门的减让或其他义务；如果当事方认为中止相同部门的减让或其他义务不可行或者无效，它可以设法中止另一有关协议项下的减让或其他各项义务。例如，如果一当事方在服装部门的利益受到损害或利益丧失，它要首先在这一领域进行报复；如果不可行或无效，它可以在同一协定下的诸如黄麻、真丝、化纤原料等领域进行报复；如果仍不可行或无效，它可以在诸如农产品、服务贸易等领域进行报复。在实施这一报复机制时，当事方要就授权中止许可权或其他各项义务提出请求，在请求书中说明理由，在向争端解决机构送发该请求书的同时，应向有关理事会及有关机构送发。

本 章 小 结

本章主要介绍了国际贸易条约与协定的概念和主要类型，区域经济一体化的概念、方式、成因与经济效应，世界贸易组织的诞生背景、世界贸易组织与关贸总协定的区别及联系、世界贸易组织的主要规则、世界贸易组织争端解决机制等内容。

【本章重要概念】

贸易条约（Commercial Treaty）

贸易协定（Commercial Agreement）

非歧视原则（Rule of Non‐Discrimination）

最惠国待遇（Most Favored Nation，MFN）

国民待遇原则（National Treatment）

自由贸易区（Free Trade Area）

关税同盟（Customs Union）

共同市场（Common Market）

经济共同体（Economic Union）

贸易创造（Trade Creation）

贸易转移（Trade Diversion）

关税与贸易总协定（General Agreement on Tariffs and Trade, GATT）

世界贸易组织（World Trade Organization, WTO）

贸易政策审议机制（Trade Policy Review Mechanism）

贸易争端解决机制（Trade Dispute Settlement Mechanism）

反向协商一致（Negative/Reverse Consensus）

交叉报复（Cross – Retaliation）

【延伸阅读】

1. 李春顶：《北美自由贸易协定的前途命运》，载于《世界知识》2017年第6期。

2. 史炜：《对英国脱欧的必然性分析及对英国未来经济社会走向的展望》，载于《国际金融》2016年第12期。

3. 刘敬东：《多边体制VS区域性体制：国际贸易法治的困境与出路》，载于《国际法研究》2015年第5期。

4. 赵青松：《吉尔吉斯斯坦加入俄白哈关税同盟的利弊及其影响》，载于《国际经济合作》2014年第10期。

复习与思考

1. 何谓国际贸易条约和协定？国际贸易条约和协定主要有哪些类型？

2. 区域经济一体化有哪些形式？各自的特点是什么？

3. 试分析区域经济一体化的经济效应。

4. 关税与贸易总协定对战后国际贸易的发展产生了哪些作用？

5. 世界贸易组织的基本原则是什么？

6. 简述世界贸易组织和关贸总协定的区别与联系。

7. 简述世界贸易组织争端解决机制的主要内容。

网络练习

1. 中国加入WTO后是否很好地履行了自己的承诺？

2. 查找相关资料，分析中国—东盟自贸区的发展存在哪些优势和劣势。

3. 区域经济一体化和以WTO为代表的多边贸易体制之间如何相互影响？未来发展态势怎样？

下篇 实务篇

第九章
国际货物买卖合同的标的

学习目标

了解商品品名、品质、数量、包装条款在国际货物买卖合同中的重要性；熟悉商品品名、品质、数量、包装条款的内容及其规定办法；掌握表示品质的基本方法、重量计量方法、包装种类、运输标志、中性包装等内容。

引导案例

我国某进出口公司向欧洲出口一批农产品，合同规定水分最高为12%，杂质不得超过3%。在成交前我方曾向买方寄过样品，合同签订后我方又电告买方所交货物与样品相似。货物装运前，我国进出口商品检验检疫机构签发了检验合格证书。

当货物运抵进口国后，买方提出货物品质与样品不符，要求减价，并出示了由当地检验机构出具的检验证书，证明货物的品质比样品低7%，买方据此要求我方赔偿1 500英镑的损失。

我进出口公司认为，合同并未规定凭样成交，而且所交货物经检验符合约定的规格，故不同意减价。买卖双方在赔偿数额上不能达成统一意见。双方协商后决定，此案争议提交中国国际经济贸易仲裁委员会处理。

最后在仲裁机构的协调下，由卖方赔付买方品质差价的办法了结此案。

（资料来源：蔡茂森、李永：《国际贸易理论与实务》，清华大学出版社2015年版，第206页）

所谓合同标的，是指合同当事人权利义务所共同指向的对象。在国际货物买卖合同中，合同标的是有形的货物，它是国际货物买卖交易的核心。

买卖任何货物，都要有具体的名称，并表现为一定的品质，而且每笔交易的商品都离不开一定的数量和相关的包装。因此，买卖双方洽谈交易时，必须谈妥商品的名称、品质、数量、包装这些主要交易条件，并明确写在合同中形成合同条款。

第一节 商品的名称

商品的名称，简称品名，是指能使某种商品区别于其他商品的一种概念或称呼。

约定好品名条款对于合同的签订和履行非常重要。国际货物买卖合同中对品名的描述是买卖双方交接货物的直接依据，关系到买卖双方的权利和义务。从法律角度来看，在合同中规定标的物的具体名称，关系到买卖双方在货物交接方面的权利。如果卖方所交货物不符合约定的品名规定，买方有权提出索赔，甚至拒收货物或撤销合同。从业务操作角度来看，品名是双方交易的物质内容，是交易赖以进行的物质基础和前提条件。因此买卖双方在磋商和签订进出口合同时，一定要明确、具体地订明商品名称，并尽可能使用国际上通用的名称，才能避免履约纠纷。对某些商品还应注意选择合适的品名，以利于减少关税和节省运费。

一、品名命名方法

商品品名在一定程度上体现了商品的自然属性、用途以及主要的性能特征。商品品名的命名方法主要有以下几种。

（一）以商品的主要功用确定品名

此种命名方法便于买方按其需要定购。如旅游鞋、摄像机等。

（二）以商品的主要成分或原料确定品名

此种命名方法便于买方了解商品的成分及含量，也表明了商品的质量。如纯棉衬衫、蜂王浆、奶油蛋糕等。

（三）以商品的原产地确定品名

此种命名方法可以与其他商品相区别，并提高知名度。如云南白药、金华火腿、北京烤鸭、汾酒、苏绣等。

（四）以商品的外观造型确定品名

此种命名方法便于买方从名称上了解商品特征。如折叠伞、蝙蝠衫、圆桌、动物饼干、三角板、鸭舌帽等。

（五）以商品的制作工艺确定品名

此种命名方法可以使买方对商品产生信任，有针对性地购买。如精制色拉油、脱脂牛奶等。

（六）以外来词确定品名

此种方法常用在进口商品的命名上。这一方法既可以克服某些外来语翻译上的困难，又可适应消费者求新、求奇、求异等心理要求。如沙发、咖啡、可口可乐、凡士林等，都是以外文译音命名的。

总之，商品命名可以采取多种方法，但是必须与商品的某些特性有内在联系，才能引起消费者的注意和联想。

二、合同中的品名条款

品名条款是国际货物买卖合同中的主要交易条件。在规定品名条款时应注意：

第一，品名应当具体明确，避免空泛、笼统。否则，将不利于合同的履行，甚至导致贸易纠纷。

第二，使用国际上通用的名称。有些商品有不同名称，有些名称又指不同的货物。为了避免误解，交易双方在磋商中应尽可能使用国际上通用的名称。尤其是对新产品的命名，应力求准确，符合国际上的习惯称呼。目前，世界各国的海关统计、普惠制待遇等都按照海关合作理事会主持制定的《商品名称及编码协调制度》进行，因此，我国企业在采用商品名称时，应与《协调制度》中的品名相适应。如果必须使用地方名称，双方对其切实的含义和所代表的具体货物必须达成一致意见。

第三，选用合适的品名。商品名称的选择应充分考虑名称与海关规定及运费因素。在其他条件相同的情况下，如果一种商品可以使用不同的通用名称，为了绕过贸易政策限制，实现低关税进出口，可以选择更有利的品名。另外，在国际货物运输中，也存在着同一种商品因名称不同而运费高低不一的现象。为了节省运费开支，应该选用在经济上更合算的名称作为商品的名称。

第二节 商品的品质

商品的品质是指商品内在的质量、性能和外观形态的综合指标，包括商品的化学成分、物理和机械性能、生物特征、造型、结构、色香味以及技术指标等。

国际货物买卖合同中的品质条件是构成商品说明的重要组成部分,是买卖双方交接货物的依据。《联合国国际货物销售合同公约》规定,卖方交付货物,必须符合约定的质量。如果卖方所交付的货物不符合约定的品质条件,买方有权要求损害赔偿,也可要求修理或交付替代货物,甚至拒收货物和撤销合同。

一、品质表示方法

在国际贸易中,商品种类繁多,特点各异,交易时商品品质的表示方法也多种多样。最普遍采用的方法可以归纳为两大类,即以实物样品表示和凭文字说明表示。

(一)以实物样品表示商品品质

1. 看货成交。看货成交又称凭现货买卖,即根据现有商品的实际品质买卖。

具体做法是卖方在货物存放地向买方或其代理人展示货物,买方或其代理人逐一检视,对检视的货物满意即与卖方达成交易。如果卖方所交付的货物是经买方检视过的货物,买方不得以任何借口或理由对其品质提出异议。这种做法,多见于寄售、拍卖、展卖等贸易方式中。它主要适用于某些特殊商品的交易,如工艺品、美术品、古旧物品、首饰品等。

2. 凭样品买卖。凭样品买卖是指交易双方规定以样品表示商品的品质并以之作为卖方交货品质的依据。

在国际贸易实务中,有些商品难以用文字来说明其品质,只能代之以样品来表示。凭样品买卖,必须以样品作为交货品质的唯一依据。

根据样品提供者的不同,凭样品买卖可分成凭卖方样品买卖和凭买方样品买卖。

所谓凭卖方样品买卖,是指由卖方提供交货样品,经过买方确认后作为交货品质的依据。为了防止在交货过程中发生品质争执,一般卖方都留有"复样",并加以编号和标注。在交易数量较大的农副产品合同中,有时还可使用"封样",即把样品以火漆封存并由买卖双方在封口上签章,最后送交公证机构留存。一旦双方在品质上发生争议,则以此封样作为鉴定的最后依据。

所谓凭买方样品买卖,是指由买方向卖方提供样品,经过卖方确认后作为交货品质的依据。在我国进出口贸易中称之为"来样成交"。为了避免卖方所仿制的产品与买方来样不符而被退货索赔,卖方往往会按买方样品先做一个复制品交买方确认，经买方确认后即以该复制品作为交货品质的依据。这种经买方确认的复制品，称为"对等样品"（Counter Sample）或"回样"（Return Sample）。这种做法，实际上是用卖方样品取代了买方样品，使卖方在交货时取得主动。

需要注意的是，凡是凭样品交易，不论合同中是否注明，卖方以后所交货物的质量都必须与样品相同，否则即构成卖方违反合同，买方可拒绝受领或采取其他补救措施。在国际货物买卖中，由于凭样品买卖多属品质难以规范化、标准化的货物，要求交货品质与样品完全相符，有时是难以做到的，因此卖方往往在合同中规定"交货品质与样品大体相符"。在凭买方样品的条件下，卖方还应声明由买方样品所引起的任何第三者权利问题概由买方负责。

（二）用文字说明表示商品品质

用文字说明表示商品品质是指以文字、图表、相片等方式来说明商品的品质，包括以下六种方式。

1. 凭规格买卖。凭规格买卖是指用反映商品品质的若干重要指标，如成分、含量、性能等来确定商品品质的交易。例如我国出口东北大豆的规格可以表示为：含油量（最低）18%，水分（最高）13%，杂质（最高）1%，不完善粒（最高）7%。

2. 凭等级买卖。凭等级买卖是指同类商品按其规格的差异，分为品质优劣不同的若干等级，用文字、数码或符号进行分类。如西湖龙井茶可分为特级、一级、二级、三级。

3. 凭标准买卖。凭标准买卖是指以政府机关或工商团体统一制定的标准来确定商品品质的交易。如美国的 UL 就是进入美国市场销售的电器电子产品的国家检验标准。

在买卖农副产品时，还有两种常见的标准：一是 FAQ（Fair Average Quality），它是"良好平均品质"的英文简称，代表一定时期内某地出口货物的平均品质，习惯上称为"大路货"。具体做法是：由装货地有关行业的权威机构就该季节出口的各批货物中，抽出一部分样品予以混合并由该机构封存，以此作为各批装运货物的比较标准。由于 FAQ 含义模糊，一般在使用时还需要规定具体的规格，实际交货品质如高于或低于该规格，则按比例增减价。二是 GMQ（Good Merchantable Quality），它是"上好可销品质"的英文简称，代表卖方所交货物品质上好，合乎商销，适用于冷冻水产品、木材等货物。由于这个标准比较笼统，所以在使用时最好再附加注明主要规格。

4. 凭说明书或图样买卖。对于某些工业制成品，如电器、仪表等，很难用几个简单的指标来反映其品质，需要凭说明书、照片或图样来具体地描述其内部构造及性能。按此方式交易，称为凭说明书或图样买卖。

5. 凭商标或品牌买卖。对于某些质量稳定且在市场上有着良好声誉的商品，买卖双方在签订合同时，直接采用这些商品的商标或品牌来表示商品的品质。如"红双喜"乒乓球、"华为"手机等。

6. 凭产地名称买卖。有些商品，尤其是农副土特产品，其品质因产地而异，交易中仅凭产地就可说明商品的品质好坏。如浙江金华火腿、景德镇瓷器、德州扒鸡等。

上述几种品质规定方法在国际贸易中经常被采用。它们既可以单独使用，也可以几种结合在一起使用。可以既使用品牌又列有规格，或者既用样品又列明规格。如果是后一种，最好在合同中注明："以规格标准作为交货的最后依据，样品仅供参考"的字样。否则，将会被误解为所交货物的品质既要符合规格指标，又要符合样品，在执行中难度极大。

二、合同中的品质条款

在买卖合同中，品质条款的内容有繁有简，一般视不同商品和不同品质表示方法而定，需说明商品的规格、等级、品牌、标准以及交付货物的品质依据等。凭样品买卖时，应列明样品的编号、寄送日期，有时还要加列交货品质与样品"大致相符"或"完全相符"的说明。凭标准买卖时，应标明标准名称及其版本年份。规定品质条款还应注意以下几个问题。

（一）正确运用各种表示品质的方法

一般来说，凡能用科学指标来说明商品品质的商品，适用于凭规格、等级、标准买卖；品质稳定的工业品，适用于凭商标或品牌买卖；具有一定特色的名优产品，适用于凭产地买卖；某些结构、性能复杂的机械产品，适用于凭说明书买卖；难以规格化、标准化的商品，则适用于凭样品买卖。

（二）品质条件要有科学性和合理性

品质条件既要保证出口商品的质量和信誉，又要考虑国内外生产和消费的实际因素。

（三）对某些商品可规定一定的品质机动幅度

规定品质机动幅度，有利于卖方履约。只要卖方交付的货物其品质在机动幅度内，就认定所交货物已达到合同规定的品质要求。如果是工业品，可以标注品质公差，品牌公差是指允许卖方的交货品质高于或低于一定品质规格的误差，如手表在 48 小时内可有 1 秒误差；如果是初级产品，可以规定品质机动幅度，品质机动幅度是指允许卖方所交货物的品质指标在一定幅度内有灵活性，如大豆含油量 14% 允许上下波动 1%。

第三节 商品的数量

数量条款表示一方以一定数量的商品与另一方一定的货币金额相交换，是构成一笔交易必不可少的条件。商品数量是国际货物买卖合同中的主要交易条件，主要有以下几点原因：数量的多少决定合同金额的大小；数量的多少直接影响销售价格的高低；数量的多少涉及到包装、运输、检验等环节的成本；数量还受一国生产、消费、市场、政策等一系列因素的制约。

一、数量计量单位

目前，国际上常用的度量衡制度有国际单位制（International System of Units）、公制（The Metric System）、英制（The British System）和美制（The U.S. System）四种。我国自 1986 年 7 月 1 日起，开始实行国际单位制。自 1991 年 1 月 1 日起，除个别特殊领域外，我国已不再允许使用非法定计量单位。

商品数量的确定必须借助一定的计量单位。由于进入国际市场的商品种类繁多，特点各异，加之各地市场传统习惯的影响，目前世界上用来表示商品数量的计量单位还无法统一。从国际贸易的实际情况看，经常被采用的计量单位有六种，即重量、数量、长度、面积、容积及体积。相应地，有六种确定商品数量的方法。

（一）按重量单位计算

这是目前国际贸易中使用最多的一种计量方法，尤其适用于大宗农副产品、矿产品及某些工业制成品。

重量单位有公吨（Metric Ton，M/T），即公制单位，1 公吨 = 1 000 公斤；英制单位长吨（Long Ton，L/T），1 长吨 = 1 016 公斤；美制单位短吨（Short Ton，S/T），1 短吨 = 907.2 公斤。国际贸易中普遍使用的是公吨。但是在合同中一定还要注明是公吨，还是长吨或短吨。

其他的重量单位还有磅（Pound, lb）、盎司（Ounce, oz）、千克（Kilogram, kg）、克（Gram, g）等。

（二）按数量单位计算

国际市场上的大多数工业制成品，尤其是生活日用品、轻工业品、机械产品以及部分土特产品，主要按数量单位计算方法进行交易。如服装、手帕、袜子、鞋、玩具、纸张和小五金工具等，往往采用套（Set）、打（Dozen）、付（Pair）、件（Piece）、罗（Cross = 12 Dozens）等计量单位。

（三）按长度单位计算

这种方法主要用于金属绳索、布匹、绸缎、电线电缆、钢管等商品的交易。如码（Yard）、英尺（Foot）、米（Meter）等。

（四）按面积单位计算

有些贸易商品，如地毯、皮革、玻璃板等，一般习惯于按面积计算。常用的面积计量单位有：平方英尺（Square Foot）、平方码（Square Yard）、平方米（Square Meter）等。

（五）按体积单位计算

凡是木材、天然气和化学气体的计量，都采用按体积计算的方法。常用的体积计量单位有：立方米（Cubic Meter）、立方英尺（Cubic Foot）、立方码（Cubic Yard）等。

（六）按容积单位计算

按容积单位计算一般适用于谷物及一些流体、气体物品的交易。如汽油、酒精等用升（Litre）、加仑（Gallon），小麦用蒲式耳（Bushel）。

除了以上六种确定商品数量的方法外，很多商品可以按包装单位，如包（Bale）、袋（Bag）、箱（Carton 或 Case）等进行交易。

二、重量计量方法

国际贸易中按重量计量的商品很多。根据一般商业习惯，计算重量的方法有以下几种：

（一）净重

净重（Net Weight）是指除去包装物后货物本身的实际重量。如果合同中双方未规定是按毛重还是净重计价,习惯上按净重计价。

要计算净重首先要去除皮重,即包装物的重量。国际间常用的去除包装物重量的方法有:第一,按实际皮重,指包装物的实际重量,是对包装物逐一衡量后所得的总和;第二,按平均皮重,对整齐划一的包装物,重量相差不大,抽取一定件数的包装,求得其平均值来推算全部皮重;第三,按习惯皮重,对有些规格化的包装,其皮重已被市场所公认,按公认的皮重乘以总件数即可;第四,按约定皮重,是以买卖双方事先约定的包装重量计算皮重。

(二)毛重

毛重(Gross Weight)是指商品本身重量加上包装重量。对一些价值不高的大宗商品,通常都以毛重作为计价基础。

在国际贸易中,有的商品因包装和商品不便分别计算,有的因商品价格较低,商品与包装价格相差无几,对这些商品习惯上按毛重计算重量,此时需要明确注明"以毛作净(Gross for Net)",实际上是以毛重当作净重作价。

(三)法定重量

某些商品的计价重量除了包括商品的净重外,还包括一些包装材料的重量,如销售包装等一些直接接触商品的包装材料的重量。

(四)公量

公量(Conditioned Weight)是指对某些特殊商品(如羊毛、生丝等),用科学方法除去其中所含的水分,再加上标准含水量所得出的重量。

计算公式为:

$$公量 = 商品干净重 \times (1 + 公定回潮率)$$
$$= 实际净重 \times \frac{1 + 公定回潮率}{1 + 实际回潮率}$$

(五)理论重量

理论重量适用于某些固定规格和固定尺寸的商品,如钢板、马口铁等,只要尺寸相同,其重量也基本相等,可以根据其件数推算出总量,这种重量计量方法被称为理论重量。

三、数量机动幅度

在国际贸易实践中,由于商品本身的特性以及生产条件和运输条件的影响，卖方的交货有时难以达到在数量上十分精确的程度。为了解决这个问题，国际贸易领域逐渐形成了规定商品数量机动幅度的做法。

（一）规定数量机动幅度的方法

合同中规定数量机动幅度的方法在国际上主要有两种。

1. 运用有伸缩性的文字来表示数量机动幅度。运用有伸缩性的文字来表示数量的机动幅度，是指在合同的商品数量前冠以"大约""近似""左右"等字眼，以说明合同的量是一个约量，卖方的实际交货数量可以有一定的灵活性。

2. 通过溢短装条款来说明数量机动幅度。通过溢短装条款来说明数量的机动幅度，是指在合同的数量条款中明确规定可以增减的具体百分比，这种条款也称为"溢短装条款"（More or Less Clause）。溢短装条款的内容，主要包括机动幅度的百分比、溢短装部分由谁选择以及该部分的作价方法。

（二）数量机动幅度的具体规定

数量机动幅度可以采取在交货数量前加上"大约""近似""左右"等词语进行规定，但国际上对约量的含义解释不一，有的解释为2.5%，有的解释为5%。国际商会《跟单信用证统一惯例》（第600号出版物）认为，凡"大约"视为不超过10%的增减幅度。

不同的解释和理解容易引起纠纷，为了便于履行合同和避免引起争议，进出口合同中的数量条款应当明确具体。如果合同通过溢短装条款来说明数量的机动幅度，那么双方应在合同中具体地规定溢短装的幅度和范围，通常情况下应控制在2%~5%范围内。例如，"对于合同中的数量，卖方在装运时可多装或少装5%，溢短量部分按合同价计算"。

如果交易合同是一份长期的分批交货合同，那么在采用溢短装条款时，要明确合同的溢短装水平是就整个合同的交货总量而言的，还是就每一批交货的数量而言的，或者既适用于总量，也适用于每一批交货的数量，以便卖方在装运货物时把握。

（三）数量机动幅度的选择权

在使用溢短装条款时，还会涉及到这样一个问题，即应该由谁来行使多交或少交的权利？

很显然，应该由履行交货义务的卖方来行使这个权利，即所谓"由卖方决定"。但这只是一般的情况。如果是买方负责安排货物的装运，而装运工具的装载能力又是既定的，那么也可以规定由买方行使这个权利，即所谓"由买方选择"。在交货数量与承载货物船只的舱容关系十分密切的情况下，一般都规定由负责安排运输工具的一方行使选择权，或者直接规定由运输方行使选择权。不管是谁行使选择权，最好在合同中加以规定。

（四）与数量机动幅度有关的计价

在合同中规定了溢短装条款的情况下，通常还要规定相应的计价条款。

关于多交或少交部分的商品计价，一般做法有：第一，按合同价格计价。在合同规定的机动幅度范围内的多装或少装，按合同规定的价格计算总货价，这种做法最为普遍。第二，按装船日的市价或到货日的市价计算。为了防止拥有溢短装选择权的一方利用行市的变化，故意多装或少装，从中谋利，采用这种方法比较合理。第三，按部分合同价、部分市价计算。这种方法是上述两种方法的结合，主要适用于成交数量和金额比较大的交易。但是，由于操作比较复杂，使用较少。

（五）与数量的机动幅度有关的法律问题

从法律上来讲，如果合同中采用了数量机动幅度条款，只要交货方实际交货的数量处于合同规定的机动幅度以内，买方就不得以任何借口向卖方主张权利。而且，即使实际交货数量略超出机动幅度的上限，而且卖方也对超出的数量未要求货款，那么按照有些国家的法律，这种行为也不构成违约。但是，在以信用证作为支付方式的合同中，即使是少量的超出或不足，都可能导致买方拒收货物、拒付货款。因此，卖方应尽可能在合同规定的机动幅度内履行其交货的数量义务。

在合同未明确规定溢短条款时，为便于装运，国际商会制定的《跟单信用证统一惯例》规定：第一，"约"或"大约"用于信用证金额或信用证规定的数量或单价时，应解释为允许有关金额或数量或单价有不超过10%的增减幅度。第二，"在信用证未以包装单位件数或货物自身件数的方式规定货物数量时，货物数量允许有5%的增减幅度，只要总支取金额不超过信用证金额。"因此，如果信用证以包装单位件数或货物自身件数的方式规定货物数量，那么货物数量不允许有数量机动幅度，故在这种情况下卖方要承担很大的风险。

四、合同中的数量条款

合同中的数量条款由具体的数和量、数量机动幅度两部分构成。

数量条款是买卖双方交接货物的依据，卖方必须严格按照合同规定的数量交货。规定数量条款，必须重视以下几个问题。

1. 在合同中要明确所采用的度量衡制度。如果一种商品可以用不同的计量单位计算，那么应采用国际上最常用的计量单位。在我国，还必须选择法定计量单位。

2. 要订明具体的计量方法。特别要注意，按个数成交的商品的数量与包装件数之间的协调，防止出现零头商品无法包装和装运的情况。

3. 要充分使用溢短装条款。凡是交货数量难以确切把握的商品，在规定数量时最好都要订立溢短装条款，还应具体明确溢短装条款的选择权问题和计价问题，防止日后发生纠纷。

第四节 商品的包装

在国际贸易中除少数商品（如钢材、木材、矿砂、煤炭等）之外，绝大多数商品都需要进行包装。商品包装的主要作用包括：保护商品的品质和数量的完整；有利于商品的运输、储存和销售；可以起到广告宣传、美化外观和增加商品附加价值的作用。此外，有的国家的法律把包装视为货物说明的组成部分，没有这种包装说明不准进入市场销售。

一、包装的分类

根据包装的作用进行分类，进出口商品的包装可分为两大类：运输包装和销售包装。

（一）运输包装

运输包装又称外包装或大包装，是指商品运输时将一件或数件商品装入特定的容器，主要作用是保护商品，便于装卸、仓储、搬运、保管和运输。

运输包装可分为单件运输包装（如箱、包、袋、桶等）和集合运输包装（如集装包、集装袋、托盘、集装箱等）。目前，集合运输包装的使用日益增多。它的主要优点是有利于保护商品安全，避免破损和丢失，同时也便于运输，提高装卸效率，减少港口堵塞，从而节省费用。有些国家的港口作出规定，进口货物必须使用集合包装才准许卸货。

(二) 销售包装

销售包装又称内包装或小包装，是指以适当的材料或容器盛装商品的初次包装，主要作用是便于携带使用、美化商品、宣传商品、促进销售。

销售包装对用料、造型、装潢设计和文字说明都有很高的要求。现代商品的销售包装上大多印有条形码。条形码技术在1949年开始真正推广应用，至今在现代社会里已无处不在。条形码是由一组配有数字的黑白及粗细不等的平行条纹所组成，是一种利用光电扫描阅读设备为计算机输入数据的特殊代码语言。条形码的应用具有可靠准确、数据输入速度快、经济便宜、设备简单、易于制作等优越性，被称为"全球通用的商业语言"。

二、包装标志

包装标志是指在运输包装外用不易脱落的油墨或油漆以模板压印特定的记号、图形、文字和数字等，以便于识别货物、办理托运及检验手续。

按包装标志的用途，包装标志可分为运输标志、指示标志和警告标志三大类。

（一）运输标志

运输标志（Shipping Mark），俗称"唛头"，通常是由一个简单的几何图形和一些字母、数字及简单的文字组成。运输标志主要是便于运输，防止遗失、错发、错运。

运输标志的组成主要包括：收货人名称的代号，或者用一个简单的几何图形表示；合同或订单号码；目的港或目的地名称，如需经某地或某港口转运的，在目的港下面要加上转运地的名称；件号，包括该批货物的总件数和本件货物的顺序号。

此外，如果双方约定，运输标志中还可以列入原产地、进口许可证号、体积与重量等内容。

下面是几种常见的运输标志式样（见图9-1）。

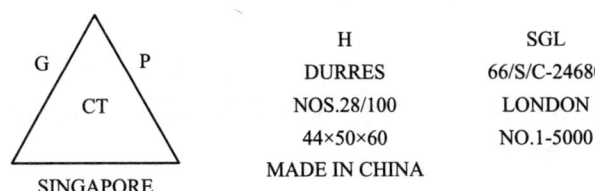

图9-1 运输标志式样

按照国际惯例,运输标志一般由卖方决定,但有时也可接受买方指定的唛头。在后一种情况下,必须在合同中明确规定,买方必须在货物装运前若干天告知卖方。否则,则由卖方自行决定。

国际标准化组织(ISO)建议的标准唛头是:行数为四行,每行不得超过17个字母(或数字或符号),不得采用几何图形(因为几何图形不能用打字机一次做成,且易有疏漏)。具体样式如下:

CBD……………………收货人代号
6378……………………参考号码
LONDON………………目的地
1/60……………………件数

(二) 指示标志

指示标志是指在某些易碎、易坏、易潮商品的运输包装上刷制的醒目图形和文字,以便提醒搬运人员注意,保障货物及人员的安全。

指示标志通常既有图形,也有文字(见图9-2)。

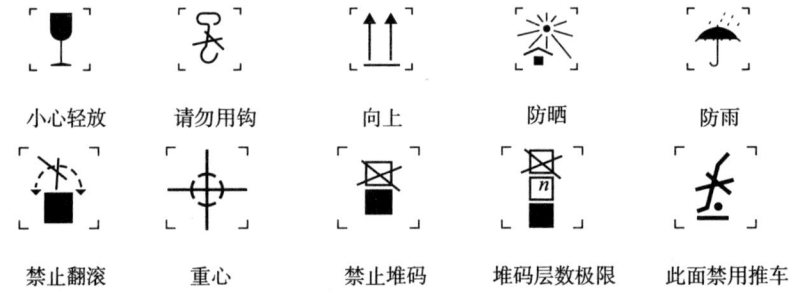

图9-2 指示标志样式

国际标准化组织、国际航空运输协会和国际铁路货运会议分别制定了包装储运指示性标志,建议各国采用。我国也有自己的一套完整的指示标志体系。在这个体系中,有的标志和国际上通用的标志相近,也有不少与国际通用标志不同。为了使我国进出口贸易的做法符合国际惯例,在包装过程中采用国际通用的指示标志是大势所趋。

(三) 警告标志

警告标志也叫危险品标志,是指在易燃、易爆、有毒和有放射性等危险品的运输包装上所标志的醒目图形和文字,警告有关人员在货物的运输、保管和装卸过程中,根据商品的性质,采取相应的防护措施,以保护货物和人身安全(见图9-3)。

（符号：黑色，底色：白色）

（符号：黑色，底色：白色）

（符号：黑色，底色：白色，
附一条红竖条）

（符号：黑色，底色：上黄下白，
附二条红竖条）

图 9-3 警告标志式样

对于警告标志，许多国家都有自己的规定，我国也不例外。但是，联合国有关政府海事协商组织及国际海运协会等都制定了关于国际海运运输危险品的规则。因此，我国在出口带有危险性的商品时，在运输包装上除了刷有国内规定的危险品标志外，还要刷有国际海运危险品的标志，以使货物运输更加安全。

此外，在国际贸易中，还有一种原产地标志。原产地标志系指货物由哪国生产、制造和加工的标志。我国出口商品都注明"中华人民共和国制造"或"中国制造"字样。

三、中性包装和定牌

采用中性包装和定牌是国际贸易中常见的做法。

（一）中性包装

中性包装（Neutral Packing）是指既不标明生产国别、地名和厂商名称，也不标明商标或品牌的包装。也就是说，在出口商品的内外包装上都没有原产地及厂商的标记。采用中性包装，是为了打破某些国家或地区的关税和非关税壁垒，或者是为适应转口贸易的特殊需要，它是出口厂商加强扩大出口的一种手段。

中性包装分成无牌中性包装和定牌中性包装两种。无牌中性包装是指包装上既无生产国别、地名和厂商名称,又无商标或品牌。定牌中性包装是指包装上仅有买方指定的商标或品牌,但无生产国别、地名和厂商名称。

(二) 定牌

定牌,又称贴牌,是指卖方应买方的要求在商品或包装上标明买方指定的商标或品牌。

当前,世界上许多国家的超级市场、大百货公司和专业商店,在其经营出售的商品上或包装上标有商店自有品牌,以扩大商店知名度或提升销售利润率。作为出口厂商,为利用买主的经营能力及品牌声誉提高商品售价和扩大销路,也愿意接受定牌生产。

在我国出口贸易中,如外商订货量较大,且需求比较稳定,为了适应买方销售的需要和有利于扩大出口,我们也可接受定牌生产。具体做法有下列几种:在定牌生产的商品或包装上,只用外商所指定的商标或品牌,而不标明生产国别和出口厂商名称,这属于采用定牌中性包装的做法;在定牌生产的商品或包装上,标明我国的商标或品牌,同时加注国外商号名称或品牌标记;在定牌生产的商品或包装上,采用买方所指定的商标或品牌的同时,在其商标或品牌下标示"中国制造"字样。

在接受中性包装和定牌生产业务时,需要注意两个问题:一是要审查外商提供的图案、文字等内容有无不妥之处;二是要防止贴牌导致的工业产权纠纷。为此,在合同中应该规定如下条款:"买方所指定的商标或品牌,当发生被第三者控告侵权时,应由买方与控告方交涉,与卖方无关。由此给卖方造成的任何损失,均应由买方赔偿"。

四、合同中的包装条款

在国际贸易中,包装条款是合同的主要交易条件。包装条款一般包括以下内容:包装材料、包装方式和包装规格、包装材料的提供和包装费用的承担、运输标志的确定等。

在订立包装条款时,需要注意下列事项。

1. 关于包装材料、包装方式和包装规格的确定,应根据商品的性质和特点、运输方式以及国际贸易习惯做法而定。对包装材料和包装方式的规定要明确具体。除非双方对某些习惯术语表示的含义有共同的理解,一般不宜采用"海运包装"和"习惯包装"之类笼统的规定方法,因为此类术语含义模糊,容易引发争议。

2. 关于包装材料的提供和包装费用的承担,应该明确包装材料由谁供应和包装费由谁负担。提供约定的或通用的商品包装是卖方的主要义务之一，包装费用一般包括在货价之中，不另计收。但也有不计在货价之内，而规定由买方另行支付的。包装由谁供应，通常有下列三种做法：第一，由卖方供应包装，包装连同商品一块交付买方。第二，由卖方供应包装，但交货后，卖方将原包装收回。关于原包装返回给卖方的运费由何方负担，应作具体规定。第三，由买方供应包装或包装物料。采用此种做法时，应明确规定买方提供包装或包装物料的时间，以及由于包装或包装物料未能及时提供而影响发运时买卖双方所负的责任。

3. 关于运输标志的确定，按照国际惯例运输标志一般由卖方确定。如买方要求指定运输标志，卖方一般也可接受。在这种情况下，要在合同中明确买方提出运输标志的最后期限，如买方逾期，则由卖方决定运输标志。

此外，在订立包装合同时，还要注意充分考虑有关国家和地区居民的风俗习惯和宗教信仰；要熟悉进口方政府对运输包装和销售包装的规定及其变化；要重视国外对进口商品上的标签的规定及其变化等。

本 章 小 结

在国际货物买卖合同中，品名、品质、数量和包装条款是合同中的主要条款。订好这些条款有着重要的实际意义。国际贸易中表示商品品质的方法有多种，应该根据商品特点或交易习惯选择使用。为避免交货品质与合同规定不符而造成违约，合同中可以加列品质公差和品质机动幅度。数量条款涉及成交的数量及计量单位、数量机动幅度等。包装条款一般包括包装材料及包装费用、包装方式及包装规格、包装标志等。

【本章重要术语】

对等样品（Counter Sample）

良好平均品质（Fair Average Quality，FAQ）

上好可销品质（Good Merchantable Quality，GMQ）

公量（Conditioned Weight）

溢短装条款（More or Less Clause）

运输标志（Shipping Mark）

中性包装（Neutral Packing）

【延伸阅读】

1. 陈岩：《国际贸易理论与实务》，清华大学出版社2014年版。
2. 海闻、林德特、王新奎：《国际贸易》，格致出版社、上海人民出版社2012年版。

复习与思考

1. 国际贸易中规定商品品质的主要方法有哪些?
2. 简述国际贸易合同中品质条款的主要内容。
3. 国际贸易中重量的计量方法有哪些?
4. 简述国际贸易合同中数量条款的主要内容。
5. 国际贸易中包装的种类、包装标志有哪些?

第十章
国际贸易术语与商品价格

学习目标

了解和国际贸易术语有关的国际贸易惯例，理解《2010年国际贸易术语解释通则》的新变化，掌握《2010年国际贸易术语解释通则》中各组贸易术语的特点、各贸易术语的适用条件，掌握进出口合同中价格条款的构成，学会国际贸易的作价方法，掌握佣金与折扣的报价方法。

引导案例

贸易术语与买方责任之间的关系

2010年11月，中国出口公司A与墨西哥进口公司B签订了一份出口油籽的贸易合同。合同采用的是FOB贸易术语，规定买方需于2011年3月派船到上海港接货。合同还规定："如果买方在此期间不能派船接货，卖方同意保留货物最多30天，但仓储、利息和保险等费用皆由买方承担。"

2011年3月1日，卖方（A公司）在货物备妥后立即电告买方（B公司）尽快派船接货。但是，一直到2011年4月28日，买方仍未派船接货。于是卖方向买方提出警告，声称将撤销合同并保留索赔权。2011年5月5日，买方在没有与卖方进行任何联系或告知的情况下，将船只派到上海港接货。此时，卖方拒绝向买方交货，并提出损失赔偿。买方则以未订到船只为由，拒绝赔偿损失。双方争议不能和解，最终卖方选择起诉到法院。

法院经调查取证，认定买方确实未按合同规定的时间派船接货，因此判决卖方有权拒绝交货，并提出赔偿请求。

后经买卖双方协商，达成一致意见：卖方继续交货，但由买方赔偿存仓期间的仓储、利息和保险等费用。

在进出口贸易中，由于交易双方处于不同的国家和地区，进出口商品一般都要经过长途运输、多次装卸及储存，需要办理货运、保险、进出口清关手续并支付有关费用等。因此，国际贸易的商品价格构成远比国内贸易的价格构成复杂。在实际的货物交接过程中，有关买卖双方责任的划分、费用和风险的负担等问题，就成为买卖双方在交易磋商和签约时需要加以明确的内容。

在长期的贸易实践中，有关买卖双方的责任、费用和风险的划分，都是通过合同中所采用的国际贸易术语来加以确定的。国际贸易术语是影响国际贸易商品价格构成的重要因素，也是进出口商品价格条款的重要组成部分。因此，要合理确定进出口商品的价格，首先必须掌握各种国际贸易术语及其相关的国际贸易惯例。

第一节 贸易术语概述

一、贸易术语的含义

贸易术语（Trade Terms），又称价格条件（Price Terms），是在国际贸易长期实践中产生和发展起来，用英文字母组合来概括说明交货地点、买卖双方责任、费用和风险划分等问题的专门用语。

二、贸易术语的功能和作用

随着国际贸易的不断发展和变化，国际贸易术语得到了不断的修订完善，并推动着新的贸易术语的诞生。

（一）贸易术语的功能

贸易术语的功能主要表现为：第一，贸易术语确定了买卖双方的交货地点和交货方式；第二，贸易术语界定了货物交接过程中的风险转移界限；第三，贸易术语明确了买卖双方关于办理货运、保险、通关手续以及有关费用分担的责任；第四，贸易术语规定了买卖双方交接货物所需的有关货运单证。

（二）贸易术语的作用

贸易术语的主要作用体现在：第一，贸易术语简化了买卖双方交易磋商的内容和交易手续，缩短了谈判时间，节省了交易费用，有利于尽快达成交易；第二，贸易术语反映了商品的价格构成，有利于买卖双方对进出口商品进行成本核算与比价；第三，贸易术语明确了买卖双方的权利与义务，有利于解决合同履行过程中发生的贸易争议；第四，贸易术语及有关国际惯例涉及到货物运输、货物运输保险和银行结算等服务机构,为这些机构开展国际服务贸易、处理与货物贸易有关的业务实践问题提供了客观依据和国际惯例基础。

三、与贸易术语有关的国际贸易惯例

国际贸易惯例(Convention of International Trade)是在长期的贸易实践中形成的一些习惯做法和规则,这些习惯做法和规则被世界各国商人普遍接受并广泛采用,经过国际组织解释与编撰形成了成文规则。这些成文规则被称作国际贸易惯例。

国际贸易惯例的适用以当事人的意思自治为基础。国际贸易惯例既不是国际法,也不是某一国的法律,因此它对贸易双方不具有强制性。但是,国际贸易惯例对贸易实践仍具有重要指导作用。具体体现在:如果买卖双方同意采用某个国际贸易惯例,该国际贸易惯例就对买卖双方具有约束力;如果贸易双方未对某事项做出明确规定,也没有在合同中明确规定该合同适用某惯例,在履约过程中一旦发生争议时,受理该争议的司法机构或仲裁机构往往会引用某一国际贸易惯例进行裁决。

在国际贸易实践中,由于各国的法律规定和贸易习惯不同,对贸易术语的解释也存在着差异。为了避免和解决各国在贸易术语解释上出现的分歧或争议,形成对于贸易术语的统一解释,国际法协会、美国商业团体、国际商会等组织分别制定了贸易术语的解释规则。这些规则成为国际货物贸易中买卖双方采用贸易术语的主要依据,在国际上被广泛采用和普遍接受,逐渐形成了关于贸易术语的国际贸易惯例。

(一)《1932年华沙—牛津规则》

《1932年华沙—牛津规则》(Warsaw-Oxford Rules,1932)的前身,是国际法协会于1928年在波兰华沙制订的《1928年华沙规则》,专门解释CIF贸易术语下买卖双方的权利和义务。1932年,在各国商会的协助下,国际法协会于英国牛津对该规则进行了修订,并更名为《1932年华沙—牛津规则》。

《1932年华沙—牛津规则》较为详细地解释了CIF合同的性质、买卖双方所承担的风险、责任和费用的划分,以及所有权转移的方式等问题。该规则沿用至今,在欧洲国家使用较多,在国际贸易术语惯例中具有一定的代表性。

(二)《1990年美国对外贸易定义修订本》

《1990年美国对外贸易定义修订本》的前身是1919年由美国九

大商业团体制订的《美国出口报价及其缩写》。随着国际贸易习惯的演变，1940 年美国第 27 届对外贸易会议对其进行了修订，并于 1941 年获得由美国商会、美国进出口协会、美国对外贸易协会所组成的联合委员会通过，称为《1941 年美国对外贸易定义修订本》（Revised American Foreign Trade Definitions，1941）。1990 年，又进行了修订，改称《1990 年美国对外贸易定义修订本》（Revised American Foreign Trade Definitions，1990）（见表 10 – 1）。

表 10 – 1　　《1990 年美国对外贸易定义修订本》中的国际贸易术语

贸易术语	英文全称	中文译名
EXW	EX Works（named point of origin）	工厂交货，指定起运地点
FOB	Free On Board（named inland carrier at named inland point of departure）	国内指定起运地点运输工具上交货
	Free On Board（named inland carrier at named inland point of departure freight prepaid to… named point of exportation）	国内指定起运地点运输工具上交货，运费付至指定出口地点
	Free On Board（named inland carrier at named inland point of departure freight allowed to… named point）	国内指定起运地点运输工具上交货，扣除至指定地点运费
	Free On Board（named inland carrier at named point of exportation）	国内指定出口地运输工具上交货
	Free On Board Vessel（named port of shipment）	指定装运港船上交货
	Free On Board（named inland point in country of importation）	进口国指定国内地点运输工具上交货
FAS	Free Along Side（named port of shipment）	指定装运港船边交货
CFR	Cost and Freight（named point of destination）	成本加运费，指定目的地
CIF	Cost, Insurance and Freight（named point of destination）	成本加保险费、运费，指定目的地
DEQ	Delivery Ex Quay（duty paid）	进口港码头交货，关税已付

资料来源：《1990 年美国对外贸易定义修订本》。

该修订本对 EXW、FOB、FAS、CFR、CIF、DEQ 等六种贸易术语做出了解释与说明。其中，对 FOB 术语的解释与国际商会的《国际贸易术语解释通则》存在明显差异，需要加以重视。

由于《美国对外贸易定义》主要用于国际贸易报价，而国际商会的《国际贸易术语解释通则》对买卖双方的权利和义务有更为详尽的规定且已被世界大多数国家的外贸厂商普遍认可和采用，因此，美国外贸界已同意使用国际商会制定的通则，以实现贸易术语解释的全球化和统一化。不过，部分美国外贸厂商仍在继续使用《美国对外贸易定义》。因此，在与美商交易时，必须在合同中明确所选用的贸易术语解释规则，以避免引发误会或贸易争议。

（三）《2010年国际贸易术语解释通则》

《2010年国际贸易术语解释通则》（International Rules for the Interpretation of Trade Terms，INCOTERMS 2010）的前身是国际商会1936年制定的对贸易术语进行统一解释的规则。自1936年国际商会创建国际贸易术语以来，为了保持与国际贸易实践步伐的一致，这项在全球范围内得到广泛接受的贸易术语标准进行了多次更新，先后出现了1953年、1967年、1976年、1980年、1990年、2000年、2010年修订版本。目前正在推广使用的是《2010通则》。这版新的通则考虑到了全球范围内免税区的扩展、国际贸易交往中电子通讯的大量运用、货物运输中安保问题关注度的提高以及实际运输过程中的诸多变化，因而更新并加强了"交货规则"。贸易术语的总数从13个减少为11个，并为每一个贸易术语提供了更为简洁和清晰的解释。

四、贸易术语的分类

目前，《2010通则》仍处于推广阶段，国际贸易界普遍采用的是《2000通则》，因此，解释《2010通则》，需要先对《2000通则》进行简单回顾。

（一）国际商会《2000通则》对贸易术语的分类

国际商会的《2000通则》（英文简称INCOTERMS 2000）共对13种贸易术语进行了规范，对每一个贸易术语的解释均由引导语和买卖双方的10项义务构成，内容清晰，详细具体，规范统一，操作性较强。排列顺序是从卖方承担责任、费用、风险最小的"工厂交货"开始，一直排列到卖方承担责任、费用、风险最大的"完税后交货"。

为了便于理解和记忆，《2000通则》将13种贸易术语分为E、F、C、D四组。

1. 第一组为"E"组，指卖方仅在自己的地点为买方备妥货物即可。E组只有一个贸易术语：EXW（Ex Works...named place），工厂交货……指定地点。

2. 第二组为"F"组，指卖方须将货物交至买方指定的承运人。

F 组属于"主运费未付"术语,要求卖方按照买方的指示将货物交至承运人。F 组包括三种术语:FCA(Free Carrier...named place),货交承运人……指定地点;FAS(Free Alongside Ship...named port of shipment),船边交货……指定装运港;FOB(Free on Board...named port of shipment),船上交货……指定装运港。

3. 第三组为"C"组,指卖方须自费订立运输合同,但不承担从装运地启运后所发生的货物损坏或灭失的风险及额外费用。C 组包括四种术语:CFR(Cost and Freight...named port of destination),成本加运费……指定目的港;CIF(Cost, Insurance and Freight...named port of destination),成本加保险费和运费……指定目的港;CPT(Carriage Paid to...named place of destination),运费付至……指定目的地;CIP(Carriage and Insurance Paid to...named place of destination),运费和保险费付至……指定目的地。

C 组为主运费已付术语,按 C 组术语订立的合同属于装运合同。装运合同的特点是:卖方必须按照习惯的航线和习惯方式,支付将货物运至约定地点所需的通常费用,而货物在交付承运人后灭失或损坏的风险以及发生意外而产生的费用则由买方负担。

C 组术语与 F 组术语具有性质相同的一点(也是与其他组术语的不同点),即卖方均是在装运国或发货国完成交货。由于费用划分地点确定为目的地国家的某一地点,因而 C 组术语往往被误解为到货合同。但在到货合同中,卖方需要承担货物实际被运到约定目的地之前的全部风险和费用,而 C 组术语显然不具备这一特征。

4. 第四组为"D"组,指卖方须承担把货物交至目的地所需要的全部费用和风险。D 组包括五种术语:DAF(Delivered At Frontier...named place),边境交货……指定地点;DES(Delivered Ex Ship...named port of destination),目的港船上交货……指定目的港;DEQ(Delivered Ex Quay...named port of destination),目的港码头交货……指定目的港;DDU(Delivered Duty Unpaid...named place of destination),未完税交货……指定目的地;DDP(Delivered Duty Paid...named place of destination),完税后交货……指定目的地。

D 组为到达术语,按 D 组术语订立的合同属于"到货合同",其特点是费用划分点与风险划分点一致,均为指定目的地(港)。

(二)国际商会《2010 通则》对贸易术语的分类

与《2000 通则》不同的是,《2010 通则》根据贸易术语所适合的运输方式,将贸易术语分为两大类共 11 种。

第一类,适用于任何运输方式,包括七种术语:(1)EXW(Ex

Works...named place，工厂交货……指定地点）；（2）FCA（Free Carrier...named place，货交承运人……指定地点）；（3）CPT（Carriage Paid To...named place of destination，运费付至……指定目的地）；（4）CIP（Carriage and Insurance Paid...named place of destination，运费和保险费付至……指定目的地）；（5）DAT（Delivered At Terminal...named terminal at port or place of destination，终点站交货……目的港/目的地的指定终点站）；（6）DAP（Delivered At Place...named place of destination，目的地交货……指定目的地）；（7）DDP（Delivered Duty Paid...named place of destination，完税后交货……指定目的地）。

第二类，仅适用于海运和内河运输，包括四种术语：（1）FAS（Free Alongside Ship...named port of shipment，船边交货……指定装运港）；（2）FOB（Free On Board...named port of shipment，船上交货……指定装运港）；（3）CFR（Cost and Freight...named port of destination，成本加运费……指定目的港）；（4）CIF（Cost, Insurance and Freight...named port of destination，成本加保险费和运费……指定目的港）。

与《2000通则》相比较，《2010通则》主要发生了三大变化：

第一，《2010通则》将原有的13个贸易术语减至11个，并新设DAT和DAP两个新术语，取代了原有的DAF、DES、DEQ和DDU四个术语。同时，改变原有的分类方法，将原有的四组术语调整为两组术语，分别是适用于所有运输方式的术语和仅适用于海运和内河运输的术语。

第二，在《2010通则》的指导性解释中，要求货物的买方、卖方和承运人有义务为各方提供相关信息，以知悉货物在运输过程中能否满足安检要求。此举将帮助船公司了解船舶运载的货物有否触及危险品条例，可防止在未能提供相关安全文件的情况下，船舶货柜中藏有违禁品。同时，《2010通则》也因应国际贸易技术的电子化趋势，指明在买卖双方同意的前提下，电子文件可取代纸质文件。

第三，在《2010通则》中，不再有"船舷"的概念。原有的FOB、CFR和CIF术语解释中"船舷"的概念被删除，取而代之的是"装上船"（placed on board）。之前关于"卖方承担货物越过船舷为止的一切风险"，在《2010通则》中改变为"卖方承担货物装上船为止的一切风险，买方承担货物自装运港装上船后的一切风险"（见表10-2）。

表 10-2　　　　国际商会《2010 通则》中买卖双方的义务

	卖方义务		买方义务
A1	卖方的一般义务	B1	买方的一般义务
A2	许可证、批准、安全通关及其他手续	B2	许可证、批准、安全通关及其他手续
A3	运输合同与保险合同	B3	运输合同与保险合同
A4	交付货物	B4	受领货物
A5	风险转移	B5	风险转移
A6	费用分摊	B6	费用分摊
A7	通知买方	B7	通知卖方
A8	交货单据	B8	交货证明
A9	检查、包装、标志	B9	货物检验
A10	信息帮助和相关费用	B10	信息帮助和相关费用

资料来源：《2010 年国际贸易术语解释通则》。

第二节　《2010 通则》中的贸易术语

一、适用于一切运输方式的贸易术语

（一）EXW（工厂交货……指定地点）

"工厂交货……指定地点"（Ex Works...named place）是指当卖方在其所在地或其他指定的地点，如工场、工厂或仓库等，将货物交给买方处置时，即完成交货。卖方不需将货物装上任何运输工具，在需要办理出口清关手续时，卖方亦不必为货物办理出口清关手续。

在此术语下，买卖双方都应该尽可能明确地指定货物交付的地点，因为交付前的费用与风险由卖方承担，买方则承担在双方约定的地点或在指定地点受领货物后的全部费用和风险。

EXW 是卖方承担责任最小的术语，它应遵守以下使用规则：

卖方没有义务为买方装载货物，即使在实际中由卖方装载货物可能更方便。若由卖方装载货物，相关风险和费用亦由买方承担。如果卖方在装载货物中处于优势地位，则使用由卖方承担装载费用与风险的 FCA 术语更合适。

买方在与卖方使用 EXW 术语时应知悉，卖方承担向买方提供关于货物出口信息的有限义务，卖方仅在买方要求办理出口手续时负有协助的义务，并无义务主动（强调最小义务）办理出口清关手续。因此，如果买方不能直接或间接地办理出口清关手续，建议不要使用该术语。

《2010 通则》认为，本术语与（当事人）所选择的运输方式无关，即使当事人选择多种运输方式，亦可适用该术语。

《2010 通则》同样认为，本术语较适用于国内贸易，对于国际贸易，则以选择 FCA（货交承运人……指定地点）术语为佳。

（二）FCA（货交承运人……指定地点）

"货交承运人……指定地点"（Free Carrier...named place）是指卖方于其所在地或其他指定地点将货物交付给承运人或买方指定的人。

买卖双方当事人应尽可能清楚地明确说明指定交货的具体地点，风险将在此点转移至买方。若买卖双方当事人意图在卖方所在地交付货物，则应确定该所在地的地址，即指定交货地点。同时，若买卖双方当事人意图在其他地点交付货物，则应明确确定一个不同的具体交货地点。

FCA 术语要求卖方在需要时办理出口清关手续。但是，卖方没有办理进口清关手续的义务，也无需缴纳任何进口关税或者办理其他进口海关手续。

FCA 术语要求买方必须自负费用订立从指定的地点发运货物的运输合同，并将有关承运人的名称、交货期和指定交货地点充分地通知卖方。买方需承担卖方将货物交付承运人之后的一切费用和风险。同时，买方需负责办理货物进口清关手续和从他国过境的一切海关手续。如果买卖双方当事人希望卖方办理货物的进口清关手续，支付任何进口税和进口海关手续费，则应适用 DDP 术语。

按照《2010 通则》的解释：第一，"承运人"是指在运输合同中承诺通过铁路、公路、航空、海运、内河运输或多式联运方式履行运输责任的任何人，也包括签订运输合同的代理人。第二，在交货地点的选择上，若合同中指定交货地点是卖方所在地，则卖方负责将货物装上买方的运输工具时即完成交货。在其他情况下（卖方所在地以外的其他任何地点交货），当货物在卖方的车辆上尚未卸货而交给买方处置时，即完成交货。第三，在 FCA 术语下，卖方并无义务订立运输合同。但若买方要求或者按商业习惯，卖方可按照通常条件代买方订立运输合同，但费用和风险要由买方承担。

FCA 术语可以适用于各种运输方式单独使用的情况，也可以适用于多种运输方式同时使用的情况。

（三）CPT（运费付至……指定目的地）

"运费付至……指定目的地"（Carriage Paid To...named place of

destination）指卖方与承运人订立运输合同，支付将货物运至指定目的地的运费，在指定交货地向承运人或由其指定的其他人交货，即完成交货义务。

在 CPT 条件下，卖方还需承担货物交付承运人之前的一切风险和其他费用；负责办理出口清关手续，并缴纳相关税费；向买方提供商业发票和约定的各项单证；并在交货后给予买方充分的通知。

买方则应在双方所约定的目的地指定地点接收货物；承担货交承运人之后的一切风险和其他费用；支付货物自交货地点运至目的地为止的（除运费以外的）各项费用以及卸货费用；办理进口清关手续并缴纳进口关税和相关费用；并按合同规定领受单证和支付货款。

需要注意的是，在 CPT 条件下，因为风险和运费在不同的地点发生转移，买卖双方当事人应在合同中尽可能准确地确定以下两个地点：一是风险转移至买方的交货地点；二是运输合同中载明的指定目的地。卖方基于其运输合同在指定目的地卸货时，如果产生了相关费用，卖方无权向买方索要，除非双方有其他约定。

如果使用多个承运人将货物运至指定目的地，且买卖双方并未对具体交货地点有所约定，则合同默认风险自货物由卖方交给第一承运人时转移。如果买卖双方当事人希望风险转移推迟至稍后的地点发生（如某海港或机场），那么双方需要在买卖合同中明确地约定这一地点。

CPT 术语可适用于各种运输方式单独使用的情况，也可以适用于多种运输方式同时使用的情况。

（四）CIP（运费和保险费付至……指定目的地）

"运费和保险费付至……指定目的地"（Carriage and Insurance Paid To... named place of destination）是指卖方签订运输合同、支付将货物运至指定目的地的运费，同时办理保险合同、支付保险费，在指定交货地点向承运人或由其指定的其他人交货，即完成交货义务。

在 CIP 条件下，卖方除具有与 CPT 术语相同的义务外，还增加了订立保险合同并支付保险费的义务。所以，卖方向买方提交的单据中包含保险单据。买方应注意，CIP 术语仅要求卖方投保最低限度的保险险别。按照《2010 通则》对"最低险别"的解释，该保险需"至少符合 ICC（即伦敦协会货物保险条款）的 C 款或类似条款的最低险别（如中国保险条款 CIC 中的'平安险'）"。如果买方需要办理更高的保险险别，则应与卖方事先商定并在合同中作出明确规定，或者由买方自行投保任何附加险别。

CIP 术语要求卖方办理货物出口清关手续并缴纳相关税费，而买方需要办理货物进口清关手续、支付任何进口关税和进口报关手续费。

在 CIP 条件下，卖方的交货地点、风险划分界限以及需要注意的相关问题也与 CPT 相同。

CIP 术语可以适用于各种运输方式单独使用的情况，也可以适用于多种运输方式同时使用的情况。

（五）DAT（终点站交货……目的港或目的地指定终点站）

"终点站交货……目的港或目的地指定终点站"（Delivered At Terminal...named terminal at port or place of destination）是指卖方在指定目的港或目的地的指定终点站卸货后，将货物交给买方处置，即完成交货义务。

"终点站"包括任何地方，无论约定或者不约定，包括码头、仓库、集装箱堆场或公路、铁路或空运货站。卖方应承担将货物运至指定的目的地和卸货所产生的一切风险和费用。

《2010 通则》建议买卖双方当事人尽量明确地指定终点站，如果可能，应指定在约定的目的港或目的地终点站内的一个特定地点，因为货物到达这一地点前的风险是由卖方承担的，卖方签订的运输合同也应与该特定地点相匹配。

此外，若买卖双方当事人希望卖方承担从终点站到另一地点的运输及管理货物所产生的风险和费用，此时则应适用 DAP（目的地交货）术语或 DDP（完税后交货）术语。

DAT 术语要求卖方办理货物出口和从他国过境所需的一切海关手续。但是，卖方没有任何义务办理货物进口清关、支付任何进口税或者办理任何进口海关手续。

DAT 术语是《2010 通则》新设的贸易术语，取代了《2000 通则》中原有的 DEQ（目的港码头交货）术语，适用范围扩展至各种运输方式，也适用于多种运输方式同时使用的情况。

（六）DAP（目的地交货……指定目的地）

"目的地交货……指定目的地"（Delivered At Place...named place of destination）是指卖方在指定的交货地点，将仍处于交货的运输工具上尚未卸下的货物交给买方处置时，即完成交货。卖方须承担货物运至指定目的地的一切风险。

DAP 术语要求卖方承担货物到达目的地前的风险，因此，买卖双方应尽量明确指定合适的交货目的地，卖方签订的运输合同也应恰好匹配这一目的地。

在 DAP 术语下，卖方需在指定的交货地点，将仍处于交货的运输工具上尚未卸下的货物交给买方处置，以完成交货。若无相反规定,卖方不负担卸货费用。如果卖方按照运输合同承担了货物在目的地的卸货费用,除非双方达成一致,卖方无权向买方追讨该笔费用。

在需要办理海关手续时,DAP 术语要求由卖方办理货物的出口清关手续,但卖方没有义务办理货物的进口清关手续、支付任何进口税或者办理任何进口海关手续。如果当事人希望卖方办理货物的进口清关手续,支付任何进口税和办理任何进口海关手续,则应适用 DDP 术语。

DAP 术语也是《2010 通则》新添加的贸易术语,取代了《2000 通则》中原有的 DAF(边境交货)、DES(目的港船上交货)和 DDU(未完税交货)三个贸易术语,适用范围扩展至各种运输方式,也适用于多种运输方式同时使用的情况。

(七) DDP (完税后交货……指定目的地)

"完税后交货……指定目的地"(Delivered Duty Paid...named place of destination)是指卖方在指定的目的地,将货物交给买方处置,并办理进口清关手续,将在交货运输工具上尚未卸下来的货物交与买方,完成交货。卖方承担将货物运至指定目的地的一切风险和费用,并有义务办理出口清关手续与进口清关手续,对进出口活动负责,以及办理一切海关手续。

DDP 术语是卖方承担最大责任的贸易术语。卖方必须自付费用订立运输合同,将货物运至指定目的地或者指定地点。如未约定或按照惯例也无法确定具体交货地点,则卖方可在指定目的地选择最适合的交货地点。因为到达指定交货地点的费用和风险都由卖方承担,《2010 通则》建议当事人应尽可能明确地指定目的地交货地点,并建议卖方签订的运输合同应正好符合该选择的地点。

在 DDP 术语下,任何增值税或其他进口时需要支付的税项均由卖方承担,合同另有约定的除外。如果卖方不能直接或间接地取得进口许可,不建议当事人使用 DDP 术语;如果当事人希望买方办理货物的进口清关手续,支付任何进口税和办理任何进口海关手续,应使用 DAP 术语。

DDP 术语适用于任何一种运输方式(单独使用的情况),也适用于同时采用多种运输方式的情况。

二、仅适用于海运和内河运输的贸易术语

(一) FAS (船边交货……指定装运港)

"船边交货……指定装运港"(Free Alongside Ship...named port

of shipment）是指卖方在指定装运港将货物交到买方指定的船边（例如码头上或驳船上），即完成交货。从此时起，货物灭失或损坏的风险转移给买方，并且由买方承担所有费用。

在 FAS 术语下，当事方应尽可能明确指定装运港的装货地点，因为到这一地点的费用与风险由卖方承担，并且根据港口交付惯例，这些费用及相关的手续费可能会发生变化。

当货物通过集装箱运输时，卖方通常在终点站将货物交给承运人，而不是在船边。在此情况下，船边交货术语并不适用，而应适用货交承运人（FCA）术语。

船边交货术语要求卖方在需要时办理货物出口清关手续。但是，卖方没有任何义务办理货物进口清关、支付任何进口税或者办理任何进口海关手续。

（二）FOB（船上交货……指定装运港）

"船上交货……指定装运港"（Free On Board...named port of shipment）是指卖方在指定的装运港，将货物交至买方指定的船上，即完成交货义务。货物损毁或灭失之风险从货交至船上时即转移至买方。

FOB 术语是国际贸易中使用时间最长和使用范围最广的贸易术语。

卖方的基本义务包括：第一，在约定的装运期内和在指定的装运港，按港口习惯方式将货物装到买方指定的船上，并向买方发出货已装船的通知；第二，办理货物出口清关手续，承担货物装到船上为止的一切费用和风险；第三，向买方提交约定的各项单证或具有同等作用的电子讯息。

买方的基本义务包括：第一，按时自费租船订舱，派往约定的装运港接运货物，并给予卖方有关船名、装船点和要求交货时间的充分通知；第二，承担货物装到船上时起的一切费用和风险；第三，按合同规定受领交货凭证并支付货款。

除上述 FOB 术语下对买卖双方规定的义务外，在实际业务中，采用程租船运输时，按照航运惯例，船方不负担货物的装船费用。为了明确装船费用由谁负担，买卖双方往往在 FOB 术语后加列附加条件，这就形成了 FOB 术语的变形。常见的有以下几种：（1）FOB 班轮条件（FOB Liner Terms）指装船的有关费用按班轮条件办理，即卖方不负担。（2）FOB 吊钩下交货（FOB Under Tackle）指卖方仅负责将货物交到买方指定船舶的吊钩所及之处，即卖方不负担装船费用。（3）FOB 理舱费在内（FOB Stowed）指卖方负担货物装船和理舱的费用。（4）FOB 平舱费在内（FOB Trimmed）指卖方负担货物装船和平舱的费用。(5) FOB 理舱费和平仓费在内 (FOB Stowed and Trimmed) 指卖方负担货物装船、理舱和平仓的费用。上述 FOB 术语后加列的各种条件，仅表明装船费用由谁负担，并不改变 FOB 术语的交货地点和风险转移的界限。

按 FOB 条件成交时，需要注意以下问题：首先，FOB 不适用于货物在装船前移交给承运人的情形。例如，若货物通过集装箱运输，并通常在目的地交付，在这些情形下适用 FCA 术语。其次，在 FOB 条件下，卖方负责办理货物出口清关手续。但卖方无义务办理货物进口清关手续、缴纳进口关税或任何进口报关手续费。第三，在 FOB 条件下，卖方没有义务向买方提供保险合同。但是，如买方要求，卖方必须向买方提供投保所需要的信息。关于此点，《2000 通则》只说卖方无义务，而《2010 通则》则附加了卖方在无义务的情况下必须向买方提供一些信息的说明。

值得一提的是，《美国对外贸易定义修订本》（简称《美国定义》）中对 FOB 术语的解释与国际商会的《2010 年通则》存在一些差异，主要表现在：第一，《美国定义》把 FOB 笼统地解释为在任何一种运输工具上交货。因此，从美国进口货物如若采用 FOB 术语，只有在 FOB 后加缀"Vessel"字样，同时标明装运港名称，才表明卖方是在装运港船上交货；第二，在费用负担上，《美国定义》规定买方办理货物出口手续并支付出口税以及其他因出口需征收的各种费用。

（三）CFR（成本加运费付至……指定目的港）

"成本加运费付至……指定目的港"（Cost And Freight... named port of destination）是指卖方交付货物于船舶之上，承担并支付必要的成本和运费以使货物运至目的港，其义务即已履行（而非货物抵达目的地时方才履行）。货物损毁或灭失之风险从货物交至船上时起即转移至买方。

CFR 条件下卖方的基本义务包括：第一，负责租船订舱和支付运费，在约定期限内在装运港装船，并及时向买方发出货已装船的通知；第二，办理货物出口清关手续，承担货物在装运港交至船上之前的一切费用和风险；第三，按合同规定向买方提供运输单据等有关单证或具有同等作用的电子讯息。

CFR 条件下买方的基本义务包括：第一，承担货物在装运港交至船上之后的一切费用和风险；第二，在指定的目的港接受承运人所交货物，办理进口清关手续，缴纳与进口相关的税费；第三，接受卖方提供的各项单证，按合同规定支付货款。

按 CFR 条件成交时，需要注意以下问题：

第一，CFR 规定由卖方安排货运，而由买方办理货运保险，所以卖方在装船后务必及时通知买方，以便买方及时办理货运保险，防止出现漏保或延迟投保货物运输保险的情况。否则，卖方应承担货运途中的风险损失。

第二，鉴于 CFR 条件下货运与投保责任分别由卖方与买方承担，买方应注意选择资信比较好的客户成交，并可对船舶提出适当要求，防止不良商人与船方勾结，出具假提单、租用不适航的船舶或伪造品质证书与产地证明。

第三，在 CFR 条件下，因为风险转移地点在装运港而运输费用支付到目的港，所以合同中需要确认一个目的港，而不一定指定装运港。如果装运港关乎买方的特殊利益，双方应就此在合同中尽可能精确地加以确认。

第四，在 CFR 条件下卸货费用的负担问题。大宗商品在租船运输情况下，卸货费用应由谁负担，按照《通则》解释，应由买方负担。但因各国和地区存在不同的习惯做法，为避免因不同的解释而发生争议，可在此术语后面加附有关卸货费由谁负担的具体条件。这就产生了 CFR 的几种变形：（1）CFR 班轮条件（CFR Liner Terms）。这一变形的含义是卸货费用按班轮的做法办理，即卸货费已包括在运费之中，也就是说，买方不负担卸货费。（2）CFR 卸到岸上（CFR Landed），指由卖方负担将货物卸到码头上的各项有关费用，包括驳运费和码头费。（3）CFR 吊钩交接（CIF Ex Tackle）。指卖方负责将货物从船舱吊起卸到吊钩所及之处（码头上或驳船上）的费用。在船舶不能靠岸的情况下，卖方只负责将货物卸到驳船上，租用船舶的费用和货物从驳船卸到岸上的费用，概由买方负担。（4）CFR 舱底交货（CFR Ex Ship's Hold），指货物运至目的港后由买方负担自船舱底起吊直至码头的卸货费用。上述 CFR 后面的附加条件仅明确了费用的划分，并不改变 CFR 条件下交货地点和风险划分的界限。

第五，CFR 对于货物在装到船上之前即已交给（原为交付）承运人的情形可能不适用，例如通常在终点站（即抵达港、卸货点，区别于 Port of Destination）交付的集装箱货物。在这种情况下，宜使用 CPT 术语。

案例：CFR 贸易术语下因货物运输导致的索赔

中国 A 公司（买方）与澳大利亚 B 公司（卖方）于某年 3 月 20 日订立了 5 000 千克羊毛的买卖合同，单价为 314 美元/千克 CFR 张家港，规格为型号 T56FNF，信用证付款，装运期为当年 6 月。A 公司于 5 月 31 日开出信用证。

7月9日卖方传真买方称,货已装船,但要在香港转船,香港的船名为Safety,预计到达张家港的时间为8月10日。但直到8月18日Safety轮才到港,买方去办理提货手续时发现船上根本没有合同项下的货物,后经多方查找,才发现合同项下的货物已在7月20日由另一条船运抵张家港。但此时已造成买方延迟报关和延迟提货,被海关征收滞报金人民币16 000元。买方向出口方提出索赔。

问:买方索赔要求是否合理?索赔依据是什么?

(四)CIF(成本加保险费、运费付至……指定目的港)

"成本加保险费、运费付至……指定目的港"(Cost Insurance and Freight…named port of destination)是指卖方负责租船订舱、办理货运保险,并支付货到目的港的运费和保险费,承担货物在装运港交至船上之前的一切费用和风险。在装运港当货物交至船上时卖方即完成交货义务。此后,货物灭失或损坏的风险转即转移至买方(而非在货物抵达目的地时)。

CIF条件下卖方的基本义务包括:第一,负责租船订舱,在合同规定的装运港和装运期限内将货物装上船,并支付货物运至目的港的运费,货物装船后通知买方;第二,承担货物在装运港装到船上为止的一切费用和风险;第三,办理货运保险,并支付保险费;第四,办理货物出口清关手续,提供出口许可证或其他核准证书,支付出口关税和费用;第五,提供有关的装运单据,包括保险单正本,或具有同等效力的电子讯息。

CIF条件下买方的基本义务包括:第一,承担货物在装运港装到船上之后的一切费用和风险;第二,办理货物进口清关手续和从他国过境的一切海关手续,并交纳与此相关的税费;第三,接受卖方提供的符合合同规定的有关货运单据或有同等作用的电子讯息,并按合同规定支付货款。

按CIF条件成交时,需要注意以下问题:

首先,是货运保险问题。《2010通则》规定,在CIF条件下,卖方须订立货物在运输途中由买方承担的货物灭失或损坏风险的保险合同。但卖方有义务投保的险别仅是最低险别。如买方希望得到更为充分的保险保障,则需与卖方明确地达成协议或者自行做出额外的保险安排。如果发生承保责任范围内的货物损失,则买方凭保险单直接向保险公司索赔,索赔能否成功,卖方不负责任。

其次,CIF属于装运港交货术语,而不是目的港交货术语。CIF在我国俗称"到岸价",因为按CIF条件成交,卖方要负责安排从装运港到目的港的运输和保险,承担相关的运费和保险费。但由于CIF术语属于装运港交货,货物在装运港交至船上后风险即转给了买方,海运途中的风险及其产生的额外费用应由买方承担。虽然卖方负责安排装运和保险，但并不承担保证把货物安全送达目的港的义务，因而称其为"到岸价"是容易引起误解的。

再次，CIF 属于象征性交货。在 CIF 条件下（包括 CFR 条件下），卖方只要按期在约定地点完成装船并向买方提交符合合同规定的合格单证，就算完成了交货义务。买方对卖方负有凭装运单据付款的义务，并非以实际到达目的港交货作为付款的前提条件。即 CIF 实行的是交单与付款对流的原则。即使货物在运输途中发生灭失或损坏，只要卖方提交了符合合同要求的单证，买方也必须履行付款义务。但是，买方可凭卖方提供的有关单证向船方或保险公司提出索赔。所以，装运单据在 CIF 条件下具有特别重要的意义。当然，CIF 条件下的卖方除提交合格的全套单证外，还必须保证交付符合合同规定的货物。否则，即使买方已经支付货款，仍可根据合同的规定向卖方索赔。

最后，CIF 合同一般会指定相应的目的港，但可能不会详细指明装运港，即风险向买方转移的地点。如买方对装运港尤为关注，那么双方最好在合同中尽可能精确地确定装运港。同时，当事人最好尽可能地确定在约定目的港内的交货地点，因为卖方承担至交货地点的费用。当事人应当在约定的目的地港口尽可能精准地检验，而由卖方承担检验费用。卖方应当签订确切适合的运输合同。如果发生了运输合同之下的于指定目的港的卸货费用，则卖方无需为买方支付该费用，除非当事人之间有约定。

此外，CIF 术语并不适用于货物在装上船以前就转交给承运人的情况，例如通常运到终点站交货的集装箱货物。在这样的情况下，应当适用 CIP 术语。

案例：CIF 贸易术语下因货物晚到导致的贸易纠纷

某年中国某出口商对加拿大魁北克某进口商出口 500 公吨核桃仁，合同规定价格为每公吨 4 800 加元 CIF 魁北克，装运期不晚于 10 月 31 日，不得分批装运和转运，并规定货物应于 11 月 30 日前到达目的地，否则买方有权拒收，支付方式为 90 天远期信用证。

买方于 9 月 25 日开来信用证。卖方于 10 月 5 日装船完毕，但船到加拿大东岸时已是 11 月 25 日，此时魁北克已开始结冰。承运人担心船舶驶往魁北克后出不来，便根据自由转船条款指示船长将货物全部卸在哈利法克斯，然后从该港改装火车运往魁北克。待这批核桃仁运到魁北克已是 12 月 2 日。

于是进口商以货物晚到为由拒绝提货，提出除非降价 20% 以弥补其损失。几经交涉,最终以卖方降价 15% 结案,卖方公司共损失 36 万加元。

问:卖方遭受损失的根本原因是什么?应吸取哪些教训?

第三节 合同中的价格条款

因为价格直接涉及到买卖双方的经济利益,在国际贸易实践中商品价格通常是买卖双方交易磋商的焦点问题。为此,在进出口业务中,除了需选择适用的贸易术语之外,还应选择合适的作价方法,合理地规定佣金与折扣,并加强成本核算,制定合理的进出口商品价格,以促进交易的达成和合同的顺利履行。

一、成本核算

对进出口商品的定价与计价,首先应当计算该商品的各项成本及费用构成。通常,进出口商品的成本主要包括:进货成本、国内运费、包装费、仓储费、商检费、关税、报关手续费、国际运输费、保险费、各种进出口手续费用及其杂费、中间商佣金及销售折扣、银行费用、毛利润等。

在计算进出口商品的各项成本及其费用的基础上,还应进一步加强进出口商品的成本核算,以提高经济效益。进出口商品成本核算需关注以下三项指标。

(一)出口盈亏率

出口盈亏率是该商品按人民币核算的出口盈亏额与出口总成本的比率。

出口盈亏额是指出口销售的人民币净收入与出口总成本的差额。如果出口销售人民币净收入大于出口总成本则为盈利,反之为亏损。

出口盈亏率的计算公式为:

$$出口盈亏率 = 出口盈亏额 \div 出口总成本 \times 100\%$$
$$= (出口销售人民币净收入 - 出口总成本) \div 出口总成本 \times 100\%$$

(二)出口换汇成本

出口换汇成本,又称出口换汇率,是出口商品的人民币总成本与出口商品的外汇净收入之比。即通过出口商品,用多少人民币可以换回一个单位的外币。若出口换汇成本高于当时的银行的外汇牌价,反映出口为亏损;反之,则说明出口盈利。

出口换汇成本的计算公式为:

出口换汇成本 = 出口总成本(人民币) ÷ 出口销售外汇净收入(外币)

(三) 出口创汇率

出口创汇率,又称外汇增值率,是指加工成品出口后的外汇净收入与原料外汇成本的比率。如果使用国产原料,则原料外汇成本通常以该原料出口的外汇收入(FOB 出口价)计算,如果使用进口原料则按原料的进口外汇成本(CIF 外汇进口价)价计算。通过这个比率计算可以反映出用外汇进口原材料经加工变为成品后的出口创汇效果,也可反映用国内原材料加工成品出口后的外汇增值程度。

出口创汇率的计算公式为:

出口创汇率 = (成品出口外汇净收入 − 原料外汇成本) ÷ 原料外汇成本 × 100%

二、定价原则

我国进出口商品价格制定的基本原则是:在平等互利的前提下,参照国际市场价格水平,结合国别与地区差异,根据购销意图,制定适当的价格。

在具体确定价格时,还应考虑影响价格变动的各种因素,包括商品的质量与档次;成交规模的大小;需求的季节性变化;销售市场的供求关系与运输条件;货款的支付条件与汇率波动的风险等。

除此之外,交货期的远近、货物的保险条件、国际市场销售习惯等因素,对商品定价也会产生不同程度的影响,应一并考虑在内。

三、作价方法

进出口商品的作价方法,一般可分为固定价格和非固定价格两类,也可采用部分固定价格和部分非固定价格相结合的方法。

(一) 固定价格

固定价格是指在国际货物买卖合同中,买卖双方一次性确定具体的成交价格,在合同有效期内不再变更,买卖双方按此价格进行货款结算及收付。

但是,当国际市场行情不稳、商品价格波动较大时,固定价格对买卖双方均有较大的商业风险。

（二）非固定价格

在国际贸易实践中，非固定价格包括暂定价格、待定价格和滑动价格等多种形式。

1. 暂定价格。暂定价格是指买卖双方在签订合同时，只规定一个初步价格，到交货期前若干天，再由双方参照当时的市场价格协商确定最终结算价格。

2. 待定价格。待定价格是指买卖双方在签订合同时，只规定作价的时间和作价方法，具体价格留待以后确定。当某些商品的国际市场价格波动较为频繁或者交货期较远时，买卖双方通常会根据交货时或装运时的市场行情确定最终价格。其目的是为了降低市场价格波动带来的风险。

3. 滑动价格。在国际贸易实践中，某些成套设备和机械产品的交货期限一般比较长，为了避免在生产期间因原材料成本、工资成本的波动而影响产品价格，买卖双方往往会采用"滑动价格"，又称"价格调整条款"方法作价。即买卖双方在签约时先规定一个初步价格，同时规定如果原材料成本、工资成本发生变化，卖方在交货时按原材料和工资成本的实际变动情况对价格做出相应调整。

价格调整公式一般如下：

$$P = P_0 [A + B(M_1 \div M_0) + C(W_1 \div W_0)]$$

其中，P 是指交货时的最后价格；P_0 是指订立合同时约定的初步价格；M_1 是指计算最后价格时的原材料价格指数；M_0 是指订立合同时的原材料价格指数；W_1 是指计算最后价格时的工资指数；W_0 是指订立合同时的工资指数；A 是指经营管理费用和利润在价格中所占的比重；B 是指原材料在价格中所占的比重；C 是指工资在价格中所占的比重。

（三）部分固定价格，部分非固定价格

对于大宗交易和分批分期装运货物的买卖合同，为兼顾买卖双方的利益，减少纠纷，可采用部分固定价格和部分非固定价格的作价办法成交。还可以采取分批作价的办法成交，即对交货期较近的采用固定价格，交货期较远的采用非固定价格。

四、佣金和折扣

佣金和折扣直接影响到进出口商品的最终价格。在进出口贸易中，正确运用佣金与折扣，可以起到增强市场竞争力和扩大出口的作用。

(一) 佣金

佣金（Commission）是指进出口代理人或经纪人作为中间人为委托人提供服务而收取的报酬。

佣金一般由出口商付给，如向销售代理人支付佣金。但有时也可由进口商付给，如向商品采购代理人支付佣金。

在进出口合同中，价格中包含佣金的称为含佣价，通常在价格条款中加注文字说明。例如："每公吨 2 000 美元 CIF 上海，包括 2% 佣金"（USD2000 per M/T CIF Shanghai including 2% commission）。这种在合同价格条款中明确规定佣金百分比的做法，称为"明佣"。如果佣金不在价格中标明，则称为暗佣。暗佣的具体内容一般可通过双方签订"付佣协议"或"代理协议"加以规定。

凡是在价格中不包含佣金或折扣的，则称为净价。为了明确成交价是净价，通常在价格术语后注明净价（Net）的字样。例如"每公吨 2 000 美元 CIF 净价上海"（USD2000 per M/T CIF net Shanghai）。

佣金、净价与含佣价与佣金率的关系用公式表示如下：

$$佣金 = 含佣价 \times 佣金率$$

$$净价 = 含佣价 - 佣金 = 含佣价 \times (1 - 佣金率)$$

在实际业务中，有时会出现这种情况，当卖方报价是净价，买方要求卖方改报含佣价。在此种情况下，为了不减少销售净收入，卖方则应按以下公式计算并报出含佣价：

$$含佣价 = 净价 \div (1 - 佣金率)$$

佣金一般是按成交金额的百分比计算的，也有按成交数量计算的。如按金额计算，则涉及到用什么贸易术语作为计算基础的问题。按照国际贸易惯例，无论采用何种价格条件，都以合同金额作为基础直接计算佣金。例如，CIF 金额为 100 000 美元，佣金率为 2%，应付佣金即为 2 000 美元。另外一种计算佣金的方法是，不论买卖双方以哪一种价格条件成交（合同单价是 CIF 或 CFR），均按 FOB 价格金额作为计算佣金的基础。理由是运费和保险费是卖方付给外运公司和保险公司的，不是卖方的销售收入，因此不应以这些费用为基数计算支付佣金。在国际贸易中，采取哪种方法计算佣金并无定则，需要双方磋商订明。

(二) 折扣

折扣（Discount）是指卖方按商品原价给予买方一定百分比的价格减让。

卖方可根据不同情况实行价格减让。

1. 数量折扣，在买方购货数量较大情况下，卖方予以折价，并以此提高市场竞争力。

2. 特别折扣，卖方给予老客户的优惠价销售。

3. 季节性折扣，当某些商品进入销售淡季时而折价销售。

4. 品质折扣，因商品质量和规格低于合同标准而折价销售。

货价中的折扣，有"明扣"和"暗扣"之分。买卖双方若在合同单价中列明折扣率，即为明扣，例如，"每件100美元CIF青岛减2%折扣"（USD 100 per piece CIF Qingdao less 2% discount）。若未在单价中列明折扣率，而由买卖双方另行约定折扣，则称为暗扣。

在进出口贸易实践中，折扣的计算方法相对简单，一般将实际发票金额乘以约定的折扣率作为应扣掉的折扣金额，即：折扣金额＝发票金额×折扣率。

此外，买卖双方也可能按照商品数量计算折扣金额。例如，每件商品折扣10美元，成交量1 000件商品，则折扣金额共计：1 000×10＝10 000（美元）。

佣金与折扣的支付方式有所不同。佣金一般是由出口方收到全部货款后，再另行付给中间商；折扣则通常由买方在付款时预先扣除。

五、价格条款的构成

进出口合同中的价格条款包括两项内容，即商品的单价（Unit Price）和合同的总值（Total Amount）。

商品单价由四个要素构成，包括计价货币、单位金额、计量单位和贸易术语。例如：USD2000 per metric ton CIF Shanghai（每公吨2 000美元CIF上海）。

合同的总值是单价与成交数量的乘积，即一笔交易的货款总金额。

在制定商品的价格条款时，应注意以下四个问题：

第一，计价货币一般使用国际通用的可自由兑换货币。如果采用Dollar作为计价货币，还应该在合同中明确是哪个国家或地区的货币。

第二，明确价格以何种计量单位计算。商品单价的计量单位应与数量条款所用的计量单位保持一致。如果以吨为计量单位，须注明公吨、长吨或短吨。

第三，正确选用贸易术语。作为出口方，应通盘考虑出口货物的特点、运输距离、运输方式、运输成本、国外港口的装卸条件和港口惯例、出口方的责任风险、交货期、出单时间、安全及时收汇等问题，灵活选用各种贸易术语，必要时加注贸易术语解释规则的版本或年份。根据国际贸易实践，目前常用的贸易术语主要有《国际贸易术语解释通则》中的 FOB、CIF、CFR、FCA、CIP、CPT 六个术语。鉴于某些进出口商仍会以《2000 通则》作为贸易术语的选择依据，因此，买卖双方在使用贸易术语时，应该注明选择《国际贸易术语解释通则》的哪个版本，以避免因不必要的误会而导致贸易纠纷。例如，价格条款中的贸易术语部分为"FCA 38 Cours Albert 1er, Paris, France Incoterms®2010"。其中，38 Cours Albert 1er, Paris, France 是指交货地点，Incoterms ®2010 是指国际商会的《2010 通则》。应注意的是注册标志"®"是 2010 版本的构成部分。

第四，合同中的单价金额应按买卖双方协商一致的价格，正确填写在书面合同中，切忌写错。同时，价格条款要与合同中的其他条款在内容上保持一致，不能相互抵触和矛盾。

本 章 小 结

在进出口贸易中，价格中包含了贸易术语这一重要因素，有关买卖双方风险、责任、费用划分和交货地点，都是通过贸易术语来加以确定的。贸易术语成为影响商品价格构成的重要因素，也是构成进出口商品价格条款的重要组成部分。因此，理解并掌握贸易术语及相关国际贸易惯例尤为重要。

买卖双方为了顺利达成交易，应正确掌握作价原则，认真核算价格、预算盈亏、了解主要贸易术语的价格构成和换算方法，使用不同的作价方法，灵活运用佣金和折扣，结合经营意图，在平等互利的基础上确定合同的价格条款。

【本章重要概念】

国际贸易惯例（Convention of International Trade）
贸易术语（Trade Terms）
装运合同（Shipment Contract）
到达合同（Arrival Contract）
佣金（Commission）
折扣（Discount）

【延伸阅读】

1. 黎孝先、石玉川：《国际贸易实务》，对外经贸大学出版社 2016 年版。

2. 于强、杨同明：《国际贸易术语解释通则 Incoterms2010 深度解读与案例分析》，中国海关出版社 2011 年版。

复习与思考

1. 什么是贸易术语？贸易术语具有哪些功能？贸易术语具有什么作用？

2. 与《2000 通则》相比，国际商会的《2010 年国际贸易术语解释通则》有哪些变化？

3. 根据国际商会《2010 通则》的解释，说明 FOB、CFR、CIF 贸易术语下买卖双方各自的义务，并比较三种术语的异同点。

4. 根据国际商会《2010 通则》的解释，说明 FCA、CPT、CIP 贸易术语下买卖双方各自的义务，并比较三种术语的异同点。

5. 进出口合同中的单价条款包括哪几个部分？试举一例。

6. 某商品出口总成本为 6 500 元人民币，出口后外汇净收入为 1 200 美元，已知中国银行当日外汇牌价为：US＄100 = ￥627，请计算该项出口的盈亏率与换汇成本。

7. 某公司从国外进口服装面料一批，加工为成衣后出口。已知进口面料的外汇支出为 US＄28 800，成衣出口的外汇净收入为 US＄42 100，请计算其外汇增值率。

8. 某公司某商品出口净价为 CIF 新加坡 650 美元，外商要求报 CIFC5%，问应报价多少美元？

第十一章 国际货物运输

学习目标

知道最常用的国际货物运输方式及其各自特点；了解各种运输单据名称；知道国际货物买卖合同中的装运条款如何规定；掌握班轮运费的计收标准；学会计算班轮运费；掌握海运提单的性质、作用及其种类。

引导案例

我国某出口企业同某国 A 公司达成交易一笔，合同规定的支付方式是即期付款交单。我方按期将货物装出并由 B 轮船公司承运，B 轮船公司出具转运提单，货物经日本改装后，再由其他轮船公司船舶运往目的港。货到目的港后，A 公司已宣告破产倒闭。当地 C 公司伪造假提单向第二程船公司在当地的代理人处提走货物。我方企业装运货物后，曾委托银行按跟单托收（付款后交单）方式收款，但因收货人已倒闭，货款无着，后又获悉货物已被冒领，遂与 B 轮船公司交涉，凭其签发的正式提单要求交出承运货物。B 公司却借口依照提单第 13 条规定的"承运人只对第一程负责，对第二程运输不负运输责任"为由拒不赔偿。于是，诉诸法院。请问 B 公司是否需要承担责任？

第一节 国际货物运输方式

国际货物运输方式种类很多，包括海、陆、空等各种运输方式。对运输方式的选择，应根据成交商品的特点、货运量、运输距离、运费、风险程度、装卸地点和装卸能力等情况综合加以考虑，应该以"安全迅速、准确和节约"的原则来确定。本节将重点介绍海洋运输方式。

一、海洋运输

海洋运输是国际货物运输中运用最为广泛的一种运输方式。它具有运载量大、对货物的适应性强、不受道路限制、运费较低等优点，因此，国际贸易中的大部分货物是通过海洋运输来实现的。海洋运输运量在国际货物运输总量中占 2/3 以上，在国际货物运输中占有十分重要的地位。

按照船舶经营方式的不同，海洋运输可分为两大类：班轮运输和租船运输。

（一）班轮运输

班轮运输（Liner Transport）是指按照规定的时间表、固定航线和既定的港口顺序装卸货物的船舶运输方式。班轮运输比较适合于一般杂货和成交量小、批次多、交货港口分散的货物运输。货主可根据班轮公司按期公布的船期表，及时组织货源，办理订舱手续或安排接运货物。

1. 班轮运输的特点。第一，"四个固定"，即固定的船期、固定的航线、固定的挂靠港口和相对固定的运费率；第二，"一个负责"，即承运人负责货物配载和装卸，班轮运费中已包含装卸费用；第三，承运人的责任以班轮公司签发的海运提单为依据；第四，班轮承运费比较灵活，不论数量多少，只要有舱位，都接受装运。因此，少量货物或件杂货通常多采用班轮运输。

2. 班轮的运费。班轮的运费是由基本运费和各种附加费两部分构成。基本运费是对一般货物在预定航线的各基本港口之间进行运输所规定的运价，它是构成全程运费的主要部分。附加费是班轮公司为了弥补货物在运输过程中的额外支出或在蒙受一定经济损失时而临时另外加收的费用。

基本运费的计收标准主要有以下几种：按货物的重量计收，在运价表中以"W"表示，以每公吨为计量单位，称之为重量吨（Weight Ton，缩写为 W/T）；按货物的体积计收，在运价表中用"M"表示，以每立方米或 40 立方英尺为计量单位，称为尺码吨（Measurement Ton，缩写为 M/T）；按货物的价格计收，在运价表中用"A. V"标注或以"Ad. Val"表示，即按货物在装运地 FOB 货价总值的一定百分比计收，称为从价运费；按重量吨或尺码吨，选择收费较高的一种计收，在运价表中用"W/M"表示；按重量吨或尺码吨，选择其中较高一种计收，再加上一定百分比的从价运费，在运价表中用"W/M Plus A. V"表示；按重量吨或尺码吨，或从价运费，选择其中较高一种计收，在运价表中用"W/M or A. V"来表示；按货物的件数与个数计数；议价，对大宗低值易装易卸货物，采取货主与船公司临时议定运价的办法，在运价表中用"Open"表示。

附加费名目繁多，常见的有：超长附加费、超重附加费、转船附加费、直航附加费、洗舱费、选港附加费、港口附加费、港口拥挤附加费、燃油附加费、绕航附加费、货币贬值附加费等等。

计算班轮运费的程序是：按货物的英文名称，在运价表中的货物分级表查出该货物应属等级和计费标准；根据货物等级和计费标准在航线费率表中查出该货物的基本费率；再查出该货物所经航线和挂靠港口的有关附加费率；将该货物的基本费率与附加费率相加得出货物单位运费，以单位运费乘以货物计量单位的总量，即可得出该批货物的运费总额。如果是从价运费，则应按运价表规定的百分比率乘以该批货物的 FOB 货价，以计算运费总额。

班轮运费计算公式为：$F = F_b \times (1 + \sum s) \times Q$

即：班轮运费 = 基本运费率 × (1 + 各种附加费率) × 总货运量

（二）租船运输

租船运输又称不定期船运输，通常是指货主向船方包租整条船舶或租赁部分舱位进行货物运输。

1. 租船运输的特点。相对于班轮运输而言，其主要特点是：第一，没有预定的船期表、固定的航线和装卸港，一切都要根据租船方的需要，按船、租双方签订的租船合同进行安排，但只要船舶航行和港口条件允许，租船都可以实现直达运输。第二，没有固定的运价。其运价或租金按租船市场行市变化而定。但与班轮相比运价较低，适合运输货物量大、低值、交货期集中的货物运输。第三，租船运输中的船舶港口使用费、货物装卸费以及船期延误费等按租船合同规定划分计收。第四，船、租双方需要签订租船合同，以明确双方的权利与义务。

2. 租船运输的种类。租船运输方式主要包括定程租船和定期租船两种。不论是按航程或按期限租船，船、租双方都要签订租船合同，以明确双方的权利和义务。

定程租船，又称航次租船，它是由船舶所有人负责提供船舶，在指定港口之间进行一个航次或数个航次承运指定货物的租船运输。定程租船的形式有：单程租船，又称单航次租船；来回航次租船；连续航次租船；包运合同。

定期租船。定期租船是指船舶拥有人依据租船合同的约定，在一定期限内将船舶出租给承租人，供其调遣使用。在租赁期间，租船人可根据租船合同规定的航行区域自由使用和调度船舶。

定期租船与定程租船最大的区别是两点：第一，在定程租船方式下，船方除负责船舶的日常经营管理外，还要负责将货物运送到合同规定的目的港。而在定期租船方式下，船方仅负责对船舶的日常养护和保证船员的工资与给养,至于船舶的调度,货物的运输以及在租期内因运营管理所产生的其他费用支出一概由租船人负责。第二,在定程租船方式下,要规定装卸期限和装卸率,用以计算滞期费和速遣费,而在定期租船方式下则无须规定此项内容。

除上述两种租船方式外,还有光船租船。光船租船是船舶所有人将一艘空船舶出租给承租人使用一个时期,这也是一种期租船,实际上属于单纯的财产租赁。

在定程租船方式下,除了在租船合同中必须约定运费外,还必须对港口装卸费的费用承担问题作出规定。常用的规定方法有:船方不负担装卸费(Free In and Out,简称 FIO);船方负担装卸费(Liner Terms);船方只负担装货费,而不负担卸货费(Free Out,简称 FO);船方只负担卸货费,而不负担装货费(Free In,简称 FI)。

二、铁路运输

铁路运输是仅次于海洋运输的一种常用运输方式。其突出优点是运行速度快,载运量较大,运输安全可靠风险较小,且不易受气候条件变化的影响,能保持较好的连续性。

从业务运作的角度看,采用铁路运输的业务手续相对海洋运输更为简便,发货人和收货人均可以在就近的始发站和目的站办理托运和提货手续。

我国内地经铁路运输向港澳地区运送货物时,通常采取的做法是:运往香港的货物,由内地经铁路运至深圳北站然后转汽车经文锦渡公路口岸运到香港,或者经深圳原车至香港九龙车站;运往澳门的货物,由内地铁路运至广州南站,然后通过水路或公路中转再运往澳门。在采用上述运输方式时,由于国内铁路签发的运单不能作为对外结汇的凭证,故一般由各地外贸运输公司以承运人的身份签发承运货物收据,以其作为向银行办理结汇的凭证。

三、航空运输

航空运输是利用飞机运送货物的现代化运输方式,如远程超音速喷气飞机和大型载重飞机等。

(一)航空运输的特点

航空运输的特点有以下几方面。

1. 运输速度快,适合运输易腐、鲜活商品和季节性商品,例如鲜花、观赏鱼类、蔬菜等商品。

2. 货运质量高，货物损耗较低，适宜精密仪器和贵重物品等商品的运输。

3. 不受地面条件的限制，可将货物准确运往世界各地。

4. 在途时间短，对商品保管周到，可节约包装、保险以及利息费用。

航空运输明显的不利之处是运量有限，运费较高。

（二）航空运输的类型

国际航空运输的方式主要包括以下几种：

1. 班机运输，指有固定航线、航班、始发站、途经站、目的站的运输。适合货运量较小的急需商品的运输。

2. 包机运输，指包租整架飞机运输货物。适合运送数量较大的急需货物或有特殊要求的货物。包机运费较班机运费便宜。

3. 集中托运，指由航空货运代理公司将若干单独发运的货物组成一整批货物，用一份总运单向航空公司集中托运，这样可以争取优惠的运价。

4. 急件传送，是指由航空公司专门成立经营航空件的快递公司，开展"桌到桌"的高质量快递服务项目。托运人只要以电话通知航运公司，航空急件快递公司便立即登门取货，将货物运达目的地机场后，再派专人立即送达收货人手中。该项服务快速、安全，但费用较高。

四、公路运输、内河运输、邮包运输

（一）公路运输

公路运输是以公路为运输线，利用汽车等运载工具从事货物运输的一种现代化的运输方式。

公路运输的特点是：机动灵活、简单方便、快捷直达。

随着世界各国公路建设的不断发展和集装箱货运方式的普及，通过公路运输与其他运输方式结合实行联合运输，对实现"门到门"运输业务至关重要。

在当代国际货物运输方式中，公路运输的作用越来越大。但公路运输也有其缺点，如货运量较小，运费相对偏高。

（二）内河运输

内河运输是水上运输的重要组成部分，它是连接内陆腹地与沿海地区的纽带，在运输和集散进出口货物中起着重要的作用。

(三) 邮包运输

邮包运输是指通过邮政部门寄交货物的运输方式。

国际邮包运输兼具国际多式联运和"门到门"运输的特点，托运人只需按邮局章程一次托运、一次付清足额邮资，取得邮政包裹收据，交货手续即告完成，因而在国际贸易运输中也得到了较多的采用。

我国已参加了《万国邮政联盟》。该联盟是联合国的一个专门机构，对各国协调和改善邮递业务具有积极作用。参加该联盟可以在运送时间上享有以同种运输的最快邮路运送权。

近年来，特快专递业务迅速发展。目前，在中国境内经营全球邮件特快专递业务的知名快递公司主要有：中国邮政速递物流（简称EMS），DHL，UPS，FEDEX，TNT 等。

五、集装箱运输、大陆桥运输、国际多式联运

(一) 集装箱运输

集装箱运输是指将一定数量的单件货物装入特制的标准规格的集装箱内，以集装箱作为运输单位进行货物运输的一种现代化的运输方式。它可适用于海洋运输、铁路运输、公路运输以及国际多式联运。

集装箱运输具有以下优点：（1）装卸效率高、船舶周转快，扩大了港口吞吐能力；（2）提高货运质量，减少了货损货差；（3）节省包装用料，减少运杂费用，降低了货运成本；（4）手续简化，货运便利，安全有保证；（5）便于开展"门到门"货运服务，促进了现代化国际多式联运的发展。

国际标准化组织为统一集装箱的规格，推荐了三个系列共13种规格的集装箱。在国际航运上使用的主要为长度为20英尺和40英尺两种集装箱，即IA型8英尺×8英尺×40英尺；IC型8英尺×8英尺×20英尺。

为了便于统计集装箱运输的货运量，目前国际上都以20尺集装箱作为计算衡量单位，以 TEU（Twenty－foot Equivalent Unit）表示，意即"相当于20尺单位"。这样，在统计集装箱运输货运量时，可将不同型号的集装箱按集装箱的长度换算成20尺单位（TEU）加以计算。

按照集装箱交接方式，集装箱运输可分成整箱货和拼箱货之分。整箱货（Full Container Load, FCL）由货方在工厂或仓库进行装箱，货物装箱后直接运交集装箱堆场（Container Yard, CY）等待装运，

货到目的地（港）后，收货人可直接从目的港（地）的集装箱堆场提走。拼箱货（Less Than Container Load，LCL）是指货量不足一整箱，需由承运人在集装箱货运站（Container Freight Station，CFS）将不同发货人的少量货物拼在一个集装箱内，货到目的地（港）后，再由承运人负责拆箱，然后分拨给各收货人。

集装箱运输的费用构成和计算方法与传统的运输方式不同。集装箱海运运费是由船舶运费和一些有关的杂费所组成。集装箱的包箱费率有下列三种规定方法：（1）FAK 包箱费率，即不分货种，不分货量，只规定每个集装箱收取的费率；（2）FCS 包箱费率，是指按照不同货物等级制定的包箱费率，货物分成 1~20 级，其中低价货物费率高于传统运费率，高价货物低于传统运费率，同一等级货物的实重货运价高于体积货运价；（3）FCB 包箱费率，是指既按不同货物等级，又按不同计费标准制定的包箱费率。

（二）大陆桥运输

大陆桥运输是指使用横贯大陆的铁路（公路）运输系统，把大陆两端的海洋连接起来的连贯运输方式。

目前，全球已形成西伯利亚大陆桥、新欧亚大陆桥和北美大陆桥三条大陆桥运输路线。

1980 年以来我国利用西伯利亚大陆桥开展了集装箱国际铁路联运业务。1992 年之后，东起山东日照和江苏连云港，经新疆阿拉山口，西至德国、西班牙等地的新欧亚大陆桥开通运营，相比海运航线大大缩短了中欧之间的运程，加速了国际物流，节省了运杂费用。但是由于经过多个国家，口岸手续复杂，铁路标准不统一，开通以来一直没有取得较大发展。直至 2011 年，我国为中欧班列规划了西、中、东三大通道：西部通道由我国新疆阿拉山口（霍尔果斯）出境，中部通道经内蒙古二连浩特出境，东部通道经满洲里（绥芬河）出境。根据中国铁路总公司的数据，2016 年，中欧班列共开行 1 702 列，同比增长 109%，其中返程班列 572 列，同比增长 116%。

（三）国际多式联运

国际多式联运（International Multimodal Transport）是指按照多式联运合同，以至少两种不同的运输方式，由多式联运承运人将货物从一国境内运至另一国境内指定地点的运输方式。

国际多式联运是在集装箱运输的基础上产生和发展起来的一种连贯运输方式。利用集装箱实现国际多式联运，有利于简化货运手续，加快货运速度，降低运输成本，节省运杂费用，是实现"门到门"运输的有效途径。

构成国际多式联运应具备以下条件：（1）必须有一个国际多式联运承运人对全程运输负责，对货主负有履行合同的责任，并对货物在全程运输过程中因丢失、损坏灭失或延期交付所造成的损失负赔偿责任。（2）必须订有一个国际多式联运合同，对国际多式联运承运人和托运人之间的权利、义务、责任和豁免等作出规定。（3）至少采用两种以上的运输方式进行连贯运输。（4）必须使用一份涵盖全程的多式联运单据。（5）必须采用全程单一的运费费率。

第二节 国际货物运输单据

国际货物运输单据是承运人收到承运货物后签发给托运人（出口商）的证明文件。它是出口方与进口方交接货物，处理索赔与理赔以及向银行结算货款的重要单据。

根据运输方式的不同，国际货物运输单据主要分为海运提单、铁路运单、航空运单以及邮包收据等。

一、海运提单

海运提单（Bill of lading，B/L）是指由海运承运人或其代理人在接管承运货物后签发的，证明收到指定货物并承诺将其运至指定目的港交付收货人的书面凭证。

（一）海运提单的性质和作用

海运提单的性质和作用有三个。

1. 海运提单是海运承运人或其代理人在收到其承运的货物后签发给托运人的货物收据。

2. 海运提单是承运人与托运人之间订立运输合同的证明。

3. 海运提单是货物所有权的凭证，提单的合法持有人可以凭提单提货，也可以转让他人。

（二）海运提单的格式和内容

每个船公司都有自己的提单格式，但基本内容大致相同，一般包括提单正面的记载事项和提单背面印制的运输条款。

1. 提单正面的记载事项。提单正面的内容是记载事项，分别由托运人和承运人或其代理人填写，通常包括下列事项：托运人；收货人；被通知人；收货地/装货港；目的地/卸货港；船名及航次；唛头及件号；货名；件数；重量；体积；运费预付或运费到付；正本提单的份数；船公司或其代理人的签章；签发提单的地点及日期（见图 11－1）。

收妥备运提单（已加装船批注）

Shipper FELTEN N GUILLEAUME ENERGIETECHNIK AKTIENGESELLS CHAFT GESCHAFTSGEBIET ANLAGENPRODUKTE (SWITCHGEAR DIVISION) AM NEUERHOF 31,P.O. BOX 820 D-4150 KREFELD GERMANY	BILL OF LADING for Combined Transport or Port-to-Port-Shipment **DSR LINES** **DEUTSCHE SEEREEDEREI ROSTOCK GMBH** POB 188 Phone 36 60 Telex 31381351 dsr dd Cables Seereederei
Consignee **TO ORDER**	
Notify Party SHAANXI MACHINERY & EQUIPMENT IMP. & EXP. CORP. XI' AN CHINA TEL: (029)336463	RECEIVED in apparent good order and condition except as otherwise noted the total number of Containers or other packages of units enumerated below for transportation from the place of receipt or the port of loading, whichever applicable to the place of delivery or the port of discharge, whichever applicable subject to the terms hereto. One of the original Bills of Lading must be surrendered duly endorsed in exchange for the Goods or Delivery Order. On presentation of this document (duly endorsed) to the Carrier by or on behalf of the Holder, the rights and liabilities arising in accordance with the terms hereto shall (without prejudice to any rule of common law of statute rendering them binding on the Merchant) become binding in all respects between the Carrier and the Holder as though the contract evidenced hereby and been made between them. IN WITNESS whereof the number of original Bills of Lading stated below have been signed one of which being accomplished the other(s) to be void

Pre-Corriage by.	Place of Receipt		
ETI	KREFELD		
Oceap Vesael Voy. NO DSR TIANJIN	Port of Loading HAMBURG		
Port of Discharge XINGANG, CHINA	Place of Delivery	Final destination (for the Merchant's reference only)	

Container No seal No. Marks & Nos	No of Containers or pkgs	Kind of Packages Description of Goods SAID TO CONTAIN	Gross weight	Measurement
1×40' BOX- CONTAINER NO.: GSTU 672 229-0	100 CARTONS	-AIR-INSULATED RING MAIN UNIT OF TYPE EA QTY	4.300.-Kos.	
1×40' BOX- CONTAINER NO.: TPHU 464 234-4	100 CARTONS	MODUL CLS 10/630-230 160 PCS MODUL CLPS10/630-230 80 PCS	4.300.-Kos.	
1×20' BOX - CONTAINER NO.: TOLU 231 217-0	40 CARTONS	OTHER DETAILS AS PER S/C NO.	1.720.-Kos.	
SHIPPING MARK: 92BMU/46713CD XINGANG CHINA		FREIGHT COLLECT DOC. CREDIT NO.: 180-XA-010194 SHIPPERS LOAD, STOWAGE AND COUNT FCL/FCL-TRAFFIC	OF 14.01.1993	

Shippers load stowage and count. Carriers not responsible for quality, quantity, packing, condition and/or nature of goods.

"THE LETTER OF CREDIT AND/OR IMPORT LICENCE AND/OR INVOICE NUMBER SHOWN ABOVE IS INCLUDED SOLELY AT THE REQUEST OF THE MERCHANT FOR HIS CONVENIENCE AND TO MEET HIS COMMERCIAL REQUIREMENTS.
THE CARRIER DOES NOT WARRANT THE ACCURACY OF THIS INFORMATION THE SHOWN OF WHICH IS NOT A DECLARATION OF VALUE AND IN NO WAY AFFECTS THE CARRIER'S LIABILITY UNDER THIS CONTRACT OF CARRIAGE THE MERCHANT ACKNOWLEDGES THAT THE VALUE OF THE GOODS IS UNKNOWN TO THE CARRIER

(·)TOTAL NUMBER of CONTAINERS OR PACKAGES ON UNITS (IN WORD) CONTAINERS

COPY

FREIGHT & CHARGES	R/Tons	Rate	Pet	Prepaid	Collect
Ex. Rate	Prepaid at	DESTINATION	D- 4000 DOSSELDORF APRIL 15.1993		
	Total Prepaid	No3/THREE	For and on behalf of the Master as agents DSR/SENATOR ABENCIES		
Date APRIL 15,93 Laden on Board the Vessel by					

图 11－1 海运提单式样

2. 提单背面的运输条款。提单背面的内容包括：法律适应条款、承运人责任条款、变更航线条款、转运和换船、联运和转船条款、共同海损条款、免责条款、对货物留置权索赔与诉讼条款等。这些条款作为确定承运人与托运人之间、承运人与收货人及提单持有人之间的权利和义务的主要依据。

（三）海运提单的主要类别

依据划分角度的不同，海运提单有不同类型。

1. 根据货物是否装船，可分为已装船提单和备运提单。已装船提单（On Board B/L）是承运人已将货物装上指定的船舶后所签发的提单；备运提单（Received for Shipment B/L）是承运人在已收到货物，等待装船期间所签发的提单。已装船提单上会标明船名和装船日期（装船日期通常指已装船完毕的日期），同时还有船长或其代理人签字；而备运提单上则没有船名和装船日期。在国际贸易中，进口商及其银行一般只接受已装船提单。

2. 按提单表面有无不良批注，可分为清洁提单与不清洁提单。清洁提单（Clean B/L）是指货物装船时表面状况良好，承运人或其代理人在提单上未加注货物损坏或包装不良之类批语的提单。不清洁提单（Unclean B/L）是指承运人在提单上加注了有关货物外表状况不良或存在缺陷之类批语的提单。

3. 根据提单收货人栏填写方式的不同，可分为记名提单、指示提单和空白提单。记名提单（Straight B/L）是指在提单的收货人栏填有指定的收货人，这种提单只能由提单上注明的收货人提货，不能转让。指示提单（Order B/L），是指在提单的收货人栏填有"凭指定"（To Order）或"凭××指定"（To Order of...）。这种提单可以流通，在国际贸易中运用得相当广泛。空白提单（Blank B/L 或 Open B/L）是指在提单的收货人栏是空白的提单，这种提单可以由任何人凭提单提货，在提单不慎遗失的情况下可能造成很大风险。

指示提单可通过背书方式转让。背书方式有两种：一种是记名背书，即提单转让人除在提单背面签字盖章外，还注明提单的受让人；另一种是空白背书（Endorsement in Blank），即提单转让人只在提单背面签字盖章，不作其他标注。"凭指定"并经空白背书的提单，习惯上被称为"空白抬头、空白背书"提单。

4. 根据运输方式的不同，可分为直运提单、转运提单和联运提单。直运提单（Direct B/L）是指货物于装运港装船后，中途不再换船而直接运抵目的港所签发的提单。转运提单（Transshipment B/L）是指货物于装运港装船后，中途还需卸载并换装其他船只继续运往目的地所签发的提单。联运提单（Through B/L）是指采用两种或两种以上的运输方式运送货物时由第一程承运人所签发的包括全程运输的提单。需要注意的是，尽管联运提单包括了全程运输，但联运提单的签发人只对第一程运输负责。

5. 根据提单内容的繁简，可分为全式提单和简式提单。全式提单又称繁式提单，是指除在提单正面注明承运货物的基本情况外，还在提单的背面详细注明承运人和托运人的各项权利和义务的提单。简式提单又称略式提单，是指只在提单正面注明所承运货物的基本情况，略去了背面条款。

6. 根据船舶营运方式的不同，可分为班轮提单和租船提单。班轮提单（Liner B/L）是指由班轮公司承运货物后签发给托运人的提单。租船提单（Charter Party B/L）是指承运人根据租船合同而签发的提单。

7. 根据提单使用效力，可分为正本提单和副本提单。正本提单（Original B/L）是指提单上有承运人、船长或其代理人签名盖章并注明签发日期的提单。副本提单（Copy B/L）是指提单上没有承运人、船长或其代理人签字盖章，仅供参考之用的提单。

在国际贸易实践中，还有一些类型的提单经常被提及。

1. 电子提单（Electronic Bill of Lading，EBL）是指遵循传统提单运作规程，按照相关国际规则组合而成，通过 EDI 技术将纸面提单的全部内容与条款以电子数据交换系统进行传送的有关海上货物运输合同证明的电子数据。电子提单不是书面单证，而是显示在计算机屏幕上的一系列结构化了的电子数据。电子提单具有快速高效、安全性强、成本低和适应性强的优势。

2. 集装箱提单（Container B/L）是指由负责集装箱运输的经营人或其代理人，在收到货物后签发给托运人的提单。

3. 舱面提单（On Deck B/L）是指承运货物装在船舶甲板时所签发的提单，故又称为甲板货提单。大多数银行拒绝接受舱面提单。因此，如果由于货物巨大需装在甲板上运输，必须在信用证中明确规定"舱面提单可接受"。

4. 过期提单（Stale B/L）是指错过规定的交单日期的提单或者晚于货物到达目的港日期的提单。根据国际贸易惯例，凡在提单签发日 21 天后提交的提单都属于过期提单。

5. 倒签提单（Antedated B/L）是指承运人应托运人的要求在货物装船后，提单签发的日期早于实际装船日期的提单。倒签提单属于托运人与船公司合谋欺骗收货人的违法行为。

6. 预借提单（Advanced B/L）是指因信用证规定装运日期和议付日期已到，货物因故而未能及时装船，但已被承运人接管，或已经开始装船而未装毕，托运人出具保函要求承运人签发的已装船提单。预借提单行为也是违法行为。

二、其他货运单据

(一) 铁路运输单据

按照铁路营运方式的不同,铁路运单(Rail Waybill)分为两种:一种是国际铁路货物联运运单;另一种是承运货物收据。

通过国际铁路联运的货物,由始发站承运人签发联运单。国际铁路货物联运单的正本随同货物全程附送到达目的站后交给收货人。它既是铁路部门承运货物的凭证,也是铁路部门和货主交接货物、核收运杂费和处理索赔与理赔的依据。国际铁路联运单副本在铁路部门加盖承运日期戳记后交给发货人,它是发货人凭以向银行办理货款结算的主要单据之一。

我国由内地通过铁路运往港、澳地区的货物,以及由国际铁路运送的出口货物,由中国对外贸易运输(集团)总公司(简称中国外运)作为总承运人和总代理人,给托运人签发承运货物收据。它是承运人与托运人之间的运输契约,并作为卖方办理货款结算的凭证。承运货物收据适用于铁路、公路、航空、轮船等多种运输方式。

(二) 航空运单

航空运单(Air Waybill)是航空公司或其代理人向托运人签发的承运货物的收据。它是承运人与托运人之间缔结的运输契约,也是海关查验、放行的一项基本单据。

航空运单共有正本一式三份:第一份正本注明"Original-for the Shipper",应交托运人;第二份正本注明"Original-for the Carrier",由航空公司留存;第三份正本注明"Original-for the Consignee",随飞机带交收货人;

航空运单副本份数可根据需要增添,由航空公司按合同规定分发。

需要指出的是:航空运单不是代表货物所有权的凭证,不能背书转让。收货人凭承运人(航空公司)的到货通知单提取货物,而不是凭航空运单提取货物。

(三) 邮政收据

邮政收据(Parcel Post Receipt)是邮政运输的主要单据,它既是邮局收到寄件人的邮包后所签发的凭证,也是收件人凭以提取邮件的凭证。当邮包发生损坏或丢失时,它还可以作为索赔和理赔的依据,但邮包收据不是物权凭证。

（四）集装箱运输单据

集装箱运输单据（Container Transport Documents）是使用集装箱装运货物时所签发的运输单据。主要包括集装箱装箱单、场站收据、集装箱联运提单和多式联运提单。

（五）多式联运单据

多式联运单据（International Combined Transport Documents）是在多种运输方式联合运输情况下，多式联运经营人接管货物后签发给托运人的从起点到目的地全程各种运输方式统一负责的一种运输单据。

国际多式联运单据与海运中的联运提单有一定的相似之处，但二者在性质上有所不同。主要区别如下：（1）适用的运输方式不同。联运提单仅限于由海运与其他运输方式所组成的联合运输时使用；多式联运单据所适用的是任何两种或两种以上不同运输方式所组成的联合运输，其适用范围更为广泛。（2）运输单据签发人的身份不同。联运提单由第一运程的承运人或其代理人签发；多式联运单据则由多式联运经营人签发。多式联运经营人可以是掌握运输工具的，也可以是完全不掌握运输工具的"无船经营人"（NVOCC），全程运输需由其安排给各分承运人负责。（3）运输单据签发人的责任范围不同。联运提单与多式联运单据虽然都是包括全程运输的联运单据，但联运提单的签发人仅对第一程的运输负责，其后各段分别由不同承运人负责；多式联运单据的签发人要对全程运输统一负责。

第三节 合同中的装运条款

为确保货物安全及时交付，买卖双方必须对货物的装运条件进行磋商，并在合同的装运条款中作出具体明确的规定。明确规定装运条款，是保证进出口合同顺利履行的重要条件。

装运条款的内容及其规定方法，与合同的性质和运输方式有着密切的关系。我国外贸进出口合同大部分采用的是 FOB、CIF、CFR 合同，并且大部分货物是通过海洋运输。海洋运输方式下的装运条款主要包括装运时间、装运港和目的港、能否分批装运或转船、装卸时间、装卸率、滞期速遣条款、装运通知、OCP 条款等内容。

一、装运时间

装运时间是指卖方在合同指定地点将货物交付装运的时间期限。装运时间是国际贸易合同中的交易要件。卖方推迟或提前装运都属于违约，买方有权撤销合同，并要求相应的损害赔偿。

在外贸实践中，需要注意不同贸易术语下装运时间和交货时间的异同。在采用 FOB、CIF、CFR 贸易术语的买卖合同中，货物的装运时间与交货时间是同等的概念。因为在装运港货物装上船后，卖方即完成交货义务。但是，在 DES、DEQ、DDU、DDP 等实际交货的合同中，装运时间与交货时间是两个截然不同的概念。

（一）装运时间的规定方法

1. 规定具体的装运时间。这种方式可以规定一段时间或者规定最迟的装运期限。例如，"7月份装运"（Shipment during July），"装运期不迟于7月31日"（Shipment not later than July 31st）等。此种规定方法明确具体，使用较为广泛。

2. 规定收到信用证后若干天装运。对某些进口管制较严的国家或地区，或专为买方制造的特定商品，为防止买方不履行合同而造成损失，可采用此种规定方法。例如，规定"收到信用证后××天内装运"（Shipment within ×× days after receipt of L/C）。为防止买方不按时开出信用证，一般还规定"买方必须不迟于某月某日将信用证开到卖方"（The relevant L/C must reach the seller not later than...）的限制性条款。

3. 规定收到信汇、电汇、票汇后一定时间内装运。在卖方已经备齐货物随时可以发运的情况下，可以采用此种规定。

（二）规定装运时间应注意的问题

1. 尽可能不使用笼统术语规定装运期，已有共识除外。如立即装运（Immediate shipment）、即期装运（Prompt shipment）、尽快装运（Shipment as soon as possible）等。

2. 装运期与开证日期是互相关联的。为保证按期装运，装运期和开证日期、交单期之间应该相互衔接。

3. 应根据货源、运输、季节、市场和商品本身的情况来订明装运时间。装运时间应有一个较大的时间跨度，尽量不规定某一具体日期，保证有回旋余地。

4. 应考虑到装运港条件与特殊情况。

二、装运港和目的港

装运港(Port of Shipment)是指货物起始装运的港口。目的港(Port of Destination)是指最终卸货的港口。

为便于卖方根据货源情况安排装运和适应买方接收或转售货物的实际需要,装运港一般由卖方提出,经买方同意后确定。目的港则由买方提出,经卖方同意后确定。

(一)装运港和目的港的规定方法

1. 在一般情况下,只规定一个装运港和一个目的港。例如"装运港:上海,目的港:伦敦"(Port of Shipment:Shanghai,Port of Destination:London)。

2. 在大宗商品交易中,根据需要可规定两个或两个以上的装运港或目的港。例如"装运港:新港/上海,目的港:伦敦/利物浦"(Port of Shipment:Xingang/Shanghai,Port of Destination:London/Liverpool)。

3. 对交易达成时仍不能确定装运港和目的港的,可采取选择港(Optional Ports)方式。规定选择港的方法有两种:一种是在两个或两个以上列明的港口中选择一个。例如"CIF 伦敦,选择港汉堡或鹿特丹"(CIF London, optional Hamburg/Rotterdam)。二是笼统规定某一航区为装运港(地)或目的港(地),但最后交货则选择其中的一个为装运港(地)或目的港(地)。例如:"地中海主要港口"。

(二)确定装运港与目的港应注意的问题

一般应明确规定一个或若干个港口作为装运港或目的港。在出口业务中,对于装运港的规定以靠近货源地为宜;在进口业务中,对于目的港的规定以靠近最终用户为宜。

注意装运港和卸货港的具体条件。要了解有关装卸港有无直达班轮航线。码头泊位的深度、有无冰封期,对船舶的国籍有无限制,装卸条件及费率水平等情况。

原则上不能接受内陆城市作为装运港或目的港,否则,进口商还要承担从港口到内陆城市的运费和风险,出口商还要承担从内陆城市到港口的运费和风险。

不能接受与我国没有贸易往来的一些国家的港口,或者不安全的疫区或战区作为港口。

在规定装运港和目的港时应该注意有无重名的问题。如名为VICTORIA 的港口在世界上有 12 个之多,因此,必须同时注明港口所在国家的名称，以免混淆。

三、分批装运和转船

（一）分批装运

分批装运（Partial Shipment）是指同一合同或信用证项下的货物，分若干批装于不同航次的船上所进行的货物运输。

在进行大宗货物交易时，由于交货数量、运输条件、货源状况和市场销售需要等因素，卖方可在合同中订立货物分批装运的条款。

根据国际商会《跟单信用证统一惯例》的规定："除非另有规定外，允许分批装运"。但有些国家则做出相反的规定，如果合同上没有明确规定准许分批装运，则不得分批装运。为避免解释不一而引起争议，交易双方应在合同中订明是否允许分批装运。如果双方同意分批装运，则还应将批次和每批的装运时间与数量订明。例如"7～9月分三批每月平均等量装运"。

需要指出的是，按照《跟单信用证统一惯例》规定：同一笔货物在不同的时间和装运港分多次装上同一航次的同一条船上，即使提单表示不同的装船日期或不同的装运港口，但货运目的地相同也不视为分批装运。因为，该货物是一整批货物同时运抵目的港。其次，合同规定限批、限量、限期装运条款，卖方必须严格履行。否则，如果其中任何一批货物未能按期、按量装配，则视为违约，信用证对该批及以后各批均告失效。

（二）转船

转船（Transhipment）是指货物在运输过程中从一种运输工具上卸下再装上另一种运输工具的行为。

如果在合同的转运地和目的地之间没有直达的运输工具，需要通过某中途港转运时，买卖双方可以在合同中商订"允许转船"（Transhipment is allowed）的条款。规定允许分批装运和转船对卖方而言比较主动、有利。但由于货物途中转船有可能发生破损或丢失，所以买方一般不轻易接受货物转船条款。

案例：关于货物运输的贸易纠纷

某国际贸易公司对国外乔治公司出口500吨花生。买方申请开来的信用证规定："分5个月装运，3月80吨，4月120吨，5月140吨，6月110吨，7月50吨。每月不许分批装运。装运从中国港口至伦敦。"

国际贸易公司接到信用证后，根据信用证规定于 3 月 15 日在青岛港装运了 80 吨，于 4 月 20 日在青岛港装运了 120 吨，均顺利收回了货款。

国际贸易公司后因货源不足于 5 月 20 日在青岛港只装了 70.5 吨。经联系得知烟台某公司有一部分同样规格的货物，所以国际贸易公司要求"HULIN"轮再驶往烟台港继续装其不足之数。船方考虑目前船舱空载，所以同意在烟台港又装了 64.1 吨。国际贸易公司向银行提交了两套单据：一套是在青岛于 5 月 20 日签发的提单，其货量为 70.5 吨；另一套是在烟台于 5 月 28 日签发的提单，货量为 64.1 吨。

银行审单后认为单据有两处不符点：在青岛和烟台分批装运货物；短量。

问题：不符点是否成立？

【案例分析】

不符点不成立。

理由：(1) 按照"UCP600"的规定，运输单据表面上注明是使用同一运输工具装运并经同一线路运输，即使运输单据上注明的装运日期或装运港不同，只要运输单据注明是同一目的地，将不视为分批装运。由于我方在青岛和烟台将货物装到同一条船上，不视为分批装运。(2) 按照"UCP600"的规定，在信用证未以包装单位或数量自身件数的方式规定货物数量时，数量允许有 5% 的增减幅度，只要总支取金额不超过信用证金额。因此 5 月交货数量最少可以是 133 吨，实际交货数量是 134.6 吨。

四、装卸时间、装卸率、滞期速遣条款

大宗商品采用程租船运输的买卖合同中，其装运条款还需要规定装卸时间、装卸率、滞期速遣条款。

（一）装卸时间

装卸时间（Lay Time）是指合同约定的完成装卸任务的时间，一般以日数表示。

在程租船合同中，"日"的规定方法有多种：(1) 日（Days）或连续日（Running Days, Consecutive Days）是指日历日数，即使是无法装卸的天气也算，这种规定对租船方不利。(2) 累计 24 小时好天气工作日（Weather Working Days of 24 Hours）是指在好天气的情况下，累计工作 24 小时为一个工作日，这种规定对租船方有利。(3) 连续 24 小时好天气工作日（Weather Working Days of 24 Consecutive Hours）

是指连续工作24小时才算一日，这种规定适于昼夜工作的港口，使用较为普遍。

（二）装卸率

装卸率是指每日装卸货物的数量。

对于装卸率的具体确定，一般应遵循港口惯常的装卸速度，规定得过高或过低都不合适。如果装卸率规定得过高，一旦完不成装卸任务，承租人就要承担滞期费的损失。反之，如果装卸率规定得过低，虽能因提前完成装卸任务而得到船方的速遣费，但因船方在事先预算运费时已因较低的装卸率而规定了较高的运费，对承租人而言也得不偿失。

（三）滞期速遣条款

在租船方负担装或卸的情况下，租船方完成装卸任务的快慢直接影响到船方的利益。船方总是希望尽量缩短装卸货时间，以减少在港费用支出，为此会在程租船合同中规定滞期费和速遣费条款。

在合同规定的装卸时间内，如果租船方未能在规定时间内完成装卸作业，则船方对租船方收取一定的罚金，即滞期费（Demurrage）；如果租船方提前完成装卸作业，则船方对节省的时间向租船方支付一定的奖金，即速遣费（Despatch Money）。

滞期费和速遣费一般规定为每天若干金额，不足一天者，按比例计算。按惯例，速遣费一般为滞期费的一半。

五、装运通知

装运通知（Advice of Shipment）是指买卖双方针对货物交接事宜的安排情况而互相发出的通知。

按照国际贸易惯例，在FOB和FAS合同条件下，卖方应在约定的装运期开始以前30天或45天，向买方发出货物备妥的通知，以便买方安排派船接货事宜。买方收到卖方备货通知后，联系运输公司租船订舱，按约定的时间发出派船通知，将船名、船籍、吨位、船舶到港受载日期等通知卖方，以便卖方及时安排货物出运和准备装船。

在按FOB、CFR和CIF条件成交时，卖方均应在货物装船后及时发出已装船通知，将合同号码、货物名称、装运数量、重量、发票金额、船名及装船日期等内容电告买方，以便买方办理保险、在目的港做好接卸货物的准备，并及时办理进口报关等手续。按CFR条件成交时，卖方及时向买方发出装船通知尤为重要。按照国际贸易惯例，如因卖方漏发或迟发此项装船通知，致使买方漏保或未能及时办理保险时，卖方应承担买方因此而遭受的有关损失。

此外，在 FCA、CPT 和 CIP 合同条件下，卖方将货物交给承运人（在多式联运方式下，交给第一承运人）后，及时向买方发出通知，是卖方必须履行的义务之一。

六、OCP 条款

装运条款内容较多，除上述主要条款外，根据需要还可能订立其他与装运有关的条款。比如，在同美国进行贸易时，出口商为了取得运费上的优待，可以采用 OCP 条款。

OCP 是 Overland Common Points 的缩写，意为"内陆地区"。所谓"内陆地区"，是根据美国运费率规定，以美国西部 9 个州为界，也就是以落基山脉为界，其以东地区，均为内陆地区范围。按 OCP 运输条款达成的交易，出口商可享受美国内陆运输的优惠费率。

在采用 OCP 运输条款时，必须注意下列问题：（1）货物最终目的地必须属于 OCP 地区范围。（2）货物必须经由美国西海岸港口中转。因此，签订 CFR 和 CIF 出口合同时，目的港必须是美国西海岸港口。（3）提单上必须标明 OCP 字样，并且在提单目的港一栏中除填明美国西部海岸港口名称外，还要加注内陆地区的城市名称。

本 章 小 结

国际货物运输是国际贸易中的一个重要环节。国际货物运输可使用的运输方式有多种，各种运输方式都有其各自的特点和独特的经营方式。

不同的运输方式使用不同的运输单据，各种运输单据的性质和作用也不尽相同。其中，海上货物运输采用的是海运提单，近年来也有使用不可转让海运单。

国际货物买卖合同中的装运条款主要包括装运时间、装运港（发货地）和目的港（目的地）、是否允许分批装运和转运、装运通知、OCP 条款等。在程租船运输的买卖合同中，其装运条款还需要规定装卸时间、装卸率和滞期速遣条款。

【本章重要术语】

班轮运输（Liner Transport）

国际多式联运（International Multimodal Transport）

分批装运（Partial Shipment）

转船（Transhipment）

海运提单（Bill of Lading，B/L）

滞期费（Demurrage）

速遣费（Despatch Money）

OCP 条款（Overland Common Points）

【延伸阅读】

1. 王明严、陈广：《国际货物运输实务》，中国经济出版社 2012 年版。全书分为六个模块，按"行业认知—货运业务—货运保险—事故处理"的逻辑顺序安排，每一模块在内容上充分体现"理论先行，实践紧随其后"的教学思路。

2. 孙瑛、韩杨：《国际货物运输实务与案例》，清华大学出版社 2009 年版。本书共 9 章，主要介绍了国际货物运输基础知识、业务操作和法律法规。读者可以从中掌握基础知识和有关理论，并且通过学习案例，在实际运作中灵活运用法律、法规。

复习与思考

1. 什么是班轮运输？它有什么特点？
2. 什么是国际多式联运？其特点是什么？
3. 什么是海运提单？海运提单具有什么性质和作用？
4. 国际多式联运单据与联运提单的主要区别有哪些？
5. 规定合同中的装运港和目的港时应注意哪些问题？

第十二章
国际货物运输保险

学习目标

掌握海洋货物运输保险中风险、损失、费用的分类及含义;掌握我国海运货物三种基本险的名称及各自的保障范围;了解其他运输方式下的货运保险;了解进出口合同中保险条款的规定方法。

引导案例

某轮船载货后,在航行途中不慎发生搁浅,事后反复开倒车,强行起浮,但船上轮机受损且船底划破,导致海水渗入货仓,造成货物部分损失。该船行驶至邻近的一港口船坞修理,暂时卸下大部分货物,前后花了10天时间,增加支出各项费用,包括船员工资。当船修复后装上原货起航后不久,载有文具用品、茶叶等的A舱起火,船长下令对该舱灌水灭火。A舱灭火后发现文具用品和全部茶叶被水浸湿。

问题:试分别说明以上各项损失的性质?当初应该向保险公司投保何种险别比较合适?

保险是一种经济补偿制度,从法律角度看,它是一种补偿性契约行为,即被保险人向保险人提供一定的对价(保险费),保险人则对被保险人将来可能遭受的承保责任范围的损失负赔偿责任。

进出口货物在运输、装卸、储存过程中,可能因各种风险遭受损失。为了转嫁风险和保障货物遭到损失后能在经济上得到补偿,买方或卖方需要按合同约定的条件投保货物运输险。本章重点介绍海洋货物运输保险的保障范围及基本险别,随后简要介绍其他运输方式下的货物运输保险,最后介绍国际贸易合同中保险条款的规定方法。

第一节 海洋货物运输保险的保障范围

海洋货物运输保险承保的范围包括风险、损失和费用。

一、风险

海洋货物运输保险承保的风险可分为海上风险和外来风险。

（一）海上风险

海上风险（Perils of Sea）又称海难，是指被保险货物及船舶在海上运输过程中所发生的风险。

根据保险界的解释，海上风险由自然灾害和意外事故这两大类风险构成。

自然灾害是指人力难以抗拒的自然界破坏力量所造成的灾害，一般包括恶劣气候（主要指海上暴雨、飓风、大浪）、雷电、海啸、地震或火山爆发等。

意外事故是指由于偶然的、不能预料的不可抗力原因所造成的事故，主要包括船只的搁浅、触礁、沉没、与流冰或其他物体碰撞、互撞以及失踪、失火、爆炸等。

需要注意的是，海上风险不包括海上发生的一切风险，也不仅仅局限于航海过程中的风险。

（二）外来风险

外来风险（Extraneous Risk）是指海上风险以外的其他意外的、难以预料的、不是必然发生的外来原因造成的风险。

外来风险可分为一般外来风险和特殊外来风险两大类：

一般外来风险是指被保险货物在运输途中由于偷窃提货不着、淡水雨淋、短量、渗漏、沾污、破碎、受潮受热、串味、生锈、钩损、包装破裂等一般外来原因引起的风险。

特殊外来风险是指运输过程中由于军事、政治、国家政策法令及行政措施等外来原因造成的风险，主要包括战争、罢工、交货不到、进口关税、黄曲霉素、舱面货物损失、拒收、出口到港澳存仓着火等特殊外来原因引起的风险。

二、损失

海洋货物运输保险中的损失主要是指"海上损失"，简称为"海损"。所谓海上损失，是指被保险货物在海洋运输途中，因遭遇海上风险所引起的损坏或灭失，还包括与海运连接的陆上运输和内河运输过程中遭受的损坏或灭失。

根据海上损失的程度不同，海洋货物运输保险承保的的损失分为全部损失和部分损失。

（一）全部损失

全部损失（Total Loss），简称全损，是指被保险货物由于承保风险造成的全部灭失或完全变质、或不可能归还被保险人的损害。

全损又被分为实际全损和推定全损。

实际全损是指被保险货物完全灭失或完全变质，或者货物实际上已不可能归还被保险人的损失。构成被保险货物"实际全损"的情况包括：保险标的物完全灭失；保险标的物丧失已无法挽回；保险标的物已经丧失商业价值或失去原有用途；船舶失踪达到一定时期（一般为半年）仍无音讯。

推定全损是指当被保险货物受损后的实际全损已无法避免，或者为避免实际全损而支出的恢复、修理、施救、收回及运送货物到原目的地的费用之和超过修复或收回货物的价值，即可推定为全损。推定全损只有在被保险人向保险人提出委付并经保险人同意的情况下，才能按推定全损赔付。其中，委付是指在推定全损的情况下，被保险人将保险标的的一切权利包括所有权转让给保险人，要求保险人按实际全损的赔偿额予以补偿。

（二）部分损失

部分损失（Partial Loss）是指保险标的的部分损坏或灭失。

按损失性质的不同，部分损失又被分为共同海损与单独海损。

1. 共同海损（General Average，G.A.）是指载货的船舶在海运途中遭到自然灾害或意外事故，船长为解除船与货的共同危险让航程得以继续，有意而合理地作出的特殊牺牲或采取合理救难措施而引起的特殊牺牲和合理的额外费用。共同海损的牺牲和费用应由船、货、运费三方按最后获救的价值按比例共同分摊。

构成共同海损应具备以下条件：船舶确实遭遇危险，不是主观臆测；此危险必须是危及船和货的共同安全；采取的措施必须是合理的、自动的和有意识的；牺牲和费用支出是非物质的；其损失必须是共同海损的直接结果。

共同海损的分摊，对每个有关当事人而言，分摊到的金额均小于船、货、运费的本身价值。因此从这个意义上说，共同海损属于部分损失。

2. 单独海损（Particular Average）是由海上风险直接导致的船或货的部分损失。该损失应由受损方单独负担。

可以看出，单独海损在造成海损的原因及损失承担责任方面有别于共同海损。

三、费用

这里的费用是指由海上风险造成的由保险人承保的费用损失。

根据费用的性质，费用包括施救费用和救助费用。

施救费用（Sue and Labor Charges）是指保险标的遭受保险责任范围内的自然灾害和意外事故时，被保险人或其代理人为抢救、保护、清理被保险货物，防止损失继续扩大而采取措施所支付的合理费用。这种费用由保险公司负责赔偿。

救助费用（Salvage Charges）是指保险标的遭遇保险责任范围内的自然灾害和意外事故时，保险人和被保险人以外的第三者自愿采取救助措施，由被救方支付给救助方的报酬。

案例：国际货物运输途中的损失

【案例简介】

中国 MTC 公司与澳大利亚 CT 公司签订了一份 5 万吨化肥的 FOB 合同，由日本一家海上运输公司承运，装船后货船从大连港出发驶往悉尼，在航行途中货船起火，大火蔓延很快。为了船货的共同安全，船长下令立刻向船舱注水灭火。火被扑灭后，由于主机受损，无法继续航行。船长于是雇用拖轮将船拖至宁波港修理，确保安全后重新驶往悉尼港。到达悉尼港后发现，此次意外事故造成如下损失：(1) 1 万吨化肥被火烧毁；(2) 2 万吨化肥因注水而被毁；(3) 该货轮主机和部分甲板受损；(4) 雇用拖轮费用；(5) 额外增加的燃料和船长、船员工资。

请问：以上各项费用，哪些属于共同海损？哪些属于单独海损？

【案例分析】

属于共同海损的部分包括：(1) 因注水而被毁的 2 万吨化肥；(2) 雇用拖船费用；(3) 额外增加的燃料和船长、船员工资。本案涉及共同海损的认定问题。1974 年《约克——安特卫普共同海损理算规则》规则 A 规定："只有在为了共同安全，使同一航程中的财产脱离危险，有意而合理地作出特殊牺牲或引起特殊费用时，才能构成共同海损行为。"我国海商法 193 条也有相同规定："共同海损，是指在同一海上航程中，船舶、货物和其他财产遭受共同危险，为了共同安全，有意地合理地采取措施所直接造成的特殊牺牲、支付的特殊费用。无论在航程中或者在航程结束后发生的船舶或者货物因迟延所造成的损失，包括船期损失和行市损失以及其他间接损失，均不得列入共同海损。"不属于共同海损的部分损失即为单独海损。

属于单独海损的部分包括：(1) 被火烧毁的 1 万吨化肥；(2) 被火烧毁的主机及甲板。

第二节　中国海洋运输货物保险条款

保险险别是保险人对风险和损失的承保责任范围。它是保险人与被保险人履行权利与义务的基础，也是保险人承保责任的大小和被保险人缴付保险费多少的依据。

中国人民保险公司根据我国保险业务的实际需要并参照国际保险市场的习惯做法制订了不同运输方式的货物运输保险条款以及附加险条款，总称《中国保险条款》。按照《中国保险条款》，我国海洋货物运输保险可分为基本险和附加险两大类。

一、基本险

基本险，又称主险，是可以独立承保的险别。

按照《中国保险条款》，我国海洋货运保险的基本险有平安险、水渍险、一切险共三种。

（一）平安险

平安险（Free from Particular Average，FPA）是保险范围最小的险别，承保范围如下。

1. 在海运途中，遇到自然灾害，造成被保险货物的全部损失，包括实际全损和推定全损。

2. 在海运途中，运输船舶遭到意外事故造成被保险货物的全部或部分损失。

3. 在运输途中，运输船舶遇到意外事故，意外事故前后又遇到自然灾害致使被保险货物的部分损失。

4. 保险标的物在装卸转船过程中，一件或数件落海所造成的全部损失或部分损失。

5. 被保险人在保险标的遭受承保责任范围内的风险时，为对其进行抢救而采取防止或减少货损的措施而支付的合理费用，以不超过保险标的的保险金额为限。

6. 船舶遭遇自然灾害或意外事故，在中途港或避难港停靠而引起的装卸、存仓等特别费用损失。

7. 发生共同海损的牺牲、分摊费和救助费用。

8. 运输契约订有"船舶互撞条款",按规定应由货方偿还船方的损失。

(二) 水渍险

水渍险的责任范围大于平安险。

除包括平安险的责任外,水渍险(With Particular Average,WPA)还负责被保险货物由于各种自然灾害所造成的部分损失。

(三) 一切险

除包括平安险和水渍险和各项责任外,一切险(All Risks)还包括货物在运输途中由于一般外来风险所造成的被保险货物的全部或部分损失。

可见,一切险的保险责任范围包括一般附加险,但不包括特殊附加险。由于承保责任范围最大,其保险费在三种基本险中也最高。

二、附加险

附加险是对基本险的补充。附加险不能单独投保,只能在投保某种基本险的基础上加保。

根据性质不同,附加险分为两大类。

1. 一般附加险承保由于一般外来风险造成的被保险货物的全部损失或部分损失。中国人民保险公司承保的一般附加险共有11种:偷窃提货不着险、淡水雨淋险、短量险、混杂沾污险、渗漏险、破损破碎险、串味险、受热受潮险、钩损险、包装破裂险、锈损险。

2. 特殊附加险承保由于特殊外来风险造成的被保险货物的全部损失或部分损失。中国人民保险公司承保的一般附加险共8种:战争险、罢工险、交货不到险、进口关税险、舱面险、拒收险、黄曲霉素险、货物出口到港澳存仓火险。

需要注意的是,由于一切险的承保责任范围已包含了一般附加险,故在投保一切险时,可加保特殊附加险,但不必加保一般附加险。

三、除外责任

除外责任是保险公司明确规定不予承保的损失和费用,它划清了保险人、被保险人和发货人各自应负的责任。

对下列损失,保险人不负赔偿责任。

1. 被保险人的故意行为或过失所造成的损失。

2. 属于发货人责任所引起的损失。

3. 在保险责任开始前，被保险货物已存在的品质不良或数量短差所造成的损失。

4. 被保险货物的自然损耗、本质缺陷、特性、市价跌落、运输延迟所引起的损失或费用。

5. 海洋运输货物战争险条款和罢工险条款规定的责任范围和除外责任。

四、保险责任起讫

(一) 基本险的保险责任起讫

根据我国《海洋货物运输保险条款》的规定，在正常运输的情况下，基本险承保责任的起讫期限依照国际保险业中惯用的"仓至仓条款"规定的办法处理。

所谓仓至仓条款（Warehouse to Warehouse Clauses，W/W clauses），是指货物保险的效力自被保险货物运离保险单所载明的起运地仓库，直至该项货物到达保险单所载明目的地收货人仓库为止。如未抵达上述仓库，则以被保险货物在最后卸货港全部卸离海轮后满60天为止。如在上述60天内被保险货物需转到非保单所载明的目的地时，则在该项货物开始转运时，保险责任终止。

在非正常运输情况下基本险责任起讫期限与正常运输情况下有所不同。如果由于保险人无法控制的运输延迟、被迫卸货、航程变更等意外情况，在被保险人及时通知保险人并加付保费的前提下，可按扩展责任条款办理，扩展保险期。

(二) 战争险、罢工险的保险责任起讫

战争险的保险责任起讫与基本险所采用的"仓至仓"条款不同，而是采用"水面"条款，以"水上危险"为限，即保险人的承保责任自货物装上保险单所载明的启运港的海轮或驳船开始，到卸离保险单所载明的目的港的海轮或驳船为止。如果货物不卸离海轮或驳船，则从海轮到达目的港当日午夜起算满15日之后责任自行终止；如果中途转船，不论货物在当地卸货与否，保险责任以海轮到达该港可卸货地点的当日午夜起算满15天为止，等再装上续运海轮时，保险责任才继续有效。

罢工险的保险责任起讫期限仍采用"仓至仓条款"。根据国际保险业的惯例，承保这一险别时，只要投保人已投保战争险就不再另收保费，而且一般都是与战争险同时承保。

第三节 其他货物运输保险

国际货物采取的运输方式除海洋运输外，还有陆路运输、航空运输和邮包运输等，相应的货物运输保险除海运货物保险外，还包括陆上运输货物保险、航空运输货物保险和邮政包裹保险等。陆运、空运、邮政包裹保险是在海运货物保险的基础上发展起来的，但陆运、空运、邮政包裹保险与海上货运保险的险别及其承保责任范围有所不同。

一、陆上运输货物保险

根据中国人民保险公司《陆上运输货物保险条款》的规定，陆运货物保险的基本险别有陆运险和陆运一切险两种。

（一）陆运险的承保范围

陆运险的承保范围与海运保险中的水渍险相似。保险人对被保险货物在运输途中遭受暴风、雷电、地震、洪水等自然灾害和由于运输工具（仅限于火车和汽车）遭受碰撞、倾覆、出轨或由于路基坍塌、桥梁折断和道路损坏以及火灾、爆炸等意外事故所造成的全部或部分损失负责赔偿。

此外，被保险人对遭受承保责任内的灾害事故的被保险货物进行抢救，防止或减少货物损失而支付的合理费用，在该被救货物保险金额限度内的，由保险公司负责赔偿。

（二）陆运一切险的承保范围

陆运一切险的承保范围同海运保险中的一切险相似，其责任范围均仅适用火车和汽车。保险人除承担陆运险的赔偿责任外，还负责货物在运输途中由于一般外来原因所造成的全部或部分损失。

（三）陆上货物运输的保险责任起讫

陆运险和陆运一切险的保险责任起讫与海洋运输货物险相同，也采用"仓至仓"责任条款。被保险货物如未运抵保险单所载明的目的地收货人仓库或储存处所时，则货到终点站车站后满60天，保险责任终止。

(四) 陆上货物运输保险的附加险

在陆运货物保险中，被保险货物在投保陆运险或陆运一切险的基础上，经过协商还可以加保陆上货物运输保险的一种或若干种附加险，如陆运战争险等。加保时，须另加保险费。在加保战争险的前提下，再加保罢工险，则不另收保险费。

二、航空运输货物保险

飞机是世界上最快的交通工具，因此，国际贸易中的货物运输，特别是贵重货物或时间性强的货物，大多采用空运。

航空运输货物保险承保空运途中因为自然灾害、意外事故或外来风险造成的货物损失。根据中国人民保险公司《航空运输货物保险条款》的规定，航空运输保险的基本险别可分为航空运输险和航空运输一切险两种。

(一) 航空运输险的承保责任范围

航空运输险的承保责任范围与海洋货物运输保险条款中的"水渍险"相似，包括被保险货物在运输途中遭受雷电、火灾、爆炸或由于飞机遭受恶劣气候或其他危难事故而被抛弃，或由于飞机遭受碰撞、倾覆、坠落或失踪等自然灾害或意外事故所造成的全部或部分损失。

(二) 航空运输一切险的承保责任范围

航空运输一切险的承保责任范围与海洋运输保险条款中的"一切险"相似，除包括航空运输险的各项责任外，还包括被保险货物由于一般外来原因所造成的全部或部分损失。

(三) 航空货物运输的保险责任起讫

航空运输险的保险责任起讫也采用"仓至仓"条款。不同的是如果货物运达保险单所载明的目的地而货物未进仓，以货物在最后卸载地卸离飞机后满30天为止。如在上述30天内，该保险货物需转运到非保险单所载明的目的地时，保险责任以该项货物开始转运时终止。

(四) 航空运输货物战争险的承保责任范围

航空运输货物战争险是航空运输货物险的一种附加险，只有在投保了航空运输险或航空运输一切险的基础上方可加保。加保航空运输货物战争险后，保险公司承担在航空运输途中由于战争、敌对行为或武装冲突以及各种常规武器和炸弹所造成的货物的损失，但不包括因使用原子弹或热核制造的武器所造成的损失。

三、邮政包裹保险

邮包运输通常须经海、陆、空辗转运关，实际上是属于"门到门"运输。

根据中国人民保险公司《邮政包裹保险条款》的规定，邮政包裹保险有邮包险和邮包一切险两种基本险。经投保人与保险公司协商可以加保邮包战争险等附加险。加保时，须另加保险费。在加保战争险的前提下，如再加保罢工险不另收费。

（一）邮包险的承保责任范围

邮包险的承保责任范围是，被保险邮包在运输途中由于恶劣气候、雷电、海啸、地震、洪水等自然灾害或由于运输工具遭受搁浅、触礁、沉没、碰撞、倾覆、出轨、坠落、失火、爆炸等意外事故所造成的全部或部分损失。

另外，保险公司还负责被保险人对遭受保险责任范围内风险的货物采取抢救、防止或减少货损的措施而支付的合理费用，但以不超过被救货物的保险金额为限。

（二）邮包一切险的承保责任范围

邮包一切险的承保责任范围是，除包括上述邮包险的各项责任外，还负责被保险邮包在运输途中由于一般外来原因所导致的全部或部分损失。

（三）邮政包裹运输险的保险责任起讫

邮政包裹运输险的保险责任起讫是，从邮包离开保险单所载起运地寄件人处所运往邮局开始，直至被保险邮包运达保险单所载明的目的地邮局，自邮局签发到货通知书当日午夜起算满15天终止，但在此期限内邮包一经递交至收件人的处所时，保险责任即行终止。

（四）我国邮包运输保险的基本做法

在办理国际邮包运输时，应当正确选用邮包的保价与保险。凡经过保价的邮包，一旦在途中遗失或损坏，即可向邮政机构按保价金额取得补偿。

鉴于有些国家和地区不办保价业务，或者有的邮政机构对保价邮包损失赔偿限制过严，或保价限额低于邮包实际价值，则可采取保险，也可采取既保险、又保价的做法。根据中国人民保险公司规定，凡进行保价的邮包，可享受保险费减半收费的优待。

我国通过邮包运输进口的货物，按邮包运输进口货物预约保险合同的规定办理投保手续。

第四节 合同中的保险条款

一、保险条款的构成

合同中的保险条款，应规定投保人、投保金额、保险险别等内容。

按 CIF 或 CIP 出口的合同，保险条款可规定为"由卖方按发票金额的 110% 投保水渍险、战争险和罢工险，以 1981 年 1 月 1 日中国人民保险公司的《中国保险条款》规定为准"。

按 FOB 或 CFR 出口的合同，保险条款可规定为"由买方办理保险"。

如果买方委托卖方代办保险，可规定"由买方委托卖方按发票金额的 110% 代为投保××险，保费由买方负担"。

二、保险流程

为货物办理运输保险通常包括以下几个步骤。

（一）确定投保责任

投保人取决于买卖双方约定的交货条件和所使用的贸易术语。

1. 出口。如果按 CIF 或 CIP 出口，卖方有投保义务。办理时，应根据出口合同或信用证规定，在备妥货物并确定装运日期后，按规定格式填制保险单，列明各项内容，送保险公司投保，缴纳保费，并向保险公司领取保险单证。

2. 进口。如果按 FOB、CFR 或 CPT 进口，由买方办理保险。为了简化投保手续和防止漏保，进口一般采用预约保险的做法。进口商与保险公司签订预约保险合同，针对每批进口货物无须填制投保单，仅以卖方的装运通知或买方的保险通知单代替投保单。

（二）选择投保险别

保险公司只负责赔偿投保险别责任范围内的损失，因此，保险险别的选择要针对易出险因素来加以考虑。例如，玻璃制品、陶瓷类的日用品、工艺品、水泥板和大理石等建筑材料类商品，常因破碎造成损失，投保时可在平安险或水渍险的基础上加保破碎险。麻类商品在受潮后会发热，引起霉变、自燃等损失，应在平安险或水渍险的基础上加保受潮受热险。

其次，货物在选择险种的时候，要根据市场情况选择附加险，如到菲律宾、印尼、印度的货物，因为当地码头情况混乱，风险比较大，应该选择偷窃提货不着险和短量险作为附加险，或者干脆投保一切险。

此外，目标市场不同，保险费率亦不同，在核算保险成本时，不能"一刀切"。举例来讲，如果投保一切险，欧美发达国家的费率可能是0.5‰，亚洲国家是1.5‰，非洲国家则可能高达3.5‰。

最后，需要注意的是按CIF或CIP条件成交，在未约定险别的情况下，按惯例，卖方可按最低的险别投保。

（三）确定保险金额

保险金额指的是保险人承担赔偿或者给付保险金责任的最高限额，也是保险人计算保险费的基础。

在国际贸易中，保险金额通常在CIF价格的基础上增加一成，即保险加成。如果买方要求以较高的加成率计算投保金额，在保险公司同意承保的前提下卖方可以接受，但超出部分的保费应由买方负担。

（四）领取保险单据

在国际货物买卖合同中，如约定由卖方投保，卖方应向买方提供保险单。如果被保险货物在运输过程中发生承保范围内的风险损失，买方可凭卖方提供的保险单向有关保险公司索赔。

三、保险单据

保险单据有多种类型。

1. 保险单（Insurance Policy），俗称大保单或正式保险单。保险单除载明投保单各项内容外，还列有保险公司的责任范围及双方权利义务。

2. 保险凭证（Insurance Certificate），俗称小保单，它是简化了的保险单，尽管对双方权利义务的条款未详细叙述，但是其余内容与保险单相同，与保险单具有同等的法律效力。

3. 预约保险单（Open Policy）。在我国，预约保险单用于按 FOB 或 CFR 条件进口的货物和出口展卖的展卖品。

4. 联合凭证（Combined Certificate），它是比保险凭证更简化的保险单据。即在商业发票上由保险公司加注承保险别、保险金额及编号。联合凭证目前只用于对港澳地区部分华商和少数新加坡、马来西亚地区的出口业务。

5. 批单（Endorsement）。需要修改保险单时使用批单。批单不能够单独使用，一般应与原保险单粘贴并加盖骑缝章。批单条款优先于原保险单条款。

四、保险费的计算

如果合同未明确约定保险金额，习惯上是按 CIF 价或 CIP 价的 110% 计算保险金额。

无论合同以何种贸易术语成交，保险费的计算公式是：

$$保险费 = 保险金额 \times 保险费率$$
$$= CIF 价格 \times (1 + 保险加成率) \times 保险费率$$

贸易合同如果采用的是 CFR 或 CPT 贸易术语，应先转换为 CIF 或 CIP 价格。以 CFR 价格为例：

$$保险费 = CIF 价格 \times (1 + 保险加成率) \times 保险费率$$
$$= \frac{CFR}{1 - [(1 + 保险加成率) \times 保险费率 \times (1 + 保险加成率) \times 保险费率]}$$

按 FOB、CFR 和 CPT 条件成交的进口货物，均由买方办理保险。为了简化投保手续和防止出现漏保或来不及办理投保等情况，我国进口货物一般采取预约保险的做法，即与保险公司共同议定平均运费率和平均保险费率，由此得出保险金额的计算公式：

$$保险金额 = FOB 价格 \times (1 + 平均运费率 + 平均保险费率)$$
$$= CFR 价格 \times (1 + 平均保险费率)$$

五、保险索赔

当被保险的货物发生属于保险责任范围内的损失时，投保人可以向保险公司提出赔偿要求，保险公司按保险条款所承担的责任进行理赔。在国际贸易中，如由卖方办理投保，卖方在交货后即将保险单通过背书方式转让给买方或其收货代理人。当货物抵达目的地，发现残损时，买方或其收货代理人作为保险单的合法受让人，可就地向保险人或其代理人要求赔偿。

为方便我国出口货物运抵国外目的地后及时检验损失，中国境内各保险公司已在100多个国家建立了检验或理赔代理机构，就地给予赔偿。至于我国进口货物的检验索赔，则由有关的专业进口公司或其委托的收货代理人在港口或其他收货地点，向当地人民保险公司要求赔偿。

保险索赔的主要程序有以下3项。

（一）向相关当事人提出索赔申请

被保险人得知或发现货物已发生保险责任范围内的损失，应立即通知保险公司或保险单上指明的代理人，并尽可能保留现场。损失通知一经发出，索赔行为开始生效。

保险公司接到损失通知后，应会同有关方面进行检验，勘察损失程度，调查损失原因，确定损失性质和责任，采取必要的施救措施，并签发联合检验报告。

被保险人除向保险公司报损外，还应向承运人及有关方（如海关、理货公司等）索取货损货差证明，如确定承运人等方面责任，应及时以书面方式提出索赔。

（二）采取合理的施救、整理措施

保险货物受损后，被保险人和保险人都有责任采取可能的、合理的施救措施，以防止损失扩大。因抢救、阻止、减少货物损失而支付的合理费用，保险公司负责补偿。被保险人能够施救而不履行施救义务，保险人对于扩大的损失甚至全部损失有权拒赔。

（三）备妥索赔单证

保险索赔时，通常应提供的证据有：保险单或保险凭证正本；运输单据；商业发票、重量单或装箱单；检验证书；货损货差证明；向承运人等第三者责任方请求赔偿的函电或其证明文件；必要时还需提供海事报告；索赔清单，列明索赔金额及其计算依据，以及有关费用项目和用途等。

另外，需要注意的是，保险索赔应在规定时效内提出。根据国际保险业的惯例，保险索赔或诉讼的时效为自货物在最后卸货地卸离运输工具时起算，最多不超过两年。

本 章 小 结

在国际货物运输过程中，有可能遇到自然灾害、意外事故和其他各种外来风险，以及因这些风险而带来的不同程度和不同性质的损失。海洋运输货物所承保的风险，分为海上风险和外来风险。海上风险包括自然灾害和意外事故。外来风险包括一般外来风险和特殊外来风险。海上费用包括施救费用和救助费用。海上损失分为全部损失和部分损失两种。在全部损失中，又可分为实际全损与推定全损；在部分损失中，又可分为单独海损和共同海损。

中国人民保险公司的《海洋运输货物保险条款》是我国进出口贸易中投保或承保货物保险时的重要依据，其险别包括基本险和附加险两大类。基本险别有平安险、水渍险和一切险，共三种；附加险可分为一般附加险和特殊附加险。

国际运输方式除海洋运输外，还有陆路运输、航空运输和邮包运输等，相应的货物运输保险除海运货物保险外，还包括陆运货物保险、航空货运保险和邮政包裹保险等。

合同中的保险条款一般应说明由谁负责投保并支付保险费、保险险别、保险金额等内容。

【本章重要术语】

海上风险（Perils of Sea）

外来风险（Extraneous Risk）

全部损失（Total Loss）

部分损失（Partial Loss）

共同海损（General Average，G. A.）

单独海损（Particular Average）

施救费用（Sue and Labor Charges）

救助费用（Salvage Charges）

平安险（Free from Particular Average，FPA）

水渍险（With Particular Average，WPA）

一切险（All Risks）

仓至仓条款（Warehouse to Warehouse Clauses，W/W clauses）

保险单（Insurance Policy）

保险凭证（Insurance Certificate）

预约保险单（Open Policy）

【延伸阅读】

1. 黄海东：《国际货物运输保险》，清华大学出版社2012年版。该书结合国际贸易业务、保险学和保险法的理论与原则，对国际货物运输中的保险问题进行了较为全面而详细的论述。

2. 曾立新：《国际运输保险》，中国人民大学出版社2013年版。该书结构合理、内容新颖，强调实用性和基础性，尽量与实际工作相结合，做到深入浅出、生动活泼。

3. 王锦霞：《国际货物运输保险实务》，中国金融出版社2012年版。该书在介绍国际货物运输保险相关内容的同时，重点对海洋货物运输保险实务加以介绍，既有对基本理论系统、详尽的讲解，又着重突出了对学生实际操作能力和业务能力的培养，有很强的实用性。

4. 服务保障"一带一路"建设典型案例——大宇造船海洋株式会社与荣晋公司船舶抵押合同纠纷确权诉讼案 http：//www. ccmt. org. cn/shownews. php？id＝16540。

5. 中国人民财产保险股份有限公司诉锦州锦润海运有限公司水路货物运输合同纠纷案 http：//www. ccmt. org. cn/shownews. php？id＝15667。

复习与思考

1. 阐述国际货物运输保险中的风险种类及其内容。
2. 什么是共同海损？在什么情况下才构成共同海损？
3. 我国海洋货物运输保险的基本险别有几种？其保险责任范围分别是什么？
4. 简述保险索赔的程序。
5. 我国某公司对外出口一批货物，报价是每公吨 25 000 美元 CFR 纽约。后来客户要求改报 CIF 纽约价格。在 CIF 价格下，我方需要承担保险责任，双方约定投保一切险。已知一切险的保险费率是 3‰，投保加成率是 10%，则该批货物的 CIF 价格应该如何报？

第十三章
国际贸易结算

学习目标

掌握汇票、本票、支票这三种支付工具的主要分类；熟悉汇付、托收、信用证、银行保函、国际保理等支付方式的特点及业务程序；了解支付方式的选择方法。

引导案例

某年，中国甲公司与印度尼西亚乙公司签订了一笔2万美元的出口合同，合同中规定以"D/P at Sight"（即期付款交单）方式付款。在货物装船启运后，乙公司要求甲公司将提单上的收货人注明为乙公司，并将海运提单副本寄给他。货到目的港后，乙公司以暂时货款不够为由不付款赎单，要求甲公司将付款方式改为D/A，并允许他先提取货物，否则就拒收货物。由于提单的收货人已记名为乙公司，甲公司无法将货物再转卖给其他客户，只能答应乙公司的要求。乙公司以货物是自己的为由，以保函和营业执照复印件为依据凭海运提单副本向承运人办理提货手续。货物被提出变卖后，乙公司不但不按期向银行付款，而且再也无法联系到，使甲公司货款两空。

（资料来源：梁迪：《趋利避害慎用托收》，载于《进出口经理人》2008年第5期，第54~55页）

支付条款是国际货物买卖合同的主要交易条件。在国际贸易中，货款的收付直接关系到买卖双方的经济利益。如果买方支付货款在先，卖方交货在后，买方会担心卖方收到货款后不交货。如果卖方交货在先，买方付款在后，卖方会担心交货后买方不付款。因此，如何制订合同的支付条款非常关键。

国际货款的收付，主要涉及支付工具、付款时间和地点、支付方式等内容。本章首先介绍汇票、支票和本票这三种支付工具的性质和分类，然后说明汇付、托收和信用证这三种常用支付方式的程序和特点，同时对银行保函、国际保理等其他支付方式进行简单介绍。

第一节 支付工具

日常生活中，为完成支付任务，我们一般使用现金、银行卡、储值卡、支付宝等支付工具。

在国际贸易结算中，为支付货款一般采用票据作为支付工具。这一节介绍国际贸易结算中最常用的三种票据。

一、汇票

国际贸易结算使用的支付工具是票据，主要有三种——汇票、本票和支票，其中汇票最为常用。

（一）汇票的含义和内容

汇票（Bill of Exchange；Draft）是由出票人签发的，要求付款人在见票时或者在指定日期无条件支付确定金额给收款人或者持票人的票据。

根据我国《票据法》的规定，汇票必须记载下列事项（见图13-1）：表明"汇票"的字样；无条件的支付的委托；确定的金额；付款人名称；收款人名称；出票日期；出票人签章。

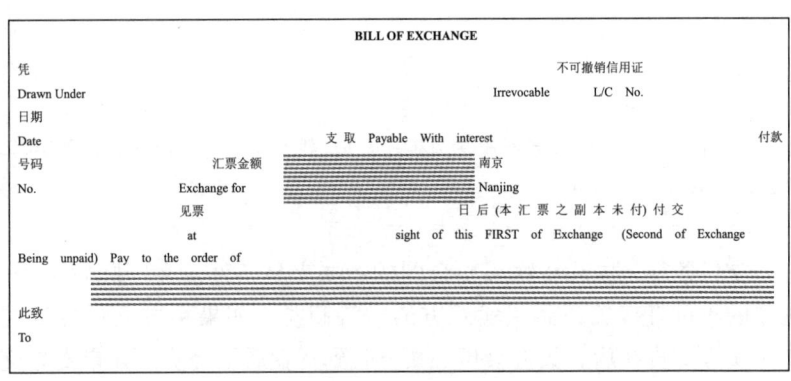

图13-1 汇票式样

上述事项是汇票的基本内容，被称为汇票的要项。汇票上未记载上述事项之一的，汇票无效。

(二) 汇票的分类

汇票可从不同角度进行分类。

1. 根据付款时间，汇票分为即期汇票和远期汇票。即期汇票（Sight Draft）是指要求见票即付的汇票。远期汇票（Usance Draft）是指要求在将来指定的或可确定的时间进行支付的汇票。远期汇票中付款日期的规定方法包括：规定某一个特定日期；付款人见票后若干天；出票后若干天；提单签发日期后若干天。

2. 根据出票人的不同，汇票分为银行汇票和商业汇票。银行汇票（Banker's Draft）是指由银行签发的汇票。出票行签发银行汇票后，交由汇款人寄交收款人，由收款人持票到指定银行取款。同时，出票行将付款通知书寄给国外付款行，以便付款行在收款人持票取款时进行核对。商业汇票（Commercial Draft）是指由工商企业或个人签发的汇票。在国际贸易中，商业汇票的使用最为普遍，通常在出口商发货后由出口商出具，向国外进口商或进口商银行收取货款时使用。

3. 根据是否附有货运单据，汇票可分为光票和跟单汇票。光票（Clean Bill）是指不附带商业单据的汇票，主要用于资金转移业务中，在国际贸易结算中用得较少。跟单汇票（Documentary Bill）是指附带商业单据的汇票，在国际贸易结算通常使用的是跟单汇票。

4. 根据承兑人身份，远期汇票分为银行承兑汇票和商业承兑汇票。银行承兑汇票是由银行承兑的远期汇票。出口商签发的远期商业汇票经银行承兑后即成为银行承兑汇票，承兑行成为该汇票的主债务人，而出票人则成为从债务人。银行承兑汇票建立在银行信用的基础之上，信用等级高，易于在金融市场上进行贴现流通。商业承兑汇票是由工商企业或个人承兑的远期汇票，以商业信用为基础，信用等级一般低于银行承兑汇票，因此较难办理贴现。

一张汇票往往同时具备几方面的特征。商业汇票大都附带商业单据属于跟单汇票，而银行汇票多是光票。一张商业汇票可以同时是即期汇票和跟单汇票，或者同时可以是远期汇票和银行承兑汇票。

（三）汇票的使用

汇票是一种要式文件，不仅其格式要符合法定要求，其使用流程中的每一种行为都必须符合票据法的相应规定。

即期汇票的使用流程包括出票、提示和付款这几个环节。远期汇票的使用要经过出票、提示、承兑、付款等环节，如需在金融市场上转让汇票还需办理背书手续。当汇票遭到拒付时，还要涉及拒绝证书和追索等法律问题。

1. 出票（Issue）。出票是指出票人签发票据并将其交付给付款人的票据行为。付款人见到汇票称为"见票"。汇票只有经过交付才能完成出票行为。汇票一经出票，出票人即承担保证该汇票必然会被承兑和/或付款的责任，而收款人即享有汇票上的所有权利。国际贸易中的商业汇票通常签发一式二份，但只对其中的一份承兑或付款。

2. 提示（Presentation）。提示是持票人将汇票提交付款人要求其承兑或付款的行为。提示分为两种：承兑提示是指远期汇票持票人向付款人出示汇票并要求付款人承诺付款的行为；付款提示是指汇票的持票人向付款人（或远期汇票的承兑人）出示汇票要求付款人（或远期汇票的承兑人）付款的行为。

3. 承兑（Acceptance）。承兑是指远期汇票的付款人承诺在汇票到期日按时支付汇票上所载明的金额的票据行为。承兑手续包括：付款人在汇票上写上"承兑"字样，注明承兑日期，签上付款人名称后交还持票人。汇票一经承兑，承兑人就成为汇票的主债务人，承担远期汇票到期时付款的责任，而出票人成为汇票的从债务人。

4. 付款（Payment）。付款人向持票人支付汇票金额的行为称为付款。即期汇票的付款人在见票时立即付款；远期汇票的付款人在汇票到期日由持票人作付款提示时付款。付款后，汇票上的一切债务责任即告终止。

5. 背书（Endorsement）。背书是指汇票的收款人或持票人在汇票背面签字将汇票权力转让给他人的一种票据行为。远期汇票的收款人如果在汇票到期日前想提前取得票款，可以通过背书将汇票转让给其他人。背书的一般做法是：持票人在汇票背面签上自己的名字，并把汇票交给被背书人。背书时写明受让人姓名或受票单位名称的，称作记名背书；未写明受让人姓名的，称作不记名背书。汇票的受让人在受让汇票时，按照汇票的票面金额扣除从转让日到汇票付款日期间的利息后将票款付给出让人，这种行为称为"贴现"。受让人可将票据经过背书再次转让。对于受让人来讲，他以前的所有背书人以及原出票人都是他的"前手"；对于出让人来讲，在他以后的所有受让人都是他的"后手"。所有"前手"对"后手"负有担保汇票必然会被承兑或付款的责任，"后手"对"前手"有要求其偿还汇票金额及其费用的追索权。

6. 拒付（Dishonor）。拒付是指在持票人提示汇票要求承兑或要求付款时，付款人拒绝承兑或拒绝付款的行为。出现以下情况：汇票到期时被拒绝付款；汇票到期日前被拒绝承兑；承兑人或付款人死亡、逃匿、拒不见票、被依法宣告破产，或者因违法被责令终止业务活动以致付款事实上已不可能时，均称为拒付，又称退票。

7. 追索（Recourse）。追索是指持票人在行使票据权力未果，在实施票据权力保全之后，向其前手请求偿还票据法定款项的行为。汇票被拒付后，持票人有权向其"前手"——包括出票人、背书人、承兑人中任何一人、数人或全体行使追索权。持票人行使追索权，应将拒付事实书面通知其前手，并提供被拒绝承兑或被拒绝付款的证明或退票理由书，又称拒绝证书。拒绝证书是由付款地的法定公证人或其他依法有权做出证书的机构如法院、银行公会等做出的证明付款人拒付的文件，它是持票人向其"前手"进行追索的法律依据。汇票的出票人或背书人为了避免承担被追索的责任，也可在出票或背书时加注"不受追索"字样，但带有此批注的汇票，很难在市场上转让或贴现。

二、本票

（一）本票的含义和内容

本票（Promissory Note）是由出票人签发的，承诺自己在见票时无条件支付确定金额给收款人或者持票人的票据。

根据我国《票据法》的规定，本票必须具备以下项目：写明"本票"字样；无条件支付的承诺；确定的金额；收款人名称；出票日期；出票人签章。

（二）本票的分类

按出票人不同，本票分为商业本票和银行本票。商业本票是由工商企业或个人签发的本票。银行本票是由银行签发的本票。

按照付款时间不同，本票分为即期本票和远期本票。商业本票有即期与远期之分，银行本票都是即期的。我国票据法规定，本票自出票日起，付款期限最长不得超过2个月。

（三）本票与汇票的区别

本票与汇票的主要区别表现在以下四个方面。

1. 票据的性质不同。本票是支付承诺，而汇票是支付命令。
2. 当事人不同。本票只有两个基本当事人，即出票人和收款人；而汇票有三个基本当事人，即出票人、付款人和收款人。
3. 付款人不同。本票的付款人是出票人，汇票的付款人是受票人或承兑人。
4. 远期票据是否经过承兑。远期本票无需经过承兑，而远期汇票则要办理承兑手续。

三、支票

(一) 支票的含义和内容

支票（Cheque）是存款人对银行签发的要求银行在见票时无条件支付确定金额给收款人或持票人的票据。

在国际结算中，使用支票付款，是指进口商委托银行从其存款账户中支付一定金额给出口商。

构成支票的必要项目包括：表示"支票"的字样；无条件支付的委托；确定的金额；付款银行名称；出票日期；出票人签章。支票上未记载上述规定事项之一的，支票无效。

(二) 支票的分类

根据我国《票据法》的规定，支票分为普通支票、现金支票和转账支票。其中，现金支票只能提现，不能转账；转账支票只能转账，不可提现。

支票都是即期的。如果支票上另行记载付款日期的，该记载无效。

支票可由付款银行加保付字样并签字而成为保付支票。支票经保付后便于流通。付款银行保付后就必须付款。

(三) 支票与汇票的区别

支票与汇票、本票的区别表现在以下四个方面。

1. 票据的性质不同。支票是存款人对银行签发的无条件支付命令；汇票是出票人对付款人签发的无条件支付命令；本票是出票人对收款人的支付承诺。

2. 当事人不同。支票有三个基本当事人，即出票人、付款人和收款人；本票只有两个基本当事人，即出票人和收款人；汇票有三个基本当事人，即出票人、付款人和收款人。

3. 付款人不同。支票的付款人是银行；汇票的付款人是受票人；本票的付款人是出票人自己。

4. 是否经过承兑。支票都是即期的，不需要承兑。汇票分为即期汇票和远期汇票，其中远期汇票必须办理承兑。至于本票，因为它本来就是出票人的付款承诺，所以无论是哪一种本票都无须承兑。

第二节 支付方式

国际贸易中货款的支付涉及付款时间、地点和支付方式等问题，直接关系到出口人能否安全收汇和资金能否快速周转。

目前，我国进出口业务中常用的支付方式主要是汇付、托收和信用证这三种。有时也使用银行保函、国际保理或各种方式混合的办法进行支付。

一、汇付

（一）汇付的含义与主要当事人

汇付（Remittance）就是我们常说的汇款，是指付款人通过银行等金融机构主动把款项汇给收款人的支付方式。

汇付业务涉及四个当事人：汇款人、收款人、汇出行、汇入行。在国际贸易中，汇款人是指进口商，汇出行是指进口商所在地银行，汇入行是指出口商所在地银行，收款人是指出口商。

（二）汇付的种类及其业务流程

根据汇出行向汇入行转移资金时发出指示的不同，可以把汇付可分为电汇、信汇、票汇三种。

电汇（Telegraphic Transfer，T/T）是指汇款人将款项交给汇出行，汇出行用电报、电传、环球银行金融电讯协会（SWIFT）系统等电讯手段发出付款委托通知书，指示收款人所在地的汇入行将款项解付给指定收款人的一种汇付方式（见图 13-2）。电汇速度最快，但费用较高。

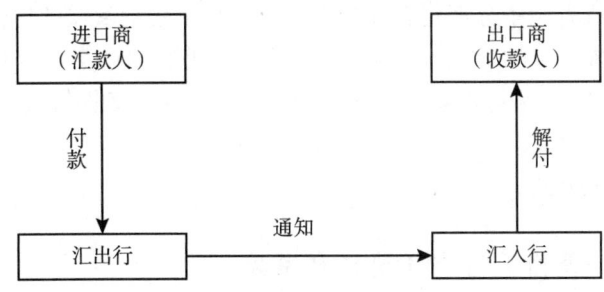

图 13-2　电汇、信汇程序示意图

资料来源：笔者整理。

信汇（Mail Transfer，M/T）是指汇出行应汇款人的申请，通过航空信件方式将信汇委托书寄给汇入行，委托汇入行将款项解付给指定收款人的一种汇付方式。汇入行收到信汇委托书，先核对签字或印鉴，经审核无误后才付款给收款人（见图13-2）。信汇所需时间较长，但费用相对较低。

票汇（Demand Draft，D/D）是指汇款人向汇出行购买一张以汇入行为付款人的银行即期汇票，然后自行交寄给国外的收款人，收款人收到汇票后持票到汇入行取款（见图13-3）。票汇所需时间最长，费用也最低。由于银行汇票经背书后可以转让，所以票汇支付方式具有较大的灵活性。

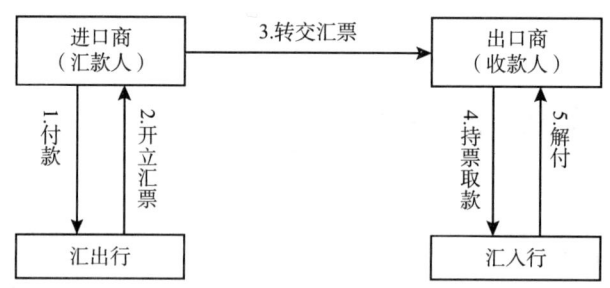

图13-3 票汇程序示意图

资料来源：笔者整理。

（三）汇付的性质和使用范围

汇付属于商业信用，是基于合同一方对另一方的信任而采取的付款方式。在对外贸易中采用汇付方式，通常要求买方按合同约定的时间，将货款通过银行汇交卖方。在汇付方式下，一方面，进口商可能不按时汇款，增加了出口商的收汇风险；另一方面，进口商汇款后，出口商不一定履行其交货的义务，这又给进口商带来一定风险。因此，提供信用的一方所承担的风险很大。

在实际业务中，汇付多用于定金、尾款、佣金、赔款等从属费用的支付，或者用于分期付款和延期付款交易中各期款项的支付。对本企业的国外分支机构和个别极可靠用户之间的赊账交易（Open Account，O/A）、预付货款（Payment in Advance）、交货付现（Cash on Delivery，COD）、随订单付现（Cash with Order，CWO）等交易，也可采用汇付方式支付。

（四）使用汇付方式的注意事项

合同中的汇付条款中应明确规定汇付的时间、汇付的方式和汇款的金额等。例如："买方应于××年×月×日前用电汇（信汇/票汇）

方式将100%货款预付给卖方"。

在出口业务中如采用汇付方式，为保证收汇安全，避免因收到伪造汇票或其他原因蒙受收不到款的损失，应先将国外寄来的汇票交当地银行委托其通过国外的代理行向付款行收取货款。在接到收妥通知后，方可对外发运货物。

在进口业务中，为了减少风险可采用凭单付汇的办法。凭单付汇是指进口商先通过当地银行将货款以信汇或电汇方式汇给出口地银行，指示该行凭出口商提供的指定单据和装运凭证付款给出口商。

二、托收

（一）托收的含义与主要当事人

托收（Collection）是指出口商在货物装运后，开具以进口商为付款人的汇票，连同货运单据交给银行，委托银行通过其在进口国的分行或代理行向进口商收取货款的一种结算方式。

托收业务中有四个基本当事人：委托人、托收行、代收行和付款人。委托人（Principal）是开出汇票委托银行收款的人，在进出口业务中是指出口商。托收行（Remitting Bank）是接受委托人的委托，为其办理托收业务的银行，通常为出口地银行。委托人与托收行的关系是委托代理关系，双方的权利义务以托收申请书为准。代收行（Collecting Bank）是接受托收行的委托，向付款人收款的银行，通常为进口地银行。托收行与代收行的关系也是委托代理关系，对于托收业务的具体事项，代收行须依据托收行发出的托收委托书办理。付款人（Payer）是汇票的受票人，通常是应该支付货款的进口商。

此外，在托收业务中，可能出现另外两个当事人：提示行和需要时的代理。提示行（Presenting Bank）是向付款人提示汇票和托收单据的银行，通常由代收行委托的与付款人有往来账户关系的银行担任，也可以由代收行自己兼任。需要时的代理（Customer's Representative in Case of Need）是在付款人拒付时由委托人指定的在付款地代为照料货物存仓、转售、运回或改变交单条件等事宜的代理人，其具体权限以托收申请书和托收委托书的指示为准。

（二）托收的种类

托收使用的单据有两种：一种是资金单据，主要指汇票；另一种是商业单据，如商业发票、运输单据、保险单证等。

根据托收所使用单据种类的不同，托收可分为光票托收和跟单托收两种。光票托收（Clean Collection）是指卖方仅开立汇票而不附带商业单据,仅凭汇票委托银行向收款人收款的托收。在国际贸易中,光票托收主要用于金额较小的货款、预付款、分期付款、佣金以及贸易从属费用的收取。跟单托收(Documentary Collection)是指卖方开立汇票并随附代表货物所有权的全套货运单据,委托银行代为收款。国际贸易中的托收业务大多采用跟单托收。

根据交单条件的不同,跟单托收可分为付款交单和承兑交单两种。付款交单(Documents against Payment,D/P)是指卖方的交单以买方的付款为条件,即出口商将汇票连同货运单据交给银行托收时,指示银行只有在进口商付清货款时才能交出货运单据。如果进口商拒付,就不能从银行取得货运单据,也无法提取货运单据项下的货物。承兑交单(Documents against Acceptance,D/A)是指卖方的交单以买方的承兑为条件,即出口商将远期汇票连同货运单据交给银行托收时,指示银行只要进口商对远期汇票加以承兑后即可取得货运单据,到汇票到期时进口商才需履行付款义务。

根据所使用汇票及付款时间的不同,付款交单可以分为即期付款交单和远期付款交单。即期付款交单(D/P at sight)是指出口商发运货物后开具即期汇票连同商业单据,委托银行向进口商提示,进口商审核无误后在见票时立即付清货款,付款后从银行取得代表货物所有权的商业单据。远期付款交单(D/P after Sight)是指出口商发运货物后开具远期汇票连同商业单据,委托银行向进口商提示,进口商审核无误后在见票时立即承兑该汇票,待汇票到期时银行再次向进口商提示时才付款,付款后赎单。

(三)托收的程序

即期付款交单、远期付款交单和承兑交单的业务程序如下。

1. 即期付款交单。第一步,签约。进出口商订立买卖合同,约定采用即期付款交单方式结算。第二步,交单。出口商按合同规定发货后,填写托收申请书,开具即期汇票,连同全套货运单据交托收行,委托其按即期付款交单条件代收货款;托收行审核托收申请书和货运单据无误后,出立回单给出口商,作为接受委托、收到汇票和单据的凭证。第三步,寄单。托收行根据托收申请书缮制托收委托书连同汇票、货运单据寄交代收行。第四步,付款并赎单。代收行收到汇票及货运单据后向进口商作付款提示,进口商验单无误后立即付清货款,随后代收行将全套货运单据交进口商。第五步,转交货款。代收行电告或函告托收行货款已收妥,托收行将货款交给出口商(见图13-4)。

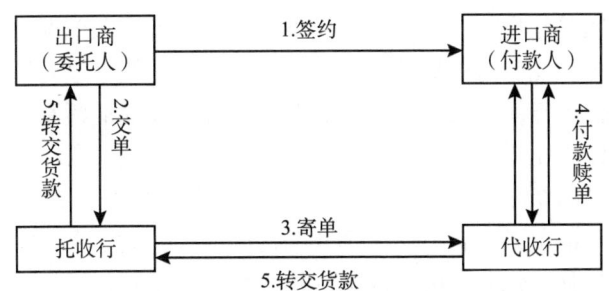

图13-4 即期付款交单的业务程序

资料来源:笔者整理。

2. 远期付款交单。第一步,签约。进出口商订立买卖合同,约定采用远期付款交单方式结算。第二步,交单。出口商按合同规定发货后,填写托收申请书,开具远期汇票,连同全套货运单据交托收行,委托其按远期付款交单方式代收货款;托收行审核托收申请书和货运单据无误后,出立回单给出口商,作为接受委托、收到汇票和单据的凭证。第三步,寄单。托收行根据托收申请书缮制托收委托书连同汇票、货运单据寄交代收行。第四步,承兑。代收行收到汇票及货运单据后向进口商作承兑提示,进口商承兑汇票,代收行保留汇票及全套货运单据。第五步,付款并赎单。汇票到期日代收行作付款提示,进口商验单无误后付清货款,同时代收行将全套货运单据交进口商。第六步,转交货款。代收行电告或函告托收行货款已收妥,随后托收行将货款交给出口商(见图13-5)。

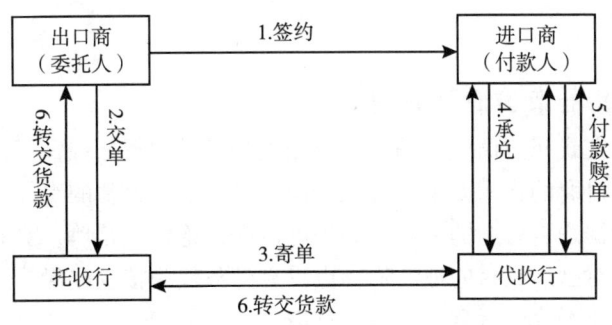

图13-5 远期付款交单的业务程序

资料来源:笔者整理。

3. 承兑交单。第一步,签约。进出口商订立买卖合同,约定采用承兑交单方式结算。第二步,交单。出口商按合同规定发货后,填写托收申请书,开具远期汇票,连同全套货运单据交托收行,委托其按承兑交单方式代收货款;托收行审核托收申请书和货运单据无误后,出立回单给出口商,作为接受委托、收到汇票和单据的凭证。第三步,寄单。托收行根据托收申请书缮制托收委托书连同汇票、货运单据寄交代收行。第四步,承兑交单。代收行收到汇票及货运单据后向进口商作承兑提示,进口商验单无误后立即承兑汇票,代收行根据托收委托书的指示在进口商承兑后即将全套单据交给进口商。第五步,付款。汇票到期日代收行作付款提示,进口商付清货款。第六步,转交货款。代收行电告或函告托收行款已收妥,托收行将货款交给出口商(见图13-6)。

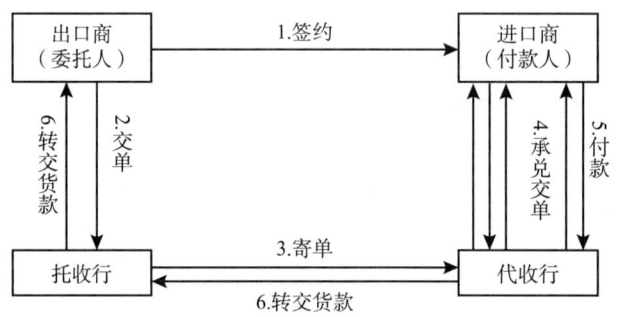

图 13-6 承兑交单的业务程序

资料来源:笔者整理。

从以上托收业务程序中可以看出,在采用托收方式时资金的流动方向与支付工具的传递方向相反,所以托收方式被称为逆汇。相反,在汇付中支付工具的传递方向与资金流动方向相同,所以汇付方式被称为顺汇。

(四) 托收的性质和利弊

托收方式属于商业信用。虽然托收是通过银行办理,但是银行只是按照出口商的指示办事,既无保证进口商必然付款的责任,也无审核货运单据是否齐全的义务。如果进口商拒绝付款赎单,除非另有规定,银行对已运到目的地的货物也没有义务代为接收或保管。出口商发货后,能否收到货款,完全依靠进口商的信用,所以托收属于商业信用。

托收方式对进口商有利。对进口商而言,使用托收方式付款可省去开立信用证的手续,又不必预付银行开证押金,资金负担小,费用低。如果采取承兑交单或凭信托收据借单的方式,还可以在付款前就先拿到货运单据,实现短期资金融通。

托收方式对出口商有一定风险。出口商只有装运货物后才能委托银行收款,一旦进口商拒付,出口商就要承担货物在进口国卸货后的仓储费、手续费、保险费、货物损耗等风险和费用。在各类托收中，承兑交单的风险比付款交单的风险更大。因为在付款交单条件下，在进口商付清货款之前，货物所有权仍属于出口商。但是，在承兑交单条件下，进口商只要对远期汇票办理承兑手续，便可从银行处拿到货运单据并去提货。一旦进口商提货后再拒付，出口商就可能钱货两失。因此，只有在进口商资信极佳，或买卖双方有长期良好合作关系的情况下，才可谨慎使用承兑交单方式。

(五) 托收方式下的资金融通

1. 托收出口押汇——托收行对出口商的融资。托收出口押汇是指出口商按照合同的规定发运货物后，开出以进口商为付款人的汇票，将汇票及全套货运单据交托收行托收，此时由托收行买入跟单汇票，按照汇票金额扣除从买入汇票日到预计收汇日之间的利息及手续费，将款项先行支付给出口商。这种方法可以使出口商在货物装运后立即得到银行的资金融通，有利于出口商加速资金周转和扩大业务量。托收行凭出口商开立的汇票和提交的货运单据发放贷款，但汇票能否得到付款完全取决于进口商的信用，因此托收行做出口押汇的风险较大。

2. 凭信托收据借单——代收行对进口商的融资。凭信托收据借单是指在远期付款交单条件下，为了抓住有利行市不失时机地转售货物，进口商承兑汇票后，可在汇票到期前凭信托收据（Trust Receipt，T/R）向代收行借取货运单据提取货物。汇票到期后，进口商以销售货物所得的货款偿还代收行并收回信托收据。这种方法是代收行向进口商提供的信用便利，与出口商和托收行无关。实际操作中，代收行一般根据进口商的资信状况来决定是否给予借单提货的便利。如果代收行借出货运单据后，汇票到期时不能收到货款，代收行应对出口商和托收行负全部责任。

3. 付款交单凭信托收据借单——出口商对进口商的融资。付款交单凭信托收据借单（D/P，T/R）与凭信托收据借单情况类似，不过它是出口商主动通过托收行授权进口商凭信托收据借单提货。具体做法是：出口商在办理托收申请时指示银行允许进口商在承兑汇票后可以凭信托收据先行借单提货。进口商如到期不能付款时，一切风险由出口商自己承担，与银行无关。由于这种结算方式对出口商的风险极大，所以在实际业务中一定要谨慎使用。

(六) 合同中的托收条款

合同中的托收条款必须订明汇票的种类、承兑和付款期限、交单条件等。不同托收类型，其条款约定方式也不同。

1. 即期付款交单：买方对卖方开具的即期跟单汇票，于第一次见票时立即付款，付款后交单。

2. 远期付款交单：买方对卖方开具的见票后××天付款的跟单汇票，于第一次提示时即予承兑，并于汇票到期日付款，付款后交单。

3. 承兑交单：买方对卖方开具的见票后××天付款的跟单汇票，于第一次提示时即予承兑，并于汇票到期日付款，承兑后交单。

（七）使用托收方式的注意事项

在激烈的市场竞争中，为了调动进口商的积极性，出口商常采用托收方式结算货款。但是托收方式对于出口商而言有一定风险，尤其承兑交单方式中的风险更大。出口商使用托收方式时应注意以下事项。

1. 详细调查进口商的资信和经营状况，制定合理的托收额度。为了降低收汇风险，应认真核实进口商的资信和经营状况，选择资信好的、经营稳健的外国商人作为交易对象，不能为了成交仓促签订托收方式付款的贸易合同。在资信调查的基础上，应妥善制定授信额度，控制成交金额与交单条件。每笔托收业务的金额一般不宜过大，期限也不宜过长。采用远期付款交单方式要慎重，对于承兑交单方式的金额更要从严掌握。

2. 了解进口国的贸易管制、外汇管理和银行制度。对于进口管制和外汇管制较严的国家和地区的出口交易，在使用托收方式时要特别慎重，以免货到目的地后由于不准进口或进口商买不到外汇而造成损失。为了防止代收行随意处理单据，国外代收行一般不能由进口商指定，如确有必要应事先征询托收行意见。

3. 了解进口国的"习惯做法"和有关托收的国际惯例。在实践中使用付款交单或承兑交单的简称时，必须注意引起歧义的可能性。在有些国家，D/P 解释为 Delivery against Payment（付款后交货），D/A 解释为 Delivery against Acceptance（承兑后交货）。拉美国家一般将远期付款交单与承兑交单作同样处理，只要进口商承兑汇票就向进口商放单。对此，出口商应在支付条款中明确规定交单条件。为避免当事人各方对责任权利的不同解释，应与有关当事人约定采用《托收统一规则》作为处理托收纠纷的依据。

4. 注意选择合适的贸易术语和运输单据。为了降低使用托收方式可能带来的损失和风险，应该选择由卖方负责办理运输和保险的贸易术语，如 CIF 或 CIP 贸易术语成交。填写运输单据的收货人时，注意不能是进口商。如需做代收行抬头，应先与银行联系并经认可后方可办理。对于由买方办理保险的交易，我方可另行加保出口信用险或

"卖方利益险"。鉴于进口商可能出现不按规定日期付款的情形，出口商可以在托收委托书中加注利息条款并载明利率和计收利息的期限。

（八）与托收有关的国际贸易惯例

国际商会为规范各国的托收业务，曾于1958年草拟了《商业单据托收统一规则》，建议各国银行采用。1967年国际商会订立并正式公布该规则。为了适应国际贸易发展的需要，1978年国际商会在吸取了10多年实践经验的基础上，对该规则进行了修订并改名为《托收统一规则》，1995年再次修订并于1996年1月1日起实施，即《托收统一规则》国际商会第522号出版物（Uniform Rules for Collection，URC522）。

《托收统一规则》自公布实施以来，被世界各国银行采用，已成为托收业务方面的国际贸易惯例。但需注意，《托收统一规则》没有强制性，只有在当事人事先约定以该规则为准的条件下，才受其约束。

三、信用证

汇付和托收都是银行提供的结算服务，但银行并不提供信用。在国际贸易业务中，如果银行能够为买卖双方提供信用，就能解决买卖双方互不信任的问题。信用证就是以银行信用做担保的一种支付方式。

（一）信用证的含义

信用证（Letter of Credit，L/C）是银行根据进口商的要求向出口商开立的有条件的承诺付款的书面文件。在进口商银行开出的信用证中规定，只要出口商能够在规定时间内向银行提交符合信用证规定的单据，进口商银行就保证付款。

（二）信用证的当事人

信用证的主要当事人有三个，即开证申请人、开证行和受益人。此外，还有其他当事人，如通知行、保兑行、议付行、付款行、偿付行、转让行等。

1. 开证申请人（Applicant）是指向银行申请开立信用证的人，即买卖合同的买方，在国际贸易业务中是指进口商。

2. 开证行（Opening Bank；Issuing Bank）是指接受开证申请人委托，开立信用证的银行，在国际贸易中是指进口地的银行。

3. 受益人（Beneficiary）是指信用证上所指定的有权使用该信用

证的人,即国际贸易中的出口商。

4. 通知行(Advising Bank;Notifying Bank)是指受开证行的委托,将信用证转交或通知受益人的银行。通知行一般是出口地的银行,通常是开证行的代理行。

5. 保兑行(Confirming Bank)是指应开证行请求在信用证上加具保兑的银行,它具有与开证行相同的责任,一般由开证行请求通知行担任。

6. 议付行(Negotiating Bank)是指开证行授权买入受益人提交的符合信用证规定的汇票和单据的银行,一般位于出口商所在地。议付行可以是信用证指定的银行,也可以由受益人自由选择。如信用证上无明确规定,出口商可将跟单汇票在任何愿意从事这项交易的银行议付,通常情况下由通知行议付。

7. 付款行(Paying Bank)是指信用证上指定承担付款责任的银行。它通常是开证行,也可能是由开证行指定的另一家银行担任。

8. 偿付行(Reimbursement Bank)是指受开证行授权,对有关议付行的索偿予以照付的银行。偿付行偿付时不审查单据,也不负单证不符的责任,因此不视为开证行的终局付款。

9. 转让行(Transferring Bank)是指应受益人委托,将可转让信用证转让给信用证的第二受益人的银行。第二受益人一般为出口商提供货物的生产商或供应商。

(三)信用证的内容

信用证虽然是国际贸易中最常用的支付方式,但它并无统一的格式。不过其主要内容基本上相同,大体包括以下几个部分(见图13-7)。

1. 对信用证自身的说明:开证行的名称和地址、信用证的种类、编号、金额、开证日期、有效期及到期地点、开证申请人、受益人、通知行、议付行等。

2. 汇票条款:出票人、付款人、金额、汇票期限、出票条款等。

3. 货物条款:货物的名称、品质规格、数量、单价、包装、运输标志等。

4. 运输条款:装运期限、装运港、目的港、运输方式、运费是否预付、可否分批装运和转运等。

5. 单据条款:受益人必须提供的单据名称(如发票、装箱单、重量单、提单、保险单、产地证、商检证等)及具体要求、各种单据的份数等。

6. 特殊条款:根据进口国政治经济贸易情况的变化及每一笔具体业务的需要,可做不同规定。

7. 开证行保证付款的责任文句。

Issue of a Documentary Credit		
	:	BKJPYUTYA08E SESSION: 000 ISN: 000000 BANK OF OSAKA NEW YORK NO. 216, AUMAHU, AKI _ GUN, OSAKA, JAPAN
Destination Bank	:	XXXXXXXX BANK OF CHINA, NANTONG BRANCH 153, RENMING RD NANTONG CHINA TEL: 0513 - 3578321
Type of Documentary Credit	40A	IRREVOCABLE
Letter of Credit Number	20	LGU - 002156
Date of Issue	31G	110302
Date and Place of Expiry	31D	1103030 CHINA
Applicant Bank	51D	NEWYORK BANK, OSAKA
Applicant	50	YOUNGAN TRADING
Beneficiary	59	JIAHA INTER TRADING CO, 60, NONGJU RD HAIAN JIANGSU, CHINA
Currency Code, Amount	32B	USD 26, 520.00
Available with...by...	41D	ANY BANK BY NEGOTIATION
Drafts at	42C	AT SIGHT
Drawee	42D	NEWYORK BANK, OSAKA
Partial Shipments	43P	NOT ALLOWED
Transhipment	43T	NOT ALLOWED

Shipping on Board/Dispatch/Packing in Charge at/ from

44A SHANGHAI

Transportation to	44B	OSAKA, JAPAN
Latest Date of Shipment	44C	110320

Description of Goods or Services: 45A
100PCT RAYON DIASH CLOTH 30SX30S/56X54/40X40CM 2PLY CIF OSAKA CHINA ORIGIN

Documents Required: 46A
1. SIGNED COMMERCIAL INVOICE IN 5 COPIES.
2. FULL SET OF CLEAN ON BOARD OCEAN BILLS OF LADING MADE OUT TO ORDER AND BLANK ENDORSED, MARKED "FREIGHT PREPAID" NOTIFYING ACCOUNT.
3. PACKING LIST/WEIGHT MEMO IN 4 COPIES INDICATING QUANTITY/GROSS AND NET WEIGHTS OF EACH PACKAGE AND PACKING CONDITIONSAS CALLED FOR BY THE L/C.
4. CERTIFICATE OF QUALITY IN 3 COPIES ISSUED BY PUBLIC RECOGNIZED SURVEYOR.
5. BENEFICIARY'S CERTIFIED COPY OF FAX DISPATCHED TO THE ACCOUNTEE WITH 3 DAYS AFTER SHIPMENT ADVISING NAME OF VESSEL, DATE, QUANTITY, WEIGHT, VALUE OF SHIPMENT, L/C NUMBER AND CONTRACT NUMBER.
6. CERTIFICATE OF ORIGIN IN 3 COPIES ISSUED BY AUTHORIZED INSTITUTION.
7. CERTIFICATE OF HEALTH IN 3 COPIES ISSUED BY AUTHORIZED INSTITUTION.

ADDITIONAL INSTRUCTIONS: 47A 1. CHARTER PARTY B/L AND THIRD PARTY DOCUMENTS ARE ACCEPTABLE. 2. SHIPMENT PRIOR TO L/C ISSUING DATE IS ACCEPTABLE. 3. BOTH QUANTITY AND AMOUNT 10 PERCENT MORE OR LESS ARE ALLOWED.		
Charges	71B	ALL BANKING CHARGES OUTSIDE THE OPENNING BANK ARE FOR BENEFICIARY'S ACCOUNT.
Period for Presentation	48	DOCUMENTSMUST BE PRESENTED WITHIN 15 DAYS AFTER THE DATE OF ISSUANCE OF THE TRANSPORT DOCUMENTS BUT WITHIN THE VALIDITY OF THE CREDIT.
Confirmation Instructions	49	WITHOUT
Instructions to the Paying/Accepting/Negotiating Bank: 78 1. ALL DOCUMENTS TO BE FORWARDED IN ONE COVER, UNLESS OTHERWISE STATED ABOVE. 2. DISCREPANT DOCUMENT FEE OF USD 50.00 OR EQUAL CURRENCY WILL BE DEDUCTED FROM DRAWING IF DOCUMENTS WITH DISCREPANCIES ARE ACCEPTED.		
"Advising Through" Bank	57A	BANK OF CHINA, NANTONG BRANCH 135 RENMING RD NANTONG, CHINA TEL: 0513 - 5341234

******** other wordings between banks are omitted ********

图 13 - 7　不可撤销信用证式样

（四）信用证的程序

信用证的业务程序因信用证种类的不同有一定差别，但是一般都需经过申请开证、开证、通知、审证及改证、交单、审单付款、寄单索偿、付款赎单这几个环节。现以国际结算中最常见的议付信用证为例，说明信用证结算的基本程序（见图 13 - 8）。

1. 申请开证。进口商根据买卖合同的规定，填写开证申请书，向当地银行申请开立信用证。开证申请书是开证行开立信用证的依据，也是开证行与进口商（开证申请人）之间的契约。

2. 开证。开证行接受进口商的开证申请后，认真审核开证申请书的内容，向进口商收取开证保证金后开出信用证，寄给出口地的代理行或分行，要求该行通知或转递信用证给出口商。

3. 通知。通知行接到开证行开来的信用证后，审核印鉴或密押无误后立即通知出口商。如果通知行认为对开证行资信不佳，或认为进口地的经济状况不好，可以建议出口商要求开证行对该信用证加上保兑。承担保兑任务的银行称为保兑行，一般由通知行担任。

4. 审证及改证。受益人收到信用证后，应会同通知行一起认真审核信用证，检查信用证条款与买卖合同有无不符。受益人如发现信用证中有不能接受的内容，应及时要求开证申请人通知开证行进行修改。

5. 交单。在合同规定的期限内受益人装运货物，拿到运输单据，备齐交信用证规定的其他各种单据并开立汇票，在信用证规定有效期内送交当地银行议付。

6. 审单付款。议付行按信用证条款审核单据无误，买入受益人出具的汇票及所附的各种单据，按照票面金额扣除利息后将余款支付给受益人，俗称"买单"。

7. 寄单索偿。议付行买单后将全套单据寄给开证行或其指定的付款行索偿。开证行或其指定的付款行核对单据无误后，付款给议付行。

8. 付款赎单。开证行或其指定的付款行向议付行偿付后，立即通知开证申请人付款赎单。进口商审单无误后向开证行付款并取得全套单据。

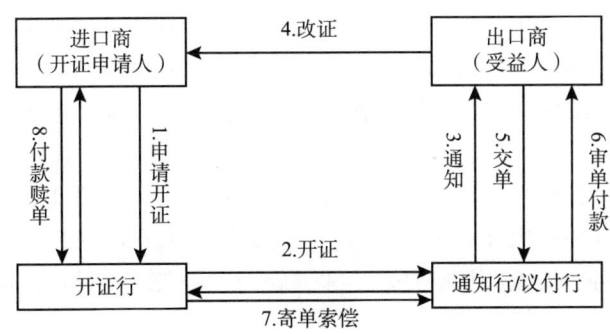

图 13-8 信用证的业务程序

资料来源：笔者整理。

（五）信用证的性质和特点

1. 信用证是一种银行信用。信用证支付方式是一种银行信用，开证行承担第一性付款责任。只要出口商按信用证的规定，在有效期内向开证行提交符合信用证规定的单据，就可从银行得到货款。即使进口商在开证后丧失偿付能力，开证银行也必须付款。由于银行承担付款责任，因而信用证是出口商最愿意采用的支付方式。

2. 信用证处理的是单据。银行处理信用证业务时，根据受益人所提交的单据在表面上是否"单单一致、单证一致"来决定是否付款，要求十分严格，在表面上决不能有任何差异，因此信用证又被称为"单据的买卖"。但是，银行对单据的审核仅限于单据的文字叙述，对任何单据的形式、完整性、准确性、真实性或法律效力概不负责。银行也不过问单据所代表的货物的实际状况，对货物的发货人、承运人、运输代理人、收货人、保险人或其他任何人的疏忽、清偿能力、行为能力、资信情况等也概不负责。

3. 信用证是一种自足文件。信用证虽然是以合同为依据开立的，并且信用证的相关内容也与合同条款相一致，但信用证一经开立，它就成为独立于买卖合同以外的文件。信用证各当事人的权利和责任完全以信用证所列条款为依据，只受信用证条款的约束，不受买卖合同的约束。如果出口商提交的单据符合买卖合同要求，但若与信用证条款不一致，仍会遭银行拒付。

（六）信用证的种类

信用证的种类很多，常见的分类如下。

1. 不可撤销信用证与可撤销信用证。不可撤销信用证（Irrevocable L/C）是指信用证一经开立，在有效期内，未经受益人及有关当事人同意，开证行不得单方面修改或撤销的信用证。在使用不可撤销信用证的情况下，只要信用证受益人提供与信用证条款相符的货运单据，开征行就必须付款，受益人的出口收汇较有保障。国际贸易结算中使用的主要是不可撤销信用证。根据国际贸易惯例，如果信用证未说明是否可撤销，就认为该信用证是不可撤销信用证。可撤销信用证（Revocable L/C）是指开证行可以不经过受益人同意，也不必事先通知受益人，在付款、承兑或议付以前，可随时修改信用证内容或撤销信用证。这种信用证对出口商来说，并未得到真正的银行信用。在我国出口业务中以信用证方式支付货款时，原则上不接受可撤销信用证。

2. 即期信用证、远期信用证和议付信用证。即期信用证（Sight L/C）是指开证行或指定付款行在收到符合信用证条款的货运单据和即期汇票时后立即予以付款的信用证。在即期信用证下，受益人应在信用证有效期内将信用证规定的单据寄至开证行。由于开证行位于国外，为了防止寄送过程中出现延误，所以开证行通常会指定一个位于出口国的付款行履行付款责任。远期信用证（Usance L/C）是指开证行或指定付款行在收到符合信用证条款的货运单据时，不立即付款，待规定的期限届满时才履行付款义务的信用证。远期信用证包括：要求开立远期汇票的承兑信用证和不要求开立汇票的延期付款信用证。议付信用证（Negotiation L/C）是指开证行允许受益人向其他银行交单并议付的信用证。所谓议付，是指出口商所在地的银行买入出口商提交的符合信用证规定的汇票和单据，然后再向开证行索偿。由于议付行位于出口商所在地，可以方便出口商交单，所以议付信用证在国际贸易中使用得较为普遍。议付信用证又分为限制议付信用证和自由议付信用证两种，前者由开证行指定一家银行作为议付行，后者开证行允许受益人向任何一家银行交单议付。有的信用证还列有电报索偿条款（T/T Reimbursement Clause），即开证行允许议付行用电报通知开证行或指定付款行说明受益人所交单据符合信用证条款要求，开证行或指定付款行在接到电报通知后应立即通过电汇方式将款项拨交议付行。

还有一种信用证被称为假远期信用证（Usance L/C Payable at Sight）。进口商在信用证中要求出口商开立一张以银行为付款人的远期汇票但承诺自己承担贴现利息。对进口商而言，在远期汇票到期后才需要支付全部货款，仅需要支付贴现利息；对出口商而言，可以通过贴现银行承兑的远期汇票立即取得全部货款，与即期信用证相似，所以称之为假远期信用证。

3. 光票信用证和跟单信用证。光票信用证（Clean L/C）是指只凭出口商开立的不随附货运单据的汇票进行付款的信用证。跟单信用证（Documentary L/C）是指凭跟单汇票或仅凭货运单据付款的信用证。其中，货运单据是证明货物已交付运输的各种单据的统称，如海运提单/铁路运单/航空运单、商业发票、保险单、商检证书、产地证书、包装单据等。国际贸易结算中主要使用跟单信用证，较少使用光票信用证。

4. 保兑信用证和不保兑信用证。为确保收汇安全，出口商可要求进口商请开证行委托另一家银行（通常为通知行）在信用证上加以保兑。信用证一经保兑，保兑行就和开证行一样承担第一性的付款责任。这种经另一家银行保兑的信用证就是保兑信用证（Confirmed L/C）。未经保兑的信用证称为不保兑信用证（Unconfirmed L/C），该信用证由开证行单独承担保证付款的责任。

5. 可转让信用证和不可转让信用证。可转让信用证（Transferable L/C）是指开证行在信用证上明确注明"可转让"字样，第一受益人可将信用证的全部或部分金额转让给一个或数个第二受益人使用的信用证。可转让信用证的第一受益人往往是中间商，他将信用证转让给实际供货商（第二受益人），由实际供货商履行装运交货义务。《跟单信用证统一惯例》第四十八条规定，可转让信用证只能转让一次，第二受益人不得要求将信用证转让给其后的第三受益人，但再转让给第一受益人除外。不可转让信用证（Non-Transferable L/C）是指受益人不能将信用证的权利转让给他人使用的信用证。凡信用证上未注明"可转让"字样的，一律不能转让。

6. 循环信用证。循环信用证（Revolving L/C）是指受益人将信用证项下的金额全部或部分使用后，信用证重新恢复原金额可被再度使用，直至到达规定的时间、次数或总金额为止。这种信用证主要用于长期供货、分期分批交货的情况，可使进口商免于多次开证以节省开证押金。

7. 对开信用证和背对背信用证。对开信用证（Reciprocal L/C）是指两张信用证的开证申请人互以对方为受益人开立的并同时生效的信用证。这种信用证多用于进口与出口互为条件的来料加工、补偿贸易、易货贸易等合同中。背对背信用证（Back to Back L/C）是指出口商收到进口商开来的信用证后，要求该证的通知行或其他银行另开出一张以原证为基础、内容相似的新信用证给另一受益人——实际供货商，这种以原证为基础另开的新信用证就是背对背信用证。背对背信用证通常用于中间商转售他人货物以从中牟利，也出现于两国不能直接进行贸易，需要通过中间商参与贸易的情况。

8. 预支信用证。预支信用证（Anticipatory L/C）是指开证行允许出口商在货物装运前开出以开证行为付款人的光票，由议付行买下后向开证行索偿；货物装运后，出口商再通过向银行交单的方式取得扣除垫款后的余额。预支信用证使得出口商凭光票就可以拿到部分货款，实际上相当于进口商给出口商的预付货款。由于预支货款的文字在信用证中使用红色字打出以引起人们的注意，所以这种信用证又称红条款信用证（Red Clause L/C）。

9. SWIFT 信用证。凡依据 SWIFT 信用证格式开立并通过 SWIFT 网络系统传递的信用证称为 SWIFT 信用证，也称"环银电协信用证"。采用 SWIFT 系统开出的信用证，具有标准化、固定化和统一格式的特点，传递速度快，成本也较低，现已被世界各国的银行广泛使用。

（七）信用证在国际贸易中的使用

采用信用证付款的进出口合同，应对信用证的开证时间、开证行、信用证种类、信用证金额、受益人、到期日和到期地点等主要事项做出详细规定。

例如："买方应通过由卖方同意的开证行开出以卖方为受益人的100%发票金额的不可撤销的即期信用证付款。该信用证须于合同规定的装运月份的 30 天前到达卖方，有效期为装运期后 15 天在中国议付有效。"

在国际贸易中，出口商只要按信用证规定发运货物，向指定银行提交单据，就能安全收汇，并且可向相关银行申请打包贷款或办理押汇，取得资金上的融通。进口商采用信用证支付货款，通过合理规定信用证中的各项条款就可以控制出口商的交货时间、交货数量、交货质量，只有出口商提交符合合同规定的货物单据时才需对其付款。信用证方式缓解了买卖双方互不信任的矛盾，有利于进出口交易的顺利进行，因此信用证成为进出口业务中最主要的支付方式。

但是，采用信用证方式对买卖双方而言还是具有一定风险的。

出口商可能遇到的问题包括：买方不按时开证，买方不按合同规定条件开证，买方在开出的信用证中故意设下陷阱致使卖方无法履行合同，卖方履行交货义务后因单据不符合信用证的规定而被拒付等。

进口商可能遇到的问题包括：出口商与相关责任人相互串通变造单据甚至制作假单据以获取货款，实际货物与提单不符等。此外，与托收相比，信用证的开立手续繁琐，占压进口商资金时间较长，费用较高。

(八) 与信用证有关的国际贸易惯例

随着国际贸易的发展，信用证逐渐成为国际贸易中最常用的支付方式。但因缺乏公认准则，信用证纠纷经常发生。

国际商会为了规范信用证业务，于1933年公布了《跟单信用证统一惯例》（Uniform Customs and Practice for Documentary Credits，UCP），后来分别于1951年、1962年、1974年、1983年、1993年对其多次修订。现在使用的是2006年通过并于2007年7月1日正式实施的《跟单信用证统一惯例（2007年修订本）》，又称《国际商会第600号出版物》（International Chamber of Commerce Publication No. 600，UCP600）。

《跟单信用证统一惯例》作为规范信用证业务的国际贸易惯例被世界各国银行广泛采用，各国法院也把它作为裁决跨国信用证纠纷的法律准则。但它毕竟只是一项国际贸易惯例，不具有强制的法律效力，因此只适用于在信用证正文中表明适用UCP600的信用证。在实际业务中，许多信用证都注明"根据国际商会《跟单信用证统一惯例》开立。除非信用证另有规定，本惯例对各有关当事人均具有约束力"。

四、银行保函

在对外贸易业务中，除了汇付、托收、信用证外，银行保函也是较常见的支付方式。有些合同交易标的特殊、金额大、交货期限较长，不宜采用信用证方式结算。当贸易一方对另一方所作的履约承诺缺乏信任的情况下，可以要求对方出具银行保函，以期利用银行担保方式约束对方履约。

(一) 银行保函的含义及当事人

银行保函（Letter of Guarantee，L/G）是指银行或其他金融机构

(保证人)应申请人的要求向受益人开立的,担保申请人一定履行某种义务,并在申请人未能按规定履行义务时承担一定金额赔偿责任的书面文件。简言之,银行保函是银行开具的承担有条件经济赔偿责任的书面担保。

银行保函的主要当事人有三个。

1. 委托人(Principal),又称申请人(Applicant),是向银行申请开立保函的一方,即与受益人订立合同的执行人和债务人。

2. 保证行(Guarantor Bank),又称担保行,是开立保函的银行。保证人接受委托人的申请,根据其要求并在委托人提供一定担保的条件下向受益人开具保函。

3. 受益人(Beneficiary)是收到银行保函并凭以向银行索偿的一方,即与委托人订立合同的执行人和债权人。

除上述主要当事人外,银行保函中有时还可以有通知行、保兑行、转开行、反担保人等当事人。

(二)银行保函的种类

1. 见索即付保函。见索即付保函(Demand L/G)是保证行在受益人第一次索偿时,立即按照保函规定的条件承担付款责任的银行保函。在见索即付保函中,银行承担的是第一性的付款责任,这种保函又称无条件保函(Unconditional L/G)。

2. 有条件保函。有条件保函(Conditional L/G)是指保证行向受益人付款是有条件的,只有在委托人未履行约定义务时,保证行才予以付款。在有条件保函中,保证行承担的是第二性的付款责任。

有条件保函在实务中使用范围很广,按其用途主要分为投标保证函、履约保证函和还款保证函三种类型。

(1)投标保证函是指银行等金融机构(保证人)根据投标人(委托人)的申请,向招标人(受益人)承诺,保证在投标人不履行其投标所产生的义务时承担约定赔偿责任。投标保证函的金额一般为投标金额的1%~5%,有效期至开标日。若投标人中标,有效期自动延长至双方签约并提交履约保证函时为止。

(2)履约保证函是指银行等金融机构(保证人)应合同一方当事人(委托人)的申请,向合同的另一方当事人(受益人)承诺,在委托人不履行该合同时承担约定的赔偿责任。在对外贸易中,履约保证函又分为进口保证函和出口保证函。进口保证函是指保证行应进口商要求,向出口商开出的保证进口商履行其按期付款责任的担保书,如进口商不履行其按期付款责任则承担约定的赔偿责任。出口保证函是指保证行应出口商的申请,向进口商开出的保证出口商履行其按期交货责任的担保书,如出口商不履行其按期交货责任时承担约定的赔偿责任。

（3）还款保证函是指银行等金融机构（保证人）应合同一方当事人（委托人）要求，向合同另一方当事人（受益人）开立的保证书，当委托人没有按照与受益人之间的合同约定偿还受益人向他预付的款项时，银行将在约定的金额内向受益人付款。还款保证函主要适用于国际工程承包项目，同时也适用于进出口业务涉及预付款的情形。

（三）银行保函的特点

银行保函的特点如下。

1. 银行保函是银行信用。银行保函是银行出具的担保文件，代表银行信用，不可撤销，为国际贸易及其他经济活动的顺利进行提供了保障。

2. 银行保函的保证人一般承担第二性的付款责任。银行保函虽与信用证一样属于银行信用，但只有在委托人不履行约定义务时，银行保函的保证人才承担偿付责任，即保证人的付款责任是第二性的。但在实际业务中，有些银行保函声明，免去受益人先向委托人索偿的责任，这时银行实际上就承担了第一性的付款责任。

3. 银行保函是保证人提供的信用担保。保证人开立银行保函，其目的并不是为了赔偿损失，仅仅是为了提供信用担保。保证人之所以愿意为委托人提供信用担保，主要是出于对委托人履约能力和商业信誉的信任。因此，保证人一般不要求委托人交付押金，只要求他做出质押或反担保。可见，保证人愿意为委托人开立保函，表明保证人相信委托人能够履约。

（四）银行保函与信用证的异同

国际贸易中的银行保函类型是履约保证函和还款保证函。这两种类型的银行保函与跟单信用证在本质上十分类似：它们都是银行向受益人开出的有条件的支付承诺；它们都是独立于买卖合同的法律文件；它们都是纯粹的单据业务，银行的付款条件仅仅是受益人提交规定的单据，但银行对单据的真伪和有效性不承担责任。

尽管两者都属银行信用，但两者有许多不同之处并有本质区别。两者的不同主要表现在以下几方面。

1. 付款责任。银行保函的保证人一般承担的是第二性的付款责任，而信用证中的开证行承担的是第一性付款责任。银行保函虽与信用证一样属于银行信用，但只有在委托人不付款时，银行保函的保证人才承担偿付责任，如果委托人已付款，则保证人的责任得以解除。但在实际业务中有些银行保函声明免去受益人先向委托人索偿的责任，这时保证人实际上就承担了第一性的付款责任。也有些保函规定债务人不偿付债务时保证人才负责偿付,但受益人在索偿时只需出具一张汇票即可取款,即使他未先向债务人索偿,也可在保函下取得款项。因此,银行保函的保证人的偿付责任究竟是第一性的还是第二性的,要视保函中的索偿条件而定。

2. 适用范围。信用证只能用于货物贸易,而银行保函的用途广泛,可用于任何类型的经济合同。

3. 融资作用。信用证可以让受益人融资,但银行保函不能让受益人融资。

4. 风险担保。信用证一般要求开证申请人提供开证保证金,并在开证申请人付款赎单前掌握代表货物所有权的单据,以此作为开证申请人支付货款的风险担保。相反,银行保函一般不要求申请人提供保证金。银行保函是保证人提供的信用保证,保证人开立银行保函,其目的并不是为了赔偿损失,仅仅是为了提供信用担保。他提供的信用担保是出于对委托人履约能力的信任。因此,保证人一般并不要求委托人交付押金,只要求他做出质押或反担保。

五、国际保理

国际保理业务是继信用证、银行保函之后出现的一种新型国际结算方式。它起源于19世纪的美国和欧洲,在20世纪60年代以后随着国际贸易环境的改善而流行于欧美各国。

(一) 国际保理的含义及当事人

国际保理(International Factoring)是指出口商在以托收、赊账等商业信用方式结算货款时,由保理商向出口商提供的包括对进口商资信调查、代办托收、融通资金、百分之百的付款担保以及财务管理等在内的综合性金融服务。

参与国际保理业务的主要有四个当事人。

1. 出口商,根据与进口商签订的买卖合同在规定的时间内交货,并将全套货运单据及汇票提交给出口保理商。

2. 出口保理商,根据与出口商签订的保理协议,为出口商提供对进口商的资信调查、托收、贸易融资、风险担保、财务管理等服务。

3. 进口保理商,负责核准进口商信用额度、提供信用风险担保、催收账款、代收应收账款,对其核准的信用额度内的坏账损失承担付款责任。

4. 进口商,对应收账款负有付款责任。

（二）国际保理的基本业务程序

国际保理的业务程序如下。

1. 出口商向当地保理商提出保理申请。在订立买卖合同前，出口商必须提前联系出口地保理商，告知准备达成的买卖合同内容、进口商的名称地址、欲申请的信用额度等事项。在得到出口地保理商认可并签订保理协议后，出口商方可与进口商订立买卖合同。

2. 买卖合同订立以后，出口商按照合同规定发运货物，向出口地保理商提交发票、汇票、提单等有关单据，并在发票上注明全部债权已转让给保理商。

3. 出口地保理商通过在进口地的保理商向进口商收款。进口地保理商随时通过出口地保理商向出口商报告收款情况。

4. 出口地保理商向出口商支付货款。出口地保理商付款的具体时间取决于双方的约定。如出口商只要求保收业务，保理商按经过推算的平均收款天数确定付款给出口商的日期；如果出口商要求除保收外还提供资金融通，保理商可在出口商提交单据时预支全部货款的80%。如进口商不能按时付款或拒付，出口保理商会负责追偿，并在约定期限向出口商无追索权地支付。

（三）国际保理在进出口业务中的运用

1968年，国际保理商联合会（Factor Chain International，FCI）成立，它是全球最大的国际保理行业组织，其会员大多数是世界著名大银行或金融机构附属的保理公司。1993年，中国银行正式加入该联合会，成为国内首家FCI成员。截至2016年5月，中国大陆地区的FCI会员数量共42家，加上香港特别行政区以及台湾地区的FCI会员我国共有81家FCI会员单位。根据FCI统计，我国大陆地区保理业务规模2011~2014年均位列世界第一，2015年位列世界第二。总体来看，我国保理业务市场需求旺盛，发展非常迅猛。

采用国际保理不仅有助于出口商识别客户资信，而且有利于出口商获取更多贸易机会，加速资金周转，降低收款风险。只要出口商认真履行合同，就如同采用信用证一样没有后顾之忧。但是采用保理方式收取货款的出口企业，必须注意严格按照合同规定交付货物，提交单据。如交货与合同不符而发生被进口商延期付款或拒付货款时，保理商将不予担保。保理商只承担协议规定的信用额度的风险，超额度发货的部分也不予担保。

作为综合性金融服务，国际保理包括对进口商的资信调查和担保、应收账款的催收和追偿、财务管理和资金融通等多种服务，银行手续费较高，约为发票金额的1%~2.5%。如果需要融资，预支货款的利率也高于银行贴现率2%左右。这些费用出口商均应转移到报价上。

第三节 支付方式的选择

对出口商来说，支付方式的选择非常重要。选择支付方式既要能促成交易，又要保障货款的安全。因此，需要综合考虑多种因素。

一、支付方式的影响因素

在选择支付方式时应考虑的主要因素包括以下几方面。

（一）客户信用

选择支付方式，首先应该考虑客户的资信。对信用很好的客户，可选择付款交单方式。对信用一般或不了解的新客户，必须选择信用证或预付款等安全收汇方式，还应该严格控制贸易额度。除非保理商已接受保理，或客户能够出具银行保函或备用信用证，一般不应考虑采用赊销方式或承兑交单方式。只有对本企业分支机构以及确有把握的个别交易对象，方可使用赊销或承兑交单方式。

（二）市场状况

对于畅销商品的出口，应该坚持采用信用证等安全的收汇方式。在打响品牌或者推销库存品的出口交易中，出口商除了要降低售价以外，在结算方式上也需作必要让步。对于国际市场上竞争激烈的机械、成套设备、大型运输工具等付款期限长的商品，除了考虑结合使用国际保理或银行保函等保障收汇的收付方式外，还可考虑投保出口信用保险。

（三）贸易术语

在使用CIF、CFR等由卖方安排运输的贸易术语时，可采用信用证或付款交单方式付款；在使用FOB、FCA等由买方安排运输的贸易术语时，虽然可凭运输单据交货与收款，但由于运输由买方安排，出口商较难控制货物，一般不宜采用托收方式；使用实际交货的术语（EXW、D组术语），一般不能使用托收。

（四）运输方式

如果运输单据为代表物权凭证的海运提单或多式联运提单，可采用信用证或托收方式付款；如果通过航空、铁路、公路等方式运输货物，出口商拿到的运输单据不是物权凭证，则不应采用托收方式结算货款，最好使用信用证结算。即使采用信用证，也应规定开证行为运输单据的收货人。

二、支付方式的结合使用

在国际贸易中，通常在一笔交易中只采用一种支付方式。有时由于具体业务的需要，也可选择两种或两种以上的支付方式结合使用。

常见的支付方式的结合有以下几种形式。

（一）信用证与汇付相结合

信用证与汇付相结合是指一笔交易的大部分货款采用信用证方式结算，余额用汇付方式支付。

一种为"先信用证后汇付"的方法，适用于矿石、煤炭、粮食等初级产品的交易。这种方式意味着，部分货款在货物装运后立即采用信用证收付，另一部分货款在货物运抵目的地并经过商品检验确定其品质或数量后，根据商品检验结果再对余额通过汇付方式支付。

还有一种"先汇付后信用证"的方法，适用于成套设备的交易。汇付部分是指进口商在货物发运前支付部分货款或支付订金，其余货款由进口商申请开立信用证支付，出口商发货后凭信用证规定的单据向进口商收取。

（二）信用证与托收相结合

信用证与托收相结合是指一笔交易的货款，部分用信用证方式支付，余额用托收方式结算。

这种方式的具体做法是：在买卖合同中规定出口商开立两张汇票，信用证项下的汇票用于收取部分货款，托收项下的汇票及全套货运单据用于收取余款且采用付款交单方式。

合同中对于信用证与托收相结合的支付条款通常这样规定："买方通过卖方可接受的银行于装运月份前……天开出不可撤销的、即期、光票信用证，信用证金额为发票金额的……%；余下的占发票金额……%的货款用托收方式即期付款交单。全套货运单据随附托收项下，于买方付清发票全部金额后交出。如买方未付清全部发票金额，则货运单据由开证行掌握凭卖方指示处理。"

采取信用证和托收相结合方式进行货款的收取，一定要注意货运单据是随附于托收项下的，这样可以确保收汇安全。如果货运单据随附于信用证项下，进口商通过支付信用证项下的货款就可以取得货运单据并提货，没有必要再支付托收项下的那部分货款。

（三）托收与汇付相结合

出口商在采用托收方式收款时，在货物发运前可要求进口商使用汇付方式预付部分货款或押金作为保证。这种即期跟单托收为主，汇付为辅的收付方式，可以避免进口商不付款而造成损失。即使货物出运后，遭到进口商拒付，出口商仍拥有货物的所有权，出口商可以用进口商的预付货款来抵偿运费及利息等费用。

例如："买方按合同的规定采用汇付方式将预付款（或押金）汇到卖方作为出运货物的条件，其余金额由卖方采用即期跟单托收方式收取。"

（四）汇付/托收与银行保函相结合

汇付与银行保函相结合这种做法又分两种情况：一是在贸易双方约定由进口商通过汇付方式预付货款的情况下，进口商为免遭预付货款后出口商不按期交货或拒绝交货的风险，可以要求出口商出具银行保函，以约束其履行交货责任。二是为避免进口商收到货物后拒不付款的风险，出口商可以要求进口商出具银行保函或备用信用证，以约束其履行付款责任。

托收与银行保函相结合的方式是指在使用托收方式支付时，出口商要求进口商出具银行保函。一旦跟单托收项下的货款遭到进口商拒付时，出口商可以开立汇票随附进口商拒付的声明书要求保证行进行偿付，出口商可凭银行保函向保证行追回货款。

本 章 小 结

国际贸易中很少使用现金进行支付，通常使用的支付工具是票据。票据包括汇票、本票和支票三种。汇票是出票人要求受票人无条件支付确定金额的支付命令，本票是出票人对受票人的支付承诺，支票是出票人要求银行对外付款的支付命令。由于票据性质不同，支票和本票都无须承兑，只有远期汇票才必须办理承兑。

在国际贸易货款的结算中，常用的支付方式主要是汇付、托收和信用证这三种。汇付和托收都属于商业信用，出口商能否及时收回货款取决于进口商的资信状况。因此，汇付只适用于定金、佣金等从属费用的支付，或者在分期付款和延期货款交易中用于各期款项的支付。托收可用于货款结算，但签约前出口商应对进口商的资信和经营状况进行详细调查以确定授信额度。信用证属于银行信用，这种支付方式对出口商的收汇安全尤为有利。

国际贸易货款的结算有时也会使用银行保函或国际保理这两种支付方式。银行保函属于银行信用，银行通常承担的是第二性的付款责任，只有委托人违约时才履行偿付责任，它适用于交货期限较长，不宜采用信用证方式结算的合同。国际保理是保理商向出口商提供的综合性财务服务，其服务费较高。

【本章重要术语】

汇票（Bill of Exchange；Draft）
本票（Promissory Note）
支票（Cheque）
承兑（Acceptance）
背书（Endorsement）
汇付（Remittance）
电汇（Telegraphic Transfer，T/T）
信汇（Mail Transfer，M/T）
票汇（Demand Draft，D/D）
托收（Collection）
付款交单（Documents against Payment，D/P）
承兑交单（Documents against Acceptance，D/A）
即期付款交单（D/P at Sight）
远期付款交单（D/P after Sight）
信用证（Letter of Credit，L/C）
不可撤销信用证（Irrevocable L/C）
银行保函（Letter of Guarantee，L/G）
国际保理（International Factoring）

【延伸阅读】

1. 原擒龙：《国际结算与贸易融资案例分析》，中国金融出版社2010年版。

2. 任志新、贾义婷：《我国跨境人民币贸易结算的新发展与新途径》，载于《对外经贸实务》2015年第9期。

复习与思考

1. 什么是汇票？汇票有哪些类型？
2. 试比较汇票、本票和支票的异同。
3. 什么是汇付？汇付有哪几种方式？汇付的性质如何？
4. 什么是托收？托收有哪几种类型？托收的特点是什么？
5. 简述远期付款交单的业务程序。

6. 什么是信用证？信用证的性质和特点是什么？
7. 简述信用证的业务程序。
8. 何谓银行保函？简述银行保函与信用证的主要区别。
9. 何谓国际保理？
10. 在进出口贸易中，不同支付方式的结合使用主要有哪几种方式？

第十四章
国际贸易争议的预防与处理

学习目标

了解商品检验、索赔、不可抗力和仲裁等相关的贸易实务知识，掌握进出口合同中商品检验条款、索赔条款、不可抗力条款、仲裁条款的含义及规定方式。

引导案例

香港甲公司和内地乙公司于某年3月20日签订了总金额9万美元的合同，由乙公司通过甲公司购买台湾生产的电脑部件。双方在合同中约定，甲公司所提供的货物必须在4月10日前发运，货物到达目的地后的12个月为甲公司对产品的质量保证期。

4月7日，甲公司按合同规定的标准向乙公司提供产品。4月20日，乙公司在货物到达后请检验部门对产品进行了检验，并获取了由检验部门出具的检验证明。

1个月后，乙公司致函甲公司要求换货，如果甲公司不能换货则要求退货并要求甲公司承担相关费用及损失，其理由是乙公司在使用由甲公司提供的产品进行生产的过程中，发现甲公司提供的部分产品在质量方面存在问题。而甲公司在回函中声称，货物大部分已投入生产使用，且在入库前乙公司已对其进行了详细的核对、检查，因而拒绝了乙公司有关赔偿的要求。

由于乙公司认为双方签订的合同项下的货物存在质量问题，于是在次年6月2日，即在收到货物13个月后，自行到中国商品检验机构对合同项下的货物进行了检验。根据中国商品检验机构出具的检验证书证明，该批货物在6个方面存在不同程度的问题，且在发货前已存在，是由于甲公司在生产过程中监管不力所导致的。6月5日，乙公司据此提起仲裁，向甲公司索要6万美元的赔偿费。而甲公司以第二次商检的时间已经超过了索赔有效期，商检证书不能发生效力，以及乙公司不能证明第二次送检的产品系交货时的产品为由，拒绝向乙公司进行赔偿。

仲裁庭经审理后认为，甲公司对乙公司没有赔偿责任，对乙公司的请求不予支持。理由是乙公司未在合同规定的时间内对货物质量进行检验，因此便失去了索赔权。

（资料来源：张亚男：《关于进出口商品检验的几则案例探析》，载于《对外经贸实务》2012年第8期，第76~78页）

国际货物买卖合同明确规定了买卖双方各自的权利和义务。合同签约后,买卖双方需要以合同为依据履行各自的义务。但是,由于买卖双方自身的原因或其他一些原因,在国际货物买卖合同的履行过程中难免发生一些分歧或争议。为了预防和处理履约过程中可能发生的争议,买卖双方需要在合同中规定专门的条款——商品检验条款、索赔条款、不可抗力条款和仲裁条款。

第一节　商品检验

进出口商品检验(Commodity Inspection),简称商检,是指在国际货物买卖过程中,由具有权威性的专门的商品检验检疫机构依据相关法律、法规或合同的规定,对买卖双方成交的商品质量、数量、重量、包装、安全、卫生和装运条件等方面进行检验和鉴定,对涉及人、动物和植物的传染病、病虫害和疫情等进行检疫,并出具检验检疫证书的活动。

一、商品检验的意义

商品检验是买卖双方进行货物交接不可缺少的重要环节。在进出口贸易中,商品检验的意义主要体现在两个方面:

第一,商品检验是保障出口贸易活动顺利展开的重要环节。通过商品检验检疫,卖方能够保证向买方交付的是符合合同要求的合格产品,有利于提升卖方的国际市场声誉。同时,出口商检也有利于卖方发现存在的问题,以便及时采取补救措施,提高履约质量。

第二,商品检验有利于维护进口方的权益。进口方通过行使商品检验检疫权,可保护自己的正当权益。商品检验的结果既为买方接受符合质量要求的货物提供了保障,也为买方可能因质量问题而拒收货物或提出索赔要求提供必要的证据,从而可以有效地防止进出口贸易中的欺诈行为,维护进口方的合法权益。

二、商品检验的范围

(一)法定检验

法定检验是指商检机构根据国家法律、法规的规定,对指定的重要进出口商品的品质进行强制性的检验。凡属法定检验范围的商品,由海关凭合格的检验证书验收放行。无检验证书或检验不合格的，一律不准进出口。

(二) 公证鉴定

公证鉴定是指商检机构根据进出口贸易关系人（进口商、出口商、承运人、保险人等）的申请或外国检验机构的委托而办理的对商品的鉴定工作。公证鉴定的范围包括：商品的品质、数量、重量、包装、残损、装运技术条件、价值和产地证明等。

1. 商品品质检验。商品品质检验亦称质量检验，一般包括外观质量检验和内在质量检验两个方面。前者主要是对商品的外形、结构、花样、色泽、气味、触感、疵点、表面加工质量、表面缺陷等的检验；后者主要是对商品有效成分的种类含量、有害物质的限量、商品的化学成分、物理性能、机械性能、工艺质量和使用效果等的检验。

2. 商品数量和重量检验。商品数量和重量检验是按照外贸合同规定的计量单位和计量方法对商品的数量和重量进行检验，查看其是否符合合同的规定。

3. 商品包装检验。商品包装检验是按照外贸合同、标准和其他有关规定，对进出口商品的外包装和内包装以及包装标志进行检验。包装检验首先要核对外包装上的包装标志是否与合同条款相符，然后检验外包装是否完好无损，包装材料、包装方式以及衬垫物料等是否符合合同规定。此外，还要检验商品内外包装是否牢固、完整、清洁、干燥，是否适合于长途运输和保护商品质量、数量的习惯要求。

4. 商品残损检验。商品残损检验主要是对进口受损货物的残损部分进行鉴定，以了解致残原因及对商品使用价值的影响，评估残损程度，出具证明，作为向有关各方索赔的依据。商品残损主要包括商品的残破、短缺、生锈、发霉、虫蛀、油浸和变质等情况。残损检验的依据包括商业发票、装箱单、保险单、重量单、提单、商务记录及外轮理货报告等有效单证和资料。

5. 商品卫生检验。商品卫生检验主要是对肉类罐头食品、奶制品、禽蛋及其制品、水果等进出口食品，检验其是否符合人类食用卫生条件，以保障公众健康。

6. 商品安全性能检验。商品安全性能检验是根据国家规定和外贸合同、标准以及进口国的法律要求，对进出口商品有关安全性能方面的项目进行的检验，如易燃、易爆、易触电、易受毒害、易受伤害等的检验，以保证商品的安全使用和生命财产的安全。

三、商品检验的程序

我国进出口商品检验的程序,主要包括申请检验、抽样、检验和签发证书四个环节。

(一) 申请检验

对进出口商品申请检验,包括当事人报验和商检机构受理报验两个环节。

报验是指当事人向商检机构提出检验申请。申请手续一般分为三种:(1) 出口检验申请。出口商一般应在商品发运前 7~10 天向商检机构报验。报验时要填写"出口检验申请书",填明申请检验、鉴定的项目和要求,并提供合同、信用证、发票等有关单证。(2) 进口检验申请。进口商一般应在合同规定的对外索赔有效期的 1/3 时间内向商检机构报验。报验时要填写"进口检验申请书",填明申请检验、鉴定的项目和要求,并附合同、发票、运输单据、品质证书、装箱单、收货通知书等。(3) 委托检验申请。填写"委托检验申请书"并自送样品,但检验结果一般不得用作对外成交或索赔的依据。

商检机构在审查上述单证符合要求后,将受理该批商品的报验。若发现有不符合要求者,可要求申请人补充或修改有关内容。

(二) 抽样

抽样是检验的基础。商检机构接受报验后,将派员及时至货物堆存地点进行现场检验鉴定。抽样时,采取随机取样方式,在货物的不同部位抽取一定数量的、能代表全批货物质量的样品或标本以供检验之用。报验人需提供存货地点信息,并配合商检人员做好抽样工作。除委托检验外,一般不得由报验人送样,必须由商检机构自行抽样,并由抽样员当场发给"抽样收据"。

(三) 检验

检验是商检机构的中心工作。商检机构将根据申报的检验项目确定检验内容;仔细审核合同及信用证对品质、规格、包装的规定,在弄清检验依据的基础上,确定检验标准和检验方法,然后对所取样品进行检验。

具体形式包括商检自检、共同检验、驻厂检验和产地检验等。

(四) 签发证书

在进行出口商检时,商检机构对检验合格的商品签发检验证书,或出具放行通知单。出口企业在取得检验证书或放行通知单后,需在规定的有效期内报运出口。

在进口商检时,进口商品经检验后,可分别签发"检验情况通知单"或"检验证书",供对外结算或索赔使用。凡是由收货或用货单位自行验收的进口商品,如发现问题需及时向商检机构申请复验并出证,以便向出口方索赔。对于验收合格的商品,收货或用货单位需在索赔有效期内把检验结果报送商检机构。

全面进口监管计划

全面进口监管计划(Comprehensive Import Supervision Scheme,CISS),又称装船前检验(Pre-shipment Inspection,PSI),是一些发展中国家政府以法令形式指定其有关部门如财政部、外贸部等,与国际性检验机构签订合同,委托其作为代理,执行对所有进口货物在装运前实施强制性检验、价格比较以及海关税则分类的进口综合监管制度。按此制度规定,未经检验的商品在到达目的港后,进口国海关将不予通关放行,中央银行将拒绝付款。

发展中国家政府实施全面进口监管计划的目的,主要在于防止外汇流失,确保国家外汇的合理使用;防止偷漏关税,确保合理征收关税;确保以公道的价格买到合适的商品。

国际上现行的全面进口监管计划业务通常包括四个方面的内容:

第一,商品检验。全面进口监管计划业务的商品检验是指装运前的品质、数量、包装检验,装运前的装运标志的核查和装运过程的监视装载等,以确定货物是否符合合同的规定以及货物是否已完好地装上运输工具。

第二,价格比较。目的是保证商品的价格不超过供货国同一商品或类似商品现行的出口价格,保证海关有一个正确的应税价值。

第三,合法性审查。主要审查有关交易是否符合进口国的有关法律、法令和法规。

第四,海关资料的核查。海关资料的核查,包括海关税则分类和确定应税税率。商品检验机构在货物检验、比价后签发一份"清洁报告书",以证明所验货物的品质、数量、包装、唛头以及价格符合有关要求,作为进口国海关通关和银行付汇的凭证。无此报告书的货物,即使运抵也必须退回。

四、合同中的商品检验条款

由于商品检验涉及买卖双方的利益,因此在国际货物买卖合同中必须订明商品检验条款，以便商检机构按照约定的条件，对进出口商品进行检验、鉴定、出具检验证书，以维护合同当事人的合法权益。

国际货物买卖合同中的商品检验条款，一般包括检验的时间与地点、检验机构、检验证书、检验标准与方法、复验期限与复验地点等内容的规定。

（一）商品检验的时间与地点

关于商品检验时间与地点的规定，国际贸易的通常做法主要有以下六种。

1. 在出口国产地检验。即发货前由卖方检验人员会同买方检验人员在产地对货物进行检验。卖方只对商品离开产地前的品质负责，离开产地后运输途中产生的风险由买方负责。一些重要的进口商品和大型成套设备通常采用这种方法。

2. 在装运港（地）检验，又称"离岸品质和离岸重量"。即在货物装运前或装运时，由双方约定的商检机构在装运港或装运地实施检验并出具检验证明，作为确认交货品质和数量的依据。该方法对卖方比较有利，买方一般不愿意接受。

3. 目的港（地）检验，又称"到岸品质和到岸重量"。即货物在目的港（地）卸货后，由双方约定的商检机构实施检验并出具检验证明，作为确认交货品质和数量的依据。该方法对买方比较有利，卖方一般不愿意接受。

4. 装运港检验重量，目的港检验品质，又称"离岸重量和到岸品质"。这是一种折衷的办法，分别照顾到买卖双方的利益，某些进出口商会采用此方法。

5. 装运地检验，目的地复验。为了更好地平衡买卖双方的利益，保证商品检验的公平合理，目前国际贸易中广泛采用在装运地检验和目的地复验的做法。例如，合同中的商检条款这样规定："装运地检验和目的地复验（Shipping quality and quantity for negotiation, reinspection at destination）"。若装运地检验合格，则买方必须付款；货到目的地之后，买方有权复验，如果出现商品问题，买方有权索赔。

> 商检时间和地点的六种规定方法

6. 买方营业处所或用户所在地检验。在进出口贸易实践中，对于那些密封包装、精密复杂的商品，不宜在使用前拆包检验，或需要安装调试后才能检验的产品，经买卖双方商定，可将检验推迟到用户所在地，由双方认可的检验机构实施检验并出具检验证书。

（二）检验机构

在国际贸易中，从事商品检验的机构（Inspection Institution）很多，可分为以下几大类。

1. 官方商检机构。官方商检机构是指由国家或地方政府设置专门机构，根据国家颁布的法令，对特定的进出口商品，特别是有关安全、卫生、检疫、环保等方面的商品，执行强制性检验、检疫和监督管理。例如，美国粮谷检验署（FGES）、美国食品药品管理局（FDA）、法国国家实验检测中心等。我国从事进出口商品检验的官方机构是"国家质量监督检验检疫总局"（General Administration of Quality Supervision Inspection and Quarantine of P. R. C.，AQSIQ）设在各地的"出入境检验检疫局（China Entry - Exit Inspection and Quarantine，CIQ）"。

《国家质量监督检验检疫总局》

2. 非官方商检机构。非官方商检机构，是指经政府注册登记，具备专业检验鉴定技术业务能力和国际法律知识的第三方检验机构、公证行和鉴定公司等。国际贸易中的商品检验主要是由非官方机构承担。国际著名的非官方商检机构包括瑞士日内瓦通用鉴定公司（SGS）、日本海外货物检验株式会社（OMIC）、美国保险商实验室（UL）、英国劳氏公证行（Lloyd's Surveyor）、法国船级社（B. V）等。

3. 生产企业、用货单位设立的化验室、检测室。一些生产企业或用货单位设有专门的化验室和检测室，并配有专业的质检人员，可执行商品检验工作。如果买卖双方没有约定必须由外部商检机构出具检验证书，则厂商自设的化验室或检测室所出具的检验证书也可以作为议付单据向银行提交。

（三）检验证书

在进出口贸易中，检验证书（Inspection Certificate）是检验机构对进出口商品进行检验、鉴定后签发的书面证明文件，证明货物相关事项符合合同规定。

检验证书具有重要作用：第一，检验证书是证明卖方所交货物的品质、重量（数量）、包装以及卫生条件是否符合合同规定的依据；第二，检验证书是买方对商品品质、重量、包装等条件提出异议、拒收货物、要求索赔、解决争议的凭证；第三，检验证书也是卖方向银行办理议付所需提供的单据之一；第四，检验证书还是海关验关放行的凭证之一。

进出口商品检验常用的检验证书，主要包括：品质检验证书（Inspection Certificate of Quality），重量检验证书（Inspection Certificate of Weight），数量检验证书（Inspection Certificate of Quantity），兽医检验证书（Veterinary Inspection Certificate），卫生检验证书（Inspection Certificate of Sanitary），消毒检验证书（Disinfection Inspection Certificate），产地检验证书（Inspection Certificate of Origin），价值检验证书（Inspection Certificate of Value），验残检验证书（Inspection

Certificate on Damaged Cargo)，包装检验证书（Inspection Certificate of Packing）等。

在确定进出口合同中的商检条款时，买卖双方可根据交易磋商的结果，合理确定商品检验的内容以及相应的检验证书种类。

（四）检验标准与检验方法

进出口商品检验的标准很多，包括生产国标准、进口国标准、国际通用标准以及买卖双方协议的标准等。商品检验，一般按合同和信用证规定的标准作为检验的依据。因此，买卖双方应该在商检条款中合理设定商检标准，并与合同中的品质条款和数量条款等相匹配。

商品检验方法会直接影响商检结果。为了避免发生争议，买卖双方往往会在合同中的商检条款里明确规定商品检验方法。在进出口贸易中，关于商品品质的检验方法一般包括感官检验法和理化检验法，关于商品数量的检验方法一般包括称量法、点数法和理论计算法等。

（五）复验期限和复验地点

如果买卖双方在合同中约定买方对收到的货物有复验权，就需要在商检条款中进一步明确复验期限和复验地点。

目前国际上最常采用的关于商品检验时间和地点的规定方法，是在货物装运前检验，但装运港（地）检验机构出具的检验证书只能作为卖方向银行办理议付结算的凭证，不能作为确定货物品质及重量（数量）的最后依据。货物运抵目的港（地）卸货后，买方拥有再次检验的权利即复验权（Re-inspection）。按照国际贸易惯例，买方复验的期限，一般应在商品品质及数量索赔的期限内。

案例：因未规定检验条款而引起的货款纠纷

【案例简介】

我国甲公司为了向马来西亚乙公司出售休闲款衬衣，分别于某年5月16日、9月3日和9月18日与马来西亚乙公司订立了3份总金额为829 352美元的售货确认书，约定付款方式为D/A90天，双方在售货确认书中保证严格按照确认书的规定行使权力并履行义务。

甲公司在签订确认书后，按照合约的要求较好地履行了供货义务，而马来西亚乙公司并没有严格按双方事先约定的金额付款，仅仅支付了300 000美元的货款。马来西亚乙公司声称这样做的理由是甲公司提供的休闲款衬衣在质量上存在不少问题，如同一批货的休闲款衬衣的颜色出现不一致的情况，休闲款衬衣的尺寸与合同规定有较大出入，休闲款衬衣的重量要比被申请人规定的轻一些等。

马来西亚乙公司曾就以上问题提出过一些解决办法，比如将剩余货物退回甲公司或将货物打折，但均遭到甲公司的拒绝。由于马来西亚乙公司不能够提供相应的证据，证明其上述理由的真实性，甲公司经多次向乙公司交涉无结果后，根据售货确认书中的仲裁条款向有关部门提起仲裁，除要求马来西亚乙公司承担本案的仲裁费及甲公司的代理费外，另须支付529 352美元的货款及3 320.80美元的货款利息。

中国国际经济贸易仲裁委员会仲裁庭经审理后裁定：马来西亚乙公司须向甲公司支付剩余货款及利息共计532 672.80美元；对马来西亚乙公司提出的诸如退货、折价等主张不予支持；由败诉方马来西亚乙公司承担全部仲裁费；由于甲公司未能提供相关的证据，仲裁庭对于甲公司所提出的律师费的请求未予支持。

【案例评析】

本案例涉及到索赔的依据即商品的检验问题。双方争议的焦点在于马来西亚乙公司单方面所提出的货物质量问题能否成立。从本案例的具体情况来看，质量争议问题应依据合同中的商品检验标准及检验条款来处理，因为甲公司向马来西亚乙公司所提供的商品不在法定检验的商品范围之内。

关于货物质量的异议能否成立的问题。《联合国国际货物销售合同公约》第38条规定"买方必须在按情况实际可行的最短时间内检验货物或由他人检验货物；如果合同涉及到货物的运输，检验可推迟到货物到达目的地后进行。"第39条第1款规定"买方对货物不符合同，必须在发现或理应发现不符情形后一段合理时间内通知卖方，说明不符合同情形的性质，否则就丧失声称货物不符合同的权利。"

关于对买方仲裁的依据问题。仲裁庭认为，在双方当事人均未对检验条款作出约定的情况下，应据《公约》和国际贸易惯例中的有关规定来判断。依据《华沙—牛津规则》第19条的规定："如果买方没有被给予检验货物的合理机会和进行这种检验的合理时间，那么不应认为买方已经接受了这项货物。这种检验是在货物到达买卖合同规定的目的地进行，还是装船前进行，可由买方自行决定。在完成此项检验后3天内，买方应将他所认为不符合买卖合同的事情通知卖方。如果提不出这种通知，买方丧失其拒绝接受货物的权利"。

由此可知在本案中，仲裁庭对被申请人提出的退货、折价等主张均不予支持是正确的。因为被申请人始终未向仲裁庭提交任何可以证明其所买货物存在质量问题的检验证书，特别是在其接受货物后，未在检验后的3日内向卖方发出检验不合格的通知。在这种情况下，买方就丧失了声称货物不符合合同的权利。

（资料来源：张亚男：《关于进出口商品检验的几则案例探析》，载于《对外经贸实务》2012年第8期，第76~78页）

第二节 索 赔

由于进出口业务经历的环节较多,进出口双方在履约过程中往往会因为一方未能履行合同而引发业务纠纷,从而导致争议和索赔事件的发生。为了预防和减少业务纠纷的发生,以及在纠纷发生后买卖双方能够合理地处理相关问题、维护各自的合法利益,在贸易合同中,需要规定争议与索赔条款。

一、争议与违约

(一) 争议与违约的含义

所谓争议(Disputes),是指交易的一方认为另一方未能全部或部分履行合同规定的责任与义务所引起的纠纷。

所谓违约(Breach of Contract),是指买卖双方当事人之中任何一方违反合同义务的行为。

(二) 引发争议的原因

在国际贸易中,引起争议的原因很多,归纳起来可分为以下几种情形。

1. 卖方违约。常见的卖方违约行为包括:卖方延迟交货,或不交货;卖方交付货物的品质、数量、规格与合同不符;货物包装破损;卖方提交的货运单据与实际货物或信用证不符;其他不符合合同规定的行为导致买方利益受损等。

2. 买方违约。常见的买方违约行为包括:买方不开证,或迟开信用证;买方不付款,或不按时付款;在 FOB 条件下买方不派船接货,或延迟派船接货;买方无理拒收货物;其他不符合合同规定的行为导致卖方利益受损等。

3. 买卖双方都对违约负有责任。例如,双方对合同条款的规定不明确、欠妥当,或同一合同的不同条款之间相互矛盾,致使买卖双方对合同规定的权利和义务的理解不一致,导致合同的履行出现困难或发生分歧;双方国家的法律不一致或对国际贸易惯例的解释不一致,甚至对合同是否成立有不同的看法,从而引发纠纷;在履行合同过程中发生了买卖双方不能预见或无法控制的情况,对于这些情况是否属于不可抗力,双方有不一致的解释等。

将上述情形归纳起来,进出口贸易中买卖双方的争议可分为三类:是否构成违约;双方当事人对违约事实存有分歧;双方当事人对违约责任及其后果的认识不一致。针对这些争议,当事人双方应及时采取适当措施,加以妥善解决。

(三) 违约的处理

国际货物买卖合同是对缔约双方均具有约束力的法律文件,任何一方违反了合同义务,都要承担违约的法律责任。

不同性质的违约行为,违约人承担的责任是不同的。值得注意的是,不同国家的法律和国际公约对于违约方的违约行为、违约行为的法律后果以及对该后果的处理有着不同的规定和解释。

1. 英国《货物买卖法》的规定。英国的《货物买卖法》将违约形式划分为违反要件、违反担保和违反中间性条款。

违反要件(Breach of Condition)是指违反合同的主要条款,即违反与商品有关的品质、数量、交货期等要件。在合同的一方当事人违反要件的情况下,另一方当事人有权解除合同,并且有权提出损害赔偿。

违反担保(Breach of Warranty)是指违反合同的次要条款或随附条款。在违反担保的情况下,受损方只能提出损害赔偿,而不能要求解除合同。

违反中间性条款(Breach of Intermediate Terms),即违反有别于"条件"与"担保"的条款。当合同的一方违反这类中间性的条款时,对方是否能有权解除合同,必须视此种违约的性质及其后果的严重性而定。至于在每份具体合同中,哪个属于要件,哪个属于担保,该法并无明确具体的解释,只是规定"根据合同所作的解释进行判断"。因此,在解释和处理违约案件时,难免带有不确定性和随意性。

2. 美国《合同法》的规定。按照违约后果的严重程度不同,美国的《合同法》将违约分为重大违约和轻微违约两种。

重大违约(Material Breach)是指一方当事人违约致使另一方无法取得该交易的主要利益。对此,受损害的一方可以解除合同,同时要求赔偿全部损失。

轻微违约(Minor Breach)是指一方违约情况较为轻微,并未影响对方在交易中取得主要利益。对此,受损害的一方只能要求损失赔偿,无权解除合同。

3.《联合国国际货物销售合同公约》的规定。《联合国国际货物销售合同公约》(The United Nations Convention on Contracts for the International Sale of Goods, CISG)将违约行为分为预期违约、根本性违

约和非根本性违约三种。

预期违约（Anticipatory Breach of Contract）是指在合同规定的履行期到来之前，已有充分根据预示合同的一方当事人将不会履行其合同义务。例如，在合同规定的履行期到来之前，一方当事人声明他将不履行义务；或者一方当事人履行义务的能力或信用有严重缺陷（如面临破产、倒闭或者负债累累）；或者该当事人在准备履行合同或履行合同中的行为表明他将不履行义务（如迟迟不开出信用证，不为接运货物租用船只）。对于预期违约，违约当事人既要按合同约定或法院、仲裁机构的裁定支付违约金，还应当继续履行合同。

根本性违约（Fundamental Breach of Contract）是指一方当事人违反合同的结果，使另一方当事人蒙受损害，以致实际上剥夺了他根据合同有权期待得到的利益。根本性违约属于违约方故意行为造成的违约，例如，卖方完全不交货，买方无理拒收货物、拒付货款等。如果一方当事人有根本性违约行为，另一方当事人可以宣告合同无效，并可要求损害赔偿（Declare the Contract Void and Claim for Compensation）。

非根本性违约（Non-Fundamental Breach of Contract）是指尚未达到根本性违约程度的违约。对于非根本性违约，受损方只能要求损害赔偿或采取其他补救措施，而不能宣告合同无效（Claim for Compensation）。

4. 我国《合同法》的规定。我国的《合同法》对违约责任的主要规定如下：当事人一方不履行合同义务或者履行合同义务不符合约定的，应承担继续履行、采取补救措施或者赔偿损失等违约责任。若当事人一方延迟履行合同义务或者有其他违约行为致使不能实现合同目的，对方当事人可以解除合同；若当事人一方延迟履行主要债务，经催告后在合同期间内仍未履行的，对方当事人可以解除合同。

二、索赔与理赔

索赔和理赔是同一个问题的两个方面。

索赔（Claims），是指买卖合同的一方当事人违反合同规定，直接或间接地给另一方当事人造成损害，受损方向违约方提出损害赔偿要求。

理赔（Settlement of Claims），是指违约方受理受损方提出的赔偿要求。

索赔对象与索赔的类别密切相关。导致索赔的原因一般包括买方违约、卖方违约、承运人违约和发生保险范围内的货损货差等，由此产生的索赔可分为货物买卖索赔、运输索赔和保险索赔三类，每类索赔均有不同的索赔的对象。

1. 货物买卖索赔（Claim Between the Seller and the Buyer）。若买方违约，受损方应向买方索赔；若卖方违约，受损方应向卖方索赔。

2. 运输索赔（Claim against the Carrier）。凡属承运人责任导致的货物损失，受损方应向承运人索赔。常见的承运人违约包括：提单是清洁提单，但买方收货时发现货物包装破损或货物短少；误卸；运输途中发生事故和损失且事故责任应由承运人负责的。

3. 保险索赔（Claim against the Insurer）。如货物发生损失且导致损失的原因在保险公司的承保范围之内，受损方可向保险公司索赔。

三、合同中的索赔条款

合同中的索赔条款包括异议与索赔条款、罚金条款这两种类型。

（一）异议与索赔条款

根据各国法律和国际公约的规定，受损方有权向违约方提出损害赔偿要求。在进出口合同中，买卖双方可规定异议与索赔条款（Discrepancy and Claim Clause），对此加以规范。

合同中的异议与索赔条款，主要是针对卖方交货品质、数量、包装不符合合同规定而订立的，除明确规定若一方违约另一方有权提出索赔外，还需包括索赔依据、索赔期限、索赔金额等内容。其中索赔依据和索赔期限是异议与索赔条款的基本内容。

1. 索赔依据。索赔依据一般包括法律依据和事实依据两个方面。法律依据是指索赔所依据的买卖合同、所适用的法律、国际公约和国际贸易惯例等。事实依据是指受损方所提供的用以证明对方违约事实和违约情节的书面证明文件及相关资料。可作为事实依据的文件和资料主要有：双方认可的商检机构出具的公证报告、检验证明、破损证明以及提单、发票、银行的各项通知或证明、双方往来的函电等。

2. 索赔期限。索赔期限是指受损方有权向违约方提出索赔的有效期限。按照相关法律和国际惯例，受损方只能在有效的索赔期限内提出索赔，否则将丧失索赔权。关于索赔期限的规定，一般需要根据商品的属性、港口条件、商检条件及等因素加以确定。在进出口合同中，对于索赔的期限的规定方法主要有：货物到达目的港后若干天起算；货物到达目的港卸至码头后若干天起算；货物到达买方营业处所后若干天起算；货物到达用户所在地后若干天起算；货物经检验后若干天起算。此外，对于货物数量短少的索赔期限，一般应短于对货物质量问题的索赔期限。

3. 索赔金额。索赔金额是贸易纠纷的焦点问题，涉及到买卖双方的经济权益与对外信誉。在实际业务中，因违约的情况比较复杂，签约时无法预计违约会发生在哪一环节及违约的程度如何，所以在合同中一般只作笼统规定。如果合同未对索赔金额作出具体规定，确定损害赔偿金额的基本原则如下：赔偿金额应与因违约而遭受的包括利润在内的损失金额相等；赔偿金额应以违约方在订立合同时可预料到的合理损失为限；因受损方未采取合理措施致使有可能减轻而未减轻的损失，应在赔偿金额中扣除。

在实际业务中，对外索赔应该注意三个问题：第一，查明造成损害的事实，分清责任，备妥必要的索赔证据和单证；第二，一定要在索赔的有效期内提出索赔；第三，合理确定索赔项目和索赔金额。

（二）罚金条款

合同中的罚金条款（the Penalty Clause），常用于连续分批交货的大宗货物买卖合同或成套设备等金额较大的买卖合同，主要是针对当事人不按期履约而订立。例如，卖方未按期交货；买方未按期派船接货、延期开证、延期付款等。为此，双方预先在合同中规定：若有一方未履约或未完全履约，应向对方支付一定数量的约定金额，即罚金或违约金，以补偿对方的损失。

需要注意的是，罚金的支付并不能解除违约方继续履行合同的义务，违约方既要支付罚金，又要继续履行合同。

例如，合同规定："如卖方不能按期交货，则在卖方同意由付款行从议付的货款中扣除罚金或由买方于支付货款时直接扣除罚金的条件下，买方可同意延期交货。但是，因延期交货而支付的罚金不得超过延期交货部分金额的5%。罚金按每7天收取延期交货部分金额的0.5%，不足7天者按7天计算。如卖方未按合同规定的装运期交货，延期10周时，买方有权撤销合同，并要求卖方支付上述延期交货的罚金"。

关于罚金条款，各国法律有不同的解释和规定。有些国家的法律对于罚金条款给予承认和保护，也有国家的法律规定对于违约只能要求赔偿而不能予以惩罚。因此，在进出口贸易中，企业需要注意各国法律和国际惯例对罚金条款的不同规定。我国法律规定：当事人可以在合同中约定，一方违约时向对方支付违约金，也可以约定因违约产生的损失赔偿额的计算方法。但约定的违约金低于或过分高于违反合同所造成的损失，当事人可以请求法院或仲裁机构予以增加或适当减少。

第三节 不可抗力

在进出口合同的履行过程中，有时会发生当事人所不能控制的事件，使原有合同失去履行的基础，这种当事人无法控制的意外事件就是不可抗力事件。买卖双方应该在合同中对不可抗力事件及其处理方式作出规定。

一、不可抗力的含义

不可抗力（Force Majeure），又称人力不可抗拒，是指买卖合同签订之后，不是由于任何一方当事人的过失或疏忽，而是由于发生了合同当事人不能预见、无法预防的意外事故，致使合同不能履行或不能按期履行。不可抗力事件发生后，遭受意外事故的合同当事人可免除合同的全部或部分责任，或可延期履行合同，而另一方当事人无权要求损失赔偿。

二、不可抗力的范围

构成不可抗力事件应具备以下条件：第一，事件是在合同成立以后发生的；第二，不是由于任何一方当事人的故意或过失所造成的，必须是偶发的和异常的事件；第三，事件的发生及其造成的后果是当事人无法预见、无法避免和无法克服的。

不可抗力事件通常分为两种情况：一种是由"自然力量"引起的，主要是指各种自然灾害，如水灾、火灾、地震、飓风、暴风雨、干旱、冰灾、大雪等人类无法控制的自然界力量所引起的不可抗力事件；另一种是由"社会力量"引起的，主要是指因战争、类似战争状况、政府管制或禁令、罢工、民众骚乱等因素导致的不可抗力事件。

从国际贸易实践和某些国家的案例来看，各国对不可抗力事故的范围都是从严解释的，而不是把所有因自然原因和社会原因引起的事件都归属于不可抗力事件。例如，买卖双方签约后出现的市场价格的涨跌、货币的升值或贬值等，虽然是无法避免或无法控制的，但都属于国际贸易中常见的风险，也不是完全不可预见的，因而不属于不可抗力事件的范畴。

同时，尽管世界各国对其中的因"自然力量"引起的不可抗事件的解释比较一致，但对于因"社会力量"引起的不可抗力事件的解释则往往很不一致。例如，美国习惯上认为不可抗力事件仅指由于"自然力量"引起的事件，而不包括由于"社会力量"引起的事件。所以，美国一般也不使用不可抗力这一术语，而称为"意外事故条款"（Contingency Clause）。在实际业务中，为了开脱责任，卖方往往把战争预兆、怠工、流行病、能源危机、汇率波动等都归入不可抗力范畴。对此，买方在订立不可抗力条款时一定要仔细审定，以防卖方随意扩大不可抗力的范围。

不可抗力的范围： 自然原因导致的；社会力量导致的

三、不可抗力的后果

不可抗力有两方面的法律后果：

第一，因不可抗力，一方当事人未能全部或部分履行合同而给另一方当事人造成损害，免除该当事人的损害赔偿责任。

第二，不可抗力事件对合同履行的影响分为两种情况：一是延期履行合同（Suspend the Contract）；二是解除合同（Terminate the Contract）。具体后果由买卖双方在合同中加以规定。如果合同中没有明确规定，一般应视不可抗力对合同履行的影响程度而定。如果不可抗力的发生使合同履行成为不可能，例如特定标的物的灭失，或事件的影响比较严重且非短时间内所能复原，则可解除合同。如果不可抗力只是部分地或暂时性地阻碍了合同的履行，则发生事件的一方只能变更合同或延期履行合同，但不能解除有关当事人履行合同的义务。一旦事件后果得以消除，仍然需要履行合同。

对于不可抗力的法律后果，各国法律和国际公约都做出了自己的规定和解释。

英美法系国家的法律将不可抗力事件称为"合同落空"（Frustration of Contract），即指合同签订后，不是由于双方当事人自身的过失，而是由于发生了双方当事人意想不到的情况，致使合同未履行，当事人得以免除责任。可见，构成"合同落空"是有特殊条件的。

大陆法系国家的法律则将不可抗力事件称为"情势变迁原则"（Principle of Changed Circumstances）或"契约失效原则"，即指不是由于当事人的原因，而是由于发生了当事人预想不到的变化，致使不可能再履行合同或对原来的法律效力需作相应的变更。

《联合国国际货物销售合同公约》第79条第1款规定：当事人因不能控制的"障碍"造成不履行义务而免责的一般条件，即能证明此种不履行义务是由于某种非他所能控制的障碍，而且对于这种障碍没有理由预期他在订立合同时能考虑到或能避免或克服它的后果。换言之，如果当事人一方由于发生了他所不能控制的障碍（自然灾害或意外事故），而这种障碍在订立合同时又是无法预见、避免或克服的，便可免除履行合同之责。

四、合同中的不可抗力条款

合同中的不可抗力条款是买卖双方就不可抗力的相关内容所作出的约定。不可抗力条款一般包括：不可抗力事件的范围、不可抗力事件的法律后果、出具不可抗力事件证明文件的机构以及不可抗力事件的通知期限等。

（一）不可抗力事件的范围

鉴于不可抗力事件的范围较广，而且存在争议，合同中对不可抗力事件范围的规定应尽可能具体，即规定哪些自然灾害或意外事件构成不可抗力，不宜笼统说明，以免出现不同的解释和分歧，尤其是要防止当事人随意扩大不可抗力事件的范围来推卸责任。

进出口合同中对于不可抗力事件的范围，一般有三种规定方法。

1. 概括式规定。即在合同中不具体规定不可抗力事件的范围，只做概括的规定。

例如："由于不可抗力的原因，致使卖方不能全部或部分装运或延迟装运合同货物，卖方对于这种不能装运或延迟装运本合同货物不负有责任。但卖方须用电报或电传通知买方，并须在15天内以航空挂号信件向买方提交由中国国际贸易促进委员会出具的证明此类事件的证明书。"

该方法关于不可抗力事件的范围只笼统地指出"由于不可抗力的原因"。至于不可抗力的具体内容和范围如何，并未予以说明，难以作为解决问题的依据，也容易被对方曲解利用。一旦发生争议而诉诸仲裁或司法机构时，仲裁或司法机构仅能凭当事人的意见进行解释，任意性较大，不利于问题的合理解决。

2. 列举式规定。即在合同中明确规定不可抗力事件的范围，凡在合同中没有订明的，均不能作为不可抗力事件加以援引。

例如："由于战争、地震、水灾、火灾、暴风雨、雪灾的原因，致使卖方不能全部或部分装运或延迟装运合同货物，卖方对于这种不能装运或延迟装运本合同货物不承担责任。但卖方要用电报或电传通知买方，并须在15天以内以航空挂号信件向买方提交由中国国际贸易促进委员会出具的证明此类事故的证明文件。"

该方法虽然对于不可抗力事件的范围做出了具体规定，但是由于引发不可抗力事件的原因很多，合同中难以逐一列举，一旦遇到未列举的事件，买卖双方仍有可能发生纠纷。

3. 综合式规定。即在合同中采用概括和列举并用的方式规定不可抗力事件的范围。

例如:"由于战争、地震、水灾、火灾、暴风雨、雪灾或其他不可抗力的原因,致使卖方不能全部或部分装运或延迟装运合同货物,卖方对于这种不能装运或延迟装运本合同货物不承担责任。但卖方须用电报或电传通知买方,并须在 15 天以内以航空挂号信件向买方提交由中国国际贸易促进委员会出具的证明此类事件的证明文件。"

综合式规定方法,既具体列举一些主要的不可抗力事件,同时又对其他不可抗力事件进行一般性的概括说明。既有明确具体的一面,也有一定的灵活性。在我国的对外贸易业务中,多采取此种规定方法。

(二) 不可抗力的法律后果

发生不可抗力事件后,双方应按约定的处理原则和办法及时进行处理。本项内容既需要明确规定哪些情况可以解除合同,哪些情况只能中止合同,同时又要明确规定买卖双方都可援引不可抗力条款免责。

(三) 不可抗力事件的通知期限和方式

买卖双方需要在不可抗力条款中明确规定发生不可抗力事件后通知对方的期限和方式。按照国际惯例,不可抗力事件发生后,不能履约的一方当事人要取得免责的权利,必须及时通知另一方,并提供必要的证明文件。对方接到通知后无论同意与否都应及时答复,如有异议也应及时提出。否则,按照某些国家的法律,将被视作默认。

(四) 出具不可抗力事件证明的机构

中国国际贸易
促进委员会

在国际贸易中,当合同的一方当事人援引不可抗力条款要求免责时,必须向对方提交有关机构出具的证明文件,作为发生不可抗力事件的证明。在我国,该证明文件由中国国际贸易促进委员会及其设在各地的贸促会分会出具;在国外,一般由事件发生地的商会或合法的公证机构出具。

案例:交货过程中的不可抗力事件

【案情介绍】

乌克兰某公司(卖方)与国内某公司(买方)于 2012 年 1 月 19 日签订一笔油籽买卖合同,合同中的相关要点是:(1)数量:5 000 公吨。(2)价格:USD267.00 Per M/T CIF Free Out China Port。(3)交货期：2012年2月1日~20日。(4) 装船通知：卖方应在提单日后10天内，向买方发送装船通知。(5) 不可抗力：若在装运期截止前30天内发生不可抗力事件导致无法装运，包括天灾、罢工、民变、火灾，以及其他任何可被界定为不可抗力事件的情形，可在不可抗力事件终止后展延装运期30天。应买方请求，卖方应向买方提供适当证据，凭以援引不可抗力条款申请展期或解约。(6) 违约：若一方违约，则未违约一方在通知对方后，有权选择撤销合同，也有权选择在市场上售出或补进合同项下的类似货物，违约一方应承担相应损失。若双方无法就赔偿金额达成一致，应通过仲裁解决争议。违约一方应承担的违约赔偿金额应为合同价格与违约日当天的市场价格之间的差额。

2月10日，卖方通知买方：货物拟装AA轮，但因实际供货商违约，导致码头库场存货不足，无法按计划装船。现正从产地紧急调货，将用火车运往码头直接装船。2月11日，卖方又通知买方：乌克兰铁路公司（以下简称乌铁）于2月10日发布通告，将暂停将农产品运往乌克兰主要港口的铁路货运服务，以缓解滞港。这使得货物无法通过铁路集港，并超出了我们的控制范围。据此，本公司只能援引不可抗力条款，将原定装期展延30天。

2月22日，买方提醒卖方：按合同规定，最迟装期是2月20日。卖方答复称：已根据不可抗力条款展延装期，因此最迟装期并非2月20日。

2月26日，卖方通知买方称：乌铁已恢复货运服务，本公司将在3月12日前交货。

3月1日，买方致电卖方称：同意接受5 000公吨油籽，但单价应调降为每公吨240美元。卖方复电同意。

3月2日，买卖双方经再次沟通后确认：买方将接受5 000公吨油籽，单价每公吨235美元。

3月11日，买方致电卖方称：因装运延误，加工厂面临停工。请尽快发货，否则我们将转而购买即将抵港的阿根廷油籽。

3月12日，卖方通知买方称：因港口拥挤，装期将被迫延至3月19日。同日，买卖双方多次交换函电，相互指责对方违约。买方指责卖方一再延误装运，使买方只得以高价补进类似货物，要求卖方赔偿。但卖方声称：根据不可抗力条款，自己有权展延装期，故并未违约，倒是因买方拒绝按原价接收货物，且一再无理压价，卖方只得低价转售，要求买方赔偿。

双方争执不下，于是买方根据合同仲裁条款，向指定仲裁机构提出了仲裁申请，请求裁定：(1) 卖方违约；(2) 卖方做出经济赔偿。随后，由买卖双方分别指定的仲裁员组成仲裁庭，对案件进行了审理。

【仲裁过程】

在仲裁庭双方陈述中,买方认为合同"装船通知"条款规定,卖方应在提单日后10天内,向买方提交装船通知。但实际情况是,卖方未及时装运货物,卖方违约是事实。买方还向仲裁庭提交了由装港当地公路局和港务局分别出具的书面文件,证明铁路停运并未影响装船作业,也未影响进出港口的公路运输。据此,买方认为卖方无权援引不可抗力条款。

卖方认为,乌铁通告的发布和实施,在客观上造成货物无法集港,且超出了卖方的控制范围,因此卖方有权据此援引不可抗力条款。同时,卖方还指出,该批货物的合同价格是每公吨267美元,但签约后市场行情下跌,后调降了价格,即便卖方确有违约,也为买方带来了经济利益,买方还要提出索赔,依据何在?

【仲裁结果】

仲裁庭在听取各方陈述后,经合议得出以下意见:(1)乌铁停运事件不构成"不可抗力事件";(2)卖方援引"不可抗力条款"不当,构成违约;(3)因市场行情下跌,卖方的违约未对买方造成实际损失。

仲裁庭裁决如下:(1)卖方违约;(2)卖方无须向买方做出赔偿;(3)仲裁费用由买卖双方各半分担(理由是买方提出的两项仲裁请求,只有一项得到了仲裁庭的支持,故买方应承担一半仲裁费)。

(资料来源:李时民:《从一则案例谈如何认定交货过程中的不可抗力事件》,载于《对外经贸实务》2014年第1期)

第四节 仲 裁

国际货物买卖合同争议的四种处理方式:协商、调解、仲裁和司法诉讼。

在国际贸易实践中,当出现买卖合同争议时,当事人一般有四种解决争议的方式,即双方协商(Negotiation)、第三者调解(Conciliation)、提交仲裁(Arbitration)、提起司法诉讼(Litigation)。在这四种方式中,以协商方式解决争议最好,其次是仲裁方式。

一、仲裁的含义和特点

(一)仲裁的含义

仲裁(Arbitration)是指买卖双方当事人在争议发生之前或发生之后达成协议,自愿将争议提交双方均同意的仲裁机构进行裁决。仲裁裁决是终局性的，对买卖双方当事人都具有法律约束力。

（二）仲裁的特点

与协商、调解和诉讼相比，仲裁具有以下特点。

1. 仲裁是以双方自愿为基础的。在国际货物买卖合同履行过程中，任何产生争议或纠纷的当事人都可以通过仲裁机构进行仲裁，但必须以双方当事人同意为条件。双方当事人同意采用仲裁方式的约定，既可以在争议产生之前，也可以在争议产生之后。仲裁机构对争议案件的受理，也是以双方自愿为基础，并依据双方当事人的仲裁协议来进行的，对没有仲裁协议的争议案件不予受理。

2. 仲裁机构和仲裁员一般是非官方的。受理争议的仲裁机构通常是社会性民间团体组织，而非国家政权机关或官方机构，不具有强制管辖权。仲裁机构凭争议双方当事人提交的仲裁协议而取得对争议案件的管辖权。仲裁员也非国家任命，而是由争议双方当事人推选的来自不同行业的专业人士。

3. 仲裁机构的裁决是终局性的。仲裁机构是依照法律所允许的仲裁程序对争议的案件进行审理和裁决。仲裁裁决是终局性的，具有法律约束力（Final and Binding），双方当事人都必须遵照执行。如有一方拒绝执行，另一方可提请法院强制执行。

4. 仲裁程序简便，费用较低。仲裁虽然要递交仲裁申请书和有关材料，但是不像诉讼那样需要经过一系列复杂的法律程序，相对诉讼而言，程序简便，案件审理迅速。同时，仲裁费用是按照标的物的价值计算的，仲裁费用相对较低。

仲裁的特点：双方自愿；仲裁机构非官方；裁决终局性；省时省费用

因此，通过仲裁解决国际货物买卖过程中出现的争议或纠纷，是国际上普遍采用的方式。

二、仲裁协议

《中华人民共和国仲裁法》第4条规定：当事人采用仲裁方式解决纠纷，应由当事人双方自愿达成仲裁协议。没有仲裁协议，一方申请仲裁的，仲裁机构不予受理。因此，发生争议时要申请仲裁，必须首先达成仲裁协议。

仲裁协议是双方当事人表示愿意把他们之间的争议交付仲裁解决的一种书面协议，它是仲裁机构受理争议案件的依据。

（一）仲裁协议的形式

仲裁协议必须是书面的，一般有两种形式：一是双方当事人在争议发生之前订立的，表示愿意把将来可能发生的争议提交仲裁解决，即在买卖合同中订立的仲裁条款（Arbitration Clause）；二是双方当事人在争议发生之后签订协议，同意把已经发生的争议提交仲裁解决，如果合同中没有仲裁条款，就会采用这种形式订立仲裁协议（Arbitration Agreement）。

上述两种形式的仲裁协议具有同等的法律效力。《中国国际经济贸易仲裁委员会仲裁规则》中规定："仲裁委员会根据当事人在争议发生之前或者在争议发生之后达成的将争议提交仲裁委员会仲裁的仲裁协议和一方当事人的书面申请，受理案件。仲裁协议系指当事人在合同中订明的仲裁条款，或者以其他方式达成的提交仲裁的书面协议。"可见，合同中的仲裁条款和以其他形式达成的仲裁协议，其作用和效力是完全相同的，在法律上没有任何差别。

（二）仲裁协议的作用

根据多数国家仲裁法的规定，仲裁协议的作用主要表现在三个方面。

（一）仲裁协议是双方当事人在发生争议时，以仲裁方式解决争议的依据。仲裁协议的签订表明双方当事人愿意在发生争议后将争议提交仲裁。

（二）仲裁协议是仲裁机构和仲裁员取得对有关争议案件管辖权的依据。仲裁协议的签订，约束双方当事人在协商不成时只能以仲裁方式解决争议，不得向法院起诉。

（三）仲裁协议排除了法院对有关争议案件的管辖权，任何一方不能再向法院起诉。

上述三个方面的作用是相互联系而不可分开的，其中最重要的一点是排除法院的管辖权。这意味着，双方当事人有了仲裁协议，任何一方就不能将有关争议向法院提起诉讼。如果有一方当事人违反仲裁协议向法院提交诉讼，另一方当事人有权依据仲裁协议要求法院停止司法诉讼程序，法院不能立案受理，更不能强制管辖。

三、仲裁程序

仲裁程序是进行仲裁的规程，供仲裁的当事人和仲裁员遵照执行。按照《中国国际经济贸易仲裁委员会仲裁规则》的规定，仲裁程序包括提出仲裁申请、组成仲裁庭、仲裁审理和仲裁裁决等几个环节。

（一）提出仲裁申请

仲裁申请是仲裁机构受理仲裁的前提。

申请人首先需要向仲裁机构提交仲裁申请书,内容包括:申请人和被申请人的名称、地址;申请人所依据的仲裁协议;申请人的要求及所依据事实的有关证明文件等;申请人或申请人授权的代理人签名。

申请人向仲裁机构提交申请书的同时,应在仲裁委员会仲裁员名册中指定一名仲裁员(Arbitrator),或者委托仲裁委员会主席指定。

申请人应按照仲裁规则的规定预交仲裁费。

仲裁委员会收到仲裁申请书及其附件后,经过审查认为申请人申请仲裁的手续完备,应立即将申请人的仲裁申请书及其附件,连同仲裁委员会的仲裁规则和仲裁员名册各一份,寄送给被诉人。

被诉人应当在收到仲裁申请书之日起 20 内,在仲裁委员会仲裁员名册中指定 1 名仲裁员,或者委托仲裁委员会主席指定,并应在收到仲裁通知之日起 45 天内提交答辩状及有关证明文件。被诉人如有反诉,最迟应在收到仲裁通知之日起 60 天内以书面提交仲裁委员会秘书处。

(二)组成仲裁庭

争议案件提交仲裁后,由争议双方指定的仲裁员组成仲裁庭进行审理。

我国《仲裁法》规定,在双方当事人各指定一名仲裁员或委托仲裁委员会主席指定一名仲裁员后,仲裁委员会主席应立即指定第三名仲裁员担任首席仲裁员,组成仲裁庭,共同审理案件。被指定的仲裁员不是指定方(当事人)的代理人,他要体现出公正性和独立性,与案件无利害关系,否则该仲裁员应回避。

(三)仲裁审理

仲裁庭审理案件有两种形式:一是开庭审理;二是书面审理。我国仲裁规则规定商事仲裁一般采取开庭审理方式,原则上不公开进行。

仲裁审理包括开庭、收集证据和调查事实、采取保全措施等几方面。仲裁庭第一次开庭审理的时间应于开庭前 30 天通知双方当事人。开庭时,当事人双方应对其申请、答辩和/或反请求所依据的事实提出证据,并由仲裁庭审定。仲裁庭在审理时,可以就专门问题向专家咨询或指定鉴定人进行鉴定,同时对争议中的货物采取保全措施。所谓保全措施,是指仲裁程序开始后直至做出裁决前对争议的标的或有关当事人的财产所采取的临时性强制措施。

(四) 仲裁裁决

仲裁程序的最后一步是裁决，裁决做出后审理程序即告终结。

仲裁庭作出裁决，应依据事实，依照法律和合同的规定，参考国际惯例，并遵循公平合理原则。

为了发挥仲裁简便，迅速结案的特点，避免仲裁程序久拖不决的局面，我国仲裁规则规定，仲裁庭组庭后9个月内必须作出裁决书；除非仲裁委员会认为确有必要和正当理由，经仲裁庭的要求，这一作出裁决的期限才可予以延长。

仲裁裁决（Arbitration Award）必须采用书面形式，仲裁裁决书作出的日期即为仲裁裁决生效日期。

关于仲裁的法律效力，我国仲裁规则明确规定，仲裁裁决是终局的，对双方当事人均有约束力。任何一方当事人均不得向法院起诉，也不得向其他机构提出变更仲裁裁决的请求。

四、仲裁裁决的承认与执行

仲裁裁决的承认，是指法院根据当事人的申请，依法确认仲裁裁决具有可予执行的法律效力。

仲裁裁决的执行，是指当事人自动履行裁决事项或司法机关根据一方当事人的申请依法强制当事人履行裁决事项。仲裁裁决一旦生效，当事人应当自动履行。如一方当事人不履行，另一方当事人可以根据法律向法院申请执行。

根据1958年签订的《承认及执行外国仲裁裁决公约》（又称《纽约公约》），胜诉当事人可以向外国有管辖权的法院申请执行。我国1987年加入了《纽约公约》，但有两项保留：一是互惠保留，是指我国只在互惠基础上对在另一缔约国领土内做出的仲裁裁决承认与执行；二是商事保留，是指我国只对根据中国法律认定为属于契约性和非契约性商事法律关系所引起的争议适用该公约。

中国国际经济贸易仲裁委员会仲裁裁决的强制执行，分为国内执行和国外执行两种类型。在国外，中国领土内所作的仲裁裁决被视为"外国仲裁裁决"，胜诉的当事人可以向有管辖权的外国法院申请承认和执行。如果被申请执行地所在国或地区不是该公约的成员国，可根据司法协助条约、其他有关执行裁决的双边条约（如投资保护协定，通商航海友好条约等）或按互惠原则申请承认和执行。至于外国仲裁机构的裁决，需中国法院承认和执行的，一方当事人可直接向被执行人住所地或者其财产所在地的中级人民法院申请。中国法院依照中国缔结或参加的国际条约或者按互惠的原则办理。

五、合同中的仲裁条款

国际货物买卖合同中的仲裁条款包括仲裁地点、仲裁机构、仲裁规则、仲裁裁决的效力和仲裁费用等内容。

（一）仲裁地点

按照国际惯例，仲裁地点（Place of Arbitration）的规定有三种方法：一是规定在本国仲裁；二是规定在对方国家仲裁；三是规定在双方同意的第三国仲裁。

一般而言，仲裁地点与所适用的法律、仲裁规则和程序密切相关。因此，在进出口业务中应尽量争取发生争议后在本国仲裁。

（二）仲裁机构和仲裁规则

仲裁条款对仲裁机构（Body of Arbitration）应做出明确的约定。

目前国际上常设仲裁机构主要有三类：国际性或区域性仲裁机构，如国际商会仲裁院；国家级的仲裁机构，如伦敦国际仲裁院、美国仲裁协会、瑞典斯德哥尔摩商会仲裁院、瑞士苏黎世商会仲裁院等；设在特定行业内的专业性仲裁机构，如伦敦谷物商业协会等。

我国的涉外商事仲裁机构是中国国际经济贸易仲裁委员会。该仲裁委员会属于民间机构，是中国国际贸易促进委员会的附设机构，总会设在北京，在上海和深圳分别开设了分会。

各国仲裁机构都有自己的仲裁程序和规则。按惯例，规定在哪个仲裁机构仲裁，就按哪个仲裁机构的仲裁规则办理。但近年来国际上已有不少仲裁机构同意不使用自己的仲裁规则，而由双方当事人决定使用其他仲裁规则，如使用联合国国际贸易法委员会的仲裁规则，但以不违反其本国仲裁法中的强制性规定为限。这种做法有可能给仲裁带来不必要的麻烦，所以一般不建议使用。

（三）仲裁裁决的效力

当事人为了明确仲裁裁决的法律效力，一般在仲裁条款中注明"仲裁裁决是终局的，对双方当事人都有约束力"。

（四）仲裁费用的负担

一般来说，仲裁费用（Arbitration Fees）由败诉方负担，也有规定按仲裁裁决规定处理的。

本 章 小 结

商品检验是买卖双方交接货物过程中必不可少的步骤。各国法律和《联合国国际货物销售合同公约》对检验权都有明确规定。为了明确买卖双方的责任，合同中应对检验的时间及地点、检验机构、检验证书、检验标准与方法、复验期限及复验地点等内容作出具体规定。

为了解决因一方违约而可能产生的索赔，国际货物买卖合同中一般都规定有索赔条款。索赔条款主要有两类：争议与索赔条款和罚金条款。其中，争议与索赔条款规定了不同违约情形下的索赔依据、索赔期限及索赔金额，罚金条款规定了大宗货物或机械设备交易中延期交货、延期开证、延期付款等情形下的罚金金额。

合同中的不可抗力条款是一种免责条款。由于不可抗力事件导致的一方违约，可以免除违约方的违约责任，同时可以推迟合同履行或是撤销合同。国际货物买卖合同中的不可抗力条款应事先约定不可抗力事件的范围、不可抗力事件的法律后果、不可抗力事件的通知期限、不可抗力事件的证明机构等内容。

对履约过程中发生的争议有四种解决方式，即协商、调解、仲裁和诉讼。仲裁以双方自愿、高效、费用低等优势成为双方当事人发生贸易纠纷而又协商不成时首选的、有约束力的纠纷解决方式。国际货物买卖合同中的仲裁条款包括仲裁地点、仲裁机构、仲裁规则、仲裁裁决的效力和仲裁费用等内容。

【本章重要概念】

商品检验（Commodity Inspection）

装船前检验（Pre-shipment Inspection，PSI）

检验证书（Inspection Certificate）

索赔（Claim）

理赔（Settlement of Claim）

异议和索赔条款（Discrepancy and Claim Clause）

罚金条款（the Penalty Clause）

根本性违约（Fundamental Breach of Contract）

非根本性违约（Non-Fundamental Breach of Contract）

不可抗力（Force Majeure）

仲裁（Arbitration）

【延伸阅读】

1. 黎孝先、石玉川：《国际贸易实务》，对外经贸大学出版社 2016 年版。

2. 史学瀛、潘晓滨：《国际商法》，清华大学出版社 2015 年版。

复习与思考

1. 简述国际贸易中商品检验的意义。
2. 国际贸易中商品检验时间、地点的规定方法有哪些?
3. 国际贸易合同检验条款的主要内容有哪些?
4. 《联合国国际货物销售合同公约》中对违约责任是如何规定的?对不同性质的违约,违约方应承担的责任有何不同?
5. 何谓索赔?贸易合同中应如何订立索赔条款?
6. 什么是不可抗力?构成不可抗力事故需要具备哪些条件?
7. 不可抗力的法律后果是什么?
8. 贸易合同中应如何订立不可抗力条款?
9. 什么是仲裁?仲裁有何特点?
10. 仲裁协议有几种形式?其作用是什么?

网络练习

1. 查找资料,说明哪些国家还在实行全面进口监管计划(CISS)或装船前检验(PSI)。
2. 我国的涉外仲裁机构是哪一家?是官方的还是非官方的?

第十五章
国际贸易的交易程序

学习目标

掌握进出口贸易的基本流程、交易磋商的一般程序和合同履行的主要环节，了解国际货物买卖合同的特点与合同的形式、《联合国国际货物销售合同公约》对买卖双方基本义务的规定、国际货物买卖合同成立的必要条件，熟悉进出口合同履行过程中各种单据的名称。

引导案例

某年3月，国内一家经营进出口贸易的 E 公司，拟向国外进口方 I 公司出口一批产品。两家公司就出口商品的品名、品质、数量、价格、包装、交货日期、付款方式等交易条件，通过电传往来进行了多次磋商。6月10日，双方对主要交易条款基本达成协议，只是就出口价格一项，出口方 E 公司坚持单价不得低于每公吨1 500美元，并要求 I 公司在"一个月内答复有效"。8月，该产品的国际市场价格猛涨，进口方 I 公司于8月10日复电称可按 E 公司1 500美元/公吨的价格成交。此时，E 公司发现因国际市场行情上涨，国内货源已紧缺，无法按原价供货，故对 I 公司的答复未予理睬。进口方 I 公司在数日后未接到出口方 E 公司的答复，便指责 E 公司违约，并要求 E 公司承担违约责任。

请问：（1）本案中买卖双方的合同是否成立？（2）出口方 E 公司是否要承担违约责任？为什么？

第一节 交易的流程

国际贸易包括出口和进口两个方向的交易，国际贸易的交易程序需要分别从出口贸易程序和进口贸易程序两个方面进行介绍。

一、出口贸易的流程

出口贸易的基本流程一般包括三个阶段，即出口交易前的准备阶段、出口交易磋商和合同订立阶段、出口合同的履行阶段（见图15-1）。

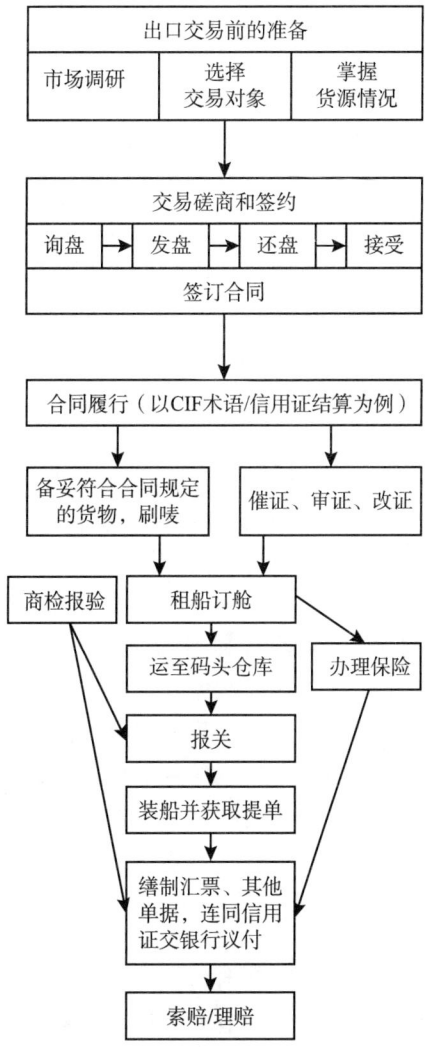

图 15-1 出口交易的一般流程

（一）出口交易前的准备阶段

出口交易前的主要准备工作一般包括以下几方面。

1. 国际市场调研。首先，出口企业需要对国际市场进行调研，了解国际市场供求状况和市场机会所在，选择拟进入的出口目标市场。其次，对拟进入的出口国别或地区进行调研，了解当地的进口政策、法律法规、市场需求、分销体系、潜在的政治经济风险等，确定出口目标市场。在确定出口目标市场时，一般需考虑以下原则：企业现有产品和未来开发产品能适应的市场；有条件进入的容量大的市场;企业具有竞争优势的市场;有可能达到较高市场占有率的市场;对其他市场有重大影响的市场;母国对该国的政治影响比较大的市场。最后,对出口目标市场的交易对象进行调研,了解分析交易对象的政治和文化背景、商业信誉、资金实力、经营范围和经营能力等信息,从优选择交易对象。

2. 制定出口商品经营方案。在国际市场调研的基础上,出口企业需要结合自己的资源和能力、出口经营的战略目标以及国家的外贸政策,制定企业在一定时期内出口业务的经营方案。具体包括:设定最高或最低经营目标;设计为实现该目标所应采取的策略和步骤;分清主次,合理安排交易磋商的先后顺序;预测谈判中可能出现的变化并制定对策和应变措施。

3. 落实货源和生产计划。在制定出口商品经营方案之后,出口企业需要根据经营方案和出口商品的属性与特点,及时与生产、供货部门落实货源的收购和调运,制定出口商品供货计划。

4. 与选定的交易对象建立业务联系。通过对交易对象的调查,选择那些资信情况良好、经营实力较强、对我方态度友好的潜在客户,主动与对方联系,建立业务关系。

(二) 出口交易磋商和合同订立阶段

出口企业与选定的国外交易对象建立起业务联系以后,可与对方就货物买卖的各种交易条件进行实质性磋商。出口交易磋商包括面对面的磋商和函电磋商等多种方式。随着信息技术的发展和完善,基于网络的交易磋商正成为贸易磋商的重要方式。

双方经交易磋商达成一致后,需要签署一份有一定格式规范的书面合同。

(三) 出口合同的履行阶段

出口合同的履行要点与买卖双方选择的贸易术语和结算方式直接相关。以采用 CIF 贸易术语和信用证付款的合同为例,出口合同的履行主要涉及货、证、船、款四个环节。

1. 准备货物。即出口企业根据合同规定,按时、按质、按量准备好货物。

2. 落实信用证。即出口企业根据合同规定的装运期,提前催促买方按时开出信用证,收到买方开来的信用证后会同通知行一起对信用证进行审核,必要时要求买方改证。

3. 安排货运。即出口企业收到信用证并审核无误后,按合同约定租船订舱、办理货物装运手续。

4. 制单结汇。货物装运后,出口企业按照信用证要求及时缮制各种单据,包括商业发票、运输单据和保险单等。单据备妥后,即可向有关银行交单收取货款。

如果买卖双方在履约过程中发生违约争议,还需要经历索赔或理赔阶段。

二、进口贸易的流程

与出口贸易的基本流程相对应,进口贸易的基本流程一般也包括三个阶段,即进口交易前的准备阶段、进口交易磋商和合同订立阶段、进口合同的履行阶段(见图15-2)。

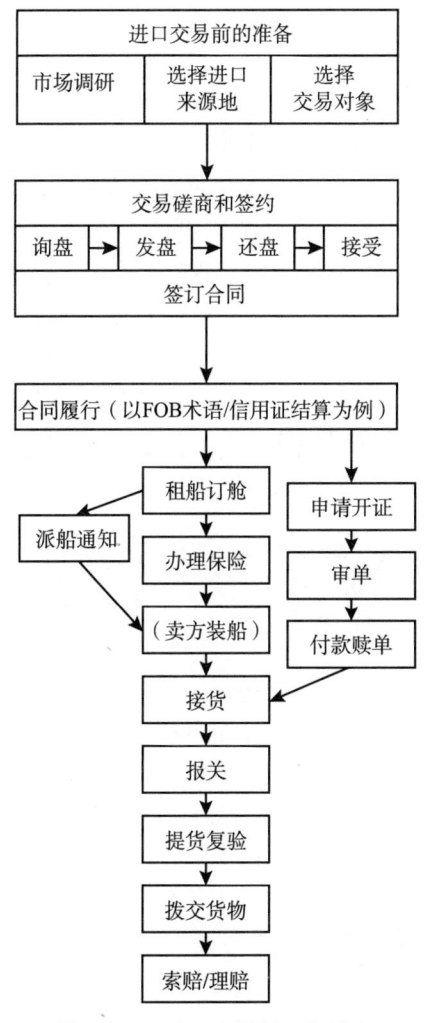

图15-2 进口交易的一般流程

(一)进口交易前的准备阶段

在进口交易前的准备阶段,进口企业需要做好两个基本工作:一方面,进口企业需要从国际市场商品的供应、价格、品质、技术等方面对进口来源地和供应商进行比较和选择,按照产品对路、货源充足、技术水平适宜、价格合理的原则,确定进口来源地和供应商范围。另一方面,进口企业还需要对拟选的国外供应商进行细致的调研,了解其购销渠道,减少不必要的中间环节,以降低进口成本。

(二)进口交易磋商和合同签订阶段

进口交易磋商与合同的签订过程,与出口基本相同。但是,进口企业需要特别注意做好交易条件特别是价格的比较工作,争取获得对自己有利的合同条件。

(三)进口合同的履行阶段

进口合同的履行与买卖双方选择的贸易术语和结算方式密切相关。若以 FOB 术语和信用证付款方式订立合同,进口合同的履行程序一般包括:按合同要求向银行申请开立信用证;按合同要求租船订舱、订立运输合同;向出口方通知装货日期、接运货物;办理保险、订立保险合同;付款赎单;进口报关;接收货物;进口商检;接受货物或拨交货物等环节。此外,如果买卖双方在履约过程中发生违约争议,还需要经历索赔或理赔阶段。

第二节 交易的磋商

交易磋商(Business Negotiation),是指进出口双方以买卖某种货物为目的,就进出口交易的各项条件进行洽商并最后达成协议的全过程。

交易磋商的目的是进出口双方通过磋商取得一致意见,以达成交易。因此,交易磋商是签订进出口货物买卖合同的基础。

一、交易磋商的形式

交易磋商一般分为口头磋商与书面磋商两种形式。

口头磋商是指进出口双方通过商品交易会、洽谈会、商务出访等形式,面对面地直接进行洽商或者通过国际长途电话进行口头洽商。

书面磋商是指进出口双方通过信函、传真、电子邮件、即时通讯软件等通讯方式进行的交易洽商。

上述两种磋商形式虽然做法上有所不同，但在国际贸易中，其法律效力是相同的。不过，在国际贸易实践中，书面洽商仍属交易磋商的主导形式。

二、交易磋商的内容

交易磋商的具体内容，即进出口双方将来所要签订的交易合同条款，一般包括商品名称、品质规格、数量、包装、价格、装运、支付、保险、商检、索赔、仲裁和不可抗力等内容。买卖双方对磋商内容达成协议后，即形成买卖合同的正式条款。

但是，在实际业务中，并不是每一次交易磋商都要求买卖双方对上述内容进行逐条协商。对于有长期业务往来的进出口双方来说，由于在业务往来中已经形成了双方都认可和接受的习惯做法，为了节约谈判时间和交易费用，对于上述条款中的保险、商检、索赔、仲裁和不可抗力等都作为一般交易条件，可事先印制在合同中，无须逐条重新商讨。但对于新业务来说，买卖双方一般会在初次洽商时将印有一般交易条件的标准合同格式交给对方审阅。如果对方接受，这些条件即可成为今后双方进行交易的基础。

因此，买卖双方交易磋商的主要内容，一般集中在有关商品的品名、品质规格、数量、包装、价格、支付方式、装运等主要交易条件上。

交易磋商的内容： 主要交易条件与一般交易条件

三、交易磋商的程序

进出口交易磋商的程序包括询盘、发盘、还盘和接受等四个环节。其中发盘和接受是达成交易不可缺少的两个基本环节和必经的法律步骤。

（一）询盘

询盘（Inquiry）是指交易的一方准备购买或出售某种商品，以口头或书面形式，向对方询问买卖该商品有关交易条件的一种表示。

询盘既可以由买方发出，也可以由卖方发出。在实际业务中，询盘多由买方发出。买方发出询盘的目的既为探询价格和有关交易条件，也是表示一种交易愿望。从法律上讲，在询盘过程中，买方并不承担一定要购买的义务，卖方也不承担一定要出售的责任。因此，询盘并不是交易磋商必经的步骤，有时可不经询盘而直接发盘。但询盘往往是进出口交易的起点,买卖双方均应予以重视并及时回复。

询盘的内容有简有繁,可以只询问商品的价格,故询盘也称作"询价";也可以涉及商品的品质、规格、数量或交货期等内容;还可以要求对方收到询盘后及时作出发盘,以便考虑是否接受,这种询盘实际上属于邀请发盘。

买方询盘示例:Please cable offer US soybean most favorable price earliest delivery(请电告美国大豆,最优惠价,尽快交货)。

卖方询盘示例:Can supply ZHONGHUA dental cream April shipment cable if interested(可供应中华牙膏,4月装运,如有兴趣请电告)。

(二) 发盘

发盘(Offer),又称报盘或报价,是指交易的一方向另一方提出具体的商品交易条件,并愿意按照这些条件与对方达成交易并订立合同的一种肯定的表示。

在进出口业务中,发盘通常是由卖方主动发出的(Seller's Offer),或在收到买方询盘后发出的。但是,发盘也可由买方发出(Buyer's Offer),买方的发盘又称"递盘"(Bid)。

发盘既是商业行为,也是法律行为。在合同法中称之为要约。发盘一经受盘人接受,合同即告成立。

1. 构成有效发盘的条件。根据《联合国国际货物销售合同公约》第14条第1款的解释:凡向一个或一个以上特定的人——受盘人(The Offered / The Offeree)提出的订立合同的建议,如果其内容十分确定,并且表明发盘人(Offeror)有当其发盘一旦被接受时就将受其约束的意旨,即构成发盘。

根据上述解释,一项有效的发盘必须符合以下三个条件:

第一,发盘应向一个或一个以上的特定人提出。即发盘人在发盘时必须指明收受该项发盘的公司、企业、个人的名称。不指定受盘人的发盘,仅应视为发盘的邀请。因此,一般地发布广告宣传和寄送商品价目表就不构成有效发盘,对发盘人不具有法律约束力。

第二,发盘的内容必须十分确定。发盘的主要条件必须是明确肯定、完整、无保留条件的。《公约》认为一项完整的发盘,如果包含了以下三项内容,即为"十分确定":一是载明货物的名称;二是明示或默示地规定数量,或规定如何确定数量的方法;三是明示或默示地规定货物的价格,或规定如何确定价格的方法。

第三,发盘人必须有当其发盘被接受时即受约束的意旨。发盘的目的是为了与对方订立合同,发盘一旦被对方接受,合同即告成立,发盘人即受到约束。所以,发盘人必须表明,在得到有效接受时,发盘人承担按照发盘的条件与受盘人订立合同的责任。否则，该发盘只能被视为发盘邀请。

2. 发盘的生效。《公约》第 15 条第 1 款规定，发盘于到达受盘人时生效。

3. 发盘的有效期。发盘的有效期是指可供受盘人对发盘作出接受的期限，也是发盘人承受约束的期限。在此期限内发盘人不得任意撤销发盘。如果受盘人对发盘表示接受，交易即告达成；超过有效期的接受则为无效，发盘人可拒绝。发盘的有效期由发盘人根据需要确定：可以规定一个最迟接受的时间，或者规定一段接受的时间。也有的发盘不明确规定有效期，而是规定"尽快答复"（Reply Immediately）或者由受盘人在"合理时间"（Reasonable Time）内答复。但由于对"合理时间"的理解存在较多分歧，因此在进出口业务中很少采用这种形式的发盘。尽管发盘通常都会规定一个有效期（Time of Validity）。但是，是否规定有效期并非构成有效发盘的基本条件。

4. 发盘的撤回。发盘的撤回（Withdrawal）是指发盘在其尚未到达受盘人之前，即在发盘尚未生效时，发盘人将该发盘收回，使其不发生效力。发盘的撤回必须具备以下两个条件之一：一是"撤回通知"先于发盘到达受盘人；二是"撤回通知"与发盘同时到达受盘人。

5. 发盘的撤销。发盘的撤销（Revocation）是指受盘人在收到发盘之后，尚未作出接受表示时，发盘人因各种原因（如市场行情变化或发盘内容有误）而取消该项发盘。《公约》第 16 条第 1 款规定：在合同成立（即受盘人发出接受发盘的通知）之前，发盘得予撤销，但撤销通知须于受盘人发出接受通知之前送达受盘人，亦即撤销发盘是有条件的。《公约》第 16 条第 2 款还规定，在下列两种情况下发盘不得撤销：一是发盘中明确规定了有效期限，或以其他方式表示发盘是不可撤销的；二是受盘人有理由信赖发盘是不可撤销的，并且已本着对该项发盘的信赖行事。例如，受盘人本着对该项发盘的信赖而着手购买材料或设备，准备生产，或为此支出了各种费用等。

6. 发盘的终止。一项有效的发盘在遇有下列情况之一时即告终止，发盘人便不再受原发盘的约束：第一，过期（Expiration）。受盘人未能在规定的有效期内表示接受，发盘自动终止。第二，拒绝（Refusal）。受盘人对发盘作出口头或书面的拒绝后，该发盘即告终止。如果受盘人拒绝后又在有效期内表示接受，发盘人也不再受其约束。第三，还盘（Counter Offer）。一项发盘一经受盘人还盘，原发盘即告终止。第四，政府禁令（Government Prohibition）。在发盘的有效期内，有关国家的政府突然颁布禁令禁止进出口该发盘中的商品，该发盘不得不终止。第五，交易当事人丧失了行为能力。

发盘示例：Offer SHANDONG WHEAT FAQ 2015 CROP 5000MT, NW50KG per bag, USD340/MT CFR QINGDAO shipment Oct., Irrevocable Sight LC, Subject to your reply reaching here by the 16th（报山东小麦，大路货 2015 年产，5 000 公吨，净重 50 公斤麻袋包装，每公吨 340 美元 CFR 青岛，10 月份装运，不可撤销即期信用证支付，限本月 16 日复至有效）。

（三）还盘

还盘（Counter Offer）又称还价，是指受盘人对发盘中的内容不同意或不完全同意而提出变更或修改的意见表示。

还盘既是受盘人对原发盘的拒绝，也是受盘人以发盘人的身份所提出的一项新的发盘。

原发盘一经还盘即告终止。受盘人不得在还盘后反悔，再接受原发盘。

受盘人作出还盘后，原发盘人还可以对其再作出还盘，称作"再还盘"。一项进出口交易往往要经过双方的多次还盘和再还盘才能达成。

还盘示例：针对上述小麦发盘，国外客户作出如下还盘：Your offer price is too high counter offer USD320/MT shipment Sept. Reply 12th（你方发盘价格太高，还盘每公吨 320 美元，9 月装运，限 12 日复到有效）。

（四）接受

接受（Acceptance）是指受盘人在发盘的有效期内无条件地同意对方在发盘中提出的各项交易条件，并且愿意按照这些条件达成交易、订立合同的一种肯定的表示。

接受在法律上称之为"承诺"。一方的发盘一经受盘人接受，交易即告达成，合同即告成立，买卖双方即应分别履行各自所承担的义务。

1. 构成接受的条件。根据《公约》的解释和我国法律的规定，一项有效接受，必须具备以下条件：

第一，接受必须由特定的受盘人或其授权代理人作出。任何第三者即使知道发盘的内容对之做出同意表示，也不构成接受。

第二，接受必须在发盘的有效期内到达发盘人，过期无效。如果发盘没有规定接受的时限，则受盘人应在合理的时间内按惯例表示接受。

第三，接受的内容必须与发盘的内容相符。接受必须是无条件的，任何对发盘提出的增减或修改意见均被认为是对发盘的拒绝，使原发盘终止，从而构成还盘。有条件的接受属于还盘。但在实际业务中，有时受盘人在表示接受的前提下，还提出某种希望和建议，若这种希望和建议并不构成实质性修改原发盘的条件，此时应视作一项有效接受，而非还盘。

第四，接受必须以一定的方式表示出来。接受可以采取口头或书面方式加以表示，也可以用买卖双方习惯采用的方法加以表示。例如卖方用直接发货、买方用主动预付订金或开立信用证等行为来表示接受。但需要注意，直接以买卖的某种行为来表示接受，应在规定的期限内或合理的时间内做出。

需要注意的是"逾期接受"或"迟到的接受"（Late Acceptance）问题。逾期接受是指接受超过发盘规定的有效期到达发盘人，或者在发盘未规定有效期时已超过了合理时间。依照各国法律，逾期接受通常被视为无效接受，发盘人不受其约束。但是，考虑到客观实际，《公约》又做出了例外规定，即逾期接受仍可有效，但须具备下列两个条件之一：第一，发盘人立即以口头或书面的方式通知受盘人，确认该逾期接受是有效的。如不及时发出通知则失去效力。第二，如果载有逾期接受的信件或其他书面文件能表明是传递方面的失误，接受迟到不属于受盘人的责任，则该逾期接受也是有效的。但如果发盘人立即以口头或书面方式通知受盘人，认为该逾期接受已经失效，则该接受无效。可见，根据《公约》的解释，无论受盘人有无责任，对于逾期接受是否有效，主动权掌握在发盘人手中。

2. 接受的生效。关于接受的生效问题，《公约》采纳的是到达生效的原则，并对三种情况做出了规定：第一，双方以书面形式进行发盘和接受时，接受于表示同意的通知送达发盘人时生效。第二，双方以口头方式进行磋商时，对口头发盘必须立即接受，但情况有别者不在此限。也就是说，如果受盘人同意发盘人的口头发盘，应立即表示同意，接受便随即生效。但如果发盘人有相反的规定或双方另有约定，则不在此限。第三，如果受盘人以行为表示接受，接受于该项行为做出时生效，但该项行为必须在发盘人规定的期限内或合理的时间内做出。

3. 接受的撤回。撤回接受的目的是为了阻止接受生效。一般来说，发盘一经接受，合同即告成立，接受通知一经到达发盘人即不可撤销，否则即属毁约行为。但是《公约》根据到达生效的原则规定：接受得以撤回，如果撤回的通知于接受生效之前或者同时送达发盘人。即接受的撤回是有限定条件的：撤回的通知必须先于接受到达或与接受同时到达发盘人。

接受示例：Yours April 10th accepted 500M/T L – Malic Acid 99 Pct at USD10/Kg CIF Dalian October shipment irrevocable sight credit（接受

你方 4 月 10 日电，纯度 99% 的 L-苹果酸 500 公吨，每千克 10 美元 CIF 大连，10 月份装运，不可撤销即期信用证支付）。

案例：外贸合同是否成立？

【案例简介】

2013 年 6 月，加拿大矿产公司 C 应中国进口商 A 的请求，报出镁矿石 1 000 公吨，每公吨 2 250 美元，即期装运的发盘。中方 A 公司接到加方 C 公司报盘，未作还盘，而是一再请求对方增加供货数量，降低供货价格，并延长报盘有效期。后来，C 公司将供货数量增到 1 300 公吨，每公吨价格调整为 2 200 美元 CIF 上海，有效期经三次延长，最后延长至 9 月 25 日，中方 A 公司于 9 月 20 日去电表示接受该盘。

C 公司收到中方 A 公司的接受时，得知国际市场镁矿石价格上扬，因此决定拒绝成交，并向 A 公司发电称："由于国际市场镁矿石价格发生变化，货物已于收到你方接受时售出"。A 公司对此拒绝接受，认为自己是在发盘有效期内接受了 C 公司的发盘，坚持要求按发盘的条件执行合同，若 C 公司不执行合同则要赔偿差价损失。

问题：中方 A 公司 9 月 20 日去电表示接受的发盘是实盘还是虚盘？此时合同是否成立？

【案例分析】

在本案中，卖方在发盘后，经 3 次延长有效期后，合同中的实质性条款完整、肯定、明确，而且规定了有效期为 9 月 25 日，由此看出卖方发出的是有确定意义的发盘。因此，此发盘为实盘，而非虚盘。

按照约定必须信守的原则，C 公司发出的实盘，受盘人在有效期限内作出接受的意思表示，即承诺后，双方合同关系即告成立，就应履行各自的权利和义务。本案中，发盘方向受盘方提出有效期是 9 月 25 日，而受盘方 9 月 20 日就发电表示接受，发盘方也于 9 月 20 日接到受盘方的电函。因此，本案中的销售合同在 9 月 20 日已成立，在双方当事人之间形成了合同约定的权利义务关系。一方违反合同规定的条款，即构成违约，应当承担违约责任。

第三节 合同的签订

在国际商品交易过程中，合同是使交易得以完成的基础，直接关系到当事人的切身利益,而且还会与有关国家和地区的利益相关联。鉴于合同的重要性以及国际货物买卖合同自身的复杂性,规范国际货物买卖合同条款的拟订,掌握国际货物买卖合同成立的必要条件,明确实践操作过程中的注意事项,都具有重要现实意义。

一、国际货物买卖合同的特点及成立条件

国际货物买卖合同,亦称国际货物销售合同,是指营业地处于不同国家的当事人之间所订立的以买卖货物为目的的协议。就一国而言,国际货物买卖合同是该国企业与他国企业订立的有关货物进口或出口的合同。

(一) 国际货物买卖合同的特点

根据《联合国国际货物销售合同公约》的规定,国际货物买卖合同与国内货物买卖合同相比,具有以下三个基本特点。

1. 国际货物买卖合同具有国际性。这也是国际货物买卖合同与国内货物买卖合同的根本区别。

一般而言,所谓国际性可以有四个基本衡量标准:以当事人营业地为标准;以当事人国籍为标准;以行为发生地为标准;以货物跨越国境为标准等。按照《公约》的规定,只要买卖双方当事人的营业地点处于不同的国家,即使他们的国籍相同,他们所订立的货物买卖合同仍被认为是国际货物买卖合同。反之,如果买卖双方的营业地点处在同一个国家之内,即使他们的国籍不同,他们所订立的合同,也不能被认定为国际货物买卖合同。可见,《公约》是以当事人的营业地为标准来衡量合同的国际属性,至于当事人的国籍和其他因素,均不予考虑。

2. 国际货物买卖合同的标的物是进出口货物。《公约》采取了排除法,将下列产品排除在该公约的适用范围之外:第一,供私人、家属或家庭使用而进行的购买;第二,经由拍卖方式进行的买卖;第三,根据法律执行令状或其他令状进行的买卖;第四,公债、股票、投资证券、流通票据或货币的买卖;第五,船舶、气垫船或飞机的买卖;第六,电力的买卖,等等。国际货物买卖合同的标的物是有形产品。由于国际货物买卖合同当事人的营业地处于不同国家,其买卖的标的需要出入国境,因此国际货物买卖合同亦称进出口合同。

3. 国际货物买卖合同是一种双务有偿合同。所谓"双务"(Bilateral)是指合同双方相互承担义务,同时,双方都享有权利,一方所承担的义务正是另一方所享有的权利。在国际货物买卖合同中,订立合同的出口方需向订立合同的进口方交付货物并转让货物的所有

权,而进口方则需向出口方支付约定价款并受领出口方交付的货物。例如,英国《1979年货物买卖法》规定,货物买卖合同是指货物出卖人为收取价金货币之对价而向买受人转让或同意转让其货物所有权的合同。

在进出口合同的履行过程中,进出口双方都必须严格遵守合同条款,不得有任何误差,否则就是违反合同。一方违约使另一方遭受损失时,受损害的一方可依法提出损害赔偿要求,违约方必须承担损害赔偿责任。合同的某些条款必须修改或终止双方的合同关系时,必须由合同的一方提出请求,由另一方确认同意后方可。

(二) 国际货物买卖合同成立的条件

除买卖双方就交易条件通过发盘和接受达成协议外,国际货物买卖合同还需具备下列条件,才是一项有法律约束力的合同。

1. 买卖双方当事人应具有法律行为的资格和能力。签订买卖合同的当事人可以为自然人或法人。按照各国法律的一般规定,自然人签订合同时,必须是精神正常的成年人。法人是拥有独立的财产,能够以自己的名义享受民事权利和承担民事义务,并且依照法定程序成立的法律实体。关于法人签订合同的行为能力,各国法律一般规定,法人必须通过其代理人,在法人经营范围内签订合同,而且其活动范围不得超过该公司章程的规定,亦即越权的合同不能发生法律效力。

2. 当事人必须在自愿和真实的基础上达成协议。合同的成立必须由双方当事人在自愿基础上达成协议,是双方当事人意思表示一致的结果。在进出口贸易中,如果一方当事人自愿向对方提出有效发盘,而对方明确表示愿意接受,则双方当事人之间就达成了一项具有法律约束力的合同。这样的合同才是合法的,受法律保护。如果一方当事人采取强制、威胁、暴力、欺骗手段迫使对方就范,所订立的合同在法律上则是无效的。

3. 合同必须以双方互惠有偿为原则。国际货物买卖是互为有偿的交换,英美法系称此有偿交换为"对价",大陆法系称之为"约因"。买卖合同只有在有"对价"或"约因"的情况下才是有效的。也就是说,在合同中一方所享有的权利,以另一方所负有的义务为基础,双方应互有权利与义务。在进出口贸易中,卖方负有交付约定货物的义务,买方负有受领货物并支付价款的义务。如其中任何一方不按合同履行义务,都负有向对方赔偿损失的责任。

4. 合同的标的和内容必须合法。英美法系和大陆法系都承认,"契约自由"和"意思自主"是合同法的基本原则。任何有订约能力的人,都可以按照他们的意愿自由地订立合同。但是,各国法律也都对契约自由加以一定的限制,都要求当事人所订立的合同必须内容合法,并规定凡是违反法律、违反善良风俗与公共秩序的合同一律无效。例如,贩卖毒品和其他违禁物品,损坏国家、集体或者第三人利益,以合法形式掩盖非法目的等,这些合同都是无效的。

5. 合同的形式必须符合法律规定。各国法律对合同成立的形式要求不同。《公约》对国际货物买卖合同的形式原则上不加以限制,无论采用书面方式还是口头方式,均不影响合同的效力。《中华人民共和国合同法》也有类似的规定。

二、国际货物买卖合同的形式及内容

经过交易磋商,买卖双方达成交易后,一般需要签订合同。按照《公约》的解释,销售合同可以采取书面订立的形式,或以双方在磋商过程中往返的函电作为合同的书面证明,也可以采取口头合同的形式。但根据国际贸易习惯,交易双方通常都会签订书面的正式合同。

(一) 国际货物买卖合同的形式

国际货物买卖是一种契约行为,在法律形式上都要通过合同来实现,国际货物买卖合同的形式至关重要,直接影响到合同的效力。

根据《公约》和《中华人民共和国合同法》的有关规定,当事人订立合同,有书面合同形式、口头合同形式和其他合同形式。

1. 书面合同形式。书面合同,又称正式合同,指当事人共同签署的有关交易条件的书面协议。

我国《合同法》规定,法律、行政法规规定采用书面形式的,应当采用书面形式。当事人约定采用书面形式的,应当采用书面形式。可见,我国法律承认当事人可以依法选择合同的形式,但如果法律对合同的形式做出了特殊规定,当事人必须遵从法律的规定。《合同法》规定必须采用书面方式签署的合同包括:借款合同、租期合同、六个月以上的租赁合同、融资租赁合同、建设工程合同、技术开发合同和技术转让合同等。在我国的对外贸易实践中,进出口交易合同主要使用书面合同。

书面合同的形式有多种,不但包括双方正式签订的合同书、确认书、协议书、备忘录、订单,还包括信件以及数据电文(如传真、电子数据交换和电子邮件)等可以有形地表现所载内容的形式。

在我国的进出口业务中,买卖双方主要采用合同和确认书两种形式。

合同(Contract)是一种条款完备,内容全面具体,带有"合同"字样的法律契约。它对签约双方的权利和义务以及发生争议的处理均有详细的规定。一般适用于大宗货物或成交金额较大的进出口交易。合同由卖方草拟的称为"售货合同",由买方草拟的称为"购货合同"。

确认书(Confirmation)属于一种简式合同,其格式、条款、项目和内容比合同简单。一般只列明主要的交易条件,省略了一般的交易条件。由卖方出具的确认书称为"售货确认书";由买方出具的确认书称为"购货确认书"。确认书一般适用于成交金额不大、批次较多的土特产品和轻工业产品,或者已订有包销、代理等长期协议的交易。

正式的合同和确认书,尽管在格式、内容的繁简、条款项目的设立和措辞上有所差异,但在法律上具有同等效力,对交易双方都有约束力。

在我国的进出口业务中,通常由各出口企业把合同或确认书印制成固定的格式,经与外商洽商达成一致意见后,把磋商内容逐项填写于表格条款的空白处,一式两份,先在上面签字,然后寄给外商。外商经审核无误签字后,自留一份,把另一份寄还我方。

2. 口头合同形式。口头合同是指当事人以口头商定或通过电话方式达成协议而订立的合同。在国际贸易中,采用口头形式订立合同,有利于节省时间、简便行事、加快交易的达成。但由于无文字依据,一旦发生争议,往往造成举证困难,不易分清责任。因此,有些国家的法律及行政法规强调进出口贸易必须采取书面合同形式。

3. 其他合同形式。如果双方当事人未以书面形式或者口头形式订立合同,但从双方从事的民事行为能够推定出双方有订立合同意愿的,法院可以认定是以"其他形式"订立的合同。例如,在国际贸易中,进出口双方当事人之间在长期交易中形成的习惯做法(卖方通过发运货物或买方预付货款等行为形式),或发盘人在发盘中已经表明受盘人无须发出接受通知,可直接以行为作出接受而订立的合同,均属此种形式。

(二) 书面合同的作用

在国际贸易中,买卖双方签订书面合同具有重要的作用。

1. 书面合同作为合同成立的证据。签订书面合同,"立字为据",是证明买卖双方之间存在合同关系的最有效方法,可为解决将来双方履行合同时产生争议提供依据。

2. 书面合同作为合同履行的依据。国际货物买卖涉及的范围广,履行合同的过程复杂,经过的中间环节多,如果不用文字明确规定,则口说无凭,难以准确履行合同。交易双方以书面形式签订合同,既可以明确双方的权利和义务,又为合同的顺利履行提供了依据和保障。

3. 书面合同作为合同生效的条件。在进出口贸易中，买卖双方往往会约定以书面合同的最终签署作为合同生效的条件。在此之前，即使双方对各项交易条件全部达成一致，而书面合同未经签字生效，在法律上仍不能作为有效合同。另外，凡需经政府机构审核批准的合同，也必须是正式的书面合同。此类合同生效的时间是授权机构批准之日，而不是双方当事人签署合同的日期。

（三）书面合同的内容

根据我国《合同法》和其他国家民商法的规定，合同的内容由双方当事人约定。书面合同的内容包括约首、本文、约尾三个部分。

1. 约首，即合同的首部。一般包括合同名称、合同编号、缔约双方的名称和地址、电话号码、传真号码、E-mail 等内容。有些合同也会将"签约时间和地点"在约首标明。同时，在合同序言部分往往还要写明双方订立合同的意愿和执行合同的保证，对买卖双方都具有约束力。

2. 本文，即合同的基本条款。具体列明各项交易条件，其中包括品名、品质规格、数量、包装、价格、交货、运输、保险、支付、检验、索赔、不可抗力和仲裁条款等。这些条款是交易磋商的主要内容，体现了买卖双方的权利和义务。

3. 约尾，即合同的尾部。一般包括合同的份数、使用的文字及其效力、订约的时间和地点、合同生效的时间及双方当事人的签字盖章等内容。我国出口合同的签约地点一般都写在我国。

第四节 合同的履行

合同履行（Performance of the Contract）是指卖方向买方按时交付符合合同规定的货物，移交一切与货物有关的单证并转移货物的所有权，买方按时接收货物并支付货款的行为过程。

进出口合同的履行，既是经济行为，又是法律行为。依法成立的合同对买卖双方均具有法律约束力，双方当事人必须认真履行。否则，违约一方将被追究法律责任。

一、出口合同的履行

在国际货物买卖合同中，由于所买卖货物的品种不同，选用的国际贸易惯例不同，使用的贸易术语、支付方式和其他交易条件的不同，每份合同所规定的具体责任与义务也各不相同，出口合同履行的内容有所差异。

以 CIF 术语和信用证支付方式成交的出口合同，合同的履行一般需经过下列环节：落实信用证；备货及商品检验；租船订舱、报关、投保、装船；制单、交单和结汇；出口退税；索赔及理赔等。

出口合同履行的主要环节：证、货、船、单

其中尤以证、货、船、单四个环节最为重要。这四个环节之间有着紧密的内在联系，出口方应做好各个环节的衔接和平衡，以信用证为依据，根据信用证规定的货物装船期和信用证有效期，结合货源和运输能力的具体情况，分别轻重缓急，做到证、货、船三者的衔接，避免交货期不准、拖延交货期或不交货等违约现象的发生，以保证顺利收取货款和结汇。

（一）落实信用证

落实信用证的主要工作包括催证、审证和改证三项。

如果买卖双方约定以信用证支付方式结算，卖方要顺利收取货款，就必须按信用证的要求交货和交单。因此，信用证是出口合同顺利履行的关键。信用证的迟到、信用证条款与合同规定不符，都会影响到卖方的备货、交货和安全收取货款。所以，在实际业务中，卖方一定要高度重视催证、审证和改证的问题。

1. 催证（L/C Reminding）。在采用信用证支付的情况下，若进口方未按合同规定的时间开立信用证，或者合同装运期较长卖方欲提前装运，在合同规定的开证期即将到来时，卖方往往会通过电子邮件等方式提醒并催促进口方开立信用证。如果合同中对买方开证时间未作规定，买方应在合理时间内开出信用证，因为买方按时开证是卖方正常履约的前提。但在实际业务中，有时会遇到进口商拖延开证，或者在市场行情发生变化或资金发生短缺时故意不开证。对此，卖方应催促买方按合同约定的开证时间及时办理开证手续。特别是大宗商品或应买方要求而定制的商品出口，更应结合合同约定及备货情况及时向买方催证。必要时，也可请驻外机构或有关银行协助代为催证。

2. 审证（L/C Checking）。信用证是依据合同开立的，信用证的种类和内容应该与合同条款保持一致。但在进出口业务中，由于各种原因，如工作疏忽、电文传递错误、贸易习惯差异、市场行情变化或进口商有意利用开证的主动权加列对其有利的条款等，往往会出现开证行开立的信用证条款与合同的规定不符，或者在信用证中加列一些出口商看似无所谓但实际上无法满足的信用证付款条件等，使得出口商根本无法凭该信用证收取货款。

为确保出口收汇的安全和合同的顺利执行，防止给自己造成不应有的损失，出口商应该根据相关国际惯例，如国际商会的《跟单信用证统一惯例》，对不同国家、不同地区以及不同银行的来证，依据合同进行认真核对与审查。

在实际业务中，通知行和出口商都有审证的义务。其中，通知行着重审核信用证的真实性、开证行的政治背景、资信能力、付款责任和索汇路线等方面的内容。通知行对于审核后已确定其真实的信用证，会打上类似"印鉴相符"的字样。出口商收到通知行转来的信用证后，着重审核信用证的种类和内容与合同是否一致。为安全起见，出口商也应对照合同并依据《跟单信用证统一惯例》，对信用证的付款责任和索汇路线进行复核性审查。

通知行和出口商审证时应注意审查以下主要内容：开证行的资信情况；信用证的性质和开证行的责任；开证人、受益人的名称是否准确无误；信用证的付款保障是否有效；信用证币值与金额是否与合同相符；付款期限是否与合同相符；最迟装运期、到期日、交单期与到期地点是否有问题；对商品的描述、品质规格是否与合同一致；信用证规定的单据是否可接受；运输条款是否可以接受，包括启运地和目的地、特殊运输方式与证明等；是否允许分批和转运、每期装运量、转运港；保险条款是否符合合同规定，包括保险险别、保险金额等；银行费用条款能否接受，等等。

3. 改证（L/C Amending）。经过审证，如果发现有不符合合同规定之处，并且将会影响合同的履行和安全收汇，卖方应及时通知买方进行修改。只有收到国外开证行的信用证修改通知书后才能对外发货，以免发生货物出运后而修改通知书未到的情况，给出口商造成被动和经济损失。

提出改证要求时，凡要求修改的内容和条款应做到一次性向国外客户明确提出。对通知行转来的修改通知书内容，需要认真审核，如果对内容不能接受，应及时表示拒绝。

信用证受益人对于修改通知书的内容只能全部接受或全部拒绝，不能只接受一部分，拒绝另一部分。根据《跟单信用证统一惯例》的规定：在受益人向通知修改的银行表示接受该修改内容之前，原信用证（包含先前已被接受修改的信用证）的条款和条件对受益人仍然有效。

受益人应该发出接受或拒绝接受修改的通知。如果受益人未提供上述通知，当其提交至被指定银行或开证行的单证与信用证以及尚未表示接受的修改要求一致时，则该事实即视为受益人已做出接受修改的通知，并从此时起，该信用证已被修改。

案例：信用证改证未到，出口方发货遭遇损失

我国 A 公司与外商 B 公司签约出口货物一批，合同规定 9 月装运。B 公司按期开来信用证，但计价货币与合同规定不符，加上我方未备妥货物，直到 11 月 B 公司来电催装时，A 公司才向 B 公司提出按合同货币改证并要求延展装运期。次日，B 公司复电："证已改妥"。A 公司据此发运货物，但信用证修改始终未到。最后，单到开证行时被以"证已过期"为由拒付。A 公司为收回货款，避免在目的港的仓储费用支出，接受了 B 公司提出的按 D/P. T/R 提货的要求。D/P. T/R 即托收人（卖方）允许收人即付款交单的付款人凭信托收据借取货运单据（提单）先行提货。结果，由于 B 公司收取货物后未能如约付款，A 公司遭受重大损失。

（二）备货和报验

1. 备货（Goods Preparation）是指卖方根据出口合同的规定，按时、按质、按量地准备好应交的货物，并做好申请商品检验和申领产地证等事项的过程。

备货的主要内容包括：及时向生产、加工、供货部门安排货物的生产、加工、收购事宜，核实应交货物的品质、规格、数量、装运时间，并按照合同要求进行包装和刷制唛头等。

备货应符合下列要求：第一，保证货物的品质、规格、花色与合同和信用证的规定相符；第二，保证货物的数量与合同和信用证的规定相符；第三，货物的包装方式、包装材料必须符合合同和信用证的规定及运输的要求；第四，按照合同和信用证的规定刷制唛头；第五，货物的备妥时间应与合同和信用证所规定的装运期及船期紧密衔接，防止船货脱期，同时又要注意适当留有余地，以免造成延误。

2. 出口报验（Goods Inspection）。在出口贸易中，卖方所交货物的品质、数量、包装必须与合同规定相符合。因此，在双方交接货物的过程中，对商品进行检验并出具检验证书，是一个重要环节。

在我国对外贸易实践中，凡属国家规定必须实施法定检验的商品，或合同规定必须经出入境检验检疫机构出具检验证书的商品，在货物备妥后，均应向出入境检验检疫机构申请检验。只有取得商检机构发给的合格检验证书，海关才予以放行。经检验不合格的货物，一律不得出口。

申请报验的手续是，凡需要法定检验出口的货物，应填制"出口检验申请单"，向商检机构办理申请报验手续。货物经检验合格，由商检局发给检验证书。出口方应在检验证书规定的有效期内将货物

出运。如超过有效期装运出口，应向商检局申请展期，并由商检局进行复验，经复验合格货物才能出口。

申请报验后，如出口方发现"出口检验申请单"的内容填写有误，或因国外进口方修改信用证以致货物规格发生变动，应及时提出更改申请，说明更改的事项和更改的原因。

一般而言，出口商检证书主要包括：品质检验证书、重量检验证书、数量检验证书、兽医检验证书、卫生/健康检验证书、消毒检验证书、熏蒸检验证书、残损检验证书、船舱检验证书、产地证明书和集装箱租箱交货检验证书，等等。

(三) 租船订舱、报关、投保、装船

1. 租船订舱（Ship Chartering or Ship's Hold Booking）。在CIF或CFR条件下，租船订舱是卖方的主要义务之一。若出口货物数量较大，需要整船载运的，需要对外办理租船手续；若出口货物不需整船装运的，则安排洽订班轮或租订部分舱位运输。

租船订舱的基本程序一般包括：第一步，填写托运单（Booking Note），作为租船订舱的依据；第二步，船公司或其代理人在接受托运人的托运单证后，发给托运人全套装货单（Shipping Order, S/O）。

2. 报关（Customs Clearance）。出口货物在装船出运前，出口商需要向海关办理出口报关手续。按照我国《海关法》的规定：凡是进出国境的货物，必须经由设有海关的港口、车站、国际航空站进出，并由货物所有人向海关申报，经过海关审核放行后，货物才可提取或者装船出口。出口企业在装船前，须填写"出口货物报关单"，连同其他必要的单证，如装货单、合同、信用证、发票、装箱单、商检证书等送交海关申报。海关查验货、证、单相符无误，在装货单上加盖放行章之后，货物即可凭盖有放行章的装货单予以装船。

3. 投保（Insurance Effecting）。凡是按CIF价格成交的出口合同，卖方在装船前，必须向保险公司办理投保手续，填制投保单。出口商品的投保手续，一般都是逐笔办理的。投保人在投保时，应将货物名称、保险金额、运输路线、运输工具、起航日期、投保险别等逐一列明。保险公司收取保费后，即签发保险单或保险凭证。

4. 装船。出口企业报关后，凭盖有海关放行章的装货单要求船公司装船。货物装船完毕，由船长或大副签发收货单，又称大副收据（Mate's Receipt）。此时，装船工作结束。装船结束后，出口企业还要做两件事：一是凭收货单向船公司或其代理人交付运费并换取正本提单（Original B/L）。二是根据合同规定向买方发出已装船通知，以便其了解装运情况并做好接货准备。

(四) 制单、交单、结汇

信用证结算的特点之一就是凭单付款。因此，货物发运后，出口方应立即按照信用证规定整理和缮制各种单据，并且在信用证规定的交单期内，将汇票、发票、提单、保险单、产地证明、装箱单或重量单、检验证书、海关发票、普惠制原产地证等单据送交银行，办理议付结汇手续（Preparing Documents for Negotiation）。其中，议付（Negotiation）是指出口地银行买入出口方提交的汇票和信用证项下的全套单据；结汇是指出口方所得的外汇货款，按照结汇当日的外汇牌价卖给国家指定的银行。

我国信用证项下出口结汇采取买单结汇（出口押汇）、收妥结汇、定期结汇、贴现远期信用证的做法。当某些资信较好的国外银行作为付款银行时，在出口方提交的单证一致和单单一致的情况下，较多地采用买单结汇的办法。

由于在信用证业务中，实行"严格符合原则"。因此，出口方在制单结汇时必须做到：第一，全套单据必须完整无缺，即信用证规定的单据种类齐全，单据的份数符合信用证要求。第二，全套单据必须正确无误，即单证一致、单单一致，单据内容与信用证规定严格相符。第三，制单结汇必须及时，必须在交单期及信用证有效期内及时提交，不能耽误办理议付结汇。

案例：单证不符导致收汇延迟

【案例简介】

某年4月，在中国进出口商品春季交易会上，国内A公司与科威特老客户B公司签订了一份贸易合同，B公司欲购买A公司的玻璃餐具（GLASS WARES），A公司报价FOB WENZHOU，从温州出运到科威特，海运费到付。合同金额达USD25 064.24，共1×40′高柜，支付条件为全额信用证。

B公司代表回国后开信用证到A公司，要求6月出运货物。A公司按照合同与信用证的规定，6月按期出运货物，并向银行交单议付，但在审核过程发现两个不符点：（1）发票上的"GLASS WARES"错写为"GLASSWARES"，两个单词之间没有空格；（2）提单上的提货人一栏，"TO THE ORDER OF BURGAN BANK, KUWAIT"错写为"TO THE ORDER OF BURGAN BANK"，漏写了"KUWAIT"。A公司认为这两个是极小的不符点，B公司又是老客户，不会影响提货，就不符点担保出单了。但A公司很快就接到由议付行转来的拒付通知，银行就以上述两个不符点为由拒绝付款。A公司立即与B公司取得联系，了解到主要原因是 B 公司认为到付的运费（USD2 275.00）太贵。原来，A 公司报给 B 公司的是 5 月的海运价格，运费到付价大约是 USD1 950.00，6 月后海运价格上涨，但 B 公司并不知晓，拒绝到付运费。因此，货物滞留在码头，A 公司也无法收到货款。

后来 A 公司人员进行各方面的协调后，与船公司联系要求降低海运费，船公司将运费降到 USD2 100.00，B 公司才勉强接受，到银行付款赎单。A 公司被扣了不符点费用，而且整个解决纠纷过程使得 A 公司推迟收汇大约 20 天。

【案例评析】

在进出口贸易中，单证的"不符点"没有大小之分。在本案中，A 公司在事先知道单据存在"不符点"的情况下还是出单，存在潜在的风险。A 公司认为十分微小的"不符点"却恰恰成了银行拒付的正当理由。因此，在已知"不符点"的情况下，最好要将其修改。

同时，在本案中，FOB 运费的上涨与 A 公司并无关系，客户主要是借"不符点"进行讨价还价。

（五）出口退税

出口退税（Tax Refund）是国家为了鼓励出口、降低出口成本、增强产品的价格竞争力而制定的外贸政策。在我国企业的出口业务中，对报关出口的货物退还或免征在国内各环节按税法规定应缴纳的增值税和消费税，对出口货物实行零税率。

我国对有进出口经营权的生产企业自营或委托外贸企业代理出口货物，实行"免、抵、退"税的办法。其中的"免"税，是指对生产企业自营或委托外贸企业代理出口的自产货物，免征本企业生产销售环节的增值税；"抵"税，是指生产企业出口自产货物所耗用的原材料、零部件、燃料、动力等所含应予退还的进项税额，抵顶内销货物的应纳税额；"退"税，是指生产企业出口的自产货物在当月内应抵顶的进项税额大于应纳税额时，经主管退税的税务机关批准，对未抵顶完的部分予以退税。

（六）索赔和理赔

在出口合同履行的过程中，可能会发生一方违约而给另一方造成损害的情形。如果买方违约，例如无理拒收货物或拖延交付货款等，卖方可根据合同向买方要求损害赔偿；如果卖方违约，例如交付货物的品质、数量、包装、交货期等不符合合同规定而遭到买方的索赔时，卖方应认真处理，做到既要维护自身的正当权益，又不影响双方的贸易关系，公正合理地对外理赔。

二、进口合同的履行

在进口合同中,由于不同合同所采用的价格术语、支付条件和其他交易条件不同,因此合同履行的程序和环节也不尽相同。

以 FOB 价格术语和不可撤销信用证支付合同为例,履行此类进口合同的环节一般包括:开立信用证、租船订舱和催装、办理保险、审单付汇、报关报验以及索赔或理赔,等等。

(一) 开立信用证

进口方应按合同规定的时间及时向银行申请开立信用证,填写"开立不可撤销跟单信用证申请书"。

一般而言,信用证的开立时间应按照合同规定的时间进行。但是,如果合同规定卖方须先行呈验出口许可证或提供履约保函方可开证,则必须等卖方履行这些手续后买方才会申请开立信用证。

信用证的内容应与合同条款相互一致,并根据进口商品的特性和进口方的实际需要规定相应的单据条款。

开证时,要确保信用证各项条款明确、具体和完备,以避免对信用证的修改。如果卖方收到信用证之后提出修改信用证的要求,买方应慎重考虑。如果对方的改证要求合理,在不影响自身利益的前提下,买方可以同意修改,否则可拒绝改证。

(二) 派船接货

以 FOB 条件进口的货物,应由买方负责办理租船订舱手续。一般情况下,国内外贸公司租船订舱工作可委托中国外运总公司或其他经营外贸运输业务的机构代办。

按照合同规定,卖方在交货前一定时期内应将预估的装运时间通知买方。买方接到装运通知后,应及时办理租船订舱手续,并把船名、船期通知卖方,以便卖方做好备货装船工作,确保船货衔接。

随后,买方按时派船到指定的装运港接货。卖方在装船前一、二天,应及时向买方发出已装船通知,以便买方及时办理保险并做好报关、接货等准备工作。

(三) 办理保险

按照 FOB 条件成交的进口合同,应由买方办理货物运输保险。

我国进口货运保险有两种投保办法:一种是外贸公司与中国人民保险公司签订预约保险合同,外贸公司收到国外发来的装船通知后,把船名、提单号、起航日期、商品名称、数量、金额、装运港、目的港等内容通知保险公司，又称"保险声明"，保险公司对该批货物自动承保。另一种做法是逐笔办理保险。买方接到卖方发来的装船通知后，填写《进口货物国际运输预约保险起运通知书》，交予保险公司，经保险公司在此通知书上签章后完成投保手续。

（四）审单付汇

开证行收到国外寄来的汇票和全套单据后，依照信用证条款核对单据的份数、种类和内容，审查单据是否在表面上与信用证条款相符。确认单证一致、单单一致后，即可对外付汇（Checking Documents and Making Payment）。

开证行也可以进行初审，然后交送开证申请人（进口方）进行复审。如进口方接受审单，在三个工作日内未提出异议，则开证行即可对外付汇。银行在对外付汇的同时，即可通知进口方按当日外汇牌价买入外汇赎单，然后凭单提货。

如果开证银行或进口方在审单时发现单证或单单之间存有"不符点"，必须立即向国外议付行提出，并根据具体情况作出适当处理。处理"不符点"的做法包括：第一，拒绝接受单据，拒付货款；第二，部分付款、部分拒付。经卖方修改符合要求后，进口方可考虑支付剩余款项；第三，货到检验合格后付款；第四，国外议付行或出口方出具书面担保后付款，但保留追索权；第五，更改单据后付款。

（五）报关报验

1. 进口报关。货到目的港后，由买方或其代理人根据进口单据实际情况填写"进口货物报关单"，随附进口许可证、商检证书、发票、装箱单、提单、保险单以及其他所需单据向海关报关。海关对货、证查验无误，由报关人按海关核价缴纳税款，经海关批准后准予货物放行。

2. 货物验收。在目的地卸货时，由港务局对货物进行卸货核对，如发现短缺，须填制"短缺报告"，交给船方签认。如发现残损，应将货物存放于海关指定场所，待保险公司会同商检机构查明货损程度和原因后再作处理。对于法定检验的进口商品，必须向商检机构报验。未经检验的进口货物，不准使用和销售。

（六）进口索赔

在进口贸易中，当进口方利益受到损害时，为维护自身合法权益，获得经济补偿，应向有关责任方进行索赔。

1. 索赔对象。索赔时应根据损失形成的原因，分清责任，向有关当事人索赔。进口索赔的对象一般有三类：第一，向卖方索赔。例如，卖方未按期交货；拒交货物；交货的数量、规格、包装等不符合合同规定。第二，向承运人索赔。例如，实际到货在重量、数量上与提单所载不符；货物有残损而提单是清洁提单；由于运输原因造成货物迟到。第三，向保险公司索赔。例如，由于自然灾害、意外事故或运输途中发生的其他事故致使货物受损，属于承保责任范围之内的损失。

2. 进口索赔应注意的事项。第一，提供有效的证明文件，作为索赔的证据。首先应准备好索赔清单，随附商业发票、装箱单、提单副本、商检局签发的检验证书等证明文件。其次对不同的索赔对象加附其他相关证件。若向卖方索赔，应在索赔文件中提出确切的索赔根据和赔偿办法；若采用 FOB、CFR 等交货条件，应另附保险单一份；若向船公司索赔，须另附经船长以及港务理货员签字的理货报告以及由船长签字的短卸或残损证明；若向保险公司索赔，须另附保险公司与进口方的联合检验报告。第二，合理计算索赔金额。根据国际惯例，索赔的金额除受损商品的价款和利润外，各项有关的费用一并包括在内。如商品检验费、装卸费、银行手续费、仓租费、利息等，都可计入索赔金额之中。第三，严格把握索赔期限。索赔必须在合同规定的有效期内提出，过期无效。如商检工作复杂，需时较长，应及时向对方要求延长索赔期限。总之，做好进口索赔工作，需要各有关部门紧密配合，做到检验结果准确无误，证据确凿，理由充分，责任明确，索赔金额合理，力争通过索赔把损失降到最低限度。

本 章 小 结

国际贸易的交易程序，一般包括交易前的准备、交易磋商、签订合同、履行合同等基本环节。

交易前的准备，需要进行国际市场调研、制定出口商品经营方案、落实货源和生产计划、与选定的交易对象建立业务联系。

交易的磋商包括口头磋商、函电磋商等多种方式，一般会经历询盘、发盘、还盘和接受四个环节，但其中只有发盘和接受是必经环节。各国商法和《联合国国际货物销售合同公约》，对有效发盘和有效接受都有相关的规定，买卖双方进行交易磋商需遵循相关法律和国际惯例行事。

买卖双方经交易磋商达成一致意见后，需要签署一份有一定格式规范的书面合同。各国商法和《联合国国际货物销售合同公约》对国际货物买卖合同的形式、内容和成立的有效条件均有相应规定，是进出口双方签订买卖合同的重要依据。

进出口合同的履行程序，与买卖双方所签合同的价格条款和支付条款相关。按照 CIF 贸易术语和信用证支付的出口合同，履行程序一一般包括：催证、审证和改证；备货、报验；租船订舱、报关、投保、装货；制单结汇；出口退税等过程。其中，货、证、船、单四个环节最为重要。按照 FOB 贸易术语和信用证支付的进口合同，履行程序一般包括：开证；租船订舱、办理保险；审单付款；接货报关、检验、拨交和索赔。

【本章重要概念】

询盘（Inquiry）

发盘（Offer）

还盘（Counter Offer）

接受（Acceptance）

撤回和撤销（Withdrawal and Revocation）

合同（Contract）

确认书（Confirmation）

制单结汇（Prepare Documents for Negotiation）

信用证不符点（Discrepancy）

【延伸阅读】

1. 张淑珍、王燕：《国际货物买卖合同》，北京大学出版社 2013 年版。

2. 刘彤：《国际货物买卖法》，对外经贸大学出版社 2013 年版。

3. 国际贸易法律网（http://www.tradelawchina.com/maoyishuyu/）。

4. 福步外贸论坛（http://bbs.fobshanghai.com/）。

复习与思考

1. 进出口交易前的准备工作主要有哪几项？

2. 构成有效发盘应具备哪些条件？

3. 发盘能否撤回和撤销？

4. 构成有效接受应具备哪些条件？

5. 《联合国国际货物销售合同公约》对逾期接受有何规定？

6. 接受能否撤回和撤销？

7. 国际货物买卖合同有哪些特点？

8. 国际货物买卖合同成立的条件有哪些？

9. 简述 CIF 术语/信用证支付条件下出口合同的履行程序。

10. 简述 FOB 术语/信用证支付条件下进口合同的履行程序。

11. 进口方审核单据时，如发现单证存在"不符点"应如何处理？

第十六章
国际贸易方式

学习目标

了解经销与代理的区别、寄售协议的主要内容、拍卖的形式及业务程序、招标与投标业务的基本程序；掌握期货交易的特点；熟悉对销贸易的各种形式；掌握加工贸易合同的内容；了解跨境电子商务的概念；熟悉跨境电子商务的特征及其对国际贸易方式的影响。

引导案例

补偿贸易合同签订须谨慎

某年3月，我国内地某企业通过当地贸易公司的介绍，与香港某厂商签订了加工生产某种轻工产品的补偿贸易合同。合同规定：由港商提供生产设备，某企业将利用该设备生产的产品返销给港商，以补偿设备价款，补偿期为5年。合同未明确规定设备的型号、产地、生产年代以及技术性能等方面的指标。随后港商按期运到设备，但经检验，该设备是20世纪70年代末的产品，而且是二手货。由于合同对此未加规定，该乡镇企业只得接受并进行加工生产。5年之后，补偿期满，但设备已接近报废，该企业蒙受了巨大的损失。

简要分析：补偿贸易作为对销贸易的一种，是国际贸易中常采用的方式之一，签订合同时应注意一些特别事项，考虑不周往往会导致损失。本案中，内地该乡镇企业至少在以下两个问题上出现了失误：

第一，选择客户不当。补偿贸易属于一种经济合作方式，对贸易伙伴选择得当与否，直接关系到这项业务的成败。从本案情况看，该企业对于他人介绍的港商事先并不了解，事实证明这位港商资信很差，利用内地企业缺乏经验和合同上的漏洞，提供以次充好的设备，坑害对方。

第二，合同条款订立不当。合同是确立双方权利与义务的法律文件，关系到当事人的切身利益，绝不可草率从事，尤其是在补偿贸易合同项下，对于引进设备的具体规定，更是关系重大。为了保证返销产品的质量和维护企业的切身利益，对于所引进设备的型号、产地、生产年代以及技术性能指标等，都必须做出明确具体的规定，而且还应约定违约条款。另外，补偿期限不宜过长，否则，不仅会增加引进方的利息负担，而且有可能导致设备款偿还完毕之日即设备报废之时的不良后果。

第一节 传统国际贸易方式

一、经销

(一) 经销的含义与优缺点

在国际贸易中,经销(Distribution)是指出口商通过与国外经销商签订经销协议,给予国外经销商在一定时期和指定区域内销售某种商品的权利,由经销商承购后自行销售的方式。经销商和出口商之间是买卖关系,他们根据市场需求,向出口商购买商品,然后将商品转卖给购买者,从中赚取购销差价。因此,经销是一种转卖性质的贸易方式。经销商是从事商品购销业务并拥有商品所有权的中间商,他们以自己的资金、信誉和名义从事经销活动,自行购进商品、自行销售、自负盈亏、自担风险。

经销方式是出口商扩大产品出口的有效途径之一。在经销方式下,出口商通常要在价格、支付条件等方面给予经销商一定的优惠,这有利于调动经销商的积极性,利用其销售渠道来推销商品,有时还可要求经销商提供售后服务,进行市场调研,这一切都有利于扩大产品销售。但是,经销也可能产生一些弊病,尤其是独家经销。若该独家经销商经营不力,就会出现"经而不销"的局面,导致出口受阻。另外,也存在独家经销商利用其垄断地位操纵价格、控制市场的可能性。

(二) 经销协议及其内容

经销协议是明确协议双方即出口商与经销商之间权利义务的法律文件,其主要内容包括以下几个方面。

1. 经销商品的范围。经销商所经销的商品可以是出口商经营的全部商品,也可以是其中一部分。因此,在协议中必须对经销商品范围做出明确规定。若经销商品范围规定为供货人经营的全部商品,为避免争议,协议中还应规定商品停止生产或有新产品推出时是否适用该协议。

2. 经销地区。经销地区是指经销商行使经销权的地理范围。经销地区范围的大小,应根据商品和市场的特点、经销商的规模与经营能力以及出口商的经营意图而定。

3. 经销数量或金额。协议中一般都规定最低经销数量或金额。若规定最低承购额,还应明确最低承购额的计算方法。除此之外,还要规定经销商未能完成承购额或超额完成时的处理办法。

4. 作价方法。主要有一次作价和分批作价两种方法。一次作价是在经销协议有效期内以某种确定的价格向经销商销售商品。由于国际市场价格变化莫测,采用一次作价方式,交易双方都要承担较大的价格风险,故实践中较少采用。分批作价是在规定的经销期限内,分别订立若干买卖合同,每一合同的价格均按当时国际市场价格而定。

5. 经销期限及终止条款。经销期限即协议的有效期,可规定为签字生效起一年或若干年内有效。

6. 其他规定。如对市场调研、广告宣传、售后服务、商标保护等方面的规定。

二、代理

(一) 代理的含义与特点

代理(Agency)是国际贸易中的一种习惯做法,是指委托人与代理人签订代理协议,授权代理人在特定地区和一定期限内代表委托人与第三者进行商品买卖或处理有关事务的一种贸易方式。

与经销方式相比较,代理方式具有以下特点:(1) 委托人与代理人之间的关系属于委托代理关系,经销商与出口商之间则是一种买卖关系;(2) 代理人通常运用委托人的资金进行业务活动,经销商则利用自有资金进行活动;(3) 代理人一般不以自己的名义与第三者签订合同,而在经销方式下,经销商与第三者之间要订立合同;(4) 代理人旨在赚取佣金而不负责盈亏,经销商则须自负盈亏。

(二) 代理协议及其内容

代理协议是明确委托人与代理人之间权利与义务的法律文件。其内容包括以下几个方面。

1. 协议双方。协议要明确双方当事人的名称、地址、法律地位、业务种类等。

2. 代理商品和地区。协议要明确说明代理商品的品名、规格及代理权行使的地理范围。

3. 代理人的权利与义务。这是代理协议的核心部分,代理人应在代理权行使范围内,保护委托人的合法权益。比如,代理人在协议有效期内无权代理与委托人商品相竞争的商品,也无权代表协议地区内的其他竞争企业;代理人不得以委托人的名义与代理人自己订立合同，除非事先征得委托人同意；代理人不得在委托业务中受贿或谋取私利或串通第三者损害委托人的利益；代理人负有保守商业秘密的责任等。此外，如需代理人承担市场调研、广告宣传等义务，也应在这部分列明。

4. 委托人的权利与义务。委托人的权利主要体现在对客户的订单有权接受，也有权拒绝，拒绝理由可不作解释，代理人也不得要求佣金。委托人的义务主要体现在：按协议规定向代理人支付佣金；对代理人应委托人要求执行其他任务所支付的费用，委托人应予以偿付；委托人有义务向代理人提供推销商品所需的材料等。

5. 佣金条款。代理协议要明确规定佣金率、佣金的计算基础、计算方法，佣金的支付时间、支付方法等。

6. 协议有效期及终止条款。代理协议可以定期，也可以不定期。若不规定期限，双方当事人应在协议中规定，若其中一方不履行协议，另一方有权终止该协议。

关于不可抗力和仲裁等条款的规定，代理协议与一般买卖合同大致相同。当然，由于每份协议涉及的具体情况不同，代理协议内容还要由双方具体约定。

三、寄售

(一) 寄售的含义与特点

寄售（Consignment）是一种委托他人代为销售的贸易方式。在国际贸易中，其具体做法是：寄售人将寄售商品运送给国外代售人，由代售人按照寄售协议规定的条件和办法，代替寄售人在当地市场上进行销售，商品售出后所得货款由代售人扣除佣金及其他费用后汇交寄售人。

寄售方式具有以下特点：（1）寄售是由寄售人先将货物运至目的地市场，然后由代售人向当地买主销售，即先出运后售货。因此，它是典型的凭实物进行买卖的现货交易。（2）寄售人与代售人之间是委托代售关系，而非买卖关系。代售人只能根据寄售人的指示代为处置货物，在寄售人授权范围内可以自己的名义出售货物、收取货款并履行与买主订立的合同，但货物在售出之前，所有权仍属寄售人。（3）寄售方式下，代售人不承担任何风险和费用，货物售出前的一切风险和费用均由寄售人承担。即寄售人要承担寄售期间的运费、保险费、仓储费、进口税等一切费用，并承担运输途中及到达寄售地以后的一切风险和损失。（4）代售人有义务积极推销寄售商品，但对商品能否售出、售出多少并不负责，寄售期满有权退回未售出的部分，交易盈亏概由寄售人承担。

（二）寄售协议

寄售协议是寄售人和代售人之间就双方的权利义务及寄售业务中的有关问题而签订的法律文件。

寄售协议一般应包括以下主要内容。

1. 协议性质、双方当事人名称、协议签订的时间和地点。
2. 寄售商品名称、规格、数量、寄售地区等。
3. 作价方法。寄售商品的作价方法大致有以下四种：规定最低限价、随行就市、销售前征求寄售人意见、规定结算价格。
4. 佣金。包括佣金率、佣金的计算方法、支付时间和支付方法等。
5. 货款的收付。寄售货物的货款，一般由代售人扣除佣金及代垫费用后汇给寄售人，或由寄售人以托收方式向代售人收款。
6. 双方当事人的义务。寄售人的主要义务有：按质、按量、按时提供寄售商品；偿付代售人在寄售过程中的代垫费用。代售人的主要义务有：提供储存寄售商品的仓库，雇佣工作人员，取得进口商品许可证；努力保证货物在仓库存放期间品质和数量完好无损；代垫寄售商品在仓储、经营期间内所产生的有关费用；代垫费用为寄售商品办理保险；做好宣传展示及售后服务工作，及时向寄售人提供市场行情报告等。

四、拍卖

（一）拍卖的含义与特点

拍卖（Auction）是由专营拍卖业务的拍卖商接受货主的委托，在规定的时间和地点，将货物向买主公开展示后，按照一定的章程和规则，由买主公开叫价竞买，最后将货物卖给最高应价者的做法。

拍卖具有以下特点：（1）拍卖由一定机构有组织地进行；（2）拍卖具有自己独特的法律和规章；（3）拍卖有特定的程序；（4）拍卖是一种公开竞买的现货交易；（5）拍卖交易时间短，交易数量却往往较大。

（二）拍卖的方式

拍卖的方式多种多样，归结起来主要有以下几种。

1. 增价拍卖。这是最常见的拍卖方式。拍卖时由拍卖人宣布该项商品的预定底价，然后由买主竞相叫价，逐渐加码，有时还规定每次加价的金额限度,直至竞买人不再加价时,拍卖人击槌宣布成交,将该项商品卖给出价最高的人。若竞买者的出价都低于拍卖人宣布的底价,卖方有权撤回商品,拒绝出售。

2. 减价拍卖。减价拍卖又称荷兰式拍卖,即由拍卖人喊出最高价格,若无买主应答便自动减价,直至有人表示接受为止。

3. 密封递价拍卖。密封递价拍卖又称招标式拍卖,具体做法是先由拍卖人公布每批商品的具体情况和拍卖条件,然后由竞买人在规定时间内将自己的出价密封递交拍卖人,拍卖人经过比较之后将货物卖给最适合的买主并公布买主姓名。事实上,这种方式已失去了公开竞买的性质,买主无法了解其他竞买人的出价情况。除价格因素外,拍卖人有时还要考虑其他因素,以确定合适的买主。

(三) 拍卖的一般程序

一般来讲,拍卖要经过以下几个阶段。

1. 准备阶段。在准备阶段,拍卖人要遴选商品、编制拍卖目录、发出拍卖公告、邀请买主看货。具体做法是,货主与拍卖人达成委托拍卖协议后,将货物运到拍卖人指定的仓库,由拍卖人进行挑选、整理、分类、编号,然后根据货物的种类、数量、产地、拍卖时间、拍卖地点和交易条件等编印拍卖目录,并刊登拍卖公告。

2. 买主查看货物。根据惯例,拍卖一旦成交,无论拍卖人或货主均不对售出商品的品质缺陷负责,因此,买主查看货物就成为拍卖程序的重要环节。买主可查看拍卖人提供的样品,也可到仓库查看整批货物,必要时还可以进行抽样检验。

3. 正式拍卖阶段。正式拍卖是在规定的时间和地点,按拍卖目录规定的次序逐笔喊价成交,当拍卖人认为无人再出高价时以击槌方式表示接受买主的喊价,竞买停止,交易达成,随即由买主在合同上签字。需要注意的是,如果拍卖标的无保留价,拍卖主持人应在拍卖前予以说明。若有保留价,竞买人的最高应价未达到保留价时,主持人可停止拍卖。

4. 买主付款提货。拍卖成交后,买主须在规定的期限内付清货款,提取货物。

五、招标与投标

(一) 招标的含义和特点

招标(Invitation to Tender)是指由买方或发包的一方(招标人)事先发出通知,说明拟采购的商品名称、规格、数量及其他条件,或对拟勘探、开发或建设的工程项目公布一定的要求和条件，邀请投标人按照一定程序前来承卖或承包的行为。

一般来说，招标多用于采购大宗货物、机械设备，或是勘探、开发自然资源及建设工程项目。国际间政府贷款项目和国际金融组织的贷款项目，在贷款协议中通常规定，借款人运用这些贷款采购物资或发包工程时必须采用招标方式，以便更有效地利用该贷款。

目前，国际上常用的招标方式主要有：（1）国际竞争性招标，是指招标人邀请几个乃至几十个投标人参加投标，通过多个投标人的竞争，选择其中条件最优越、对招标人最有利的投标人达成交易的行为。（2）谈判招标，又称议标，是一种非公开的招标，通常由招标人物色几家客户直接进行合同谈判，谈判成功则交易达成。

（二）投标的含义和特点

投标（Submission of Tender）是指卖方或承包人应招标人的邀请，按照招标人所提出的要求和条件，在规定时间内向招标人递盘的行为。它与招标是同一种贸易方式的两个方面。

投标方式与一般贸易方式的主要区别在于：首先，它是一种严格按照招标人规定条件进行的交易，由投标人一次递价成交，无须经过双方讨价还价、反复磋商；其次，由于招标项目是多家投标人竞争的目标，因此投标人之间的竞争十分激烈，这对招标人较为有利。

（三）招标与投标业务基本程序

招标与投标业务，一般包括招标、投标、开标、签约四个阶段。

1. 招标。在招标阶段，招标人要编制招标文件、发布招标通告并对投标人资格进行预审。招标文件又称标书、标单，主要内容有两方面：投标须知和合同条件。招标机构在编制好招标文件、做好各项准备工作后，应立即拟订并发布招标通告。随后，对投标人进行资格预审，对申请参加投标的企业的基本情况包括经营能力、财务状况、技术水平、经营作风及信誉等多方面进行预先审查，以确定其是否有资格参加投标。

2. 投标。决定投标后，投标人要根据招标文件的规定和要求编制投标书、提供投标保证金并递送投标书。投标人经过慎重考虑决定参加投标之后，应首先对招标文件进行认真研究，以确定如何编制投标书。由于投标书实际上是一项有效期至规定开标之日为止的发盘，在有效期内不得撤回，也不得变更报价或对其内容作实质性修改，因此必须结合各种因素慎重编制。为防止投标人在投标后撤标或中标后拒不签订合同，招标人通常都要求投标人在投标时提供一定比例或金额的投标保证金。投标保证金可以交纳现金，也可由银行出具保函，有的国家还使用备用信用证。投标书应在招标书规定的截止日期前送达招标人，逾期无效。

3. 开标。招标人对各投标人所提出的交易条件进行综合比较，选择对招标人最有利者为中标人，这个过程被称作评标。评标后，就进入开标环节。开标有公开开标和不公开开标两种方式，采用哪种方式应在招标通告中予以说明。公开开标是由招标人按照规定的时间和地点，当众启封投标书并宣读其内容，所有投标人皆可派代表监督开标；不公开开标则由招标人在没有投标人参加的情况下自行选定中标人。

4. 签约。招标人开标后，要向中标人发出中标通知书，约定双方签约的时间和地点。签约时除列明投标书中的各项交易条件之外，通常还订有合同生效条款、损害赔偿条款及争议处理条款。双方签约时，招标人通常要求中标人缴纳一定的履约保证金，以保证合同的履行。

六、期货交易

（一）期货交易的含义与特点

期货交易（Futures Transaction）是指按照交易所的规定，通过交易所制定的标准合约，由买卖双方在交易所内达成远期交割的一种贸易方式。

期货交易是以现货交易为基础，以远期合同交易为雏形发展起来的一种高级贸易方式。它与现货交易不同，现货交易无论是即期交货还是远期交货，交易双方都必须进行实物交割，转移商品所有权。而期货交易买卖的是标准化期货合约，一般不涉及实物交割。这就意味着卖方到期不必交货，买方到期也不必提货，只需在交割期届满之前，做一笔方向相反、交割月份和数量相等的期货交易，来解除其实物交割的义务。

期货交易具有以下特点。

1. 期货交易必须在期货交易所内完成。现货交易可以不受固定交易场所的限制，期货交易则不然，必须在期货交易所内进行，不允许场外交易。

2. 期货交易的客体是标准化的期货合约。在期货交易所内，参与交易的人们买进卖出的是一张张可以反复交易的标准化合约，因此有人将期货交易形象地称为"纸上交易"。期货合约都有标准化的条款，具体表现在：第一，商品数量和数量单位的标准化。每一张期货合约都有相同的商品数量和数量单位，统称为"期货交易单位"。例如，芝加哥谷物交易所规定一张玉米期货合约所包含的数量是500蒲式耳。第二，商品质量等级的标准化。期货交易所对每一类期货商品都规定统一的质量等级。这样，买卖双方就无须对商品的质量等级进行协商。发生实物交割时，也必须按规定的标准等级进行交割。如芝加哥谷物交易所的玉米标准合约所规定的品质标准是美国二号黄玉米，包装是散装。第三，交收地点的标准化。交易所为交易规定了统一的实物交收仓库。这样，买卖双方就无须对交收地点进行洽谈。第四，交割日期的标准化。期货合约的交割日期是由期货交易所规定的，交易者可从中选择。例如，芝加哥谷物交易所小麦的交割月份有7月、9月、12月和来年的3月、5月。期货交易所为期货合约制定了标准化的数量、质量等级、交收地点等，买卖双方只需填写成交价格、交割月份及各自的姓名、名称和编号即可。

3. 买空卖空是期货交易的通行做法。在期货交易中，交易者关心的不是商品本身，而是商品价格的变动。因此，通常是低价时买进期货合约即买空，高价时卖出合约即卖空，然后作相反的交易，以规避风险或赚取风险利润。

4. 期货交易实行会员制。只有取得会员资格的人或单位才能在交易所内进行交易，非会员单位和个人可委托会员进行交易。

5. 期货交易有严格的保证金制度。期货交易之所以规定必须缴纳保证金，是因为期货交易风险很大。为有效控制期货交易的风险，现代期货市场建立了一套完整的风险保障体系，措施之一就是实行保证金制度。期货交易所规定每个会员必须开立一个保证金账户，存入一定数量的初始保证金。每天交易结束后，交易所都要核算交易者的盈亏，当亏损达到一定程度时，即要求该会员追加保证金。该会员须在次日交易开盘前交纳追加保证金，否则交易所有权停止该会员的交易。

6. 期货交易的流动性强。由于期货交易不直接涉及商品实体，只是依据期货价格的波动买进或卖出期货合约，因而吸引了许多投机者进入。另外，期货交易者只需交纳期货合约总金额的5%~18%的保证金，即可做100%的全额交易，这种以小博大的保证金制度，也吸引了大量投机者参与到期货交易行列中来，再加上大量存在的套期保值者，使得期货交易的流动性非常强。

7. 期货交易的商品有特定要求。例如，商品的质量、规格、等级要容易划分；商品须耐储藏，耐保存；商品交易量大，价格波动大；商品拥有众多买主与卖主。正由于期货交易的商品具有这些特定的要求，因此，虽历经一百多年，期货商品的品种却并未增加多少。

(二) 期货交易的种类及作用

在期货市场上,交易者的目的不尽相同。一类是投机者,他们买卖期货合约的目的是为了从价格涨落中获取利润;另一类是真正从事实物交易的人,他们进行期货交易的目的是降低价格波动产生的风险与损失,即配合现货交易,转移价格波动的风险。

根据交易者的目的不同,可将期货交易分为两类不同性质的交易:投机交易和套期保值交易。

1. 投机交易(Speculation),俗称"买空卖空",是投机者根据自己对市场前景的预测而进行的投机活动。所谓"买空",又称"多头",是指在商品行情看涨时买进期货合约;所谓"卖空",又称"空头",是指在商品行情看跌时售出期货合约。待价格与预期变化方向一致时,再抓住时机对冲,从中赚取差价。由于买卖双方对行情涨落趋势估计相反,因此,有买有卖,投机者就从价格变动中博取差额利润。当然,若预测错误,就会导致亏损。

2. 套期保值交易(Hedging),是指在进行实物交易的同时,利用现货价格与期货价格变动趋势基本一致的原理转移价格风险的一种期货交易方式。在国际贸易中,参与期货交易者多为套期保值者,以期货市场的操作规避现货市场风险。具体做法是:在现货和期货市场同时进行两个等量而方向相反的交易,即在买入或卖出实物商品的同时,在期货市场上卖出或买入等量的期货合约。到期后,当现货价格变动造成盈利或亏损时,可由期货交易中相应发生的亏损或盈利来平衡。这样,套期保值又可分为卖期保值(Selling Hedge)和买期保值(Buying Hedge)两种。卖期保值是经营者买进实物的同时,为避免该商品价格下跌而遭受损失,同时在交易所售出同等数量的期货合约。这样,若到期价格下跌,就可用期货交易的盈利弥补现货交易的损失。与卖期保值相反,买期保值是指在现货市场卖出实物的同时,在交易所买进同等数量的期货合约,以避免因价格上涨而遭受损失。套期保值的目的是避免或减少发生不利价格变动所带来的风险和损失。若实物买卖价格向有利方向变动,则套期操作不仅起不到保值作用,还会起反作用,使实物交易由于价格有利变动带来的好处为期货交易的亏损所抵消。因此,做套期保值时应先对市场行情进行科学的预测分析。

(三) 期货交易的注意事项

要做好期货交易,必须从以下基本工作着手。

1. 充分了解期货合约。期货合约是期货交易的客体。期货合约虽然都是交易所制定的标准化合约,任何交易者都无权更改其内容,但并不等于交易者可以不过问。恰恰相反，充分了解期货合约是成功开展期货交易的基础。一般地，期货合约包括商品名称、交易所名称、交易单位、最小变动价位、每日价格波动幅度限制、合约月份、交易时间、交割方式、交割地点等诸要素。交易者尤其要弄清最小变动价位及每日价格最大波动幅度限制这两个要素与期货交易报价的关系。

2. 熟悉期货行情。期货交易中，由于期货合约诸要素都是标准化的，买卖双方无须就这些交易条件进行磋商，他们所高度关心的是期货价格，因此，熟悉期货行情就显得非常重要，而要熟悉期货行情，必须掌握科学的市场预测、价格分析方法。

3. 正确选择期货经纪公司。期货经纪公司是联结交易者与交易所的桥梁与纽带。期货经纪公司选择的好坏，直接关系着交易的成功与否，关系着交易者的利益。通常，一个好的期货经纪公司应该具备以下条件：业务范围较广；资本雄厚、信誉良好；部门齐全、服务周到；业务人员素质较高；收取佣金合理；通讯设备先进；目前运作状况良好等。

4. 制定合理的市场策略。市场策略主要涉及三个方面：买或卖的选择；交易的期货品种与数量的选择；交易时间与交易方式的选择。要做好这些工作，必须依靠充分的信息、丰富的经验与科学的专业知识。

七、对销贸易

对销贸易（Counter Trade）是指交易双方在互惠的前提下，各自都以自己的出口抵偿从对方进口的一种贸易方式。对销贸易不同于单边进出口，而是将货物出口与进口直接结合起来，其本质特征是交易双方必须互相购买对方的商品或服务，体现互惠的特点。

关于对销贸易的形式，目前人们看法不尽一致，但公认的有易货贸易、互购贸易和补偿贸易。

（一）易货贸易

易货贸易（Barter Trade）有狭义与广义之分。

狭义的易货贸易是纯粹的以货换货方式，不使用货币支付。其基本特征是：只有进口方与出口方两个当事人，没有第三者参加；属于一次性的交易行为，双方只签订一个进出口合同，双方交换的货物均须在合同中明确载明。

广义的易货贸易采取的方式则比较灵活。根据交易的商品、合约条款内容、交易时间长短、支付方式等来划分，广义的易货贸易包括以下三种形式：(1)直接易货。这是狭义的易货贸易，即以货换货，由交易双方在一个合同中做出规定，不通过银行担保，多见于边境贸易。这种传统的直接易货贸易，由于交换的货物必须是双方所需要的，货值又要一致，因此局限性较强。(2)对开信用证易货。交易双方先签订易货合同，各自出口的商品按约定的货币计价，金额大致相等。货款通过开立对开信用证的方式结算，双方均以对方为受益人，开立金额相等或基本相等的信用证。通过这一方式，双方货款在银行相互抵消，实际上没付现汇或付汇很少。(3)综合易货。又称"记账易货贸易"，多用于两国之间根据贸易协定而进行的交易。双方政府有关部门根据贸易协定协商双方在一定时期内提供给对方的商品种类和金额，货款一般通过记账办法定期集中清算。收支相抵后的差额，可通过转入下一时期、用自由外汇支付等方式来平衡。

开展易货贸易，其基本业务程序如下：(1)寻找合适的交易对象和商品。选择交易对象时，要着重考察交易对象的信誉和经营能力。换取的商品应该是急需的、有用的或易于出售的商品，并且制定合理的价格和品质标准。(2)选择合理的结算方式。易货贸易的方式多种多样，每种方式的支付方式也相应有所不同，必须结合各种因素谨慎选择。(3)做好合同的签约。易货贸易的签约有两种情况，一种是一次性易货合同，另一种是多次性易货合同。前者只签一个合同即可，后者则要签一个总合同，规定双方在一个时期内开展易货贸易的责任与权利，商品的种类、规格、数量和质量要求，每批货交付的时间，支付或结算的办法，另外还要有保险、仲裁等方面的规定。

(二) 互购贸易

互购贸易又称平行贸易，简言之，就是交易双方互相购买对方的产品。互购贸易涉及两个既独立又相互联系的合同。在此方式下，交易双方先签订一个合同，约定由先进口方用现汇购买对方的商品，先出口方则要在此合同中承诺于规定期限内向对方购买一定数量或金额的商品。之后，双方还须签订另一合同，具体约定回购商品的品名、价格、数量、金额等内容。这种方式在一定程度上可解决交易一方支付能力不足的问题。

互购贸易与易货贸易不同，主要表现在以下两方面：第一，互购不是单纯的以货换货，而是现汇交易，且不要求等值交易；第二，互购贸易涉及两个既独立又相互联系的合同。多数情况下，第一份合同中只是对承诺回购的金额等作一些原则性的规定，其他细节则在第二份合同中商定。

(三) 补偿贸易

补偿贸易是指交易一方向另一方提供机器、设备等产品或者技术及服务，另一方按对等的金额提供产品或劳务的一种贸易做法。根据我国有关部门的规定，利用国外卖方信贷或买方信贷购置设备进行生产，然后以返销产品或劳务所得分期偿还贷款者，也属补偿贸易。

按照偿付标的的不同，补偿贸易可分为四类：（1）直接补偿。进口国外的设备和技术后，用这些设备和技术所生产的直接产品偿还价款。这是补偿贸易最基本的做法。在这一方式下，技术设备出口方必须向进口方承诺购买产品。（2）间接补偿。指机器设备进口方用以双方商定的其他产品偿还。这种做法与互购相似，但实质却不同。间接补偿只须签订一个补偿贸易合同，而互购却须签订两个既独立又相互联系的合同。（3）劳务补偿。这是补偿贸易与来料加工或来件装配相结合的方法，即由一方提供机器设备的同时，提供原材料等委托对方加工装配，另一方用加工费收入分期偿还机器设备的价款。（4）综合补偿。指进口方以部分产品、部分外汇，或部分直接产品、部分间接产品搭配的方式补偿对方。在这种方式中，双方交易形式更为灵活，但也很复杂。

开展补偿贸易，其基本业务程序如下：（1）准备阶段。从引进技术设备的一方来说，准备阶段的工作主要包括：选择合适的商品项目；进行可行性研究；选择合适的交易对象，否则，进口方面临的风险就比较大。（2）谈判和签约阶段。这是补偿贸易的关键阶段。双方就各项具体问题和条款进行详细讨论，在意见一致的基础上签订书面合同，主要内容应包括：设备、技术的构成和作价；补偿办法；补偿产品的销售和作价问题；货款问题；关于支付及其他问题，如所使用的货币；保险、产品商标与牌号问题；双方的权利与义务；违约处理、仲裁条款等。（3）履约阶段。在履约阶段，双方应该按合同规定的条款履行各自的义务。但在履约过程中，有时会出现一些预想不到的情况，因此，若双方认为有必要，还可签订补充协议。

八、加工贸易

(一) 加工贸易的含义与作用

加工贸易（Processing Trade）是一国企业利用自己的技术、设备和生产能力，对来自国外的原材料、零部件或元器件进行加工、制造或装配，加工出的产品由国外厂商负责包销，加工企业按合同规定收取工缴费的一种贸易方式。

加工贸易与一般进出口贸易不同。一般进出口贸易属于货物买卖，加工贸易虽有原材料、零部件的进口，又有制成品的出口，这些原材料和制成品的所有权始终属于委托方，加工方只提供劳务并收取约定的工缴费。

加工贸易方式手续方便、形式灵活，协议双方通过相互配合可发挥各自优势。

对委托方来讲，选择加工贸易方式，可降低产品生产成本，增强产品竞争力，也有利于其所在国的产业结构调整。

对加工方来讲，加工贸易具有以下积极作用：第一，可以发挥本国的生产潜力，补充国内原材料和生产资金的不足；第二，通过加工贸易业务，可引进国外先进技术和管理经验，从而提高生产技术水平和管理水平；第三，有利于改善出口产品的品质、设计、款式和造型，提高出口产品的国际竞争力；第四，可以发挥加工国的劳动力优势，创造更多的就业机会。

（二）加工贸易的类型

加工贸易是以加工为特征的再出口业务，其方式、类型多种多样。常见的有：（1）来料加工。来料加工是指国外委托方提供全部或部分原料、辅料和包装材料，按照双方商定的质量、规格、款式，由加工方生产出成品后交付对方并收取加工费的一种做法。（2）来件装配。来件装配是指国外委托方提供零件、元件以及装配中必需的设备和技术，由加工方根据合同规定组装出成品交付对方并收取组装费用的一种做法。（3）来样生产。来样生产是指由国外委托方提供产品设计图样或样品、设备、工具等，由加工方加工制造成品。产品可以全部返销，也可部分返销或就地销售。（4）进料加工。进料加工是一种从国外进口原料，加工好成品后再出口的方式。

进料加工与来料加工有相似之处，二者均表现为"两头在外"，即原料来自国外，由国内企业加工后，成品又销往国外。但二者又有明显不同：第一，进料加工中，原料进口和成品出口是两笔不同的交易，两笔交易中均发生了所有权的转移。而来料加工和来件装配属于委托加工，原料运进和成品运出属于一笔交易，原料供应者也就是成品接受者。第二，进料加工业务中，企业从国外购进原料，经过加工使价值增值再销往国外市场后，全部产品附加值都由加工企业取得。当然，企业也要承担相应的销售风险。而在来料加工、来件装配中，企业所赚取的仅仅是工缴费，商品附加价值的相当一部分由外商获得。与此相对应，加工好的产品由外商自行销售，加工方无须承担销售风险，不负责盈亏。

（三）加工贸易合同

加工贸易合同包括三个部分：约首部分、正文部分、约尾部分。约首、约尾主要说明订约人的名称、订约宗旨、订约时间、合同的效力、有效期限、合同的终止及变更办法等。正文部分具体规定双方的权利与义务，其主要内容有以下几方面。

1. 对来料来件的规定。在加工贸易方式下，加工方能否按时、按质、按量交付成品，在很大程度上取决于委托方能否按时、按质、按量供料。因此，在合同中必须就来料、来件的质量要求、具体数量和到货时间做出明确规定，还要同时规定验收办法及来料、来件的质量、数量、到货时间不符合要求的处理办法。

2. 对成品质量要求的规定。委托方为保证产品的适销对路，对成品的质量要求一般比较严格，委托方会根据合同规定的标准进行验收。成品质量标准一经确定，加工方就要按质按量交付成品。作为加工方，在签订合同时必须从自身技术条件和工艺水平出发，留有适当余地，以免交付成品时发生困难。同样，为明确责任，合同中也应规定成品的验收办法。

3. 对成品数量和交货期的规定。加工贸易合同中，通常既规定合同期间的加工装配总额，又规定每期的加工数量和具体的交货时间，以及不能按时按量交货的处理办法。

4. 对原材料消耗定额和残次品率的规定。加工贸易合同中应明确规定原材料消耗定额和残次品率，这一问题直接关系着双方的利益和能否顺利执行合同。一般产品可参照国际通用的材料消耗确定定额标准，特殊产品可会同双方技术人员共同协商确定。耗料率和残次品率一旦确定，就必须严格遵照执行。若原材料消耗超过预订额，应由加工方负担，同样，若残次品率过高，委托方有权拒收。

5. 关于工缴费的规定。工缴费是加工贸易业务中直接关系双方当事人利益的核心问题。其具体制订一般采取以下几种方式：以承接方所在国家同类产品的工缴费为基础，考虑涉外费用的开支，确定合理的工缴费；参照与承接方类似国家或地区的同类产品的工缴费标准；对来料、来件、来样产品先进行试生产，在试产实际费用支出的基础上，再加上一定比例的利润，经双方商议后确定。

6. 对支付方式的规定。工缴费的支付方式一般有两种情况：一是对来料、来件和成品均不作价，由委托方按加工装配进度及成品交付进度支付工缴费。采用这种结算方式，一般由委托方通过信用证或汇付方式向加工方支付。二是对来料、来件和成品分别作价，二者之间的差额即为工缴费。采用这种结算方式，承接方应坚持先收后付的原则，一般可采用以下方式：采用对开信用证方式，来料、来件用远期信用证支付,成品出口用即期信用证付款;来料、来件用远期托收承兑交单,成品出口用即期信用证或即期付款交单或汇付方式。远期付款的期限应与加工周期加上成品收款所需时间相衔接并留有适当余地,以免垫付外汇。

7. 对运输、保险的规定。加工贸易涉及两段运输——原料运进和成品运出。因此,合同中应明确有关运输费用和责任的承担问题。关于运输费用,由于加工贸易方式下原料和成品的所有权均属于委托方,所以运输的责任和费用也应由其承担,但在实际业务中可灵活掌握,由承接方代办某些运输事项。关于保险,原则上应由委托方负责,但从实际业务过程看,由承接方办理保险更为方便,因此委托方经常要求承接方代办保险,保险费可连同工缴费向委托方一并收取。若由承接方代办保险,双方还应约定保险险别、保险金额等条件。

8. 对违约处理的规定。为使双方都能信守协议,避免日后发生纠纷,合同中还必须包含违约处理条款。

第二节 跨境电子商务

一、电子商务的特点

电子商务是指通过网络互联技术和现代通讯技术,交易涉及的各方当事人借助电子方式相互联系,无须依靠纸面文件、单据的传输,实现整个交易过程电子化的贸易方式。广义的理解认为电子商务是运用现代电子信息技术以整个全球市场为基础的商务活动。

电子商务的特点具有以下特点:第一,现代信息技术成为电子商务的支撑体系;第二,电子虚拟市场成为电子商务的运作空间;第三,电子商务的市场范围是面对全球市场;第四,电子商务的渗透范围包括全社会的参与。

二、电子商务的分类

电子商务的分类方式有多种。

(一)从参与主体的角度进行分类

从参与主体的角度进行分类,电子商务可分为以下三种类型。
1. 商业机构对商业机构的电子商务(Business-to-Business,B2B)

是指企业与企业之间使用互联网或各种电商网络平台进行的向供应商定货、接收票证和付款等商务活动。企业间电子商务是电子商务的主流。在 B2B 模式下，企业运用电子商务以广告和信息发布为主，成交和通关流程基本在线下完成，本质上仍属传统贸易，已纳入海关一般贸易统计。据 IDC 公司统计，B2B 型电子商务占电子商务交易额的 79% 左右。

2. 商业机构对消费者的电子商务（Business-to-Consumer，B2C）是指企业与消费者之间借助于国际互联网开展的在线销售活动。消费者在网上可以进行商品查询和比较、网上订货等。在 B2C 模式下，出口企业直接面对国外消费者，以销售个人消费品为主，物流方面主要采用航空小包、邮寄、快递等方式，其报关主体是邮政或快递公司，目前大多未纳入海关统计。这种形式的电子商务应用潜力巨大，目前已得到广大消费者的认可。

3. 商业机构对行政机构的电子商务（Business-to-Administrations，B2A）是指企业与政府机构之间进行的电子商务活动。政府有关部门将采购的细节在国际互联网络上公布，通过网上竞价方式进行招标，企业则通过电子的方式进行投标。除此之外，政府有关部门还可以通过这类电子商务实施对企业的行政事务管理，如发放进出口许可证、开展统计工作等，企业可以通过网上办理交税和退税等。目前，比较典型的 B2A 包括海关总署的报关单和外汇联网的核销系统、商务部的进出口配额许可证网上发放、国家技术监督局的网上防伪打假、国家旅游局的网上订房等。

（二）按照商务活动形式进行分类

按照商务活动形式，电子商务还可以分为直接电子商务和间接电子商务。

直接电子商务是指无形服务的网上交易，包括计算机软件、娱乐服务、金融产品、旅游产品、信息服务的网上交易。

间接电子商务是指有形货物的电子订货交易，它仍然需要利用传统渠道（如邮政服务和商业快递）送货或实地交割（如房地产产品）。

（三）按照使用网络类型进行分类

按照使用网络类型分类，电子商务可以分为 EDI 商务、互联网商务、内联网商务和移动电子商务。

（四）按照服务行业类型进行分类

按照服务行业类型分类，电子商务可以分为金融电子商务、旅游电子商务、娱乐电子商务等。

(五) 按照商业活动运作方式进行分类

按照商业活动运作方式，电子商务可分成完全电子商务和不完全电子商务两类。完全电子商务是指可以完全通过电子商务方式实现和完成整个交易过程的交易。不完全电子商务是指无法完全依靠电子商务方式实现和完成整个交易过程的交易，它需要依靠一些外部要素，如物流配送等来完成交易。

三、跨境电子商务的特征及流程

(一) 跨境电子商务的概念

跨境电子商务（Cross-border Electronic Commerce）有广义和狭义之分[①]。

狭义的跨境电商专指通过电子商务平台进行商品展示与推广、交易磋商、订单达成、支付与结算、物流追踪、售后服务与纠纷处置，实现分属于不同关境的交易主体完成交易的一种国际商业活动，是一种特殊的国际贸易。与传统外贸活动相比较，呈现小批量、多批次、物流时间短、物流成本高、价差大等特征。

广义的跨境电子商务还包括"互联网＋传统外贸"的形式，即依托电子商务平台寻求到目标客户，并依赖传统手段完成国际贸易的活动。

(二) 跨境电子商务的特征

第一，全球性。网络是一个没有边界的媒介体，具有全球性和非中心化的特征。依附于网络发生的跨境电子商务也因此具有了全球性和非中心化的特性。任何人只要具备了一定的技术手段，在任何时候、任何地方都可以让信息进入网络，相互联系进行交易。

第二，无形性。网络的发展使数字化产品和服务的传输非常便捷。数字化传输是通过不同类型的媒介，例如数据、声音和图像在全球化网络环境中集中而进行的，这些媒介在网络中是以计算机数据代码的形式出现的，因而是无形的。

第三，匿名性。由于跨境电子商务的非中心化和全球性的特性，因此很难识别电子商务用户的身份及其所处的地理位置。在线交易的

---

① 周革新、杨晓兰：《我国跨境电商的前世今生》，载于《现代商贸工业》2016年第21期，第43~44页。

消费者往往不显示自己的真实身份和自己的地理位置，重要的是这丝毫不影响交易的进行，网络的匿名性也允许消费者这样做。

第四，即时性。对于网络而言，传输的速度和地理距离无关。传统交易模式，信息交流方式如信函、电报、传真等，在信息的发送与接收之间，存在着长短不同的时间差。而电子商务中的信息交流，无论实际时空距离远近，一方发送信息与另一方接收信息几乎是同时的。某些数字化产品（如音像制品、软件等）的交易，还可以即时清结，订货、付款、交货都可以在瞬间完成。

第五，无纸化。电子商务主要采取无纸化操作的方式，这是以电子商务形式进行交易的主要特征。在电子商务中，电子计算机通讯记录取代了一系列的纸面交易文件。

第六，快速演进。互联网是一个新生事物，基于互联网的电子商务活动也处在瞬息万变的过程中，短短的几十年中电子交易经历了从EDI到电子商务零售业的兴起的过程，而数字化产品和服务更是花样出新，不断地改变着人类的生活。

（三）跨境电子商务的流程

1. 搜集信息。通过在 Internet 上设立 Web 站点，交易双方可以将各自的产品或服务信息、交易意愿等信息发布者网络上，便于各方查询和比较，实现贸易信息的交流。

2. 贸易磋商。位于不同国家或地区的买卖双方之间可以通过电子会议等实现贸易谈判；互联网支持买卖双方之间的电子单证交换并形成电子记录，从而使贸易磋商的整个过程可以在网上实现；通过数字签名等方法来保证相关信息的完整性和不可抵赖性。

3. 贸易支付。目前，电子商务的网络支付手段已经较为成熟，可以使用电子信用卡、电子支票和电子货币等方式。电子信用卡是一种支付方式。它通过网络直接支付，具有快捷，方便的特点。在信用卡进行支付时，卖方可以通过认证客户、商家以及信用卡发放机构的身份防止抵赖行为的发生。电子支票是纸质支票的电子替代物，将纸质支票改变为带有数字签名的电子报，或利用其他数字电文代替纸质支票的全部信息。电子支票使用数字签名和自动验证技术来确定其合法性。支票上除了传统纸质支票包含的收款人姓名、账号、金额和日期外，还隐含了加密信息。电子支票通过电子函件直接发送给收款方，收款人从电子邮箱中取出电子支票，并用电子签名签署收到的证实信息，再通过电子函件将电子支票送到银行，把款项存入自己的账户，可以实现支票支付业务和支付过程的电子化。电子货币是指用一定金额的现金或存款从发行者处兑换并获得代表相同金额的数据，通过使用某些电子化方法将该数据直接转移给支付对象，从而能够清偿债务。

四、跨境电子商务对国际贸易的影响

国际贸易中的跨境电子商务是指企业通过利用电子商务运作的各种手段所从事的国际贸易活动,它所反映的是现代信息技术所带来的国际贸易过程的电子化。贸易伙伴之间以及贸易伙伴与银行、运输部门、保险部门、商检、海关、政府部门等传输订单等相关单据,成为国际贸易电子商务的主要内容之一[①]。

电子商务的出现使国际贸易过程中的物流、信息流和资金流融为一体成为可能,它从根本上改变了国际贸易的各个 a 环节,主要体现在以下几个方面。

(一)电子商务改变了国际贸易的交易方式

电子商务突破了以往的对外贸易活动需要通过固定的交易场所以及订货会、产品发布会进行贸易活动的局限,网络通讯替代了面对面的谈判协商,电子单据替代了大量的实物单据,这些变化不仅节约了交易搜寻及谈判成本,而且简化了交易流程。

(二)电子商务实现了国际贸易的电子化管理

电子商务实现了交易前的客户搜寻、交易磋商、交易支付及交易后的货运跟踪等的电子化。具体而言,运用电子商务进行国际贸易管理主要表现在以下几个方面:出口商品配额电子招标;网上申领发放进出口许可证;海关网络化管理;进出口商品电子化检验检疫管理;外贸企业全过程电子化管理。

(三)电子商务影响国际贸易的营销模式

国际贸易中传统的营销模式正向电子营销、网络营销转变。电子营销有两种含义:一种指的是采用电子手段的市场营销;另一种指的是以因特网为核心的网络营销,网络营销正在发展成为现代国际贸易营销的重要方式。

但从电子商务在国际贸易中的应用情况来看,还存在三方面问题:

一是网络安全问题。电子商务是一个电子化交易过程,即网络交易的双方身处不同国家或地区,却能实现信息流、物流、资金流的网

---

① 金沙:《跨境电商对国际贸易的影响》,载于《内蒙古科技与经济》2016年第20期,第49~50页。

络传递，网上银行、网上合同、电子签名等应用越来越广泛。但目前网络间的数据传递、交换和处理的安全性不高，网络病毒、木马攻击及网络造假时有发生，网络稳定性也不能保证，尤其是电子商务涉及到商业机密、资金划拨等关乎企业利益的问题。

二是电子商务的法律法规尚未健全。在国际贸易中，交易双方分别处于不同的法律体系中，法律标准成为解决贸易摩擦的关键。选用何种法律规范或商业惯例鉴别网络电子商务单据资料的真伪，如何规范电子商务过程，包括网上签订合同、网上交易与支付、网上知识产权保护等，是国际电子商务发展亟待解决的问题，也是电子商务应用于国际贸易的瓶颈。

三是跨境电商的发展，给税收征管制造了难题。税收只能在一国范围内实施，而跨境电商的网络特性让税务机构对超越一国的在线交易行使税收管辖权带来了困难。尤其是电商交易的匿名性，使得应纳税人利用避税地金融机构规避税收监管成为可能。电子货币的广泛使用，以及国际互联网所提供的某些避税地银行对客户的"完全税收保护"，使纳税人可将其源于世界各国的投资所得直接汇入避税地银行，规避了应纳所得税。这些问题，也会成为跨境电商快速发展的潜在障碍。

五、我国跨境电子商务展望

（一）我国电子商务发展现状

最近几年，随着全球金融危机带来的国际贸易条件的不断恶化，以及欧、美、日等发达国家需求的持续疲弱，我国传统出口贸易增速下滑，而以跨境电子商务为代表的新型国际贸易方式发展却正在加速，甚至有可能成为我国乃至全球贸易的新的增长引擎。

据统计，2016年中国跨境电商的交易规模达到6.3万亿元，是2013年的2倍多。在我国跨境电商进出口结构中，出口电商占比83.2%，进口电商占比16.8%。从交易模式来看，我国跨境电商中的B2B交易占比达到88.5%，占据绝对优势，跨境电商B2C交易仅占11.5%的比例。

尽管我国在跨境电商的发展迅速，但是过程中依然存在不少问题，主要表现在以下几个方面。

1. 支付安全问题。由于跨境电子交易目前还处于初始阶段，必然存在诸多问题。比如网络安全问题，外国消费者可能对支付安全问题存在担忧而不愿意在网上进行商品的交易活动。

2. 人才匮乏。随着经济的全球化，跨国公司在全球范围内出现，各行各业都面临着激烈竞争，跨境电子商务行业也是如此。纵观电商的发展，我们不得不承认电商群体普遍存在学历低、素质低、语言交流不流畅等问题，有的人员对于电子商务知识一窍不通，把电子商务完全等同于做买卖，对一些信息中的符号、术语完全不明白其中的含义，电脑操作知识也甚是匮乏，这就导致了工作中的许多错误。此外，由于跨境交易肯定会有文化上的差异，如果不了解外国的文化而贸然打造外国的电子商务市场，也会是处处碰壁，使得公司企业遭受一些不必要的经济损失。

3. 国际物流的发展与跨境电子商务的发展不协调。货物的跨境运输，需要物流来完成。但是目前的物流发展远远跟不上电子商务的发展，物流公司由于自身发展水平与认识程度的限制，不愿意开拓更广阔的市场空间。此外他们对开拓海外业务没有很强烈的意识，依然停留在国内的都忙不完，不需要去开拓国外业务这样的水平上，这会使得一些交易无法完成，大大阻碍了电子商务的发展。

4. 国家缺乏完善的法律法规。由于跨境电子商务是一个新兴的产物，发展时期还不算太长，许多漏洞层出不穷，特别是网络诈骗越演越烈，给人们带来的财产损失事件不胜枚举。而国家的法律法规没有因为跨境电子商务的发展而有所更新，使得网络骗子利用国家法律的漏洞进行诈骗且甚嚣尘上。对外则是国家对电子商务情况的监管没有具体明确的法律法规，且不注意加强与其他国家的合作，导致国际监管工作遇到阻碍。

（二）我国跨境电子商务的发展展望

最近几年，随着全球金融危机带来的国际贸易条件的不断恶化，以及欧、美、日等发达国家需求的持续疲弱，我国传统的出口贸易增速逐渐下滑。而以跨境电子商务为代表的新型贸易方式的发展却正在加速，甚至有可能成为我国乃至全球贸易的一个新的增长引擎。

专家预测，未来几年我国跨境电商仍将快速发展。2017年我国跨境电商交易额将占进出口贸易总额的20%左右，其中主导者仍是出口电商，占比约80%以上。

随着跨境物流、跨境支付等环节的进一步突破和跨境电商企业盈利能力的提升，我国出口电商交易规模在未来一段时间仍可保持20%~25%的增速。同时，我国跨境电商重点仍会以B2B模式为主，因为跨境B2B模式具有更大的发展潜力，特别是通过推动制造型企业上线，促进外贸综合服务企业和现代物流企业转型。随着生产端和销售端共同发力，这种模式将成为跨境电商发展的主要方向。

本 章 小 结

国际贸易方式是指国际货物买卖中采取的各种具体的交易做法。随着国际经济贸易的发展,国际贸易方式日趋多样化。本章重点介绍了经销、代理、寄售、拍卖、招标投标、期货交易、对销贸易、加工贸易、跨境电子商务等方式的概念、特点及其运用。每种贸易方式都反映着特有的销售渠道、货款支付方式、交易双方的特定权利与义务等,这就要求在国际贸易活动中必须根据具体情况,选择适当的贸易方式。

【本章重要术语】

经销(Distribution)

代理(Agency)

寄售(Consignment)

拍卖(Auction)

招标(Invitation to Tender)

投标(Submission of Tender)

期货交易(Futures Transaction)

套期保值交易(Hedging)

卖期保值(Selling Hedge)

对销贸易(Counter Trade)

易货贸易(Barter Trade)

加工贸易(Processing Trade)

跨境电子商务(Cross-border Electronic Commerce)

【延伸阅读】

1. 薛荣久、崔凡、杨凤鸣:《国际贸易》,清华大学出版社2015年版。

2. 托马斯·A·普格尔:《国际贸易》,中国人民大学出版社2014年版。

复习与思考

1. 经销协议、代理协议的主要内容。
2. 寄售协议的主要内容有什么?
3. 拍卖的形式有哪些?其业务程序如何?
4. 招标投标业务的基本程序。
5. 期货交易有哪些特点?
6. 易货贸易、补偿贸易、互购贸易的形式各有哪些?
7. 加工贸易合同的主要内容包括哪些?

参 考 文 献

1. 白洪声、张喜民：《国际贸易理论与实务》，山东人民出版社2011年版。
2. 蔡茂森、李永：《国际贸易理论与实务》，清华大学出版社2015年版。
3. 陈宪、张鸿：《国际贸易——理论·政策·案例》，上海财经大学出版社2012年版。
4. 陈岩：《国际贸易理论与实务》，清华大学出版社2014年版。
5. 窦祥胜：《国际贸易学教程——学习指南》，北京大学出版社2011年版。
6. 高成兴、黄卫平、韩玉军：《国际贸易教程》，中国人民大学出版社2015年版。
7. 海闻、林德特、王新奎：《国际贸易》，格致出版社、上海人民出版社2012年版。
8. 何迪：《我国跨境电商的发展现状及对策》，载于《现代商业》2016年第29期，第29~30页。
9. 何蓉：《国际贸易》，机械工业出版社2006年版。
10. 金沙：《跨境电商对国际贸易的影响》，载于《内蒙古科技与经济》2016年第20期，第49~50页。
11. 梁迪：《趋利避害慎用托收》，载于《进出口经理人》2008年第5期，第54~55页。
12. 梁坚：《国际贸易理论与政策——基于比较优势统一框架的全新阐析》，中国人民大学出版社2011年版。
13. 凌廷友：《国际贸易理论与政策》，西南财经大学出版社2013年版。
14. 刘辉群：《国际贸易理论与政策》，北京大学出版社2014年版。
15. 逯宇铎、陈阵：《国际贸易》，清华大学出版社2013年版。
16. 潘素昆、白小伟等：《国际贸易理论与政策》，清华大学出版社、北京交通大学出版社2013年版。
17. 史学瀛、潘晓滨等：《国际商法》，清华大学出版社2015年版。

18. 宋承先：《西方经济学名著提要》，江西人民出版社 1998 年版。

19. 孙丽云、王立群：《国际贸易》，上海财经大学出版社 2014 年版。

20. 佟家栋、周申：《国际贸易学——理论与政策》，高等教育出版社 2014 年版。

21. 托马斯·普格尔、赵曙明、沈艳枝：《国际贸易》，南京大学出版社 2010 年版。

22. 托马斯·A·普格尔：《国际贸易》，中国人民大学出版社 2014 年版。

23. 王光艳、龚晓莺：《国际贸易理论与政策》，经济管理出版社 2012 年版。

24. 吴国新、郭峥嵘：《国际贸易理论与实务》，清华大学出版社 2015 年版。

25. 薛荣久、崔凡、杨凤鸣：《国际贸易》，清华大学出版社 2015 年版。

26. 苑涛：《国际贸易理论与政策》，清华大学出版社、北京交通大学出版社 2011 年版。

27. 中华人民共和国商务部国际贸易经济合作研究院：《中国对外贸易形势报告（2017 年春季）》，中华人民共和国商务部网站，2017 年 5 月 4 日。

28. 周春明、魏浩、蔡宏波：《国际贸易》，高等教育出版社 2013 年版。

29. 周革新、杨晓兰：《我国跨境电商的前世今生》，载于《现代商贸工业》2016 年第 21 期，第 43~44 页。

30. 保罗·克鲁格曼、茅瑞斯·奥伯斯法尔德：《国际经济学：理论与政策》，中国人民大学出版社 2016 年版。